민사소송법
사례연습 2

民事訴訟法

제3판

민사소송법
사례연습 ②

문영화 지음

성균관대학교
출판부

제3판 서문

　『민사소송법 사례연습 2』 개정판 출간 이후의 변시, 변시모의시험, 중간 · 기말고사 문제와 풀이를 추가하고 중복되는 문제 등을 정리하였습니다. 각 단원 내에서 소제목을 달거나 달지 않고 주제별로 문제를 묶어 보았습니다.

　수업과 사례연습을 통하여 민사소송법을 좀 더 쉽고 흥미롭게 이해하고, 이를 토대로 실제 민사사건을 해결하는 능력을 길러가기를 희망합니다.

　출간에 도움을 준 성균관대학교 법학전문대학원 12기 심지훈, 최원규 군과 성균관대학교 출판부 선생님들께 지면으로 감사의 마음을 전합니다.

2023. 2.

저자 문영화

개정판 서문

　『민사소송법 사례연습 2』가 출간된 지도 2년 가까이 되었습니다. 2018, 2019년의 변시, 변시모의시험, 중간·기말시험의 문제와 풀이 등을 추가하면서, 중복되는 문제는 선별하여 유사문제로 제시하거나, 최근의 출제유형에 맞지 않는 것은 삭제하는 방법으로 정리를 하였습니다.

　수업과 함께 사례연습을 통하여 민사소송법을 좀 더 쉽고 흥미롭게 이해하고, 이를 토대로 실제 민사사건을 해결하는 능력을 길러가기를 희망합니다.

　『민사소송법 사례연습 2 개정판』을 출간할 수 있도록 도와준 성균관대학교 법학전문대학원 8기 전태영 변호사와 9기 이수종, 10기 김동욱, 서청원, 이준헌, 전승훈 군과 성균관대학교 출판부 선생님들께 지면으로 감사의 마음을 전합니다.

2020. 1.

저자 문 영 화

서문

민사소송법 수업시간에 다루었던 사례문제를 해답과 함께 묶었습니다. 2014년 봄 민사소송법의 후반부에 해당하는 민사재판절차의 강의를 시작하면서부터 절차법인 민사소송법을 개념 설명만으로는 정확한 내용을 전달하는 것이 어렵겠다고 생각했습니다. 그래서 각 단원의 시작 전에 학생들에게 사례문제를 포함한 강의안을 제공하고, 해당 단원의 수업 후에 사례풀이를 과제로 받은 다음, 수업시간에 학생들의 발표를 통하여 해답을 찾는 방법으로 수업을 운영하였습니다. 가을 학기에 하는 민사소송법 수업도 마찬가지였습니다. 선배 교수님으로부터 제공받은 기본 사례문제에, 매년 변호사시험과 모의시험 문제, 사시 기출 문제, 중간 기말고사 문제 등을 추가하였더니 문제의 분량이 많아져서, 작년 가을부터는 수업시간에 사례풀이를 하는 것이 어려워졌습니다. 그래서 해당 단원의 수업 후에 사례문제의 해답을 제공하는 방법으로 수업을 운영해보기도 하였습니다.

수업과 함께 사례연습을 통하여 민사소송법을 좀 더 쉽고 흥미롭게 이해하고, 이를 토대로 실제 민사사건을 해결하는 능력을 길러가기를 희망합니다.

2017. 8.

저자 문영화

Contents

Contents

3. 증명책임

4. 소송의 종료

Contents

5. 판결의 효력 / 기판력

Contents

Contents

7. 병합청구

Contents

8. 공동소송 1

Contents

Contents

Contents

11. 당사자변경

사례연습 1

불요증사실

(1) 甲은 친구인 乙에게 1억 원을 대여하였다. 乙이 약정변제기가 지났음에도 1억 원을 반환하지 않자, 甲은 乙을 상대로 1억 원의 지급을 청구하는 소를 제기하였다. 乙은 변론기일에서 "자신은 甲으로부터 돈을 차용한 적이 없다."라고 진술하였다. 제1심 소송이 진행되던 중, 乙은 법정 밖에서 甲을 만나 대화를 나누면서 "내가 너한테서 1억 원을 차용한 것은 인정한다. 내가 요즘 경제사정이 너무 어려워서 어쩔 수 없이 법정에서 거짓말을 했다. 미안하다."는 말을 하였는데, 甲은 乙이 알지 못하는 사이에 이러한 乙의 말을 테이프에 녹음한 다음, 위 녹음테이프를 증거로 제출하였다. 제1심 법원이 위 녹음테이프를 甲의 대여사실을 인정하기 위한 증거로 채택할 수 있는지 여부와 만일 증거로 채택할 수 있다면 어떠한 방법으로 증거조사를 하여야 하는지를 논하시오. (2019년 8월 변시 모의시험)

1. 쟁점

대화 상대방의 동의를 받지 않고 대화를 녹음한 경우에 그 녹음테이프가 민사소송에서 증거로 사용될 수 있는지(증거능력)가 우선 검토되어야 하고, 녹음테이프에 대한 증거조사방법이 검토되어야 한다.

2. 자유심증주의와 비밀리에 상대방과의 대화를 녹음한 테이프의 증거능력

민소법은 제202조에서 '자유심증주의'라는 제목하에 "법원은 변론 전체의 취지와 증거조사의 결과를 참작하여 자유로운 심증으로 사회정의와 형평의 이념에 입각하여 논리와 경험의 법칙에 따라 사실주장이 진실한지 아닌지를 판단한다."고 규정하고 있을 뿐, 증거능력의 제한에 관하여 명시적으로 규정하고 있지 않다.

민사재판에서 위법하게 수집한 증거의 증거능력에 관하여, 학설로는 부정설, 긍정설,

절충설(원칙적으로 증거능력을 인정하고, 예외적으로 헌법에서 정한 인격권을 침해하는 정도의 위법행위로 수집된 증거에 대하여는 증거능력을 부정하는 견해)이 있다.

판례는 "자유심증주의를 채택하고 있는 우리 민소법하에서는 상대방이 알지 못하는 사이에 비밀리에 상대방과의 대화를 녹음하였다는 이유만으로는 그 녹음테이프의 증거능력을 부정할 수 없고, 증거로서의 채택 여부는 사실심 법원의 재량에 속한다."고 하여 위법하게 수집한 증거에 대하여도 증거능력을 인정한다(대법원 1999. 5. 25. 선고 99다1789 판결 등). 단, 통신비밀보호법 제4조, 제3조, 제14조는 공개되지 아니한 타인간 대화의 녹음을 금지하면서 재판의 증거로 사용할 수 없다고 규정하고 있다.

3. 녹음테이프에 대한 증거조사방법

녹음테이프 등에 대한 증거조사는 녹음테이프 등을 재생하여 검증하는 방법으로 하여야 한다(민소법 제374조, 민소규 제121조 제2항). 검증이란 법관이 오관의 작용으로 직접 사물의 성질이나 상태를 검사하여 그 결과를 증거자료로 하는 증거조사를 의미하는바, 법원은 검증결과를 조서에 기재하고(민소법 제154조 제3호) 그 검증결과를 사실인정의 자료로 삼을 수 있다. 또한 법원은 녹음테이프 등에 대한 증거조사를 신청한 당사자에게 녹음테이프 등의 녹취서, 그 밖에 그 내용을 설명하는 서면을 제출하게 할 수도 있다(민소규 제121조 제3항).

4. 사안의 해결

사안에서 甲은 대화의 상대방인 乙의 동의를 받지 않은 채 乙과의 대화를 테이프에 녹음하였으나 통신비밀보호법에서 금지하는 '타인간의 대화'에 해당하지는 않아서 그 녹음테이프는 증거능력이 배제되지는 않는다. 제1심 법원은 甲이 제출한 녹음테이프를 증거로 채택할 수 있고, 녹음테이프를 재생하여 직접 청취하는 검증의 방법으로 증거조사를 하고 그 검증결과를 증거자료로 하여 사실인정을 할 수 있다. 또, 제1심 법원은 甲에게 녹음테이프의 녹취서나 그 밖에 그 내용을 설명하는 서면을 제출하게 할 수도 있다.

(2) 다음의 경우에 피고 측의 진술은 재판상 자백에 해당하는가?

① 원고가 '피고는 법인이 아닌 사단'이라고 주장하는데, 피고 소송대리인은 변론기일에 출석하여 "피고가 민소법 제52조의 법인 아닌 사단인 점은 인정한다."고 진술했다.

1. 사안의 해결

원고의 주장이 당사자능력이나 대표권에 관련한 것이라면, 이는 직권조사사항으로서 이에 관한 진술에 대하여는 자백이 성립하지 않는다.

② 원고가 "남편인 피고가 소외 丙녀와 간통하였으므로 민법 제840조 제1호에 의하여 재판상 이혼을 구한다."고 주장하자, 피고가 위 간통사실은 부인하면서, "다만 피고가 재판상 이혼사유에 해당하는 부정(不貞)한 행위를 한 사실은 시인한다."고 진술했다.

1. 사안의 해결

재판상 이혼은 가사소송법 제2조 나류 제4호 사건으로서, 같은 법 제12조에 의하여 민소법 제288조 중 자백에 관한 규정이 적용되지 않으므로, 이혼청구사건에 있어서 재판상 자백은 성립될 여지가 없다.

③ 원고가 2013. 5. 1. 피고로부터 X토지를 대금 2억 원에 매수하였다고 주장하는데, 피고는 "원고 주장 일시에 그 주장과 같이 매매계약을 체결한 사실은 인정한다."고 진술했다.

1. 사안의 해결

매매계약을 체결하였다는 것은 관련된 사실관계를 함축적으로 표현하는 것으로서, 법률적 사실의 진술에 해당되어 자백의 대상이 된다.

④ 甲이 A주식회사를 상대로 임금 등을 청구하는 소송에서, A주식회사는 "甲이 피고 회사의 근로자의 지위에 있었다는 점은 인정한다."고 진술하였다.

1. 사안의 해결

근로자는 임금을 목적으로 종속적인 관계에서 근로를 제공하는 사람을 말하는 것으로서 법률용어이지만, 근로자의 지위를 인정하는 진술은 사실관계를 함축적으로 표현하는 법률적 사실의 진술에 해당되어 자백의 대상이 된다(대법원 2008. 3. 27. 선고 2007다87061 판결).

(3) 원고가 피고에 대하여 2,000만 원 및 이에 대하여 2019. 1. 1.부터 다 갚는 날까지 연 15%

의 비율로 계산한 이자 또는 지연손해금의 지급을 청구한 사건에서, 피고는 변론기일에 출석하여 "피고가 2019. 3. 31. 원고에게 따로 연락을 하지 않고 원고의 계좌로 1,500만 원을 송금하였는데, 위 돈은 법정변제충당에 의하여 원금 중 1,500만 원의 변제에 충당되었다."고 진술하였다. 이에 원고는 피고로부터 1,500만 원을 송금받은 사실을 인정하면서 법정변제충당에 의하여 원금 1,500만 원의 변제에 충당되었다고 진술하였다. 원고의 위 진술 중 자백에 해당하는 부분은 어떤 내용인가?

1. 변제충당 관련 진술이 자백의 대상인지 여부

자백은 구체적인 사실을 대상으로 하고, 법률상 진술은 자백의 대상이 되지 않는다.

법정변제충당은 이자 혹은 지연손해금과 원본 사이에는 이자 혹은 지연손해금과 원본의 순으로 이루어지고(민법 제479조), 원본 사이에는 그 이행기의 도래 여부와 도래 시기, 그리고 이율의 고저와 같은 변제이익의 다과에 따라 순차적으로 이루어지나, 다만 그 이행기나 변제이익의 다과에 있어 아무런 차등이 없을 경우에는 각 원본 채무액에 비례하여 안분하게 되는바(민법 제477조), 이와 같이 법정변제충당의 순서를 정함에 있어서 기준이 되는 이행기나 변제이익에 관한 사항 등은 구체적 사실로서 자백의 대상이 될 수 있으나, 법정변제충당의 순서 자체는 법률 규정의 적용에 의하여 정하여지는 법률상의 효과이어서 그에 관한 진술이 비록 그 진술자에게 불리하더라도 이를 자백이라고 볼 수는 없다(대법원 1998. 7. 10. 선고 98다6763 판결).

2. 사안의 해결

사안에서 원고가 피고로부터 1,500만 원을 송금(변제)받았다는 진술은 사실에 관한 것으로 자백에 해당되지만, 법정변제충당에 의하여 원금 1,500만 원의 변제에 충당되었다는 주장은 법률상 효과에 관한 것으로서 자백에 해당되지 않는다.

(4) 甲은 乙에게 2억 원을 빌려주었다. 그 후 乙이 사망하여 상속인 A와 B가 1/2 지분씩 공동상속하였다. 甲은 A와 B를 공동피고로 하여 위 상속분에 따라 1억 원씩의 지급을 구하는 소를 제기하였다. 위 소송에서 甲은 증거방법으로 차용증을 제출하였다. 그 차용증에는 乙이 甲으로부터 2억 원을 빌렸다는 내용이 적혀 있고 乙 명의의 도장이 날인되어 있다. A와 B는 제1차 변론기일에서 乙이 위 차용증에 날인한 것을 인정한다고 진술하였다. 이 경우 A와 B는 그 후의 변론기일에서 위 진술을 번복할 수 있는가? (2011년 사법시험)

1. 쟁점

문서의 진정성립에 관한 사실이 자백의 대상이 되는지, 당사자가 그 자백에 구속되는지 (자백의 효력)가 검토되어야 한다.

2. 문서의 진정성립에 관한 사실이 자백의 대상이 되는지 여부

자백의 대상은 주요사실에 한정되고, 간접사실과 보조사실에 대하여는 자백이 성립하지 않는다. 그러나 문서의 진정성립에 관한 사실은 보조사실이지만, 서증의 진정성립이 갖는 의미 내지 기능이 주요사실의 그것과 매우 비슷하기 때문에, 그 자백에 구속력을 인정하여 당사자가 임의로 철회하는 것을 제한함으로써 심리의 촉진을 기대할 수 있을 뿐만 아니라 당사자에 대한 불의의 타격의 위험도 방지할 수 있으므로 주요사실과 동일하게 취급한다. 따라서 서증의 진정성립에 관한 자백은 당사자에게 구속력이 있으므로 자백을 한 당사자가 이를 취소하려면 그 자백이 진실에 반하고 착오에 기초한 경우에 해당되어야 한다.

3. 사안의 해결

사안에서 A와 B가 변론기일에서 甲이 제출한 차용증에 관하여 진정성립을 인정한 진술을 번복하기 위해서는 그것이 진실에 반하고 착오에 기초한 것임을 주장·증명하여야 한다.

유사문제 甲과 A, B(이하 '甲 등'이라고 함)는 2005. 3. 1. 乙로부터 乙 소유인 X토지를 대금 5억 원에 매수하기로 하는 계약을 체결하고 중도금까지 총 4억 원을 지급한 후, 잔금 지급기일인 2005. 8. 1. 그 이행을 제공하였으나, 乙이 소유권이전등기를 회피하자, 2009. 5. 1. 乙을 상대로 X토지에 관하여 위 매매를 원인으로 하는 소유권이전등기청구의 소를 제기하였다. 甲 등이 소장에 증거방법으로 2005. 3. 1.자 매매계약서(갑 제1호증)를 첨부하여 제출하자, 乙은 "甲 등과 乙이 위 매매계약서를 작성한 사실은 있지만 계약이 무효이므로 甲 등의 청구는 기각되어야 한다."는 내용이 기재된 답변서를 제출하고 변론준비기일에 출석하지 않았다. 그런데 乙이 제1차 변론기일에 출석하여 "甲 등이 제출한 매매계약서(갑 제1호증)는 위조된 것이다."라고 진술하였다면, 법원은 매매계약서(갑 제1호증)를 甲 등의 청구를 뒷받침할 증거로 쓸 수 있는가? (2013년 10월 변시 모의시험)

---

(5) 甲종중은 2011. 2. 1. 乙로부터 乙 소유인 X토지를 대금 1억 원에 매수하였는데, 그 소유권이전등기를 마치기 전인 2011. 5. 1. X토지에 관하여 丙 명의로 2011. 4. 1. 매매를 원인으로

한 소유권이전등기가 마쳐졌다. 이에 甲종중은 2011. 10. 1. 丙 명의의 위 소유권이전등기는 丙이 乙의 인장을 훔친 후 위임장 등 관련 서류를 위조하여 마친 것이므로 원인 없는 무효의 등기라고 주장하면서, 乙을 대위하여 丙을 상대로 위 소유권이전등기에 대한 말소등기청구의 소를 제기하였다. 피고 丙은 제1차 변론기일에서 甲종중의 주장과 같이 ① 甲종중과 乙 사이에서 2011. 2. 1. 매매계약이 체결된 사실과 ② 위조서류에 의하여 丙 명의의 소유권이전등기가 마쳐진 사실을 인정한다고 진술하였다가, 제2차 변론기일에서 위 ①, ②의 진술을 모두 ─13─번복하였다. 이 경우 법원은 위 ①, ②의 사실을 그대로 인정하여야 하는가? (2012년 사법시험)

1. 쟁점

채권자대위소송에서 피보전채권의 존재에 관한 사항이 가지는 소송법적 의미와 그것이 자백의 대상이 되는지 등이 문제가 된다.

2. 채권자대위소송의 요건사실과 피보전채권 존재의 소송법적 의미

채권자대위소송을 제기하는 원고로서는, i) 채권자의 채무자에 대한 채권(피보전채권)의 존재사실, ii) 피보전채권의 변제기의 도래, iii) 보전의 필요성(채무자의 무자력─특정채권의 경우는 불요), iv) 채무자의 권리불행사, v) 피대위권리의 존재에 관하여 주장·증명하여야 한다.

판례는 "채권자대위소송에 있어서 대위에 의하여 보전될 채권자의 채무자에 대한 권리가 인정되지 않을 경우에는 채권자가 스스로 원고가 되어 채무자의 제3채무자에 대한 권리를 행사할 당사자적격이 없게 되므로 그 대위소송은 부적법하여 각하할 수밖에 없다."고 한다(대법원 1994. 6. 24. 선고 94다14339 판결 등). 즉, 채권자대위소송에서 피보전채권의 존재는 당사자적격에 관한 사항에 해당한다.

소송법상 당사자적격의 문제는 소송요건에 관한 것으로서 법원의 직권조사사항에 속하고 직권조사사항은 자백의 대상이 될 수 없으므로(대법원 1982. 3. 23. 선고 80다1857 판결 등) 채권자대위소송에서 피보전채권의 존재에 관한 사실은 직권조사사항으로서 자백의 대상이 될 수 없다.

3. 사안의 해결

사안에서, ① 甲종중과 乙 사이에 2011. 2. 1. 매매계약이 체결된 사실은 甲종중이 丙을 상대로 한 채권자대위소송에서 피보전채권의 존재에 관한 사실로서 당사자적격의 문제에 관한 것이므로 직권조사사항에 해당하여 자백의 대상이 되지 않고, ② 위조서류에 의하여 丙 명의로 소유권이전등기가 마쳐진 사실은 소송물인 피대위권리의 성립에 관한 사항으로서 자백의 대상이 된다.

피고 丙이 제1차 변론기일에 두 사실을 모두 인정하였다가, 제2차 변론기일에 이를 번복한 경우, ① 사실은 자백이 성립되지 않아서 당사자 및 법원에 대한 구속력이 없으므로 법원은 이를 그대로 인정할 필요가 없지만, ② 사실에 대하여는 자백이 성립되었으므로 丙이 번복한 것만으로는 그 자백이 취소되었다고 할 수 없어서 법원으로서는 그와 다른 사실을 인정할 수 없다.

(6) 甲은 丙으로부터 X부동산을 매수하기로 하는 계약을 체결한 후, 잔금을 지급하기 직전에 등기부를 열람하여 보고 丙이 X부동산에 관하여 乙에게 매매를 원인으로 소유권이전등기를 마쳐준 사실을 알게 되었다. 甲은 丙이 자신에게 X부동산을 이전해주지 않기 위하여 乙과 통모하여 乙에게 이전등기를 마쳐주었다고 생각하고 丙을 대위하여 乙을 상대로 통정허위표시 또는 반사회질서의 의사표시를 이유로 위 이전등기의 말소등기를 청구하는 소를 제기하였다. 소송 도중에 乙은 X부동산을 다른 사람에게 임대하는 계약을 체결하였는데, 이를 알게 된 丙은 변론 중에 甲의 주장과 마찬가지로 乙과 丙 사이에 진정한 매매의 의사 없이 이전등기만을 넘겨주기로 하였다고 진술하였다. 丙의 이러한 진술은 자백으로서 효력이 있는가? (2013년 사법시험 변형)

1. 자백의 요건

자백은 변론기일에서 당사자에 의하여 행해지는 진술로서 상대방의 주장과 일치하는 자기에게 불리한 사실의 진술이어야 한다. 따라서 당사자가 아닌 사람이 다른 사건의 법정이나 수사기관 등에서 한 진술은 재판상 자백이 되지 않는다.

2. 사안의 해결

사안에서 甲은 丙을 대위하여 乙을 상대로 소유권이전등기말소청구의 소를 제기하였으므로, 그 소송의 당사자가 아닌 丙이 甲의 주장과 같이 乙과 丙 사이에 진정한 매매의 의사 없이 X부동산에 관하여 소유권이전등기만을 마쳐주었다는 진술을 하였다고 하더라도 이는 당사자가 아닌 사람의 진술로서 자백이 되지 않는다.

(7) 甲은 1991. 1. 15. A로부터 그 소유의 X토지(300㎡)를 매수하였다. 그런데, 甲은 X토지에 연접한 乙 소유의 Y토지(20㎡)가 X토지에 포함되었다고 착각하고 1991. 1. 15.부터 X, Y토지 모두를 텃밭으로 계속하여 점유, 사용해 오고 있다. 乙은 2012. 1. 3. Y토지를 丙에게 매도하였고, 매매대금은 2천만 원으로 정하였다. 이후 丙은 2012. 1. 10. Y토지에 대하여 소유권이전등기를 마쳤다. 丙은 2013. 1. 29. 甲을 상대로 하여 Y토지를 인도하라는 내용의 소를 제기하였다. 甲은 자신이 1992. 1. 15.부터 20년 이상 점유하여 시효로 Y토지의 소유권을 취득하였다고 주장하였다. 이에 대하여 丙은 처음에는 甲이 1992. 1. 15.부터 Y토지를 점유한 사실을 인정하였다가 이후 이를 번복하여 甲이 1991. 1. 15.부터 점유하였으므로 자신은 시효취득자에게 대항할 수 있는 제3자라고 주장한다. 증인 丁은 甲이 1991. 1. 15.부터 점유하였다고 증언하였고, 법원은 丁의 증언이 신빙성이 있다고 판단하였다. 법원은 丙의 청구에 대하여 어떻게 판단할 것인가? (2013년 6월 변시 모의시험)

1. 쟁점

취득시효의 기산점이 주요사실로서 자백의 대상이 되는지가 문제가 된다.

2. 취득시효의 기산점이 자백의 대상인지 여부

민법 제245조 제1항은 "20년간 소유의 의사로 평온, 공연하게 부동산을 점유한 자는 등기함으로써 그 소유권을 취득한다."고 규정하고 있다. 부동산소유권의 취득시효기간이 만료되었다 하더라도 등기를 하지 않은 경우에는 당해 부동산을 취득하여 등기를 마치거나 법률의 규정에 의하여 당해 부동산을 취득한 제3자에 대하여는 이를 주장할 수 없으므로 점유기간 중에 당해 부동산의 소유권에 변동이 있는 경우에는 취득시효를 주장하는 사람이 임의로 기산점을 선택하거나 소급하여 20년 이상 점유한 사실만 내세워 시효완성을 주장할 수 없고, 이런 경우에는 법원이 당사자의 주장에 구애됨이 없이 소송자료에 의하여 인정되는 바에 따라 진정한 점유의 개시시기를 인정하고 이를 바탕으로 취득시효 주장의 당부를 판단하여야 한다[대법원 1993. 10. 26. 선고 93다7358, 7365(반소) 판결]. 따라서 취득시효의 기산점은 법률효과의 판단에 관하여 직접 필요한 주요사실이 아니고 간접사실에 불과하므로 법원으로서는 이에 관한 당사자의 주장에 구속되지 아니하고 소송자료에 의하여 점유의 시기를 인정할 수 있다(대법원 1998. 5. 12. 선고 97다34037 판결).

3. 사안의 해결

사안에서 甲의 시효취득의 기산점에 관한 주장은 주요사실이 아니므로 丙이 이에 관하여 일치되는 주장을 하였다고 하더라도 자백이 성립되지 않으므로 丙은 아무런 장애 없이 이를 번복할 수 있고, 법원도 증거조사결과에 의하여 사실인정을 할 수 있다(甲이 1991. 1. 15.부터 점유를 개시하였다면 그로부터 20년이 경과한 2011. 1. 15. 취득시효가 완성되었고, 甲은 그 후에 소유권이전 등기를 마친 丙에게 대항할 수 없으므로 丙의 甲에 대한 토지인도청구소송은 인용될 수 있다).

(8) 甲은 乙로부터 P시에 소재하는 1필의 X토지 중 일부를 위치와 면적을 특정하여 매수했으나 필요가 생기면 추후 분할하기로 하고 분할등기를 하지 않은 채 X토지 전체 면적에 대한 甲의 매수 부분의 면적 비율에 상응하는 지분소유권이전등기를 甲 명의로 경료하고 甲과 乙은 각자 소유하게 될 토지의 경계선을 확정하였다. 甲과 乙은 각자 소유하는 토지 부분 위에 독자적으로 건축허가를 받아 각자의 건물을 각자의 비용으로 신축하기로 하였다. 각 건물의 1층 바닥의 기초공사를 마치고 건물의 벽과 지붕을 건축하던 중 자금이 부족하게 되자 甲과 乙은 공동으로 丁으로부터 건축자금 1억 원을 빌리면서 X토지 전체에 저당권을 설정해 주었다. 이후 건물은 완성되었으나 준공검사를 받지 못하여 소유권보존등기를 하지 못하고 있던 차에 자금 사정이 더욱 나빠진 甲과 乙은 원리금을 연체하게 되어 결국 X토지에 관한 저당권이 실행되었고 경매를 통하여 戊에게 X토지 전체에 관한 소유권이전등기가 경료되었다. 戊는 甲과 乙에 대하여 법률상 근거 없이 X토지를 점유하고 있다는 이유로 각 건물의 철거 및 X토지 전체의 인도를 청구하고 있다. 戊는 甲, 乙을 상대로 한 각 건물의 철거 및 X토지 전체 인도소송(이하 '이 사건 소송'이라고 함)의 소장에서 "甲과 乙이 각 건물을 신축할 당시 甲과 乙이 X토지를 각 구분하여 특정부분을 소유한 바는 없다."라고 주장(이하 '戊의 소송상 주장'이라고 함)하였고, 이 사건 소송의 제1차 변론기일에서 甲은 戊의 소송상 주장을 인정하는 취지의 진술을 하였고, 반면 乙은 戊의 소송상 주장에 대하여 "甲과 乙은 각 건물이 위치한 부분을 중심으로 하여 X토지 중 각자의 지분에 해당하는 토지를 특정하여 구분소유하고 있었다."는 취지로 진술하였다. 그런데 甲이 이 사건 소송의 제4회 변론기일에서 자신의 종전 진술과 달리 "甲과 乙은 각 건물이 위치한 부분을 중심으로 하여 토지 중 각자의 지분에 해당하는 토지를 특정하여 구분소유하고 있었다."라고 진술을 번복하면서 이를 증명하기 위하여 증인을 신청하였고, 증인은 "甲과 乙이 각자 건물을 짓기 위해 분필하려 했으나 분필 절차가 번거롭고 까다로워 각 건물이 위치한 부분을 중심으로 하여 X토지 중 각자의 지분에 해당하는 부분의 토지를 특정하여 소유하고 있었다."라고 증언하였으며, 법원은 위 증언이 객관적

진실에 부합하는 것으로 판단하였다. 그런데 甲은 제1차 변론기일에서 한 진술이 착오에 기한 것인지에 대하여 변론종결시까지 아무런 주장·증명을 하지 않았고, 戊는 甲의 위 진술 번복에 대하여 이의를 제기하지는 않았다. 법원은 甲의 위 진술 번복과 관련하여 어떻게 판단하여야 하는지와 그 근거를 서술하시오. (제3회 변호사시험)

1. 쟁점

자백취소의 요건 및 진실에 반하는 자백에 대하여 그 자백이 착오에 기인한 것이라는 주장·증명을 하지 않은 경우에 자백의 취소를 인정할 수 있는지가 문제가 된다.

2. 자백취소의 요건

재판상 자백은 상대방의 동의가 없는 경우에는 자백을 한 당사자가 그 자백이 진실에 어긋난다는 것과 자백이 착오로 말미암은 것이라는 사실을 증명한 경우에 한하여 취소할 수 있으나(민소법 제288조), 이때 진실에 어긋난다는 사실에 대한 증명은 그 반대되는 사실에 관한 직접증거 또는 자백한 사실이 진실에 어긋남을 추인할 수 있는 간접사실의 증명에 의하여도 가능하고, 또한 자백이 진실에 반한다는 증명이 있다고 하여 그 자백이 착오로 인한 것이라고 추정되는 것은 아니지만, 그 자백이 진실에 어긋난다는 사실이 증명된 경우라면 변론 전체의 취지에 의하여 그 자백이 착오로 인한 것이라는 점을 인정할 수 있다(대법원 2000. 9. 8. 선고 2000다23013 판결 참조).

3. 석명권 행사와 지적의무

민소법 제136조 제4항은 "법원은 당사자가 간과하였음이 분명하다고 인정되는 법률상 사항에 관하여 당사자에게 의견을 진술할 기회를 주어야 한다."고 규정하고 있다(지적의무). 이는 당사자가 판결에 영향이 있는 법률적 사항에 대하여 부주의 또는 오해로 간과를 한 경우에 법원이 석명권을 행사함으로써 불의의 타격을 받는 것을 막자는 것인바, 당사자가 자백이 진실에 반한다는 주장과 증명을 하는 것은 그 자백을 취소하기 위한 것인데, 그 경우 자백이 착오로 말미암은 것이라는 사실에 대한 주장을 하지 않았다면, 법원으로서는 이에 대한 석명을 하여야 한다.

4. 사안의 해결

사안에서 戊는 소유권에 기한 건물철거 및 토지인도청구를 하고 있고, 甲은 법정지상권

항변을 하기 위하여 그 요건사실(저당권설정 당시 토지와 건물이 동일인 소유일 것)에 해당하는 'X토지에 관한 저당권설정 당시 甲과 乙이 이를 구분소유적 공유관계로 소유하고 있었던 사실'에 관한 진술을 번복하고 그에 대한 증거를 제출하였다.

증거조사결과, 甲의 자백이 진실에 어긋난다는 사실이 증명되었는바, 그 자백이 진실에 어긋난다는 사실이 증명된 이상, 공유자 중의 1인인 乙은 甲과 乙이 X토지를 구분소유하고 있는 사실을 일관되게 주장해온 점, 甲이 법률전문가가 아니어서 戊의 주장을 인정하는 것에 대한 의미를 제대로 이해하기 어려웠을 것이라는 점, 戊 역시 甲이 진술을 번복함에 대하여 이의를 제기하고 있지 않은 사정 등 변론 전체의 취지에 의하여 그 자백이 착오로 인한 것이라는 사실을 쉽게 인정할 수 있을 것인데, 법원이 위 자백이 진실에 어긋남에도 착오에 의한 것이라는 당사자의 주장이 없다는 이유만으로 자백의 취소를 인정하지 않고 甲의 법정지상권 항변을 받아들이지 않는다면 민소법 제136조 제4항의 지적의무를 위반한 것이 되므로, 법원으로서는 변론을 재개하여 석명권을 행사하여 甲으로 하여금 주장을 보충하게 하고, 자백의 취소를 인정하여야 한다.

(9) 甲은 자신의 소유인 A토지 위에 B건물을 신축하였으나 아직 자신의 명의로 등기를 마치지는 않고 있던 중에 위 토지와 건물을 乙과 丙에게 매도하였다. A토지에 관하여는 乙과 丙이 각 1/2씩 지분소유권이전등기를 마쳤고, B건물에 관하여는 乙과 丙이 아직 등기를 마치지 못하였으나 이를 인도받아 이곳에서 거주하고 있다. 乙과 丙은 丁으로부터 3억 원을 차용하면서 A토지에 관하여 채권최고액 3억 6,000만 원의 근저당권을 설정하였다. 그 후 乙과 丙은 위 피담보채무가 전부 변제되었다며 丁을 상대로 근저당권설정등기말소청구의 소를 제기하였다. 피고 丁은 위 근저당권설정등기말소청구의 소에서 승소하였고 그 판결은 확정되었다. 그 후 丁은 토지 소유자인 乙과 丙이 3억 원의 차용금을 변제하지 않자 담보권실행을 위한 경매를 신청하였고 X가 A토지를 매수하여 그 대금을 전액 납부하였다. 그 후 X는 乙과 丙을 상대로 B건물에 대한 철거를 구하는 소를 제기하였다. 제1차 변론기일에 피고 乙과 丙은 "원고 X가 이 사건 A토지의 소유자임을 인정한다."고 변론하였다. 피고 乙과 丙은 제2차 변론기일에 "원고 X는 이 사건 A토지의 소유자가 아니다."고 하면서 "종전 변론기일에서의 진술을 철회한다."고 변론하였다. 피고 乙과 丙의 진술 철회는 유효한가? (2014년 6월 변시 모의시험)

1. 쟁점

소유권에 관한 진술이 주요사실에 관한 것으로서 자백의 대상이 될 수 있는지가 문제가 된다.

2. 소유권에 관한 진술이 자백의 대상인지 여부

소유권을 선결문제로 하는 소송에 있어서 피고가 원고 주장의 소유권을 인정하는 진술은 그 소전제가 되는 소유권의 내용을 이루는 사실에 대한 진술로 볼 수 있으므로 재판상 자백에 해당하지만(대법원 1989. 5. 9. 선고 87다카749 판결 등), 이는 사실에 대한 법적 추론의 결과에 대하여 의문의 여지가 없는 단순한 법개념에 대한 자백의 경우에 제한하여 인정되는 것이고, 추론의 결과에 대한 다툼이 있을 수 있는 경우에는 이른바 권리의 자백이 된다(대법원 2007. 5. 11. 선고 2006다6836 판결).

3. 사안의 해결

사안에서 피고 乙, 丙의 제1차 변론기일에서의 진술이 담보권실행을 위한 경매의 효력을 인정하는 취지에서 원고 X의 소유권을 인정하는 진술이라면 자백이 될 수 있는바, 이를 취소하기 위해서는 상대방의 동의가 있거나, 경매절차가 무효이어서 원고 X가 소유권을 취득할 수 없고 위의 자백이 착오로 말미암은 것임을 주장·증명하여야 한다. 그러나 피고 乙, 丙이 담보권실행을 위한 경매의 효력을 다투려고 하면서도 이에 관하여 주장하지 않고 A토지에 관한 소유권이전등기가 원고 X명의로 마쳐져 있는 것을 인정하는 취지에서 원고 X가 토지소유자임을 인정한다고 진술한 것에 불과하다면 자백은 성립될 여지가 없으므로 종전 주장을 철회하는 데에는 지장이 없다.

(10) 甲은 2016. 1. 1. A종중의 대표자로 선임되어 종중재산에 관하여 점검을 하던 중, A종중 소유이던 X토지에 관하여 2015. 7. 1.자로 丁 명의로 소유권이전등기가 마쳐진 사실을 확인하고, 이에 관하여 조사를 한 결과, 종중원인 丙이 당시 A종중 대표자인 乙 몰래 X토지를 丁에게 매도하고 관련 서류를 위조하여 소유권이전등기를 마쳐준 사실을 알게 되었다. 이에 甲이 2016. 1. 15. A종중을 원고로 하여 丁을 상대로 X토지에 관한 소유권이전등기말소청구의 소를 제기하였다. 丁은 답변서에서 A종중의 대표자인 乙의 위임을 받은 丙으로부터 X토지를 대금 1억 원에 적법하게 매수하였다고 주장하는 한편, 2016. 1. 1.자 A종중 총회는 의결정족수가 미달하여 甲을 대표자로 선임한 결의가 무효이므로 甲이 대표자로서 제기한 소는 부적

법하다고 다투었다. 2016. 2. 15. 제1차 변론기일에서 A종중은 갑 제1호증으로 '2016. 1. 1.자 종중총회의사록'을, 갑 제2호증으로 '종중규약'을, 갑 제3호증으로 X토지의 매도에 관하여 丙에게 위임한 적이 없다는 내용의 '乙의 진술서'를 제출하였고, 丁은 을 제1호증으로 'X토지에 관한 2015. 7. 1.자 매매계약서'를 제출하였다. 갑 제1호증에는 'A종중의 종중원은 2016. 1. 1. 현재 100명이고, 총회 참석인원은 60명인데, 그중 40명이 찬성하여 甲을 대표자로 선임하였다'는 내용이 기재되어 있고, 갑 제2호증에는 '종중대표자는 종중원 과반수의 출석과 출석 종중원 과반수의 결의에 의하여 선임한다'고 기재되어 있다. 甲은 "을 제1호증에 대하여 매매계약서에 날인된 A종중의 인영이 평소 대표자가 사용하는 직인의 인영과 같은 점만 인정한다."고 진술하였고, 丁은 갑 제1, 2호증에 대하여는 성립인정, 갑 제3호증에 대하여는 부지라고 다투었다. 2016. 3. 1. 제2차 변론기일에 증인으로 출석한 乙은 "丙에게 X토지의 매매를 위임한 사실이 없고, 그와 관련하여 丙을 사문서위조 등으로 고소하였는데, 현재 丙에 대한 형사재판이 진행 중이다. X토지는 선대들의 산소가 있어서 반드시 찾아야 하는 것이다. A종중은 종중원들의 기부금 등 현금 자산을 가지고 있다. 2016. 1. 1.자 종중총회를 소집하면서 시간이 촉박하여 일부 종중원들에게 소집통지를 누락하였다."고 진술하였다. 법원은 乙에 대한 증인신문을 마치고 변론을 종결하였다. 제1심 법원이 A종중의 위 소유권이전등기말소청구소송에 대하여 재판을 한다면, 어떤 재판을 하여야 하는가? (청구인용, 기각, 각하 등의 재판내용과 그 판단 근거를 기재하시오) (2016년 중간고사)

1. 쟁점

사안에서 丁이 2016. 1. 1.자 A종중 총회에서 甲을 대표자로 선임한 결의가 무효임을 이유로 甲이 대표자로서 제기한 소의 적법 여부에 관하여 다투고 있으므로 甲에게 적법한 대표권이 있는지가 문제가 된다.

2. 비법인사단 대표자의 대표권의 소송법적 의미와 자백의 대상인지 여부

비법인사단이 당사자인 사건에서 대표자에게 적법한 대표권이 있는지 여부는 소송요건에 관한 것으로서 법원의 직권조사사항이므로, 법원에 판단의 기초자료인 사실과 증거를 직권으로 탐지할 의무까지는 없다 하더라도 이미 제출된 자료에 의하여 대표권의 적법성에 의심이 갈만한 사정이 엿보인다면 그에 관하여 심리·조사할 의무가 있다(대법원 2011. 7. 28. 선고 2010다97044 판결). 재판상 자백은 변론주의에 의하여 심리되는 사항에 한정하고, 소송요건 등 직권조사사항은 그 대상이 되지 않으므로 비법인사단의 대표권의 존부는 소송요건으로서 직권조사사항에 해당하여 자백의 대상이 될 수 없다.

3. 사안의 해결

사안에서 甲을 대표자로 선임한 2016. 1. 1.자 A종중 총회의 결의의 효력과 관련하여 ① 의결정족수의 문제의 경우는 갑 제1호증 '2016. 1. 1.자 종중총회의사록'에 대하여 丁이 진정성립을 인정하였고 의결정족수에 관한 의사록의 기재를 의심할만한 사정이 없으므로 의결정족수는 충족되었다고 인정할 수 있다. 한편, ② 소집절차의 하자는 직권조사사항인 대표권의 존부에 관한 것으로서 재판상 자백의 대상이 되지 아니하므로 丁이 이를 명백히 다투지 않고 갑 제1, 2호증에 대하여 진정성립을 인정하였더라도 자백간주가 될 수 있는 사항도 아니어서, 종전 대표자인 乙의 증언에 의하여 일부 종중원에 대한 소집통지가 누락됨으로써 소집절차에 하자가 있다는 사실을 인정할 수 있다. 따라서 법원으로서는 '2015. 1. 1.자 A종중 총회의 결의에 절차상 하자가 있으므로 甲을 대표자로 선임한 결의는 효력이 없고 甲은 A종중의 적법한 대표자라고 할 수 없으므로 그가 A종중의 대표자로서 제기한 소는 부적법하다'는 이유로 소각하 판결을 하여야 한다.

(11) 甲은 2016. 5. 1. 자신의 X기계를 乙에게 소유권을 유보하고 매도하고 乙이 경영하는 공장에 X기계를 설치해 주었다. 그런데 乙이 X기계에 대한 대금을 지급하지 못하자, 甲은 乙에 대하여 2016. 9. 10. 위 매매계약을 해제하였다. 그런데 X기계가 설치된 乙 소유의 공장대지 및 건물에 대하여 丙이 저당권을 취득하고, 丙의 저당권 실행을 위한 경매절차에서 위 공장대지 및 건물과 더불어 「공장 및 광업재단 저당법」에 따라 저당목적물로 경매목록에 기재되어 있던 X기계를 丁이 매수하였다. 이에 대하여 甲이 丁을 상대로 X기계에 대한 소유권확인의 소를 제기하였고, 丙을 상대로 자신의 기계가 경매되었다고 주장하며 별소로 X기계의 매각대금 상당액인 1억 원의 부당이득반환청구의 소를 제기하였다. 甲은 위 부당이득반환소송의 제1차 변론기일에 丙에 대한 1억 원의 부당이득반환청구권의 요건사실을 모두 주장·증명하였다. 그 후 甲은 제2차 변론기일 전에 준비서면을 제출하였는데, 이 준비서면에는 甲이 丙으로부터 위 부당이득금 1억 원을 지급받았다는 내용이 기재되어 있었다. 제2차 변론기일에 甲은 출석하지 않았고 丙은 출석하여 "甲이 丙으로부터 위 부당이득금을 지급받았다는 甲의 주장을 丙의 이익으로 원용한다."라고 진술하였다. 제3차 변론기일에는 甲과 丙 모두 출석하였는데, 甲은 "甲이 丙으로부터 위 부당이득금을 반환받은 적이 없고, 위 준비서면의 내용은 진술하지 않겠다."라고 진술하였다. 법원은 제3차 변론기일에 증거조사를 하고 변론을

종결하였는데, 증거조사결과 甲이 丙으로부터 위 부당이득금을 반환받았는지 여부에 대하여 확신을 갖지 못하였다. 법원은 어떠한 판결을 하여야 하는가? (2017년 8월 변시 모의시험)

※ 「공장 및 광업재단 저당법」에 의하면, 공장의 소유자가 공장에 속하는 토지에 설정한 저당권의 효력은 건물을 제외한 그 토지에 부가되어 이와 일체를 이루는 물건과 그 토지에 설치된 기계, 기구 기타의 공장의 공용물에 미친다.

1. 쟁점

사안에서 甲이 丙으로부터 부당이득금을 반환받은 사실은 권리소멸사실로서 甲에게 불리한 사실인바, 甲이 제2차 변론기일 전에 그러한 내용이 기재된 준비서면을 제출함으로써 재판상 자백이 성립되었는지 여부 및 그 효력 등이 쟁점이 된다.

2. 재판상 자백의 성립 요건

재판상 자백은 자기에게 불리한 주요사실을 상대방의 주장과 일치하여 소송행위로서 진술하거나 또는 그러한 주요사실이 진술간주되는 경우에 성립한다. 즉, ① 구체적인 사실로서 주요사실에 관한 것이어야 하고, ② 자신에게 불리한 사실이어야 하며, ③ 상대방의 주장과 일치하여 진술하여야 하고, ④ 변론에서 소송행위로 진술 또는 진술간주되어야 한다. 자신에게 불리한 사실은 상대방이 증명책임을 지는 사실(증명책임설)뿐만 아니라 그러한 사실을 바탕으로 판결이 선고될 경우에 패소할 가능성이 있는 사실(패소가능성설)을 의미한다. 또 상대방의 주장과 일치하여 진술한다는 것은 반드시 상대방의 진술이 먼저 있어야 한다는 것을 의미하는 것은 아니다. 당사자가 변론에서 상대방이 주장하기도 전에 스스로 자신에게 불이익한 사실을 진술하였다고 하더라도, 상대방이 이를 명시적으로 원용하거나 그 진술과 일치되는 진술을 하게 되면 재판상 자백이 성립된다(대법원 1992. 8. 18. 선고 92다5546 판결 등).

3. 재판상 자백의 효과

재판상 자백은 상대방의 동의가 없는 한, 그 자백이 진실에 부합되지 않는다는 것과 자백이 착오에 기인한다는 사실을 증명한 경우에 한하여 이를 취소할 수 있다(민소법 제288조). 또한 당사자가 자백한 사실에 대하여는 증명을 필요로 하지 않는바, 재판상 자백이 성립된 사실에 대하여는 법원의 사실인정권이 배제되므로 법원은 당사자가 자백한 사실에 저촉되는 사실을 인정할 수 없다.

4. 준비서면제출의 효과

민소법 제148조 제1항에서는 "원고 또는 피고가 변론기일에 출석하지 아니하거나, 출석하고서도 본안에 관하여 변론하지 아니한 때에는 그가 제출한 소장·답변서, 그 밖의 준비서면에 적혀 있는 사항을 진술한 것으로 보고 출석한 상대방에게 변론을 명할 수 있다."고 규정하고 있는바, 위 규정에 따르면 변론기일에 한쪽 당사자가 불출석한 경우에 변론을 진행하느냐 기일을 연기하느냐는 법원의 재량에 속한다고 할 것이나, 출석한 당사자만으로 변론을 진행할 때에는 반드시 불출석한 당사자가 그때까지 제출한 소장·답변서, 그 밖의 준비서면에 적혀 있는 사항을 진술한 것으로 보아야 한다(대법원 2008. 5. 8. 선고 2008다2890 판결).

5. 사안의 해결

사안에서 甲이 제2차 변론기일 전에 제출한 준비서면의 내용은 부당이득반환청구권의 소멸에 관한 사실로서 丙에게 주장·증명책임이 있지만, 甲에게 불리한 사실로서 자백의 대상이 될 수 있다. 甲의 준비서면이 제2차 변론기일에서 진술간주되었는지는 제시되어 있지 않지만, 丙이 부당이득금을 반환받은 사실에 관한 甲의 주장을 이익으로 원용하는 변론을 한 것으로 보아, 甲의 준비서면은 진술간주되었다고 보아야 하고, 이로써 재판상 자백이 성립된다. 甲의 제3차 변론기일에서의 진술은 자백의 취소에 해당하나, 그 요건을 갖추지 못하였다. 따라서 법원은 자백이 성립된 부당이득금반환사실에 관하여 구속되므로 甲의 부당이득반환청구에 대하여 기각판결을 하여야 한다.

(12) 甲은 2011. 8. 1. 丙과 丁의 연대보증 아래 乙에게 3억 원(이하 '이 사건 대여금'이라 함)을 변제기 2012. 7. 31., 이율 연 12%(변제기에 지급)로 정하여 대여하였다. 乙이 변제기 이후에도 이 사건 대여금을 변제하지 않자, 甲은 2017. 9. 1. '乙, 丙, 丁은 연대하여 甲에게 이 사건 대여원리금을 지급하라'는 취지의 소를 제기하였다. 甲의 위 대여사실과 丙과 丁의 연대보증사실이 기재된 소장 부본이 2017. 9. 29. 乙에게 송달되었고, 乙은 '甲으로부터 이 사건 대여금을 차용한 사실은 있지만 甲의 대여금 채권은 시효소멸되었다'는 취지의 답변서를 제출하였다. 한편, 소장 부본이 2017. 10. 2. 丙에게도 송달되었으나, 丙은 답변서나 준비서면을 제출하지 않았고, 丁에게는 소장 부본이 소재불명의 사유로 송달불능된 다음 재판장의 명령에 따라 공시송달되었다. 법원은 적법하게 변론기일통지서를 송달(丁에게는 공시송달됨)하여 2017. 11. 6. 제1차 변론기일을 진행하였다. 乙은 변론기일에 출석하여 답변서를 진술하면

서 자신은 컴퓨터판매업을 하는 상인이고, 이 사건 대여금은 사업운영자금으로 빌린 돈이라고 주장하였다. 이에 대해 甲은 乙의 위와 같은 상황을 알고서 대여해 준 것이며, 乙의 주장이 맞다고 진술하였다. 丙은 적법하게 변론기일통지서를 받고도 제1차 변론기일에 출석하지 않았으며, 丁 또한 출석하지 않았다. 甲은 변론기일에서 乙이 작성명의인으로 된 이 사건 대여금의 차용증서는 증거로 제출하였으나 丙, 丁의 연대보증사실을 증명할 만한 증거를 제출하지는 않았다. 법원이 제1차 변론기일에서 변론을 종결하고 2018. 1. 12. 판결을 선고하는 경우, 피고들에 대한 각 청구의 결론[각하, 기각, 인용, 일부인용]과 논거를 서술하시오. (제7회 변호사시험)

1. 쟁점

사안에서 甲의 대여금 및 연대보증금청구에 대하여, 주채무자인 乙은 소멸시효항변이 기재된 답변서를 제출한 다음 제1차 변론기일에서 그와 관련하여 변론을 하였고, 연대보증인 중 1인인 丙은 공시송달에 의하지 않고 적법하게 소장 부본 및 변론기일통지서를 송달받았음에도 답변서 또는 준비서면을 제출하지도 않았고 변론기일에 출석하지도 않았으며, 연대보증인 중 1인인 丁은 공시송달에 의하여 소장 부본 및 변론기일통지서를 송달받은 상황이다. 甲의 乙, 丙, 丁에 대한 대여금 및 연대보증금청구는 소송목적이 피고들 모두에게 합일적으로 확정되어야 할 공동소송이 아니므로 소송자료 및 소송진행, 재판의 불통일원칙이 적용된다. 위와 같은 사실을 전제로 甲의 乙, 丙, 丁에 대한 각 청구에 대한 결론을 개별적으로 검토한다.

2. 乙에 대한 청구

甲이 소장에서 대여사실을 주장하였고, 乙이 그 사실을 인정하는 내용의 답변서를 제출하고 이를 제1차 변론기일에 진술함으로써 재판상 자백이 성립되었으므로, 甲의 乙에 대한 청구의 청구원인사실에 대하여는 증거조사를 할 필요가 없다.

한편, 乙은 甲의 대여금청구에 대하여 소멸시효항변을 하였다. 소멸시효항변이 이유가 있기 위해서는 ① 채권자가 특정시점에서 당해 권리를 행사할 수 있었던 사실 ② 그때부터 소멸시효기간이 도과한 사실을 주장·증명하여야 한다. 대여금채권은 변제기부터 권리를 행사할 수 있으며, 상행위로 인한 채권은 다른 규정이 없는 때에는 5년간 행사하지 아니하면 소멸시효가 완성한다(상법 제64조).

乙이 제1차 변론기일에서 상인으로서 보조적 상행위로서 금원을 차용한 사실(甲의 대여금

채권이 상행위로 인한 채권이라는 사실)을 주장하였고, 이에 대하여는 甲이 다투지 않으므로 위 사실에 대하여도 재판상 자백이 성립되었으므로 증거조사를 할 필요가 없다.

甲의 乙에 대한 대여금채권은 그 변제일로부터 5년이 경과함으로써 2017. 7. 31. 소멸하였고, 甲은 그 이후인 2017. 9. 1.에서야 소를 제기하였으므로 甲의 乙에 대한 대여금청구는 기각되어야 한다.

3. 丙에 대한 청구

당사자가 공시송달에 의하지 아니한 적법한 소환을 받고도 변론기일에 출석하지 아니하는 경우에는 상대방이 주장하는 사실을 자백한 것으로 본다. 다만, 변론 전체의 취지로 보아 그 사실에 대하여 다툰 것으로 인정되는 경우에는 자백한 것으로 보지 않는다(민소법 제150조 제3항, 제1항).

丙은 공시송달에 의하지 않고 적법하게 소장 부본을 송달받았음에도 불구하고 답변서나 준비서면을 제출하지 않았고, 변론기일통지서를 받고도 변론기일에 출석하지 않았다. 변론 전체의 취지로 보아 연대보증사실에 대하여 다툰 것으로 인정할 만한 사정도 없으므로 甲이 소장에서 주장한 연대보증사실에 대하여 자백한 것으로 간주되므로 이에 대하여는 증거조사를 할 필요가 없다.

따라서 甲의 丙에 대한 연대보증금청구는 인용되어야 한다.

4. 丁에 대한 청구

당사자가 변론기일에 출석하지 않은 경우에는 상대방이 주장하는 사실을 자백한 것으로 간주되지만, 공시송달의 방법으로 변론기일통지서를 송달받은 당사자가 출석하지 않은 경우에는 그러한 효과가 부여되지 않는다(민소법 제150조 제3항).

丁은 변론기일통지서를 공시송달에 의하여 송달받고 불출석하였으므로 甲이 丁의 연대보증사실을 증명하여야 하는데, 이에 대하여 증명을 하지 못하였으므로 甲의 청구는 기각되어야 한다.

(13) X토지의 소유자인 甲은 2016. 4. 1. 乙회사에게 X토지 위에 지상 5층의 Y건물 신축공사를 대금 5억 원, 기간 2016. 8. 31.까지로 하여 도급하면서, 공사대금은 Y건물이 완성된 다음 1, 2층을 임대하여 그 임대보증금을 받아서 지급하기로 약정하였다. 乙회사는 2016. 8. 31. Y건물을 완성하여 甲에게 인도하였고, 甲은 2016. 9. 1. Y건물에 관한 소유권보존등기를 마쳤

는데, 丙이 2016. 9. 1.경부터 乙회사로부터 Y건물의 1층을 보증금 1억 원에 임차하였다고 주장하면서 이를 점유해오고 있다. 甲은 2016. 11. 1. 丙을 상대로 Y건물의 소유권에 기하여 건물인도청구의 소를 제기하면서 소장에 Y건물에 관한 등기사항증명서를 갑 제1호증으로 첨부하였다. 이에 丙은 법원에 '甲이 Y건물의 소유자인 사실은 인정하지만, 丙은 Y건물을 신축한 乙회사와 임대차계약을 체결하였으니 임차한 부분을 점유할 정당한 권원이 있다'는 내용의 답변서를 제출하였다. 甲은 제1차 변론기일에 출석하여 소장을 진술한 뒤 소장에 첨부하였던 Y건물에 관한 등기사항증명서를 갑 제1호증으로 제출하였고, 丙의 위 답변서는 진술간주되었다. 그런데 丙의 소송대리인 변호사 戊가 제2차 변론기일에 출석하여, Y건물은 乙회사가 노력과 비용을 들여서 신축한 것으로서 乙회사의 소유이고, 甲은 소유권이 없으니 甲이 Y건물의 소유자임을 전제로 한 甲의 청구는 기각되어야 한다고 주장하면서, 乙회사를 임대인으로 한 임대차계약서를 을 제1호증으로 제출한 뒤, 위 주장사실을 증명하기 위하여 乙회사의 대표이사 丁을 증인으로 신청하였다. 이에 甲은 을 제1호증의 진정성립을 인정하면서 乙회사로부터 Y건물의 1층 부분을 임대한 사실을 들어서 알고 있으나, 乙회사가 Y건물을 임대할 아무런 권한이 없으므로 丙을 임차인으로 인정할 수 없다고 다투었다. 법원은 丁을 증인으로 채택하여야 하는가? (2018년 중간고사)

1. 쟁점

사안에서 甲의 건물인도청구는 소유권에 기초한 것인데, 丙의 소송대리인 戊는 甲의 Y건물에 관한 소유권에 대하여 다투고 있는 상황이다. 丙이 제출하여 진술간주된 답변서의 기재에는 甲의 소유권을 인정하는 내용이 기재되어 있는바, 위 답변서의 진술간주로써 재판상 자백이 성립되었다면 Y건물의 소유권에 관하여는 증거조사를 할 필요가 없고, 그렇지 않다면 증거조사가 필요하다. 따라서 甲의 소유권에 관하여 재판상 자백이 성립되었는지가 우선 검토되고, 재판상 자백이 성립되지 않았다면 증거채부에 관한 법리에 대한 검토가 필요하다.

2. 재판상 자백의 요건

재판상 자백은 자기에게 불리한 주요사실을 상대방의 주장과 일치하여 소송행위로서 진술하거나 또는 그러한 주요사실이 진술간주되는 경우에 성립한다. 즉, ① 구체적인 사실로서 주요사실에 관한 것이어야 하고, ② 자신에게 불리한 사실이어야 하며, ③ 상대방의 주장과 일치하여 진술하여야 하고, ④ 변론에서 소송행위로 진술 또는 진술간주되어야 한다.

재판상 자백은 구체적인 사실에 관한 것이어야 하고 소송물의 전제가 되는 권리관계나 법률효과에 관하여 그것을 인정하는 진술은 재판상 자백이 되지 않는다.

소유권을 선결문제로 하는 소송에 있어서 피고가 원고 주장의 소유권을 인정하는 진술은 그 전제가 되는 소유권의 내용을 이루는 사실에 대한 진술로 볼 수 있으므로 재판상 자백이라고 할 수도 있지만, 이는 사실에 대한 법적 추론의 결과에 대하여 의문의 여지가 없는 단순한 법개념에 대한 자백의 경우에 한하여 인정되는 것이고, 추론의 결과에 대한 다툼이 있을 수 있는 경우에는 권리의 자백으로서 재판상 자백이 되지 않는다(대법원 2007. 5. 11. 선고 2006다6836 판결).

3. 증거조사의 필요성과 관련성

법원은 당사자가 신청한 증거에 대하여 필요하지 않다고 인정할 때에는 조사하지 아니할 수 있다(민소법 제290조). 증거신청이 적법하다면, 법원은 증거조사의 필요성과 증거와 증명되어야 할 사실의 관련성 등을 고려하여 재량으로 증거채부를 결정할 수 있다. 다만, 당사자가 주장하는 사실에 대한 유일한 증거인 경우에는 반드시 조사를 하여야 한다.

재판상 자백이 성립된 사실, 주장 자체로 이유 없는 사실, 법원이 이미 심증을 형성한 사실(확신을 얻은 사실) 등에 대하여는 증거조사가 필요하지 않다.

4. 사안의 해결

사안에서 丙이 답변서에서 Y건물의 소유자를 甲이라는 내용을 포함시킨 것은 Y건물에 관하여 도급인인 甲과 수급인인 乙회사 사이에 소유권귀속의 문제가 거론되지 않은 상태에서 등기사항증명서상 등기명의자가 甲이라는 사실을 인정하는 취지일 뿐, 甲과 乙회사 사이의 도급계약상으로 甲이 Y건물의 소유자라는 사실을 인정하는 취지라고 보기는 어렵다. 따라서 丙이 제출한 답변서의 진술간주에 의하여 재판상 자백이 성립되었다고 볼 수는 없으므로 甲이 Y건물의 소유자인 사실에 대하여는 증거조사가 필요하다. Y건물의 소유자가 甲이라는 사실에 관하여는 원고 甲이 증명책임이 있지만, 이를 다투는 丙으로서도 패소를 면하기 위하여 이에 관한 증거(반증)를 제출을 할 책임도 있다. 乙회사는 Y건물신축공사의 수급인으로서 그 대표이사인 丁은 그 도급계약이나 공사의 이행상황에 관하여 누구보다도 잘 아는 사람으로 요증사실과의 관련성도 있다. 따라서 법원이 丁을 증인으로 채택하지 않을 이유가 없다.

(14) 甲은 2020. 4. 5. 丁, 丙을 상대로, "甲은 2010. 1. 5. 乙에게 1억 원을 변제기 2010. 3. 4., 이자 월 0.5%(월 50만 원, 매월 4일 지급)로 정하여 대여하였고, 丙은 乙의 위 채무를 연대보증하였다. 乙은 2016. 9. 30. 사망하였고, 그 유일한 상속자로는 아들 丁이 있다. 따라서 丁, 丙은 연대하여 위 채무를 변제할 의무가 있다."고 주장하면서, '丁, 丙은 연대하여 甲에게 1억 원 및 이에 대하여 2010. 1. 5.부터 갚는 날까지 월 0.5%의 비율로 계산한 돈을 지급하라.'는 소를 제기하였다. 丁에 대하여는 2020. 4. 20. 소장 부본이 적법하게 교부송달되었으나, 丙에 대하여는 이사불명으로 송달불능이 되었고, 법원은 2020. 5. 15. 공시송달명령을 하였다. 丙은 변론기일에 출석하지 않고, 甲, 丁만 출석하였는데, 丁은 "甲이 2010. 1. 5. 乙에게 1억 원을 변제기 2010. 3. 4., 이자 월 0.5%, 매월 4일 지급 조건으로 대여한 사실, 乙이 2016. 9. 30. 사망하여 丁이 乙을 단독상속한 사실은 다툼이 없으나, 위 대여금과 이자, 지연손해금은 민사채무로서 그 소멸시효기간은 10년이므로, 각 그 변제기로부터 10년이 도과하여 시효소멸하였다."고 항변하였다. 甲은 이에 대하여 "위 대여금과 이자, 지연손해금의 소멸시효기간이 10년인 사실은 다툼이 없으나, 甲은 2016. 9. 25. 乙을 채무자로 하고 위 대여금, 이자, 지연손해금을 피보전채권으로 하여 乙 소유의 X부동산에 관하여 부동산가압류신청을 하였고, 2016. 10. 4. 법원이 가압류결정을 하였으며, 2016. 10. 7. X부동산에 관하여 가압류기입등기가 마쳐졌으므로, 위 대여금과 이자, 지연손해금 채무의 시효는 중단되었다."고 재항변하였다. 법원은 심리 결과, 甲이 주장하는 대여일, 변제기, 이율은 인정되나 다만 대여금의 액수는 1억 원이 아니라 8,000만 원만 인정되고, 한편 위 가압류 관련 甲의 주장사실은 모두 진실하다는 확신을 갖게 되었다. 법원은 어떠한 판결을 하여야 하며(소 각하/청구 기각/청구 인용/청구 일부 인용, 단 일부 인용 시 피고별로 인용범위를 정확하게 기재), 그 근거는 무엇인가? (2020년 10월 변시 모의시험)

1. 쟁점

사안에서 甲의 대여금 및 연대보증금청구에 대하여, 丁은 소멸시효의 항변을 하였고 丙은 공시송달에 의하여 소장 부본 및 변론기일통지서를 송달받았다. 甲의 각 청구에 대하여 공동소송인 독립의 원칙이 적용되는바, 이를 기초로 각 청구에 대한 인용 여부 및 범위에 관하여 검토하여야 한다.

2. 공동소송인 독립의 원칙

통상공동소송에서 공동소송인 중 1인의 소송행위는 유 · 불리를 가리지 않고 다른 공동소송인에게 영향을 미치지 않는다(민소법 제66조). 어떤 권리의 시효소멸은 그 이익을 받을 자가 실제 소송에서 항변을 하여야 하는 사항으로서 법원으로서는 변론주의의 원칙상 당사자가 항변하지 않은 사항을 판단할 수 없다. 통상공동소송에서 공동소송인 중의 1인이 소멸시효항변을 한 경우에 이것은 다른 공동소송인에게 영향을 미치지 않는다. 또한 통상 공동소송인 중에 1인이 재판상 자백을 하더라도 다른 공동소송인에 대하여는 자백의 효과가 발생하지 않는다.

3. 재판상 자백의 효력

재판상 자백은 자기에게 불리한 주요사실을 상대방의 주장과 일치하여 소송행위로서 진술하거나 또는 그러한 주요사실이 진술간주되는 경우에 성립한다. 즉, ① 구체적인 사실로서 주요사실에 관한 것이어야 하고, ② 자신에게 불리한 사실이어야 하며, ③ 상대방의 주장과 일치하여 진술하여야 하고, ④ 변론에서 소송행위로 진술 또는 진술간주되어야 한다. 자신에게 불리한 사실은 상대방이 증명책임을 지는 사실(증명책임설)뿐만 아니라 그러한 사실을 바탕으로 판결이 선고될 경우에 패소할 가능성이 있는 사실(패소가능성설)을 의미한다. 재판상 자백이 성립된 사실에 대하여는 법원의 사실 인정권이 배제되므로 법원은 당사자가 자백한 사실에 저촉되는 사실을 인정할 수 없다.

4. 변론주의와 소멸시효항변 및 소멸시효기간에 관한 주장

민사소송절차에서 변론주의 원칙은 권리의 발생·변경·소멸이라는 법률효과 판단의 요건이 되는 주요사실에 관한 주장·증명에 적용된다. 따라서 권리를 소멸시키는 소멸시효 항변은 변론주의 원칙에 따라 당사자의 주장이 있어야만 법원의 판단대상이 된다. 그러나 이 경우 어떤 시효기간이 적용되는지에 관한 주장은 권리의 소멸이라는 법률효과를 발생시키는 요건을 구성하는 사실에 관한 주장이 아니라 단순히 법률의 해석이나 적용에 관한 의견을 표명한 것이다. 이러한 주장에는 변론주의가 적용되지 않으므로 법원이 당사자의 주장에 구속되지 않고 직권으로 판단할 수 있다. 당사자가 민법에 따른 소멸시효기간을 주장한 경우에도 법원은 직권으로 상법에 따른 소멸시효기간을 적용할 수 있다(대법원 2017. 3. 22. 선고 2016다258124 판결).

5. 공시송달과 자백간주

당사자가 변론기일에 출석하지 않은 경우에는 상대방이 주장하는 사실을 자백한 것으로 간주되지만, 공시송달의 방법으로 변론기일통지서를 송달받은 당사자가 출석하지 않은 경우에는 그러한 효과가 부여되지 않는다(민소법 제150조 제3항).

6. 가압류 신청 후 피신청인이 사망한 경우 가압류 결정의 효력

당사자 쌍방을 소환하여 심문절차를 거치거나 변론절차를 거침이 없이 채권자 일방만의 신청에 의하여 바로 내려진 처분금지가처분결정은 신청 당시 채무자가 생존하고 있었던 이상 그 결정 직전에 채무자가 사망함으로 인하여 사망한 자를 채무자로 하여 내려졌다고 하더라도 이를 당연무효라고 할 수 없다(대법원 1993. 7. 27. 선고 92다48017 판결). 민법 제168조 제2호에서 가압류를 시효중단사유로 정하고 있지만, 가압류로 인한 시효중단의 효력이 언제 발생하는지에 관해서는 명시적으로 규정되어 있지 않다. 민소법 제265조에 의하면, 시효중단사유 중 하나인 '재판상의 청구'(민법 제168조 제1호, 제170조)는 소를 제기한 때 시효중단의 효력이 발생한다. 이는 소장 송달 등으로 채무자가 소 제기 사실을 알기 전에 시효중단의 효력을 인정한 것이다. 가압류에 관해서도 위 민소법 규정을 유추적용하여 '재판상의 청구'와 유사하게 가압류를 신청한 때 시효중단의 효력이 생긴다고 보아야 한다. '가압류'는 법원의 가압류명령을 얻기 위한 재판절차와 가압류명령의 집행절차를 포함하는데, 가압류도 재판상의 청구와 마찬가지로 법원에 신청을 함으로써 이루어지고(민집법 제279조), 가압류명령에 따른 집행이나 가압류명령의 송달을 통해서 채무자에게 고지가 이루어지기 때문이다. 또한 가압류를 시효중단사유로 규정한 이유는 가압류에 의하여 채권자가 권리를 행사하였다고 할 수 있기 때문인데 가압류채권자의 권리행사는 가압류를 신청한 때에 시작되므로, 이 점에서도 가압류에 의한 시효중단의 효력은 가압류신청을 한 때에 소급한다(대법원 2017. 4. 7. 선고 2016다35451 판결).

7. 사안의 해결

가. 丁에 대한 청구

사안에서 甲의 주장에 대하여 丁은 변론기일에 출석하여 대여 사실, 乙의 사망 및 丁의 단독 상속 사실에 관하여 다툼 없다고 진술하여 재판상 자백이 성립하였다. 재판상 자백이 성립한 사실에 대하여는 법원이 달리 사실인정을 할 수 없으므로 대여금 액수는 1억 원으로 인정하여야 한다. 따라서 丁은 甲에게 1억 원 및 이에 대하여 대여일인 2010. 1. 5.부터 다 갚는 날까지 월 0.5%의 비율로 계산한 이자 및 지연손해금을 지급할 의무가 있다. 이에 대하여 丁은 원금, 이자, 지연손해금 채무가 소멸시효 10년이 도과하여 소멸하였고,

甲은 소멸시효가 10년인 점에 대하여 다툼이 없다고 진술하였다. 법원은 소멸시효 기간에 대하여 당사자의 주장에 구속되지 아니하는바, ① 원본 채권은 특별한 사정이 없는 한 일반 민사시효 10년이므로, 변제기인 2010. 3. 4.로부터 10년이 지난 2020. 3. 4.에 소멸시효가 완성된다. ② 지연손해금의 소멸시효는 원본채권의 소멸시효와 동일하므로, 지연손해금의 소멸시효도 10년이다. 다만 주된 권리의 소멸시효가 완성한 때에 종속된 권리에 그 효력이 미치므로(민법 제183조), 지연손해금도 원본 채권이 2020. 3. 4. 시효로 완성되면 함께 소멸한다. ③ 약정이자 채권에 대하여 丁과 甲은 소멸시효 10년이 적용된다고 하나, 민법 제163조 제1호 '1년 이내의 기간으로 정한 금전 또는 물건의 지급을 목적으로 하는 채권'에 해당하므로 3년의 단기소멸시효가 적용된다. 따라서 약정이자 채권은 각 지급일인 2010. 2. 4. 및 2010. 3. 4.을 기산점으로 하여 각 3년이 경과한 때 소멸시효가 완성된다. 丁의 소멸시효 완성의 항변에 대하여 甲이 가압류에 의한 시효중단의 재항변을 하는바, 甲은 2016. 9. 25. X 부동산에 관하여 가압류 신청을 하였고 乙은 2016. 9. 30. 사망하였다. 가압류 신청시에는 乙이 생존하였으므로 가압류 결정이 乙의 사망 후에 있었다 하더라도 가압류 결정은 무효라고 할 수 없다. 따라서 甲이 가압류 신청을 한 2016. 9. 25. 시효중단의 효력이 생긴다. 따라서 대여원금과 지연손해금의 경우 2020. 3. 4. 이전인 2016. 9. 25. 가압류신청으로 시효가 중단되었으나, 이자채권은 가압류 신청 전인 2013. 2. 4. 및 2013. 3. 4. 각 3년 단기소멸시효가 도과하여 소멸시효가 완성되어 소멸하였다. 따라서 丁은 甲에게 시효소멸한 이자채권을 제외한 대여금 1억 원 및 이에 대하여 변제기 다음날인 2010. 3. 5.부터 다 갚는 날까지 월 0.5%의 비율로 계산한 지연손해금을 지급할 의무가 있다.

나. 丙에 대한 청구

丙은 망인 乙을 연대보증한 자로서 丙과 丁은 통상공동소송의 관계이다. 丁의 재판상 자백 및 항변은 공동소송인 독립의 원칙상 丙에게 영향을 미치지 아니한다. 丙에 대하여는 소장이 공시송달 되었으므로 자백간주가 성립되지 아니하고 甲은 청구원인 사실을 증명하여야 한다.

법원은 심리 결과에 따라 丙은 甲에게 8,000만 원 및 이에 대하여 대여일인 2010. 1. 5.부터 다 갚는 날까지 월 0.5%의 비율로 계산한 이자 및 지연손해금을 지급할 의무가 있다는 일부 인용 판결을 하여야 한다.

다. 결론

법원은 "甲에게, 丁은 1억 원 및 이에 대하여 2010. 3. 5.부터 다 갚는 날까지 월 0.5%의 비율로 계산한 돈을 지급하고, 丙은 丁과 연대하여 위 돈 중 8,000만 원 및 이에 대하여 2010. 1. 5.부터 다 갚는 날까지 월 0.5%의 비율로 계산한 돈을 지급하라."는 일부 인용 판결을 하여야 한다.

(15) 甲은 2020. 5. 1. 乙부터 X토지를 대금 3억 원에 매수하였다고 주장하면서 乙을 상대로 X토지에 관하여 2020. 1. 1. 매매를 원인으로 한 소유권이전등기절차의 이행을 구하는 소를 제기하였다. 乙은 2020. 6. 1. 甲에게 X토지를 매도한 사실이 없다는 내용의 답변서를 제출하였다. 그 후 甲은 2020. 6. 15. X토지의 등기부를 열람하고 X토지에 관하여 丙 명의로 소유권이전등기가 마쳐진 사실을 확인한 다음, 2020. 7. 15. X토지에 관한 丙 명의의 소유권이전등기는 乙과의 통정허위표시에 기초한 것으로 원인무효라고 주장하면서 丙을 상대로 甲에 대한 X토지에 관한 소유권이전등기청구권을 피보전채권으로 하여 X토지에 관한 소유권이전등기의 말소등기절차의 이행을 구하는 소를 제기하였다. 丙은 2020. 9. 1. 제1회 변론기일에 출석하여 丙 명의의 소유권이전등기는 법원에서 이루어진 조정절차에서 작성된 조정조서에 의하여 마쳐진 것이어서 말소될 수 없다는 취지로 다투었다. 甲은 2020. 10. 1. 다시 丙을 상대로 X토지에 관한 甲과 乙 사이의 매매계약이 丙으로 말미암아 이행불능이 됨으로써 甲으로 하여금 계약금 상당의 손해를 입게 하였으므로 丙은 甲에게 계약금 1억 원 상당의 손해배상금을 지급할 의무가 있다고 주장하면서, 丙을 상대로 손해배상청구의 소를 제기하였는데, 丙은 2020. 10. 15. 적법하게 소장 부본을 송달받고도 30일 이내에 답변서를 제출하지 않았다. (2021년 중간고사)

① 법원은 丙의 손해배상청구의 소에 대하여 무변론판결을 선고할 수 있는가?

1. 무변론판결의 요건

법원은 피고가 소장 부본을 송달받은 날로부터 30일 이내에 답변서를 제출하지 않은 경우 청구의 원인이 된 사실을 자백한 것으로 보고 변론 없이 판결을 할 수 있다. 다만, 직권으로 조사할 사항이 있거나 판결이 선고되기까지 피고가 원고의 청구를 다투는 취지의 답변서를 제출한 경우에는 그러하지 아니하다(민소법 제257조 제1항).

2. 쟁점

사안에서 甲은 X토지에 관한 乙과의 매매계약이 이행불능에 이르렀다고 주장하면서 손해배상청구를 하였고, 乙은 적법하게 소장 부본을 송달받고도 30일 이내에 답변서를 제출하지 않았고, 전소(甲의 丙에 대한 소유권이전등기의 말소등기청구의 소)와의 관계를 고려하더라도 직권으로 조사할 사항(중복소송 등)이 있는 것으로 보이지는 않으므로, 형식적으로는 무변론판결을 선고할 수 있는 요건이 갖추어졌다. 다만, 甲은 매매계약이 이행불능에 이르렀다고 주장하면서 손해배상청구를 하고 있으므로 이행불능에 관하여 자백간주가 성립될 수 있는지가 문제로 된다.

3. 이행불능 주장에 대한 자백의 성립

자백은 주요사실에 대한 당사자의 불리한 진술을 말하는바, 자백의 대상은 사실에 한정되고, 사실에 대한 법적 판단 내지 평가는 자백의 대상이 되지 않는다. '이행불능'에 관한 주장은 법률적 효과에 관한 진술을 한 것에 불과하고 사실에 관한 진술을 한 것이라고는 볼 수 없으므로 이에 관하여는 재판상 자백이 성립하지 않고, 법원도 이에 구속되지 않는다(대법원 2009. 4. 9. 선고 2008다93384 판결).

4. 사안의 해결

사안에서 X토지에 관한 甲과 乙 사이의 매매계약이 丙으로 말미암아 이행불능이 됨으로써 甲으로 하여금 계약금 상당의 손해가 발생하였다는 주장은 법률적 효과에 관한 진술에 불과하고 사실에 관한 진술을 한 것이라고 볼 수 없어 자백의 대상이 될 수 없다. 피고가 답변서를 제출하지 않았다고 하더라도 법원은 무변론판결을 선고할 수는 없고, 원고로 하여금 이행불능의 법률적 효과가 발생하게 된 구체적인 사실(丙이 乙에게 X토지에 대한 이중매매를 적극 권유하고 乙이 X토지를 丙에게 이중으로 매도하고 그에 관하여 소유권이전등기를 마쳐줌으로써 甲에 대한 X토지에 관한 소유권이전등기의무가 이행불능에 이르렀고, 이로써 甲이 乙에게 지급한 계약금 상당의 손해가 발생하게 되었다)에 관하여 주장을 하게 하여야 한다.

② 甲은 2021. 3. 1. 위 판결에 대한 항소심에서 甲이 중개업자인 丁을 상대로 제기한 손해배상청구소송에서 선고된 판결문을 증거로 제출하였다. 법원은 그 판결의 이유에 기재된 '丙과 丁이 함께 乙에게 X토지에 대한 이중매매를 적극 권유한 사실'을 현저한 사실로 하여 원고 승소의 판결을 선고하였다. 위 항소심판결은 정당한가?

1. 불요증사실로서 현저한 사실

법원에서 당사자가 자백한 사실과 현저한 사실은 증명을 필요로 하지 않는다(민소법 제288조 본문). 현저한 사실은 법관이 직무상 경험을 통해서 명백히 알고 있는 사실로서, 그 사실의 존재에 관하여 명확히 기억을 하고 있는 사실은 물론, 기록 등을 조사하여 곧바로 알 수 있는 사실도 이에 포함된다(대법원 1996. 7. 18. 선고 94다20051 전원합의체 판결).

2. 확정판결의 이유에서 인정한 사실

피고와 제3자 사이에 있었던 민사소송의 확정판결의 존재를 넘어서 그 판결의 이유를 구성하는 사실관계들까지 법원에 현저한 사실로 볼 수는 없다. 민사재판에 있어서 이미 확정된 관련 민사사건의 판결에서 인정된 사실은 특별한 사정이 없는 한 유력한 증거가 되지만, 당해 민사재판에서 제출된 다른 증거 내용에 비추어 확정된 관련 민사사건 판결의 사실인정을 그대로 채용하기 어려운 경우에는 합리적인 이유를 설시하여 이를 배척할 수 있다는 법리는 그와 같이 확정된 민사판결 이유 중의 사실관계가 현저한 사실에 해당하지 않음을 전제로 한 것이다(대법원 2019. 8. 9. 선고 2019다222140 판결).

3. 사안의 해결

사안에서 항소심 법원이 원고와 제3자 사이의 민사소송에서의 판결문의 이유 중 기재된 사실을 현저한 사실로 인정한 것은 위법하다.

사례연습 2

증거조사

(1) 甲이 A회사를 상대로 한 손해배상청구소송에서 법원은 甲의 노동능력상실정도를 알아보기 위하여 전문의로서 현재 개인병원을 개업하고 있는 乙을 감정인으로 선정하였다. 乙이 감정기일에 출석하기 어렵다는 의사를 전달하자, 법원은 乙에게 민소법 제341조의 감정촉탁을 하여 그 회신을 증거로 하여 甲의 노동능력상실정도를 45%라고 인정하였다. 이와 같은 법원의 조치는 적법한가?

1. 쟁점

개인에게 민소법 제341조의 감정촉탁을 한 것이 적법한지 여부가 문제가 된다.

2. 민소법 제341조에 따른 감정촉탁의 요건

민소법 제341조는 "공공기관, 학교, 그 밖에 상당한 설비가 있는 단체 또는 외국의 공공기관에 감정을 촉탁할 수 있다. 이 경우에는 감정인 선서에 관한 규정을 적용하지 아니한다."고 규정하고 있다. 따라서 민소법 제341조에 따른 감정촉탁은 공정성과 진실성 및 전문성이 담보되는 권위 있는 기관에 하여야 한다(대법원 1982. 8. 24. 선고 82다카317 판결).

3. 사안의 해결

사안에서 개인병원 개업의인 乙이 제출한 감정결과는 민소법 제341조의 촉탁기관에 의한 감정결과에 해당되지 않을 뿐만 아니라, 乙이 감정인으로서 선서를 하지 않아서 감정인의 감정결과에도 해당되지 않으므로 증거자료가 될 수 없다. 따라서 법원이 乙의 감정촉탁회신(감정촉탁결과)을 증거로 하여 甲의 노동능력상실정도를 인정한 것은 적법하지 않다. 다만, 그 감정결과를 기재한 서면이 당사자인 甲에 의하여 서증으로 제출되는 때에는 증거로 할 수 있다.

(2) 甲이 乙을 상대로 하는 소송에서 두 사람 명의의 부동산매매계약서를 갑 제1호증으로 제출하였는데, 위 계약서에는 관할구청 담당공무원의 '신고필, 2013. 5. 1.' 표시와 담당공무원의 직인이 찍혀 있었다. 乙이 위 서증에 대하여 '공성부분 성립인정, 사성부분 부인'이라고 인부를 하였다면, 법원은 이 상태에서 위 계약서를 증거로 하여 甲과 乙 사이에 계약서의 기재와 같은 내용의 매매계약이 체결된 사실을 인정할 수 있는가? 인정할 사실이 위 계약서가 2013. 5. 1. 현재 존재한다는 점이라면 어떤가?

1. 쟁점

사안에서 부동산매매계약서는 甲, 乙 두 사람 명의의 사문서에 공무원이 작성한 신고필 표시와 직인이 찍혀있는 공사병존문서이고, 법률행위가 문서 자체에 의해 행해지는 경우로서 처분문서에 해당하는바, 그 문서의 형식적 및 실질적 증거력이 문제가 된다.

2. 매매계약 체결 사실의 인정여부

공사병존문서의 경우, 공문서 부분에 관하여 다툼이 없다고 하더라도 사문서 부분의 진정성립이 추정되지는 않으므로 그에 대하여는 진정성립이 증명되어야 사실인정을 뒷받침하는 증거로 사용될 수 있다(대법원 1995. 6. 16. 선고 95다2654 판결).

사안에서 乙이 위 매매계약서에 대하여 '공성 부분 성립인정, 사성(사문서) 부분 부인'이라고 인부를 하였다면, 위 서증의 제출자인 甲으로서는 우선 위 서증 중 사문서 부분의 진정성립, 즉 乙의 의사에 의해서 위 매매계약서가 작성된 사실을 증명하여야 한다.

한편, 처분문서의 진정성립이 인정되는 경우에 법원으로서는 그 문서의 기재내용에 따른 의사표시의 존재 및 내용을 인정하여야 하므로(대법원 2010. 11. 11. 선고 2010다26769 판결 등), 위 서증 중 사문서 부분의 진정성립이 증명된다면, 법원으로서는 처분문서인 위 서증의 기재내용과 같은 매매계약이 체결된 사실을 인정할 수 있다.

3. 부동산매매계약서가 현재 존재한다는 점의 인정여부

확정일자 있는 매매계약서의 공문서부분만 성립이 인정되는 경우에는 문서 전체의 진정성립을 인정할 수는 없고, 사문서인 그 매매계약서가 확정일자 당시에 존재한 사실을 증명할 뿐이다(대법원 1974. 9. 24. 선고 74다234 판결).

사안에서 乙이 위 서증에 대하여 공성부분만 성립인정을 한 상태에서도 위 서증이 확정일자인 2013. 5. 1. 현재 존재한다는 사실은 인정할 수 있다.

(3) 甲이 乙 운전의 승용차에 치어 다쳤다. 甲은 乙이 가입한 보험회사로부터 배상금을 지급받았으나, 보험금 이외에 5,000만 원을 乙이 추가로 지급하기로 약정했다고 주장하면서 乙을 상대로 약정금 5,000만 원의 지급을 구하는 소를 제기하고, 그 증거로 '각서, 금 오천만원을 보험금과 별도로 2013. 10. 31.까지 지급할 것을 약속함, 2013. 10. 10. 각서인 乙 (인), 甲 귀하' 라고 기재되어 있는 문서를 갑 제1호증으로 제출하였다. 위 서증에 대하여 乙이 다음과 같이 각 진술한 경우에 법원은 위 각서의 기재를 증거로 하여 원고의 청구원인사실을 인정할 수 있는가? 현 상태에서 인정할 수 없다면, 어떤 점이 증명되면 위 각서의 기재를 증거자료로 하여 원고의 청구원인사실을 인정할 수 있는가?

① '성립인정, 증명취지 부인', 즉 금전지급약정은 하지 않았지만 각서는 작성해 주었다고 진술한 경우

② '인영부분만 성립인정', 즉 '乙' 이름 옆의 도장은 찍어 주었으나, 甲이 각서가 아니라 보험금이 지급된 사실을 확인하는 문서를 작성해 달라고 하면서 내용은 자신이 기재하겠다고 하여 백지에 도장만 찍어 주었을 뿐 추가로 금전 지급을 약속한 사실은 전혀 없다고 진술한 경우

③ '인영만 인정', 즉 '乙' 이름 옆의 인영(印影)이 자신의 도장에 의한 것임은 인정하지만 자신이 날인하지 않았고 도장이 누군가에 의해 도용되었다고 진술한 경우

④ 甲은 "위 각서 원본을 乙로부터 받아 보관하다가 이사하면서 분실하였고, 전에 복사해 놓은 사본만 있어 그 사본을 갑 제1호증으로 제출한다."고 진술하면서 갑 제1호증을 제출하였고, 乙이 갑 제1호증의 원본 존재 및 성립을 부인한 경우

1. 쟁점

각서는 처분문서로서 사문서인바, 각 경우에 그 진정성립 및 증명력(형식적 및 실질적 증거력)이 문제가 된다.

2. 사안의 해결

① "성립인정, 증명취지 부인"의 경우

처분문서인 각서의 진정성립이 인정되므로 그 기재내용에 따른 법률행위의 존재 및 내용을 인정할 수 있다. 따라서 법원은 갑 제1호증의 기재에 의하여 원고의 청구원인사실을 인정할 수 있다.

② "인영 부분의 성립인정, 백지문서에 날인"의 경우

문서의 일부 또는 전부가 백지인 상태에서 서명날인을 하였다는 것은 이례에 속하므로 乙로서는 완성문서로서의 진정성립의 추정을 번복할 만한 간접반증, 즉 백지문서 또는 미완성문서를 제3자가 보충하였다는 사실에 관한 증거(반증)를 제출하여야 한다.

乙이 백지문서에 날인한 사실에 대하여 주장만 할 뿐이라면, 법원으로서는 민소법 제358조에 근거하여 문서의 진정성립을 추정하고, 완성문서로서의 추정력을 뒤집을 만한 합리적인 이유와 이를 뒷받침할 간접반증이 없다는 이유로 乙의 위와 같은 주장을 배척하여, 갑 제1호증의 기재에 의하여 원고의 청구원인사실을 인정할 수 있다.

③ "인영만 인정"의 경우

인영이 작성 명의인의 인장에 의하여 현출된 것이라면 그 인영의 진정성립이 추정되고, 일단 인영의 진정성립이 추정되면 민소법 제358조에 근거하여 문서 전체의 진정성립이 추정된다. 인영의 진정성립, 즉 날인행위가 작성 명의인의 의사에 기초한 것이라는 추정은 사실상의 추정이므로 인영의 진정성립을 다투는 자가 반증을 들어 인영의 날인행위가 작성 명의인의 의사에 기초한 것임에 관하여 법원으로 하여금 의심을 품게 할 수 있는 사정을 증명하면 그 진정성립의 추정은 깨어진다(대법원 2003. 2. 11. 선고 2002다59122 판결).

도장이 누군가에 의해 도용되었다고 주장하는 乙로서는 제3자에 의해 날인행위가 이루어진 것임을 밝혀 인영의 진정성립에 대한 추정을 번복시켜야 하는데, 그러한 증거를 제출하지 않고 주장만 할 뿐이므로 현상태에서는 갑 제1호증의 기재에 의하여 원고의 청구원인사실을 인정할 수 있다.

乙이 각서의 인영이 제3자에 의하여 날인되었다는 사실을 밝힌 경우에는 (또는 그러한 사실이 밝혀진 경우에는), 문서제출자인 甲이 그 제3자가 피고의 위임을 받아 날인한 사실을 증명하여야 갑 제1호증의 진정성립이 추정될 수 있다.

④ 사본에 대한 "원본 존재 및 성립을 부인"의 경우

법원에 문서를 제출할 때에는 원본, 정본 또는 인증이 있는 등본으로 하여야 하므로(민소법 제355조 제1항), 원본, 정본 또는 인증이 있는 등본이 아닌 단순한 사본에 의한 증거의 제출은 정확성의 보증이 없어 원칙적으로 부적법하다. 특히 원본의 존재 및 그 진정성립에 관하여 다툼이 있고 사본을 원본의 대용으로 하는데에 대하여 상대방으로부터 이의가 있는 경우에는 사본으로써 원본을 대신할 수 없고, 반면에 사본을 원본으로서 제출하는 경우에는 그 사본이 독립한 서증이 되는 것이지만, 그 대신 이로써 원본이 제출된 것으로 되지는 않고, 이때에는 증거에 의하여 사본과 같은 원본이 존재하고 또 그 원본이 진정하게 성립하였음이 인정되어야 한다. 또한 서증 사본의 제출자가 원본을 제출하기 불가능한 경우에는 그에 대한 정당성이 되는 구체적인 사유를 주장·증명하여야 한다(대법원 2002. 8. 23. 선고 2000다66133 판결).

사본 제출에 대하여 乙이 이의를 하고 있으므로 현 상태로는 갑 제1호증을 근거로 원고의 청구원인사실을 인정할 수는 없고, 甲이 과거에 갑 제1호증의 원본이 존재하였고 그것을 제출할 수 없는 구체적인 사유(분실) 및 그 원본의 진정성립에 관하여 주장·증명하여야 갑 제1호증의 기재를 근거로 하여 원고의 청구원인사실을 인정할 수 있다.

(4) 乙과 丙은 각 2/3, 1/3 지분으로 X주택을 소유하면서 乙과 丙의 합의에 따라 乙이 단독으로 X주택에 거주하고 있었다. 乙은 2010. 4. 1. 甲에게 X주택의 보수를 의뢰하면서 그 대금을 5,000만 원으로 하고 공사완공과 동시에 지급하기로 약정하였다. 甲은 이 약정에 따라 2010. 10. 31. 보수공사를 마쳤다. 甲은 공사과정에서 3,000만 원 상당의 공사비를 지출하였고, 보수공사 후에 X주택의 가치가 2,000만 원 상당 높아졌다. 그런데 乙이 공사대금을 지급하지 않자, 甲은 X주택을 점유하고 그 반환을 거절하였다. 乙과 丙은 2014. 1. 15. 각 지분권에 기하여 甲을 상대로 X주택에 대한 인도청구의 소를 제기하였다. (2015년 6월 변시 모의시험)

① 위 소송에서 피고 甲이 제출한 '보수공사계약서'에는 도급인으로 乙과 丙의 성명이 기재되어 있고 乙의 이름 뒤에는 乙의 인장이, 丙의 이름 뒤에는 丙의 인장이 각 날인되어 있었는데, 丙은 위 계약서를 작성한 사실이 없다고 주장하였다. 그러나 심리결과 위 계약서에 날인된 丙의 인영은 丙의 인장에 의한 것임이 밝혀졌다면 법원은 어떠한 판단을 할 수 있는가?

1. 쟁점

사안에서 보수공사계약서는 처분문서에 해당하는바, 丙이 계약서 작성사실을 부인하지만 보수공사계약서에 날인된 丙의 인영이 丙의 인장에 의한 것이 인정되는 경우에 처분문서의 형식적 증거력이 문제가 된다.

2. 처분문서의 형식적 증거력

문서에 날인된 작성명의인의 인영이 그의 인장에 의하여 현출된 것이라면, 날인행위가 작성명의인의 의사에 기초한 것임이 사실상 추정되고(인영의 진정성립, 1단계 추정), 인영의 진정성립이 추정되면 민소법 제358조를 근거로 하여 문서 전체의 진정성립이 추정된다(2단계 추정).

3. 사안의 해결

사안에서 보수공사계약서(처분문서)에 날인되어 있는 인영이 丙의 인장에 의한 것임이 밝혀졌으므로 그 날인행위가 丙의 의사에 기초한 것임이 추정되고, 이로써 문서 전체의 진정성립이 추정된다. 따라서 보수공사계약서는 그 형식적 증거력이 있으므로 법원으로서는 그 내용에 따라 丙이 보수공사계약의 도급인이라는 사실을 인정할 수 있다.

② 만약 위 ①의 경우에 丙의 인장을 乙이 임의로 사용하여 丙의 이름 뒤에 날인하여 위 계약서를 작성한 사실이 증명되었다면, 법원은 어떠한 판단을 할 수 있는가?

1. 쟁점

작성명의인의 인장이 타인에 의하여 임의로 사용되어 처분문서가 작성되었음이 밝혀진 경우에 그 처분문서의 형식적 증거력에 관한 증명책임이 문제가 된다.

2. 처분문서의 형식적 증거력과 증명책임

문서에 날인된 작성명의인의 인영이 그의 인장에 의하여 현출된 것이라면, 날인행위가 작성명의인의 의사에 기초한 것임이 사실상 추정되고(인영의 진정성립, 1단계 추정), 인영의 진정성립이 추정되면 민소법 제358조를 근거로 하여 문서 전체의 진정성립이 추정된다(2단계 추정). 날인행위가 작성 명의인의 의사에 기초한 것이라는 추정은 사실상의 추정이므로 인영의 진정성립을 다투는 사람이 반증을 들어 인영의 날인행위가 작성 명의인의 의사에 기초한 것임에 관하여 법원으로 하여금 의심을 품게 할 수 있는 사정을 증명하면 그 진정성립의 추정은 깨어진다. 날인행위가 작성명의인 이외의 사람에 의해서 이루어진 것임이 밝혀져서 사실상 추정이 깨뜨려진 경우에는, 문서제출자가 그 날인행위가 작성명의인으로부터 위임받은 정당한 권원에 의한 것이라는 사실까지 증명할 책임이 있다(대법원 1995. 6. 30. 선고 94다41324 판결 등).

3. 사안의 해결

사안에서 乙이 임의로 보수공사계약서에 丙의 인장을 날인한 사실이 밝혀진 경우 그 인영의 진정성립에 관한 사실상 추정은 깨어졌으므로, 문서제출자인 甲은 乙이 丙의 인장을 사용하여 보수공사계약서를 작성할 권한이 있었다는 사실에 관하여 증명하여야 한다. 따라서 문서제출자인 甲에 의하여 乙이 丙의 인장을 사용하여 보수공사계약서를 작성할 권한이 있었다는 사실이 증명되지 않는 한, 보수공사계약서는 형식적 증거력이 없으므로 법원으로서는 보수공사계약서를 증거로 하여 丙이 보수공사계약의 도급인이라는 사실을 인정할 수는 없다.

유사문제 1. A 주식회사(대표이사 B, 이하 'A회사'라고 함)는 2009. 1. 3. 乙의 대리인임을 자처하는 甲으로부터 乙 소유의 X부동산을 대금 7억 원에 매수하면서, 계약금 1억 원은 계약 당일 지급하고, 중도금 3억 원은 2009. 3. 15. 乙의 거래은행 계좌로 송금하는 방법으로 지급하며, 잔금 3억 원은 2009. 3. 31. 乙로부터 X부동산에 관한 소유권이전등기 소요서류를 교부받음과 동시에 지급하되, 잔대금 지급기일까지 그 대금을 지급하지 못하면 위 매매계약이 자동적으로 해제된다고 약정한 후(이하 '이 사건 매매계약'이라 함), 같은 날 甲에게 계약금 1억 원을 지급하였다. A회사는 2012. 10.경 乙을 상대로 甲이 乙을 적법하게 대리하여 이 사건 매매계약을 체결한 것이라고 주장하면서 X부동산에 관하여 이 사건 매매계약을 원인으로 한 소유권이전등기를 구하는 소를 제기하였다. 위 소송 제1차 변론기일에서 A회사는 이 사건 매매계약서를 증거로 제출하였는데, 乙은 이 사건 매매계약서 중 매도인란에 기재된 乙 이름 옆에 날인된 인영이 자신의 인장에 의한 것임은 맞으나 자신은 이를 날인한 사실이 없다고 다투었고, A회사는 乙의 사촌동생인 甲이 乙을 대신하여 날인한 것이라고 주장하였으며, 乙은 甲이 이를 날인하였다는 A회사의 주장을 이익으로 원용하였다. 이 사건 매매계약서의 형식적 증거력이 인정될 수 있는지 여부를 그 논거와 함께 서술하시오. (제2회 변호사시험)

2. 甲 소유의 X토지에 관하여 乙 앞으로 매매를 원인으로 한 소유권이전등기가 마쳐졌다. 甲은 "甲이 乙에게 X 토지를 대금 10억 원에 매도하는 내용의 매매계약(이하 '이 사건 계약'이라고 함)을 체결한 후 위 소유권이전등기를 마쳤는데, 乙은 아직 대금을 지급하지 않았다."라고 주장하면서 乙을 상대로 주위적으로는 대금 10억 원의 지급을 청구하는 한편, 이 사건 계약의 체결 사실이 인정되지 않을 것에 대비하여 예비적으로는 위 소유권이전등기의 말소등기를 청구하는 소를 제기하였다. 제1심 소송과정에서 乙이 이 사건 계약을 체결한 적이 없다고 진술하자, 甲은 이 사건 계약의 체결 사실에 대한 증거로 이 사건 계약 내용이 기재된 매매계약서를 제출하였다. 이에 乙은 "매매계약서의 매수인란에 날인된 인영은 乙의 인장에 의한 것이지만, 乙은 위 인영을 날인한 적이 없다."라고 진술하였다. 심리결과 위 인영은 丙이 날인한 것으로 밝혀지자, 甲은 "丙이 乙의 위임을 받아위 인영을 날인하였다."라고 진술하였고, 乙은 "날인을 위임한 사실이 없다."라고 주장하였다. 법원은 乙이 丙에게 날인을 위임하였는지 여부에 대해 확신을 갖지 못하였고, 위 매매계약서 외에달리 이 사건 계약의 체결 사실을 인정할 만한 증거가 없는 상태이다. 제1심 법원은 주위적 청구에 대하여 어떠한 판단을 하여야 하는가? (2019년 6월 변시 모의시험)

(5) X토지는 甲의 부친인 乙이 사정(査定)받아 1970. 1. 1. 乙의 명의로 소유권보존등기를 마친 토지인데, 丙이 1980. 1. 1. 그의 명의로 소유권이전등기를 마친 뒤 그 토지 위에 가건물을 건립하여 음식점영업을 해오고 있다. 丁은 2015. 1. 1. "丁이 2013. 1. 1. 甲에게 5,000만 원을 이율은 월 1%, 변제기는 2013. 12. 31.로 정하여 대여하였다."고 주장하면서, 위 금전채권을 보전하기 위하여 자력이 없는 甲을 대위하여 丙을 상대로 X토지에 관한 소유권이전등기의 말소등기청구의 소를 제기하였다. 丁은 위 소송에서 2013. 1. 1.자 차용증의 사본을 서증으로 제출하였는데, 丙은 그 원본을 제출해줄 것을 요구하면서 위 사본에 대하여 '부지'라고 다투었다. 위 차용증의 사본은 서증이 될 수 있는가? 丁은 위 차용증의 사본을 2013. 1. 1.자 금원대여사실을 뒷받침하는 증거로 하기 위하여 어떤 사실을 주장·증명하여야 하고, 이를 위하여 어떤 증거방법을 신청할 수 있는가? (2017년 중간고사)

1. 사본을 증거로 제출하는 경우

서증의 제출은 원본, 정본 인증 있는 등본으로 하여야 한다(민소법 제355조). 원본이 아니고 단순한 사본 만에 의한 증거의 제출은 정확성의 보증이 없어 원칙적으로 부적법하다. 원본의 존재 및 원본의 성립의 진정에 관하여 다툼이 있고 사본을 원본의 대용으로 하는 것에 대하여 상대방으로부터 이의가 있는 경우에는 사본으로써 원본을 대신할 수 없다. 사본을 원본으로서 제출하는 경우에는 그 사본이 독립한 서증이 될 수 있지만, 그로써 원본이 제출된 것으로 되는 것은 아니고, 이때에는 증거에 의하여 사본과 같은 원본이 존재하고 또 그 원본이 진정하게 성립하였음이 인정되지 않는 한, 그와 같은 내용의 사본이 존재한다는 것 이상의 증거가치는 없다. 다만 서증 사본의 신청당사자가 문서 원본을 분실하였다든가, 선의로 훼손한 경우, 또는 문서제출명령에 응할 의무가 없는 제3자가 해당 문서의 원본을 소지하고 있는 경우, 원본이 방대한 양의 문서인 경우 등 원본 문서의 제출이 불가능하거나 비실제적인 상황에서는 원본의 제출이 요구되지 아니한다고 할 것이지만, 그와 같은 경우라면 해당 서증의 신청당사자가 원본 부제출이 정당하게 되는 구체적 사유를 주장·증명하여야 한다(대법원 2002. 8. 23. 선고 2000다66133 판결 등).

2. 사안의 해결

사안에서 丁이 제출한 차용증 사본에 대하여 상대방인 丙이 이의를 제기하고 있으므로 그것을 원본의 대용으로 할 수는 없고, 그 사본이 독립한 증거가 된다. 丁으로서는 증거로 제출한 차용증 사본과 같은 원본의 존재 및 그 원본의 진정성립과 분실 등 원본 부제출을 정당하게 하는 사유를 주장·증명하여야 한다. 丁은 위와 같은 사실을 증명하기 위하여, 甲이 직접 2013. 1. 1. 금전을 차용하면서 차용증을 작성하는 것을 목격한 증인, 그와 같은 영상이 담긴 CCTV 영상의 검증, 차용 당시 입회하지는 못하였지만 차용증의 원본을 목격한 증인, 차용증 사본 상의 필체가 甲의 필체와 동일함을 증명하기 위한 필적 검증 및 감정 등, 차용증 원본의 분실에 관한 증인 등의 증거방법을 신청할 수 있다.

(6) 甲은 2010. 1. 1. 乙에게 5,000만 원을 이율은 월 1%, 변제기는 2010. 12. 31.로 정하여 대여하였는데 위 대여원리금을 변제받지 못하자, 2015. 1. 1. 乙의 아들로서 유일한 상속인인 乙-1을 상대로 '피고는 원고에게 5,000만 원 및 이에 대하여 2010. 1. 1.부터 다 갚는 날까지 월 1%의 비율로 계산한 돈을 지급하라'는 소를 제기하였다. 제1심 법원이 2015. 4. 1. '피고는 원고에게 5,000만 원 및 이에 대하여 2010. 1. 1.부터 다 갚는 날까지 월 1%의 비율로 계산한 돈을 지급하라'는 판결을 선고하자, 乙-1이 항소를 하였다. 乙-1은 2015. 7. 1. 항소심 제1차 변론기일에서 乙이 생전에 위 차용금을 변제하였다고 주장하면서 乙의 유품을 정리하다가 우연히 발견한 것으로서 甲의 이름이 기재된 변제증서를 제출하였다. 甲은 위 변제증서는 위조된 것이고, 그 변제증서에 날인된 인영은 甲이 전혀 사용하지 않는 것이라고 다투었다. 乙-1은 어떤 방법으로 위 변제증서의 진정성립을 증명할 수 있는가? (2017년 중간고사)

1. 사문서의 진정성립

사문서를 서증으로 제출할 경우 그 제출자가 진정한 것임을 증명하여야 한다(민소법 제 357조). 사문서는 본인 또는 대리인의 서명이나 날인 또는 무인이 있는 때에는 진정한 것으로 추정되는바(민소법 제358조), 사문서에 날인된 작성명의인의 인영이 그의 인장에 의하여 현출된 것이면 날인행위가 작성명의인의 의사에 의한 것임이 사실상 추정되고(인영의 진정성립의 추정), 인영의 진정성립이 인정되면 민소법 제358조에 근거하여 문서전체의 진정성립이 추정된다.

민소법 제359조는 "문서가 진정하게 성립된 것인지 어떤지는 필적 또는 인영을 대조하여 증명할 수 있다."고 규정하고 있는바, 필적 및 인영의 대조는 검증의 일종이고, 법원은 대조를 위하여 당사자에게 대조용 문서 등을 제출하게 하거나(민소법 제360조) 상대방에게 문자를 손수 쓰도록 명할 수 있다(민소법 제361조). 또는 증인, 필적 및 인영에 대한 감정을 통하여 문서의 진정성립을 증명할 수 있고, 문서의 진정성립은 변론 전체의 취지만으로 인정할 수도 있다. 즉, 당사자가 부지로서 다툰 서증으로서 그 내용이 당사자 사이에 다투어지지 않는 서증에 관하여는 서증의 제출자가 그 진정성립을 증명하지 않은 경우에도, 변론 전체의 취지를 참작하여 자유심증으로써 그 진정성립을 인정할 수 있다.

2. 사안의 해결

사안에서, 명의인인 甲이 변제증서가 위조된 것이라고 다투면서, 그에 날인된 인영의 동일성을 인정하고 있지 않으므로, 변제증서의 제출자인 乙-1이 그 진정성립을 증명하여야 한다. 우선, 乙-1로서는 그 변제증서에 날인된 인영이 甲이 사용하였거나 소지하는 인장의 인영과 동일함을 증명하여 그 진정성립이 추정되도록 할 수 있다. 이를 위하여 乙-1은 그 인장이 인감도장일 경우에는 관공서(주민센터)에 사실조회를 할 수 있고, 그 인장이 인감도장이 아닌 경우에는 乙-1이 소지하고 있는 甲이 작성한 다른 문서를 제출하거나, 그러한 문서의 제출을 위하여 甲에 대하여 문서제출명령을 신청하거나, 그러한 문서를 보관하고 있는 제3자에 대하여 문서송부촉탁 또는 서증조사의 증거방법을 사용할 수 있다. 또, (인영의 동일을 증명하지 않고 바로 변제증서의 진정성립을 증명하기 위하여) 甲이 변제증서를 작성하는 것을 목격한 증인이나, 필적 검증 및 감정 등을 통하여 진정성립을 증명할 수 있다. 사안에서 변제증서는 명의인인 甲이 그 작성 여부에 대하여 다투고 있는 경우이므로 변론 전체의 취지만으로는 그 진정성립이 인정되기는 어렵다.

(7) 甲은 乙주식회사(이하 '乙회사'라 함)의 직원으로 재직하다가 2015. 12. 31. 해고처분을 받았다. 甲이 2016. 3. 1. 乙회사를 상대로 해고무효확인청구와 불법행위를 원인으로 하는 손해배상청구로서 2016. 1. 1.부터 복직 시까지 매월 300만 원의 지급을 구하는 소를 제기하자, 乙회사는 甲의 근무태만 등을 사유로 한 위 해고처분이 정당하다고 다투었다. 甲은 乙회사가 노조 조합장인 자신의 노조활동에 불만을 갖고 2014년경부터 장기간 불법적으로 감시와 미행을 하여 오다가 사소한 지각과 조퇴를 문제삼아 해고처분을 하였다고 주장하고 있는데, 위 주장과 관련한 구체적인 사실이나 그것을 뒷받침할 증거를 가지고 있지 못하지만, 乙회사는 위와 같은 불법행위로 수집한 자료(정보)를 직원들에 대한 인사관련자료(인사기록카드 등)로 가지고 있을 것이고, 위와 같은 자료가 증거로 제출되면 불법행위의 성립에 관한 증명이 될 수 있을 것이라고 생각한다. 甲이 재판절차에서 위와 같은 증거를 제출할 수 있는 방법이 있는가? (2018년 중간고사)

1. 쟁점

소송 중에 상대방이 소지하고 있는 증거를 수집하여 제출할 수 있는 방법으로 문서제출명령 등이 있는바, 이에 관한 검토가 필요하다.

2. 문서제출명령

당사자는 서증을 신청하려고 할 때 그 문서를 가진 상대방 또는 제3자에게 그것을 제출하도록 명할 것을 신청하는 방식으로 할 수 있다(민소법 제343조). 문서를 소지하고 있는 사람은 인용문서, 인도 · 열람문서, 이익문서, 법률관계문서가 아니라도 일반적으로 문서를 제출할 의무가 있고, 다만 증언거부사유에 상당한 문서, 자기이용문서, 공무원의 직무관련문서 등은 예외가 된다(민소법 제344조).

어느 문서가 오로지 문서를 가진 사람이 이용할 목적으로 작성되고 외부자에게 개시하는 것이 예정되어 있지 않으며 이를 개시할 경우 문서를 가진 사람에게 심각한 불이익이 생길 염려가 있다면, 이러한 문서는 특별한 사정이 없는 한 위 규정의 자기이용문서에 해당된다(대법원 2015. 12. 21.자 2015마4174 결정 등). 어느 문서가 자기이용문서에 해당하는지 여부는 문서의 표제나 명칭만으로 이를 판단하여서는 아니 되고, 그 문서의 작성 목적, 기재 내용에 해당하는 정보, 당해 유형 · 종류의 문서가 일반적으로 갖는 성향, 문서의 소지 경위나 그 밖의 사정 등을 종합적으로 고려하여 객관적으로 판단하여야 하는데, 설령 주관적으로 내부 이용을 주된 목적으로 회사 내부에서 결재를 거쳐 작성된 문서일지라도, 신청자가 열람 등을 요구할 수 있는 사법상 권리를 가지는 문서와 동일한 정보 또는 그 직접적 기초·근거가 되는 정보가 당해 문서의 기재 내용에 포함되어 있는 경우, 객관적으로 외부에서의 이용이 작성 목적에 전혀 포함되어 있지 않다고는 볼 수 없는 경우, 당해 문서 자체를 외부에 개시하는 것은 예정되어 있지 않더라도 당해 문서에 기재된 '정보'의 외부 개시가 예정되어 있거나 그 정보가 공익성을 가지는 경우 등에는 그 문서를 내부문서라는 이유로 자기이용문서라고 쉽게 단정할 것은 아니다(대법원 2016. 7. 1.자 2014마2239 결정 등).

문서제출명령신청 시에는 제출대상이 되는 문서와 그 증명할 사실이 특정되어야 하는데(민소법 제345조), 이를 위하여 문서제출명령신청과 관련하여 소지하고 있는 문서목록제출명령을 먼저 할 수 있다(민소법 제346조).

문서제출명령신청에 대하여 법원은 제출의무와 문서의 소지사실에 관하여 심리를 하여 그 허가여부를 결정하는데, 제3자에 대하여 문서제출명령을 하는 경우에는 제3자를 심문하여야 하고, 문서제출거부사유가 있는지를 심리하기 위하여 문서소지인에게 그 문서를 제시하도록 명령할 수 있다(민소법 제347조).

문서제출명령을 신청하려면 우선 문서의 존재와 소지가 증명되어야 하는데, 그 증명책임은 원칙적으로 신청인에게 있다. 문서제출명령신청의 결정에 대하여는 즉시항고할 수 있다(민소법 제348조).

3. 검증대상물 제출명령

검증의 신청에 관하여는 서증의 신청에 관한 규정이 준용되므로, 상대방 또는 제3자가 소지·지배하는 검증대상물에 대하여는 제출명령을 신청할 수 있다(민소법 제343조, 제347조). 동영상파일은 문서제출명령의 대상이 아니라 검증물제출명령의 대상이 된다.

4. 사안의 해결

사안에서 乙회사가 보관하고 있는 인사관련자료는 '오로지 문서를 가진 사람이 이용할 목적으로 작성되고 외부자에게 개시하는 것이 예정되어 있지 않으며 이를 개시할 경우 문서를 가진 사람에게 심각한 불이익이 생길 염려가 있는 문서'에 해당된다고 보기는 어려우므로 문서제출명령의 대상이 된다.

甲은 乙회사가 甲에 대한 사찰(감시와 미행)과 관련된 자료를 서류의 형태로 보관하고 있다면 문서제출명령신청을, 파일 등의 형태로 보관하고 있다면 검증물제출명령신청을 할 수 있는데, 그러한 신청을 하기 위하여는 문서의 존재 및 소지사실을 증명하여야 하므로,

이를 위하여 문서목록제출명령신청을 할 수 있다.

(8) 甲은 2020. 5. 1. 乙로부터 X토지를 대금 3억 원에 매수하였다고 주장하면서 乙을 상대로 X토지에 관하여 2020. 1. 1. 매매를 원인으로 한 소유권이전등기절차의 이행을 구하는 소를 제기하였다. 乙은 2020. 6. 1. ① 甲에게 X토지를 매도한 사실이 없고, ② 甲으로부터 2020. 1. 1.경 1억 원을 지급받았으나, 이는 X토지의 매매대금이 아니라, 2019. 1. 1. 甲에게 대여한 1억 원(이율 월 0.5%, 변제기 2019. 10. 31.)의 원리금 중 일부로 수령한 것이며, ③ 甲의 주장과 같이 매매계약이 체결되었다고 하더라도 甲이 매매대금을 제대로 지급하지 않아서 위 매매계약은 甲의 귀책사유로 해제되었고, ④ X토지에 관한 매매계약이 여전히 유효하다고 하더라도 甲으로부터 매매대금 3억 원을 전혀 지급받지 못하였으므로 매매대금 3억 원을 지급받기 전에는 甲의 청구에 응할 수 없다는 내용의 답변서를 제출하였다. 〈 추가된 사실관계 및 문항은 관련이 없음 〉 (2021년 중간고사)

① 甲은 2020. 7. 1. 제1회 변론기일에서 매도인란에는 乙의 서명과 무인이 있는 매매계약서를 갑 제1호증으로 제출하였는데, 이에 대하여 乙은 '부인'으로 인부를 하였다. 甲은 필적과 무인의 동일성에 대한 감정을 신청하였고, 감정결과는 위 매매계약서 매도인란의 서명은 乙의 필적이 아니고, 무인은 인주가 뭉개지고 번져서 그 진위를 알 수 없다는 것이었다. 이어 甲은 증인을 신청하였는데, 증인 A는 부동산중개사 사무실의 직원으로서 2020. 1. 1. 甲과 乙 사이의 X토지에 관한 매매계약 당시 입회하여 乙이 직접 매매계약서에 서명하고 무인하는 것을 목격하였다는 취지로 증언하였다. 법원은 위 매매계약서에 기재된 대로 사실을 인정할 수 있는가?

1. 쟁점

사안에서 사문서인 매매계약서에 기재된 대로 사실을 인정하기 위해서는 매매계약서의 진정성립이 증명되어야 하는바, 매매계약서의 진정성립에 관하여 감정결과와 증인의 증언이 상반되고 있는 상황에서 각 증거방법의 증거력을 어떻게 판단하여야 하는지가 쟁점이 된다.

2. 사문서의 진정성립에 대한 증명

사문서는 진정함을 증명하여야 하고(민소법 제357조), 문서가 진정하게 성립된 것인지 어떤지는 필적 또는 인영을 대조하여 증명할 수 있다(민소법 제359조). 사문서의 진정성립에 관한 증명방법에 관하여는 특별한 제한이 없다. 따라서 증인, 감정, 검증 등의 증거방법을 사용할 수 있지만, 그 증명방법은 신빙성이 있어야 한다. 특히, 증인의 증언에 의하여 사문서의 진정성립을 인정하는 경우 그 신빙성을 판단함에 있어서는 증언 내용의 합리성, 증인의 증언 태도, 다른 증거와의 합치 여부, 증인의 사건에 대한 이해관계, 당사자와의 관계 등을 종합적으로 검토하여야 한다(대법원 1999. 4. 9. 선고 98다57198 판결 등).

3. 감정결과의 증거력

감정은 법원이 어떤 사항을 판단하면서 특별한 지식과 경험칙을 필요로 하는 경우에 그 판단의 보조수단으로서 그러한 지식과 경험을 이용하는 것이다. 감정인의 감정결과는 감정방법 등이 경험칙에 반하거나 합리성이 없는 등 현저한 잘못이 없는 한 이를 존중하여야 한다. 법관이 감정 결과에 따라 사실을 인정한 경우에 그것이 경험칙이나 논리법칙에 위배되지 않는 한 위법하다고 할 수 없다(대법원 2018. 12. 17. 자 2016마272 결정 등).

4. 사안의 해결

사안에서 매매계약서(갑 제1호증)의 진정성립, 즉 乙의 서명과 관련하여 감정결과와 증인 A의 증언이 상반되고 있다. 감정결과는 그 감정방법 등이 경험칙에 반하거나 합리성이 없는 등 현저한 잘못이 없는 한 존중되어야 하는데, 사안에서 감정결과를 배척할 만한 사정은 보이지 않는다. 따라서 법원은 증인 A의 증언과 관련하여 甲과 A와의 관계, A가 이 사건에 대하여 갖는 이해관계, 증언 내용의 합리성을 종합적으로 검토하여 그 신빙성을 판단하고, 그 증언의 내용이 감정결과를 배척할 정도에 이르는 경우에는 증인 A의 증언에 의하여 매매계약서의 진정성립을 인정할 수 있지만, 그런 정도에 이르지 못하는 경우에는 매매계약서의 진정성립을 인정할 수 없다. 매매계약서의 진정성립이 인정되지 않는 경우에는 매매계약서에 기재된 대로의 매매계약이 성립된 사실을 인정할 수 없다.

② 甲은 2020. 7. 1. 제1회 변론기일에서 위 매매계약 당시 乙이 중도금 지급일 전에 X토지에 마쳐져 있는 근저당권설정등기를 말소하고 중도금을 지급받으면 X토지를 인도해주기로 약정하였는데, 중도금 지급기일에 X토지를 인도받는 데에는 아무런 문제가 없었으나 乙이 근저당권설정등기의 말소의무를 이행하지 않아서 중도금과 잔금을 아직까지 지급하지 않고 있다고 주장하였다. 이에 대하여 乙은 X토지를 甲에게 매도하였다고

하더라도 X토지의 시가는 4억 원을 초과하므로 甲이 주장하는 약정을 하지는 않았을 것이라고 반박하였다. 甲이 제출한 매매계약서(갑 제1호증)의 특약사항란에는 "1. 乙은 2020. 2. 1. 중도금 1억 원을 지급받음과 상환하여 X토지를 인도한다."로 기재되어 있으나, 그 아래 부분은 일부 잉크가 번지고 지워져서 "2. X토지에 있는 근저당권설정등기는 OOOO OO OOOO OOO."와 같이 제대로 읽을 수가 없는 상태인데, 그 아래 부분에는 "3. 乙은 위 근저당권의 피담보채무액이 채권최고액 1억 원을 넘지 않음을 확인한다."는 기재가 있다. 법원은 乙의 해제항변 중 甲의 중도금 미지급의 귀책사유에 대하여 어떻게 판단할 수 있는가? (매매계약서는 진정성립이 인정되는 것으로 전제하고, 해제권 행사의 요건사실 중 다른 사실에 대하여는 검토하지 마시오)

1. 쟁점

사안에서 乙은 甲이 매매대금의 지급을 지체한 귀책사유로 매매계약이 해제되었다고 주장하는데, 甲은 매매대금 중 일부의 지급을 지체한 사실은 인정하면서 매매계약의 특약을 들어서 그 지체에 귀책사유가 없다는 취지로 다투고 있다. 이에 대하여는 甲에게 증명책임이 있는데, 매매계약서(갑 제1호증)의 기재내용에 의하여, 특히 훼손 부분과 관련하여 甲의 주장사실을 인정할 수 있을지가 쟁점이 된다.

2. 훼손된 문서를 제출한 경우의 불이익

당사자가 상대방의 사용을 방해할 목적으로 제출의무 있는 문서를 훼손하여 버리거나 이를 사용할 수 없게 한 때에는, 법원은 그 문서의 기재에 대한 상대방의 주장을 진실한 것으로 인정할 수 있다(민소법 제350조). 민사소송에 있어 당사자 일방이 일부가 훼손된 문서를 증거로 제출하였는데 상대방이 훼손된 부분에 잔존 부분의 기재와 상반된 내용이 기재되어 있다고 주장하는 경우, 상대방의 사용을 방해할 목적 없이 문서가 훼손되었다고 하더라도 문서의 훼손된 부분에 잔존 부분과 상반되는 내용의 기재가 있을 가능성이 인정되어 문서 전체의 취지가 문서를 제출한 당사자의 주장에 부합한다는 확신을 할 수 없게 된다면 이로 인한 불이익은 훼손된 문서를 제출한 당사자에게 돌아가야 한다(대법원 2015. 11. 17. 선고 2014다81542 판결).

3. 사안의 해결

사안에서 매매계약서의 특약사항 중 乙의 X토지의 인도의무에 관한 부분은 甲의 주장에 부합하지만, 근저당권설정등기말소의무에 관한 부분은 판독이 어려운 상황인데, 나머지 판독 가능한 부분은 매도인인 乙이 X부동산에 설정된 근저당권의 피담보채무액에 관하여 확인을 하는 내용이다. 근저당권설정등기가 마쳐진 부동산을 매매하는 경우, 그 피담보채무의 액수는 근저당권설정등기를 매수인이 인수할 경우에 문제가 되는데, 이는 그 피담보채무액이 매매대금을 결정하는 데에 반영되어야 하기 때문이다. 이러한 사정을 고려하면, 매매계약서의 특약사항 중 훼손된 부분에는 X토지에 마쳐진 근저당권설정등기는 乙이 중도금 지급기일 전에 말소한다는 기재가 있기 보다는 매수인인 甲이 그 피담보채무를 인수하기로 하는 약정이 기재되어 있을 가능성이 높다. 매매계약서의 전체 내용이 甲이 주장하는 사실에 부합한다고 확신을 갖기에는 부족하므로 매매대금 중 중도금 지급을 지체한 데에 귀책사유가 없다는 甲의 주장은 받아들이기 어렵다.

(9) 甲은 2015. 1. 1.경 乙에게 Y토지를 보증금 1억 원, 차임 월 100만 원, 기간 5년으로 정하여 임대하였다. 甲은 2019. 7. 1.경 乙에게 Y토지에 관한 임대차관계를 계속할 의사가 없으니 임대기간이 만료되면 Y토지를 반환해달라는 내용증명을 보냈다. 乙은 Y토지에서 주차장 영업을 해오면서 지반 보강 및 배수공사를 하는 데에 8,000만 원을 지출하였고 그로 인하여 지가가 상승하였으므로 유익비를 상환받을 때까지는 Y토지를 인도해 줄 수 없다고 다투면서, 2019. 7. 1. 이후의 차임도 지급하지 않은 채 종전과 같이 Y토지를 점유 · 사용해오고 있다. 甲이 2020. 3. 1. 보증금 1억 원을 공탁한 뒤 乙을 상대로 임대차종료를 원인으로 하여 Y토지의 인도청구의 소를 제기하자, 乙은 Y토지에 관한 유익비를 상환받기 전까지는 Y토지를 반환하지 않겠다고 다투면서, A회사가 Y토지의 공사비로 2016. 3. 1.경 8,000만 원을 수령하였다는 내용으로 작성된 영수증을 제출하였다. 甲은 A회사의 대표이사와 乙과의 친분관계에 비추어 위 영수증을 믿을 수 없다고 의문을 제기하면서, A회사가 위 공사와 관련하여 작성한 '매출매입회계처리원장'에 대하여 문서제출명령을 신청하였다. A회사는 그 심문절차에서 위 문서는 '영업비밀문서' 또는 '자기이용문서'에 해당되므로 甲과 乙 사이의 소송에서 이를 제출할 의무가 없다고 다투었다. 법원은 甲의 문서제출명령신청을 받아들여야 하는가? (2022년 중간고사)

1. 쟁점

사안에서 A회사의 '매출매입회계처리원장'이 문서제출의무가 면제되는 영업비밀문서 또는 자기이용문서에 해당되는지 검토되어야 한다.

2. 문서제출명령의 대상인 문서의 범위

민소법 제344조 제1항은 제출의무가 있는 문서로서 인용문서, 인도·열람문서, 이익문서와 법률문서를 나열하고 있는데, 같은 조 제2항은 제1항에 해당하지 않는 경우에도 원칙적으로 문서의 제출을 거부하지 못한다고 규정하면서, 이익문서와 법률문서 중 증언거부사유(형사소추, 치욕, 직업의 비밀 등)에 해당하는 사항이 기재된 문서에 대하여 비밀유지의무가 면제되지 아니한 경우와 자기이용문서 등에 대하여는 문서제출을 거부할 수 있다고 규정하고 있다.

3. 비밀문서

기술 또는 직업의 비밀에 속하는 사항이 적혀 있고 비밀을 지킬 의무가 면제되지 아니한 문서는 문서제출의무가 면제된다[민소법 제344조 제2항 제1호, 같은 조 제1항 제3호 (다)목, 제315조 제1항 제2호]. 여기에서 '직업의 비밀'은 그 사항이 공개되면 해당 직업에 심각한 영향을 미치고 이후 그 직업의 수행이 어려운 경우를 가리키는데, 어느 정보가 이러한 직업의 비밀에 해당하는 경우에도 문서 소지자는 위 비밀이 보호가치 있는 비밀일 경우에만 문서의 제출을 거부할 수 있다. 나아가 어느 정보가 보호가치 있는 비밀인지를 판단함에 있어서는 그 정보의 내용과 성격, 그 정보가 공개됨으로써 문서 소지자에게 미치는 불이익의 내용과 정도, 그 민사사건의 내용과 성격, 그 민사사건의 증거로 해당 문서를 필요로 하는 정도 또는 대체할 수 있는 증거의 존부 등 제반 사정을 종합하여 그 비밀의 공개로 인하여 발생하는 불이익과 이로 인하여 달성되는 실체적 진실 발견 및 재판의 공정을 비교형량하여야 한다(대법원 2015. 12. 21.자 2015마4174 결정).

4. 자기이용문서

자기이용문서는 문서제출의무가 면제되는바(민소법 제344조 제2항 제2호), 어느 문서가 그 문서의 작성 목적, 기재 내용, 문서의 소지 경위나 그 밖의 사정 등을 종합적으로 고려할 때 오로지 문서를 가진 사람이 이용할 목적으로 작성되고 외부자에게 개시하는 것이 예정되어 있지 않으며 이를 개시할 경우 문서를 가진 사람에게 간과하기 어려운 불이익이 생길 염려가 있는 경우에 자기이용문서에 해당한다(대법원 2015. 12. 21. 자 2015마4174 결정).

5. 사안의 해결

사안에서 '매입·매출회계처리원장'은 상법 제32조에 의하여 소송 과정에서 법원이 당사자에게 제출을 명할 수 있는 상업장부에 해당하므로 문서제출의무가 면제되는 비밀문서 또는 자기이용문서에 해당되지 않으므로 甲의 문서제출명령신청은 인용되어야 한다.

(10) 甲은 의류판매업을 하는 乙로부터 丙에 대한 4억 원의 매매대금채권을 양수하였다고 주장하면서 丙을 상대로 양수금청구의 소를 제기하였다. 甲이 소장에 첨부한 乙과 丙 명의의 매매계약서(갑 제1호증)에 의하면 "乙은 丙에게 티셔츠 40,000매를 인도하고 丙은 乙에게 대금으로 4억 원을 지급한다."고 기재되어 있고, 乙과 丙의 인장이 각각 날인되어 있다. 〈 추가된 사실관계 및 문항은 관련이 없음 〉(2022년 10월 변시 모의시험)

① 제1차 변론기일에서 丙이 갑 제1호증에 대하여 부지(不知)로 인부를 하자, 법원은 그 인영의 인부를 물었고, 丙은 "도장은 내 것이 맞으나 매매계약서에 날인한 적은 없다."고 답하였다. 또한 丙은 "그 도장은 사무실에서 항상 보관하고 있는 것이고, 직원들이 업무상 수시로 사용하고 있으므로 도용가능성이 있다."고 주장하면서 도장을 사무실에서 보관한 사실을 증명하기 위해 직원 丁에 대한 증인신문을 신청하였고, 법원은 그에 대한 증인신문을 실시하였다. 법원이 증거조사를 완료하였음에도 인장의 도용 여부에 관하여 확신을 갖지 못하고 있는 경우, 법원은 갑 제1호증의 진정성립에 관하여 어떻게 판단하여야 하는가?

1. 쟁점

사안에 丙은 갑 제1호증의 인영이 자신의 인장에 의한 것이라는 점은 인정하면서도 그 인장이 도용되어 제3자가 날인하였다는 취지의 주장을 하고 있는바, 사문서의 진정성립의 추정 법리에 관하여 검토하여야 한다.

2. 사문서 진정성립의 추정

문서에 날인된 작성명의인의 인영이 그의 인장에 의하여 현출된 것이라면, 날인행위가 작성명의인의 의사에 기초한 것임이 사실상 추정되고(인영의 진정성립, 1단계 추정), 인영의 진정성립이 추정되면 민소법 제358조를 근거로 하여 문서 전체의 진정성립이 추정된다(2단계 추정)(대법원 1986. 2. 11. 선고 85다카1009 판결 등).

3. 작성명의인이 인영의 진정성립을 인정한 경우에 인장의 도용사실에 대한 증명책임

문서에 날인된 인영의 진정성립이 인정된 결과 문서 전체의 진정성립이 추정되는 경우, 문서의 작성명의인이 자신의 인장이 도용되었다거나 위조되었음을 증명하지 아니하는 한 그 진정성립을 부정할 수 있다(대법원 2000. 10. 13. 선고 2000다38602 판결).

4. 사안의 해결

사안에서 丙이 갑 제1호증의 인영이 자신의 인장에 의한 것이라는 점을 인정하고 있으므로 갑 제1호증의 진정성립은 추정되는바, 법원이 그 인장의 도용사실에 관하여 확신을 갖지 못한 이상, 갑 제1호증의 진정성립은 번복되지 않는다.

② 제1차 변론기일에서 丙은 갑 제1호증에 대하여 성립을 인정하였으나, 제2차 변론기일에서는 이를 번복하여 갑 제1호증의 성립을 부인하였다. 丙은 갑 제1호증의 기재 내용도 거짓이라고 주장하였으나 이를 뒷받침할 만한 증거를 제출하지 못하였다. 법원이 갑 제1호증의 진정성립을 인정하면서도 그 기재내용을 신뢰할 수 없다며 갑 제1호증을 배척하면서 별다른 배척이유를 설시하지 아니한 채 매매계약의 체결사실을 인정하지 않고 원고 청구를 기각하였다. 이러한 판결은 적법한가?

1. 쟁점

사안에서 丙은 갑 제1호증(매매계약서)의 진정성립을 인정하였다가 이를 번복하였는바, 사문서로서 처분문서인 매매계약서의 진정성립에 대한 자백의 성립 여부와 그 취소 요건을 우선 검토하여야 하고, 처분문서인 매매계약서의 진정성립이 인정될 경우 그 실질적 증거력을 검토하여야 한다.

2. 사문서의 진정성립에 대한 자백의 성립 및 그 취소의 요건

자백의 대상은 주요사실에 한정되고, 간접사실과 보조사실에 대하여는 자백이 성립하지 않는다. 그러나 문서의 진정성립에 관한 사실은 보조사실이지만, 서증의 진정성립이 갖는 의미 내지 기능이 주요사실의 그것과 매우 비슷하기 때문에, 그 자백에 구속력을 인정하여 당사자가 임의로 철회하는 것을 제한함으로써 심리의 촉진을 기대할 수 있을 뿐만 아니라 당사자에 대한 불의의 타격의 위험도 방지할 수 있으므로 주요사실과 동일하게 취급한다. 따라서 서증의 진정성립에 관한 자백은 당사자에게 구속력이 있으므로 자백을 한 당사자가 이를 취소하려면 그 자백이 진실에 반하고 착오에 기초한 경우에 해당되어야 한다 (대법원 2001. 4. 24. 선고 2001다5654 판결 등).

3. 처분문서의 실질적 증거력

처분문서의 진정성립이 인정되는 경우에는 그 내용을 부정할만한 분명하고 수긍할 수 있는 이유가 없는 한 그 내용되는 법률행위의 존재를 인정하여야 한다(대법원 1984. 7. 10. 선고 84다카571 판결 등).

4. 사안의 해결

사안에서 丙이 사문서로서 처분문서인 매매계약서(갑 제1호증)의 진정성립을 인정하였다 가 단순히 이를 번복하는 것만으로는 진정성립의 효과를 배척할 수 없다. 따라서 갑 제1호 증의 진정성립을 인정한 법원의 판단은 적법하다. 그런데 처분문서의 진정성립이 인정된 이상 특별한 사정이 없는 한 그 내용되는 법률행위의 존재(매매계약의 체결사실)를 인정하여야 하는데, 법원이 별다른 배척이유를 설시하지 않은 채 매매계약의 체결사실을 인정하지 않 고 원고의 청구를 기각한 것은 적법하지 않다.

증명책임

(1) 甲이 乙과 丙을 상대로 그들의 공동불법행위로 인한 손해배상을 청구하는 소송에서 서증을 제출하였는데 그 서증에는 甲에게 불리한 내용이 일부 있었다. 법원은 위 서증에 기초하여 甲에게 불리한 사실을 인정할 수 있는가?

1. 증거공통의 원칙

증거는 어느 당사자에 의하여 제출되는지 또 상대방이 이를 원용하는지에 상관없이 당사자 일방에게 유리한 사실인정의 자료로 사용할 수 있는데(대법원 2004. 5. 14. 선고 2003다57697 판결), 이를 증거공통의 원칙이라고 한다.

2. 사안의 해결

甲이 제출한 서증에 甲에게 불리한 내용이 일부 있는 경우에는 그 서증에 의하여 甲에게 불리한 사실(乙 또는 丙에게 유리한 사실)을 인정할 수 있다.

(2) 다음의 경우에 법원은 누구에게 불리하게 판단해야 하는가?

① 甲이 乙을 상대로 한 대여금청구소송에서, 乙은 甲이 주장하는 돈을 수령한 사실은 인정하면서도 차용한 것이 아니라 전에 자신이 빌려준 돈을 반환받은 것이라고 주장하고 있는데, 법원은 乙이 전에 甲에게 돈을 빌려주었을 개연성은 있으나 분명하지 않다는 심증을 갖는 경우

1. 대여금청구의 요건사실

대여금청구의 요건사실은 i) 금전소비대차계약이 체결된 사실, ii) 금전을 인도한 사실, iii) 반환시기의 도래사실이다.

2. 사안의 해결

사안에서 乙이 甲으로부터 돈을 수령한 사실은 있으나 그 돈이 전에 빌려준 돈을 반환받은 것이라고 주장하는 것은 대여금청구의 요건사실 중 i) 금전소비대차계약이 체결된 사실에 대한 부인에 해당한다(돈을 수령한 사실을 인정하는 것은 ii) 금전을 인도한 사실에 대한 자백이 된다).

乙이 甲에게 돈을 빌려주었는지 불분명한 사정은 甲이 증명해야 할 i) 금전소비대차계약이 체결된 사실을 인정하는 간접사실이 될 수는 있으나, 이로써 바로 위 요건사실을 추인하기는 부족하다.

법원으로서는 甲에게 위 요건사실의 구체적인 내용에 관하여 석명을 하고 증명을 촉구하여야 하고, 그 결과 위 요건사실이 인정되지 않을 경우에는 甲에게 불리하게 판단하여야 한다.

② 위 ①의 소송에서 乙이 차용사실을 인정하면서 자신의 甲에 대한 다른 채권으로 상계한다고 주장하고 있는데, 법원은 乙의 甲에 대한 다른 채권의 존재에 관하여 확신을 갖지 못하는 경우

1. 乙의 주장

乙이 차용사실을 인정하면서 자신의 甲에 대한 다른 채권으로 상계를 한다고 주장하는 것은 甲의 청구원인사실에 대하여 자백을 하고, 상계항변을 하는 것이다.

2. 상계항변의 요건사실과 증명책임

상계항변의 요건사실은 i) 자동채권의 발생사실, ii) 자동채권과 수동채권이 상계적상에 있는 사실, iii) 피고가 원고에게 수동채권과의 상계의사표시를 한 사실이다.

乙은 甲에 대한 다른 채권, 즉 자동채권의 발생사실에 대하여 증명책임을 부담한다.

3. 사안의 해결

乙이 증명해야 할 상계항변의 요건사실 중 일부에 대하여 법원이 확신을 갖지 못한 경

우, 乙의 항변은 받아들여질 수 없고 법원은 乙에게 불리하게 판단을 할 수밖에 없다.

③ 甲이 乙을 상대로 토지의 매매를 원인으로 한 소유권이전등기를 청구하는 소송에서 乙이 甲과 사이에 매매계약을 체결한 사실을 인정하면서도 그 목적물이 甲이 주장하는 필지가 아니라 옆에 있는 다른 토지라고 주장하는데, 법원은 매매된 토지가 어느 토지인지 불분명하다는 심증을 갖는 경우

1. 매매계약의 요건사실

토지의 매매를 원인으로 한 소유권이전등기청구의 요건사실은 '매매계약의 체결 사실'이고, 매매계약은 재산권이전과 대금의 지급에 관한 합의가 있어야 성립한다(민법 제563조).

2. 사안의 해결

乙이 甲과의 매매계약을 체결한 사실을 인정하면서 그 목적물이 甲이 주장하는 필지가 아니라고 하는 것은 甲이 주장하는 목적물에 관한 매매계약의 체결 사실을 부인하는 것이다. 甲은 그가 주장하는 필지에 관한 매매계약이 체결된 사실을 증명하여야 하고 그것이 불분명한 경우 법원은 그 증명책임을 부담하는 甲에게 불리하게 판단하여야 한다.

④ 위 ③의 소송에서 乙이 甲과의 매매계약 체결사실을 인정하면서 형편이 어렵고 세상 물정을 잘 몰라 헐값에 매도하였으니 민법 제104조의 불공정한 법률행위에 해당하여 무효라고 주장하고, 심리결과 乙이 매매 당시 형편이 넉넉하지 않았고 토지가 시가의 1/2 정도의 가격에 매매된 사실만이 인정되는 경우

1. 乙의 주장

乙이 甲과의 매매계약 체결사실을 인정하면서 민법 제104조의 불공정한 법률행위에 해당하여 무효라고 주장하는 것은 권리장애사실로서 불공정한 법률행위에 기한 매매계약의 무효에 관한 항변을 하는 것으로서, 이에 대한 증명책임은 乙이 부담한다.

2. 민법 제104조 항변의 요건사실과 증명책임

매도인이 매매계약이 불공정한 법률행위로서 무효에 해당한다고 항변하는 경우에는,

① 객관적으로 매매가격이 실제가격에 비하여 현저하게 저렴하고, ② 주관적으로 매도인이 궁박, 경솔, 무경험 등의 상태에 있었으며, ③ 매수인이 위와 같은 사실을 인식하고 있었다는 사실(악의)을 주장·증명하여야 한다(대법원 1991. 5. 28. 선고 90다19770 판결).

3. 사안의 해결

乙이 매매 당시 형편이 넉넉하지 않았고, 토지가 시가의 ½ 정도의 가격에 매매된 사실만 인정될 뿐, 甲이 이를 인식하고 있었다는 사실이 인정되지 않는 경우에는 법원으로서는 乙의 항변을 받아들일 수 없어 乙에게 불리한 판단을 하여야 한다(궁박은 벗어날 길이 없는 어려운 상황을 의미하는 것으로서 乙이 매매 당시 형편이 넉넉하지 않았다는 사실만으로 '매도인이 궁박한 상태에 있었던 사실'이 추인될 수 있다고 보기도 어렵다).

(3) 甲 소유로 등기되어 있던 임야에 관하여 乙 명의로 2007. 3. 5. 매매를 원인으로 한 소유권이전등기가 마쳐져 있는데, 甲이 乙 명의의 위 등기는 원인 없는 무효의 등기라고 주장하면서 乙을 상대로 말소를 구하는 소를 제기하였다. 다음의 경우 법원은 어떻게 판단해야 하는가?

① 위 임야는 2007. 3. 5. 당시 토지거래허가 대상이었는데, 등기신청서류 및 허가에 관한 서류가 보존기간 만료로 폐기되어 토지거래허가를 받았는지 여부가 불분명하다.

1. 토지거래허가의 법적 성격

토지거래허가는 매매계약의 유효요건이고, 등기예규(등기원인에 대하여 행정관청의 허가 등을 요하는 경우의 업무처리예규)에 의하면 등기 시에 토지거래허가를 증명하는 서면을 제출하도록 요구하고 있다.

2. 소유권이전등기의 추정력

등기부상 소유권이전등기가 경료되어 있는 이상 일응 그 절차 및 원인이 정당한 것이라는 추정을 받게 되고 그 절차 및 원인의 부당을 주장하는 당사자에게 이를 증명할 책임이 있다(대법원 2002. 2. 5. 선고 2001다72029 판결 등).

3. 사안의 해결

사안에서 甲이 乙 명의로 마쳐진 2007. 3. 5.자 매매를 원인으로 한 소유권이전등기의 말소등기를 청구하면서 토지거래허가 없이 소유권이전등기가 마쳐진 것으로서 그 등기절차가 위법하다거나 그 등기원인인 매매가 토지거래허가를 받지 않아서 무효라고 주장한다면, 이에 관하여는 甲이 증명을 하여야 하고, 등기신청서류 및 허가에 관한 서류가 보존기간만료로 폐기됨으로써 토지거래허가를 받았는지가 불분명한 사정만으로는 등기절차 및 등기원인의 적법추정이 번복되었다고 보기 어려우므로 甲의 이전등기말소청구는 인용될 수 없다.

② 乙 명의로 등기하면서 첨부한 매매계약서가 위조된 것으로 밝혀진 경우

1. 계약서의 위조와 등기의 추정력의 복멸

소유권이전등기의 원인으로 주장된 계약서가 진정하지 않은 것으로 증명된 이상 그 등기의 적법추정은 복멸되는 것이고 계속 다른 적법한 등기원인이 있을 것으로 추정할 수는 없다(대법원 1998. 9. 22. 선고 98다29568 판결).

2. 사안의 해결

사안에서 乙 명의의 소유권이전등기가 위조된 매매계약서에 기초하여 마쳐진 것이 밝혀진 경우, 그 등기의 적법 추정은 깨어진다.

乙로서는 甲과의 매매계약이 실제 체결된 사실을 주장·증명하여 乙 명의의 소유권이전등기가 실체관계에 부합함을 주장할 수는 있지만, 그것이 인정되지 않을 경우에는 甲의 이전등기말소청구는 인용되어야 한다.

(4) 甲과 乙 사이에 부동산매매계약을 체결하면서 당사자가 계약을 위반하면 상대방에게 '위약금'으로 2,000만 원을 지급하기로 약정하였다(계약불이행과 관련하여 위 '위약금' 지급약정 이외에 다른 약정은 없었다). 甲은 乙을 상대로 乙의 계약불이행으로 인한 손해배상청구의 소를 제기하면서, 위 '위약금' 2,000만 원이 위약벌임을 전제로 실손해 5,000만 원과의 합계 7,000만 원의 지급을 청구하였다. 甲은 위 위약금 2,000만 원 외에 실손해(증명하는 것을 전제로)를 배상받을 수 있는가?

1. 위약금과 위약벌의 구별

민법 제398조 제4항에 의하여 위약금은 손해배상액의 예정으로 추정되므로 위약금이 위약벌로 해석되기 위하여는 특별한 사정이 주장·증명되어야 한다(대법원 2009. 12. 24. 선고 2009다60169, 60176 판결 등).

2. 사안의 해결

사안에서 甲과 乙이 매매계약을 체결하면서 위약금으로 2,000만 원을 지급하기로 약정하였다면 위 위약금의 약정은 손해배상액의 예정으로 추정된다. 甲이 위 약정이 위약벌의 약정이라고 주장하려면 위 추정을 번복하여야 하므로 위 위약금이 위약벌로 해석되기 위한 특별한 사정을 주장·증명하여야 한다. 그러한 특별한 사정이 증명되지 못하면 甲은 약정한 위약금 2,000만 원 이외에 실손해를 배상받을 수 없다.

(5) 甲이 2013. 4. 1. 乙에게 1,000만 원을 변제기는 2014. 3. 31., 이자는 월 2%로 정하여 대여하였다고 주장하면서 乙을 상대로 '1,000만 원 및 이에 대하여 2013. 4. 1.부터 다 갚는 날까지 연 24%의 비율로 계산한 돈을 지급하라'는 청구를 하였다. 이에 대하여 乙은 2013. 4. 30. 甲에게 1,000만 원과 1개월분 이자 20만 원을 현금으로 변제하였으므로 2013. 4. 1.자 차용금과 관련하여 더 이상 변제할 돈이 남아있지 않을 뿐만 아니라, 그에 대한 징표로서 원고로부터 위 돈을 빌릴 때 원고에게 작성하여 주었던 차용증서도 반환받았다고 다툰다. 甲은 위 돈의 대여 사실과 관련하여 乙 명의로 작성된 차용증서의 사본(2013. 4. 1. 乙이 甲으로부터 1,000만 원을 변제기는 2014. 3. 31., 이자는 월 2%로 하여 차용한다는 내용과 乙 이름으로 서명과 날인이 되어 있는 문서의 복사본이다)을 증거로 제출하면서, 乙이 2013. 4. 30. 甲을 찾아와서 형편이 좋아져서 1,000만 원과 그동안의 이자를 바로 은행계좌로 송금할테니 차용증서를 돌려달라고 해서 乙을 믿고서 보관하고 있던 차용증서의 원본을 돌려주었으나, 乙이 약속을 지키지 않았고, 위 차용증서의 원본을 반환할 당시에 혹시나 하는 마음으로부터 작성해 두었던 차용증서의 복사본을 찾아서 이 사건 소를 제기하게 된 것이라고 주장한다. 乙은 甲의 주장이 터무니없을 뿐만 아니라 甲으로부터 반환받은 차용증서의 원본은 반환받은 즉시 폐기하여 현재는 보관하고 있지 않고, 甲이 제출한 차용증서의 사본이 자신이 반환받은 차용증서의 복사본인지 알 수 없으며, 복사본이 흐려서 서명과 인영이 자신의 것인지 확인할 수가 없다고 다툰다. (2014년 중간고사)

① 甲은 청구원인사실(1,000만 원의 대여)과 관련하여 어떤 증거를 제출하여야 하는가?

1. 대여금 청구의 요건사실

사안에서 甲의 청구는 대여원리금청구로서, 그 요건사실은 i) 금전소비대차계약이 체결된 사실, ii) 금전을 인도한 사실, iii) 반환시기의 도래사실 및 iv) 이자약정사실이다.

2. 재판상 자백의 요건 및 효과

당사자가 자백한 사실은 증명을 필요로 하지 않는데(민소법 제288조), 자백은 자기에게 불리한 구체적인 사실을 상대방의 주장과 일치하여 소송행위로서 진술함으로써 성립한다.

3. 사안의 해결

사안에서 甲은 청구원인사실로서 "甲이 2013. 4. 1. 乙에게 1,000만 원을 변제기는 2014. 3. 31., 이자는 월 2%로 정하여 대여하였다."고 주장함에 대하여, 乙은 2013. 4. 30. 甲에게 차용금 1,000만 원과 1개월분의 이자 20만 원을 변제함으로써 2013. 4. 1.자 차용금채무가 소멸되었다고 다투고 있다. 乙의 위 채무소멸의 항변은 원고가 주장하는 대여원리금 약정이 있었음을 전제로 하는 것으로서 이에 대하여는 자백이 성립되었다고 할 수 있고, 변제기가 도래한 사실은 역수상 명백하므로(현저한 사실), 甲으로서는 청구원인사실과 관련하여 증거를 제출할 필요가 없다.

② 乙은 항변사실(1,000만 원의 변제)과 관련하여 어떤 사실을 주장 · 증명하여야 하는가?

1. 乙의 변제항변

사안에서 乙은 차용금의 변제사실에 대한 주장 · 증명책임이 있다. 증거는 주요사실을 직접 증명하는 직접증거와 주요사실을 추인하게 하는 간접사실을 증명하기 위한 간접증거가 있으므로, 사안에서 乙은 변제사실에 대한 직접증거를 제출하거나, 직접증거가 없는 경우에 간접사실을 주장하고 그를 뒷받침하는 간접증거를 제출하여 변제사실이 추인되게 함으로써 항변사실을 증명할 수 있다.

2. 乙의 변제사실에 관한 직접증거

乙의 변제사실을 직접 증명하는 직접증거로는, 甲이 작성한 변제증서 또는 그러한 취지가 기재된 영수증, 乙이 변제할 당시에 동반하여 변제사실을 목격한 증인 등이 있을 수 있다(제시문의 내용으로 보아 위와 같은 증거방법은 존재하지 않는 것으로 보인다).

3. 乙의 변제사실에 관한 간접증거

乙이 2013. 4. 30. 차용원리금 1,020만 원을 변제한 사실이 추인되기 위하여 주장·증명하여야 할 간접사실로는, 乙이 甲으로부터 차용증서를 반환 받은 사실, 乙이 (직접 또는 타인을 시켜서) 2013. 4. 30. 자신의 계좌에서 현금을 인출한 사실, 2013. 4. 30. 甲을 방문하였을 때 현금가방을 들고 있었던 사실, 2013. 4. 30. 乙에게 위 차용금을 변제할 정도의 자력이 충분하였던 사실, 현금으로 변제하게 된 경위에 관한 사실 등이 있다.

③ 제1심 법원은 '채권자가 금원을 대여하면서 채무자로부터 교부받은 차용증서와 같은 지불각서를 다시 반환하였다면 특별한 사정이 없는 한 그 채권은 변제 등의 사유로 소멸하였다고 추정할 수 있다'는 이유로 甲의 청구를 기각하였다. 이와 관련하여 甲은 항소심 재판과정에서 어떤 증거를 제출해야 하고 그 증명의 정도는 어떠한가?

1. 일응의 추정과 번복방법

고도의 개연성이 있는 경험칙을 이용하여 간접사실로부터 주요사실을 추정하는 경우를 '일응의 추정' 또는 '표현증명'이라 한다. 증명책임이 있는 당사자가 그 추정의 전제사실인 간접사실을 증명하여 주요사실에 관한 추정이 성립되는 경우, 상대방은 그 추정에 의문이 가는 특단의 사정을 증명하여야 한다. 주요사실에 대하여 일응의 추정이 생긴 경우에 그 추정의 전제사실과 양립되는 별개의 간접사실을 증명하여 일응의 추정을 번복하는 증명활동을 간접반증이라고 하는데, 간접반증은 추정의 전제되는 사실과 모순되지 않는 별개의 간접사실을 증명하는 것으로서 그 간접사실에 대하여는 본증으로서(고도의 확신이 들 수 있도록) 증명되어야 한다.

2. 사안의 해결

사안에서 제1심 법원은 차용증서의 반환이라는 간접사실에 의하여 주요사실인 변제사실을 일응의 추정의 법리에 의하여 추인하였는바, 甲으로서는 항소심에서 위와 같은 추정을 번복할 만한 특별한 사정(乙이 甲을 기망하여 차용증서를 반환받았다는 사실)을 간접반증으로서 증명하여야 하는데, 그러한 사실은 본증과 같은 정도로 증명되어야 한다.

甲은 乙이 甲을 기망하여 차용증을 반환받은 사실에 관한 직접적인 증거(증인, 녹음테이프 등)을 제출하거나, 그러한 사실을 추인할 만한 간접증거(乙이 2013. 4. 30. 甲을 방문했을 때 현금을 소지하지 않은 사실, 乙이 2013. 4. 30.경 변제자력이 없었던 사실, 그 무렵 금융기관으로부터 현금을 인출한 사실이 없다는 사정 등에 관한 증인, 금융조회 등)를 제출하여야 한다.

④ 乙은 2013. 4. 30. 甲에게 위 차용금 1,000만 원을 변제하였음에도, 甲이 2013. 10. 1.경 위 차용금에 대하여 연대보증을 하였던 丙(乙의 친구)을 속여서 관련서류를 위조하여 乙의 소유인 부동산에 근저당권설정등기를 마쳤다고 주장하면서, 위 소송의 제1심 계속 중에 반소로서 근저당권설정등기말소청구의 소를 제기하였다. 이에 대하여 甲은 乙의 부동산에 근저당권설정등기를 마칠 때 관련된 근저당권설정계약서 등은 모두 乙이 아니라 丙이 乙 명의로 작성한 사실은 인정하면서도 丙이 乙의 승낙을 받았다고 다툰다. 증거조사결과, 丙이 乙의 위임을 받아 근저당권설정계약서 등을 작성하였음이 불분명하다면 법원은 어떤 판결을 하여야 하는가? (청구인용, 기각, 각하 등의 결론과 함께 논거도 밝힐 것)

1. 등기의 추정력

부동산에 관하여 소유권이전등기가 되어있는 경우에는 그 등기명의자는 제3자에게 대하여서 뿐만 아니라 그 전소유자에 대하여서도 적법한 등기원인에 의하여 소유권을 취득한 것으로 추정되고, 이전등기명의인의 직접적인 처분행위에 의한 것이 아니라 제3자가 그 처분행위에 개입된 경우 현등기명의인이 그 제3자가 전등기명의인의 대리인이라고 주장하더라도 현소유명의인의 등기가 적법히 이루어진 것으로 추정된다. 따라서 위 등기가 원인무효임을 이유로 그 말소를 청구하는 전소유명의인으로서는 그 반대사실 즉, 그 제3자에게 전소유명의인을 대리할 권한이 없었다던가, 또는 제3자가 전소유명의인의 등기서류를 위조하였다는 등의 사실에 대한 증명책임을 진다(대법원 1992. 4. 24. 선고 91다26379, 26386 판결).

2. 사안의 해결

사안에서 乙의 부동산에 관하여 甲을 권리자로 하는 근저당권설정등기가 마쳐졌고, 丙이 乙을 대리하여 근저당권설정계약을 체결한 사실이 인정된다고 하더라도 그 등기는 적법하게 마쳐진 것으로 추정되므로, 그 등기의 원인무효를 주장하는 乙이 丙의 무권대리행위 또는 등기관련서류의 위조사실(丙이 乙을 대리할 권한 없이 근저당권설정계약을 체결하고 乙 명의의 등기관련서류를 작성한 사실)에 대한 증명책임을 부담한다. 丙의 대리권 존부가 불분명할 경우, 그 불이익은 증명책임을 부담하는 乙에게 돌아갈 수밖에 없고, 乙의 근저당권설정등기말소청구는 인용될 수 없으므로 법원은 乙의 반소청구를 기각하여야 한다.

유사문제 甲의 친구인 乙은 甲으로부터 甲 소유이던 X토지에 관하여 금전 차용에 관한 대리권을 수여받았을 뿐, X토지의 매도에 관한 대리권을 수여받지는 않았다. 그럼에도 불구하고 乙은 2013. 1. 30. 甲의 대리인이라고 자처하면서 丙에게 X토지를 매도하고, 같은 달 31. X토지에 관하여 丙 명의로 소유권이전등기를 마쳐주었다. 그 후 丙은 2014. 1. 20. 丁에게 X토지를 매도하고, 2014. 2. 5. 丁 명의로 소유권이전등기를 마쳐주었다. 甲은 2014. 3. 15. 乙, 丙을 상대로, 乙이 X토지의 매도에 관한 대리권이 없었으므로 丙 명의의 소유권이전등기가 원인무효라고 주장하면서, 丙 명의의 소유권이전등기의 말소등기를 청구하는 소를 제기하였다. 위 소송에서 丙은 i) 乙이 甲으로부터 X토지의 매도에 관한 대리권을 수여받았고, ii) 설령 乙이 甲으로부터 X토지의 매도에 관한 대리권을 수여받지 않았다고 하더라도, 乙에게는 甲에 대한 기본대리권이 있고, 丙이 乙의 권한을 넘은 대리행위를 믿은 데에 정당한 이유가 있으므로 민법 제126조의 표현대리가 성립한다고 주장하였다. 丙의 위 i), ii) 주장이 항변인지 부인인지 구별하고, 그 근거를 제시하시오. (2015년 사법시험)

---

(6) 甲은 2016. 10. 5. "乙이 甲으로부터 2015. 10. 1. 1,000만 원을 변제기한은 같은 달 31.로 정하여 차용하고(이하 '제1 차용'이라고 함), 2016. 7. 1. 2,000만 원을 변제기한은 같은 달 31.로 정하여 차용하였으며(이하 '제2 차용'이라고 함), 丙은 乙의 甲에 대한 제1, 2 차용금반환채무에 대한 보증(이하 제1 차용금반환채무에 대한 보증을 '제1 보증', 제2 차용금반환채무에 대한 보증을 '제2 보증'이라고 함)을 하였다."라고 주장하면서, 丙을 상대로 합계 3,000만 원의 보증금채무의 이행을 청구하는 소를 제기하였다. 丙은 제1심 소송의 변론기일에서 제1, 2 차용사실과 제1 보증사실은 인정한다고 진술하였지만 제2 보증사실의 진위에 대하여는 아무런 언급을 하지 않았고, "乙이 甲에게 제1 차용금을 반환하였다."라고 진술하였다. 이에 甲은 "乙이 甲에게 제1 차용금을 반환한 사실이 없다."고 진술하였다. 제1심 법원은 증거조사결과, 제1, 2 차용사실과 제1 보증사실, 그리고 乙의 제1 차용금 반환사실의 진위 여부에 대하여는 확신을 갖지 못했지만, 제2 보증사실이 허위라는 점에 대하여는 확신을 가졌다. 제1심 법원은 어떠한 판결을 선고해야 하는가? (법원의 석명의무는 고려하지 말 것) (2017년 6월 변시 모의시험 변형)

1. 쟁점

사안에서 甲의 丙에 대한 보증금청구에서 제1, 2 차용사실과 제1, 2 보증사실은 원고가 주장·증명하여야 할 청구원인사실로서 주요사실에 해당하는바, 丙이 제1심 소송의 변론기일에서 한 진술 및 태도에 의하여 재판상 자백이 성립되었는지가 쟁점이 된다.

2. 재판상 자백의 요건 및 효과

재판상 자백은 자기에게 불리한 주요사실을 상대방의 주장과 일치하여 소송행위로서 진술하거나 또는 그러한 주요사실이 진술간주되는 경우에 성립한다. 즉, ① 구체적인 사실로서 주요사실에 관한 것이어야 하고, ② 자신에게 불리한 사실이어야 하며, ③ 상대방의 주장과 일치하여 진술하여야 하고, ④ 변론에서 소송행위로 진술 또는 진술간주되어야 한다. 재판상 자백은 상대방의 동의가 없는 한, 그 자백이 진실에 부합하지 않는다는 것과 자백이 착오에 기인한다는 사실을 증명한 경우에 한하여 이를 취소할 수 있다(민소법 제288조). 또한 당사자가 자백한 사실에 대하여는 증명을 필요로 하지 않는바, 재판상 자백이 성립된 사실에 대하여는 법원의 사실인정권이 배제되므로 법원은 당사자가 자백한 사실에 저촉되는 사실을 인정할 수 없다.

3. 자백간주

당사자가 변론준비기일 또는 변론기일에 출석하였으나 상대방의 주장사실을 명백히 다투지 않으면 그 사실에 대해서는 자백간주가 성립한다(제150조 제1항 본문). 다만 변론 전체의 취지로 보아 다투었다고 인정되면 자백간주가 성립될 수 없다(제150조 제1항 단서). 피고가 원고의 청구에 대하여 원고청구기각의 판결을 구할 뿐, 원고가 청구원인으로 주장한 사실에 대하여는 아무런 답변도 진술하지 않았다면, 변론 전취지에 의하여 그 사실을 다툰 것으로 인정되지 않는 한, 자백이 간주된다고 보아야 한다(대법원 1989. 7. 25. 선고 89다카4045 판결).

4. 사안의 해결

사안에서 丙은 제1심 변론기일에서 제1, 2 차용사실 및 제1 보증사실을 인정하였는바, 이는 변론에서 한 상대방(甲)의 주장과 일치하고 자기에게 불리한 사실에 관한 진술로서 재판상 자백에 해당한다. 또 丙은 제2 보증사실에 관하여는 아무런 언급을 하지 않음으로써 甲이 주장하는 사실을 명백히 다투지 않았고, 이로써 민소법 제150조 제1항에 의하여 자백한 것으로 간주된다. 따라서 甲은 청구원인사실에 대하여 증명할 필요가 없고, 법원은 이에 반하는 사실인정을 할 수 없으므로 제2 보증사실이 허위라는 점에 대하여는 확신을 가졌다고 하더라도 위 자백에 반하는 사실을 인정할 수 없다. 한편, 丙은 乙이 제1 차용금을 변제하였다고 항변하였는바, 이와 관련하여는 丙이 위 변제사실을 증명하여야 한다. 법원은 증거조사결과 위 사실에 관하여 확신을 갖지 못하였으므로 丙에게 불리하게 판단을 할 수밖에 없다. 따라서 법원은 丙에게 제1, 2 차용금 합계액인 3,000만 원을 지급하라는 판결을 하여야 한다.

(7) X토지는 甲의 부친인 乙이 사정(査定)받아 1970. 1. 1. 乙의 명의로 소유권보존등기를 마친 토지인데, 丙이 1980. 1. 1. 그의 명의로 소유권이전등기를 마친 뒤 X토지 위에 가건물을 건립하여 음식점영업을 해오고 있다. 乙의 유일한 상속인인 甲은 2010. 1. 1. 丙을 상대로 丙 명의의 소유권이전등기가 아무런 원인 없이 마쳐진 것이어서 무효라고 주장하면서 X토지에 관한 소유권확인의 소를 제기하였고, 이에 丙은 1978. 1. 1. 乙로부터 X토지를 대금 1억 원에 매수하고 그에 기하여 소유권이전등기를 마쳤다고 다투면서, 1978. 1. 1.자 매매계약서를 서증으로 제출하였다. 법원이 심리결과, 丙의 소유권이전등기가 乙과 丙 사이의 1978. 1. 1.자 매매를 원인으로 하여 마쳐진 것이지만, 乙과 丙 사이에 X토지에 관하여 매매계약이 체결되었는지 또는 위 매매계약서가 위조된 것인지에 관하여는 어느 쪽에도 확신을 갖지 못하였다. 법원은 甲의 위 소유권확인의 소에 대하여 어떤 판결을 하여야 하는가? 만일, 乙이 1978. 12. 31. 사망하였다면 어떤가? 〈 확인의 이익은 있는 것으로 봄 〉 (2017년 중간고사)

1. 쟁점

사안에서 丙 명의의 소유권이전등기의 추정력이 미치는 범위 및 그 추정력을 깨기 위한 방법 등이 쟁점이 되고, 특히, 등기의무자가 사망한 이후에 이전등기가 마쳐진 경우에 그 이전등기가 추정력을 갖게 되는지가 쟁점이 된다.

2. 소유권이전등기의 추정력의 번복

부동산에 관하여 소유권이전등기가 마쳐져 있는 경우, 그 등기명의자는 제3자에 대하여서뿐만 아니라 그 전 소유자에 대하여서도 적법한 절차 및 원인에 의하여 소유권을 취득한 것으로 추정되므로, 그 절차 및 원인이 부당하여 그 등기가 무효라는 사실은 이를 주장하는 사람에게 증명책임이 있다. 다만, 등기절차가 적법하게 진행되지 않은 것으로 볼만한 의심스러운 사정이 증명되는 경우, 즉 이전등기가 전 소유자의 사망 후에 이루어진 경우,

전 소유명의인이 허무인인 경우, 등기원인으로 주장된 계약서가 진정하지 않은 경우, 등기의 기재 자체에 의하여 불실의 등기임이 명백한 경우, 보존등기의 명의인이 원시취득자가 아님이 밝혀진 경우 등에서는 그 추정력이 깨어진다. 특히, 전 소유자가 사망한 후에 그 명의로 신청되어 경료된 소유권이전등기는, 그 등기원인이 이미 존재하고 있으나 아직 등기신청을 하지 않고 있는 동안에 등기의무자에 대하여 상속이 개시된 경우에 피상속인이 살아 있다면 그가 신청하였을 등기를 상속인이 신청한 경우 또는 등기신청을 등기공무원이 접수한 후 등기를 완료하기 전에 본인이나 그 대리인이 사망한 경우와 같은 특별한 사정이 인정되는 경우를 제외하고는, 원인무효의 등기로서 등기의 추정력을 인정할 여지가 없다.

3. 사안의 해결

사안에서 丙 명의의 소유권이전등기가 무효라는 사실에 대한 증명책임은 甲에게 있고, 그 원인이 된 매매에 관한 계약서가 위조된 사실이 증명되면 등기의 추정력이 깨어지게 되는데, 법원이 그에 관한 확신을 갖지 못한 상태이므로 법원으로서는 甲의 소유권확인의 소에 대하여는 청구를 기각하는 판결을 하여야 한다.

乙이 1978. 12. 31. 사망하였다면, 丙 명의의 소유권이전등기는 乙의 사후에 마쳐졌으므로 판례에서 제시하고 있는 특별한 사정이 없는 한 등기의 추정력이 인정되지 않는다. 따라서 丙이 위 등기가 적법한 절차에 의하여 마쳐졌거나, 위법하게 마쳐진 것이라고 하더라도 실체관계에 부합하는 등기라는 사실에 대한 증명책임을 지게 되는데, 법원이 乙과 丙 사이에 X토지에 관한 매매계약이 체결된 사실에 관하여 확신을 갖지 못하였으므로 甲의 소유권확인의 소에 대하여 청구를 인용하는 판결을 하여야 한다.

(8) X토지의 소유자인 甲은 2016. 4. 1. 乙회사에게 X토지 위에 지상 5층의 Y건물 신축공사를 대금 5억 원, 기간 2016. 8. 31.까지로 하여 도급하면서, 공사대금은 Y건물이 완성된 다음 1, 2층을 임대하여 그 임대보증금을 받아서 지급하기로 약정하였다. 乙회사는 2016. 8. 31. Y건물을 완성하여 甲에게 인도하였고, 甲은 2016. 9. 1. Y건물에 관한 소유권보존등기를 마쳤는데, 丙이 2016. 9. 1.경부터 乙회사로부터 Y건물의 1층을 보증금 1억 원에 임차하였다고 주장하면서 이를 점유해오고 있다. 甲은 2016. 11. 1. 丙을 상대로 Y건물의 소유권에 기초하여 건물인도청구의 소를 제기하면서 소장에 Y건물에 관한 등기사항증명서를 갑 제1호증으로 첨부하였다. 이에 丙은 법원에 '甲이 Y건물의 소유자인 사실은 인정하지만, 丙은 Y건물을 신축한 乙회사와 임대차계약을 체결하였으니 임차한 부분을 점유할 정당한 권원이 있다'는 내용

의 답변서를 제출하였다. 甲은 제1차 변론기일에 출석하여 소장을 진술한 뒤 소장에 첨부하였던 Y건물에 관한 등기사항증명서를 갑 제1호증으로 제출하였고, 丙의 위 답변서는 진술간주되었다. 그런데 丙의 소송대리인인 변호사 戊가 제2차 변론기일에 출석하여, Y건물은 乙회사가 노력과 비용을 들여서 신축한 것으로서 乙회사의 소유이고, 甲은 소유권이 없으니 甲이 Y건물의 소유자임을 전제로 한 甲의 청구는 기각되어야 한다고 주장하면서, 乙회사를 임대인으로 한 임대차계약서를 을 제1호증으로 제출한 뒤, 위 주장사실을 증명하기 위하여 乙회사의 대표이사인 丁을 증인으로 신청하였다. 이에 甲은 을 제1호증의 진정성립을 인정하면서 乙회사로부터 Y건물의 1층 부분을 임대한 사실을 들어서 알고 있으나, 乙회사가 Y건물을 임대할 아무런 권한이 없으므로 丙을 임차인으로 인정할 수 없다고 다투었다. 丁은 법정에서 증인으로 출석하여, "甲은 X토지를 소유할 뿐 건물을 신축할 자금이 없었다. Y건물에 관한 공사도급계약 시에 乙회사가 공사대금을 조달하여 건물을 신축하되, 공사대금은 Y건물의 1, 2층을 임대하여 그 임대보증금으로 지급받기로 하였지만, 누가 임대를 할지에 관하여는 명확하게 정하지 않았다. 乙회사로서는 공사를 진행하는 데에 자금이 필요하였기 때문에 丙과 Y건물의 1층 부분에 관한 임대차계약을 체결한 후, 丙으로부터 받은 보증금 1억 원을 공사에 필요한 자재를 구입하는 데에 사용하였다. 乙회사는 위 1억 원에 대하여는 甲에게 따로 공사대금을 청구할 수 없다는 것을 알고 있으니 甲으로서도 乙회사와 丙의 임대차계약을 부인할 이유는 없다."고 증언하였다. 법원은 2017. 3. 31. 甲을 Y건물의 소유자로 인정하기에 부족하다는 이유로 원고의 청구를 기각하는 판결을 선고하였다. (2018년 중간고사)

① 甲은 제1심판결이 등기의 추정력에 관하여 잘못 판단을 하였다는 이유로 항소를 제기하였다. 항소심에서 甲의 위 주장은 받아들여질 수 있는가?

1. 이전등기의 추정력과 보존등기의 추정력

부동산에 관하여 소유권이전등기가 마쳐져 있는 경우에는 그 등기명의자는 제3자에 대하여서뿐 아니라 그 전 소유자에 대하여서도 적법한 등기원인에 의하여 소유권을 취득한 것으로 추정되므로 이를 다투는 측에서 그 무효사유를 주장·증명하여야 하고, 등기는 현재의 진실한 권리상태를 공시하면 그에 이른 과정이나 태양을 그대로 반영하지 아니하였어도 유효한 것으로서, 등기명의자가 전 소유자로부터 부동산을 취득함에 있어서 등기부상 기재된 등기원인에 의하지 아니하고 다른 원인으로 적법하게 취득하였다고 하면서 등기원인 행위의 태양이나 과정을 다소 다르게 주장한다고 하여 이러한 주장만 가지고 그 등

기의 추정력이 깨어진다고 할 수는 없으므로, 이러한 경우에도 이를 다투는 측에서 등기
명의자의 소유권이전등기가 전 등기 명의인의 의사에 반하여 이루어진 것으로서 무효라는
주장·입증을 하여야 한다(대법원 1997. 6. 24. 선고 97다2993 판결 등).

그러나 소유권보존등기는 그 보존등기 명의인 이외의 자가 원시취득자로 밝혀지면 깨
어지는 것이어서 등기명의인이 그 구체적인 승계취득 사실을 주장, 입증하지 못하는 한 그
등기는 원인무효로 된다. 소유권보존등기는 새로 등기용지를 개설함으로써 그 부동산을
등기부상 확정하고 이후는 이에 대한 권리변동은 모두 보존등기를 시발점으로 하게 되는
까닭에 등기가 실체법상의 권리관계와 합치할 것을 보장하는 관문이므로 이전등기 등에
있어서와 같이 당사자간의 상대적인 사정만을 기초로 하여 이루어질 수 없고 물권의 존재
자체를 확정하는 절차가 필요하다. 따라서 소유권보존등기는 소유권이 진실하게 보존되어
있다는 사실에 관하여서만 추정력이 있고, 소유권보존 이외의 권리변동이 진실하다는 점
에 관하여서는 추정력이 없다. 이와 같은 보존등기의 본질에 비추어 보존등기 명의인이 원
시취득자가 아니라는 점이 증명되면 그 보존등기의 추정력은 깨어지고, 소유권보존등기명
의인의 주장과 입증에 따라 그 등기에 대하여 실체적 권리관계에 부합하는지 여부를 가려
야 한다는 취지이다(대법원 1996. 6. 28. 선고 96다16247 판결).

2. 건물의 원시취득

일반적으로 자기의 노력과 재료를 들여 건물을 건축한 사람은 그 건물의 소유권을 원
시취득하는 것이고, 다만 도급계약에 있어서는 수급인이 자기의 노력과 재료를 들여 건물
을 완성하더라도 도급인과 수급인 사이에 도급인 명의로 건축허가를 받아 소유권보존등기
를 하기로 하는 등 완성된 건물의 소유권을 도급인에게 귀속시키기로 합의한 것으로 보여
질 경우에는 그 건물의 소유권은 도급인에게 원시적으로 귀속된다(대법원 1996. 9. 20. 선고 96다
24804 판결 등).

3. 사안의 해결

사안에서 乙회사가 노력과 재료를 들여 건물을 완성하였다고 주장됨으로써 Y건물의 원
시취득자가 누구인지가 다투어지는 상황에서 甲의 소유권보존등기는 그에 관한 법률상 추
정력을 갖는다고 할 수 없다. 제1심 법원이 甲이 제출한 갑 제1호증(등기사항증명서)만으로는
甲이 Y건물의 소유자인 사실을 인정하기에 부족하다고 한 것은, 丁의 증언 등에 근거하여
甲을 Y건물의 원시취득자로 보기 어렵다는 판단을 한 것으로서, 이러한 제1심판결에 등기

의 추정력에 관한 위법이 있다고 할 수는 없다. 이에 관한 甲의 주장은 항소심에서 받아들여질 수 없다.

甲은 항소심에서 자신이 Y건물의 원시취득자라는 사실, 즉 乙회사가 노력과 재료를 들여 건물을 완성하더라도 甲에게 완성된 건물의 소유권을 귀속시키기로 한 합의가 있었다거나, Y건물의 원시취득자인 乙회사로부터 Y건물의 소유권을 승계취득한 사실을 적극적으로 주장·증명하여야 한다.

추가된 사실

乙회사는 2018. 2. 1. 甲과 甲의 아들인 甲-1을 상대로 '피고들은 연대하여 미지급 공사대금 2억 원을 지급하라'는 취지의 청구를 하면서, 甲-1이 甲의 공사대금채무에 관하여 연대보증을 하였다고 주장하였다. 乙회사는 제1차 변론기일에 甲과 乙회사 사이의 공사도급계약서를 갑 제1호증으로, 甲-1의 연대보증서를 갑 제2호증으로, 위 임대차계약무효확인소송의 판결문을 갑 제3호증으로 제출하였다. 甲-1은 甲이 자신의 승낙을 받아 서명·날인한 것이라고 진술하면서 갑 제2호증의 진정성립을 인정하였다. 한편, 甲은 "甲과 丙 사이의 항소심판결이 선고될 무렵, 甲이 Y건물의 1층 부분을 무단으로 임대한 사실과 관련하여 丁을 형사고소하려고 하자, 丁이 그때까지 지급받지 못한 공사대금을 포기하기로 함으로써 현재 남아있는 공사대금이 없으니, 甲이 지급할 공사대금 2억 원이 남아있다는 사실은 乙회사가 증명하여야 한다."고 주장하였다. 법원은 심리결과, 丁이 공사대금 잔액을 포기한 사실에 관하여 확신을 갖지 못하였다.

② 법원은 乙회사의 甲 및 甲-1에 대한 각 청구에 대하여 어떤 판결을 하여야 하는가?

1. 쟁점

사안에서 乙회사는 공사대금 5억 원 중 3억 원을 지급받았다고 자인하면서 2억 원의 청구를 하고 있고, 甲은 공사대금채무를 전액이 변제 또는 포기로 소멸되었다고 주장하고 있는바, 乙회사의 甲에 대한 청구에 관하여는 공사대금청구소송에서 증명책임이 검토되어야 하고, 乙회사의 甲-1에 대한 청구에 관하여는 공사대금채무에 관한 연대보증계약이 보증의 방식에 관한 민법 제428조의2 제1항에 위배된 것인지에 관하여 검토가 필요하다.

2. 증명책임

증명책임은 요증사실의 진실여부가 불명한 경우 당사자 중 누구에게 불이익을 돌릴 것인가의 문제로서, 증명책임의 분배를 법규의 구조에서 찾아야 한다는 법률요건분류설(규범설)이 통설·판례이다. 이에 따르면 각 당사자는 자기에게 유리한 법규의 요건사실의 존부에 대해 증명책임을 지게 되는데, 권리의 존재를 주장하는 사람은 권리근거규정의 요건사실을, 권리의 존재를 다투는 사람은 항변사실에 대하여 증명책임이 있다. 항변사실은 권리장애사실, 권리소멸사실, 권리저지사실이고 권리소멸사실에는 변제, 공탁, 상계, 소멸시효완성, 해제, 권리포기 등이 해당된다.

3. 자인진술

재판상 자백은 자기에게 불리한 주요사실을 상대방의 주장과 일치하여 소송행위로서 진술하거나 또는 그러한 주요사실이 진술간주되는 경우에 성립하는바, 당사자든 상대방이든 어느 쪽이 불리한 사실을 진술하였는지 시간의 선후는 묻지 않는다. 일방이 먼저 자진하여 불리한 진술(자인진술)을 하고, 상대방이 그것을 원용함으로써 자백의 효력이 성립하는데 이를 선행자백이라 한다.

4. 보증의 방식

민법 제428조의2 제1항은 "보증은 그 의사가 보증인의 기명날인 또는 서명이 있는 서면으로 표시되어야 효력이 발생한다. 다만, 보증의 의사가 전자적 형태로 표시된 경우에는 효력이 없다."고 규정하고 있다. 위와 동일한 내용으로 규정된 구 보증인 보호를 위한 특별법(2015. 2. 3. 법률 제13125호로 개정되기 전의 것, 이하 '구 보증인보호법'이라 한다) 제3조 제1항과 관련하여, 판례는 "구 보증인보호법은 보증에 관하여 민법에 대한 특례를 규정함으로써 아무런 대가 없이 호의로 이루어지는 보증으로 인한 보증인의 경제적·정신적 피해를 방지하고, 금전채무에 대한 합리적인 보증계약 관행을 확립함으로써 신용사회 정착에 이바지함을 목적으로 제정되었다(제1조). 이러한 구 보증인보호법이 보증의 의사표시에 보증인의 기명날인 또는 서명이 있는 서면을 요구하는 것은, 보증 의사를 명확하게 표시하게 함으로써 보증 의사의 존부 및 내용에 관하여 분명한 확인수단을 보장하여 분쟁을 예방하는 한편, 보증인으로 하여금 가능한 한 경솔하게 보증에 이르지 아니하고 숙고의 결과로 보증을 하도록 하려는 취지에서 나온 것이다."고 하면서, "일반적으로 서명은 기명날인과 달리 명의자 본인이 자신의 이름을 쓰는 것을 의미한다. 그런데 보증인의 서명에 대해 제3자가 보증인을 대신하여 이름을 쓰는 것이 포함된다면, 보증인이 직접 자신의 의사표시를 표시한다는 서명 고유의 목적은 퇴색되고 사실상 구두를 통한 보증계약 내지 보증인이 보증 내용을 구체적으로 알지 못하는 보증계약의 성립을 폭넓게 인정하는 결과를 초래하게 되며, 이는 경솔한 보증행위로부터 보증인을 보호하고자 하는 구 보증인보호법의 입법 취지를 몰각시키게 된다. 따라서 이러한 구 보증인보호법의 입법 목적과 취지, 규정 내용 등을 종합해 보면, 구 보증인보호법 제3조 제1항에서 정한 '보증인의 서명'은 원칙적으로 보증인이 직접 자신의 이름을 쓰는 것을 의미하며 타인이 보증인의 이름을 대신 쓰는 것은 이에 해당하지 아니한다고 해석함이 타당하다."고 하였다(대법원 2017. 12. 13. 선고 2016다233576 판결). 다만, '보증인의 기명날인'은 타인이 이를 대행하는 방법으로 하여도 무방하다(대법원 2019. 3. 14. 선고 2018다282473 판결).

5. 사안의 해결

사안에서 乙회사의 공사대금청구소송에서 5억 원의 공사대금채무의 성립에 관하여는 당사자 사이에 다툼이 없고, 乙회사가 공사대금 중 3억 원을 변제받은 사실을 자인하면서 잔액 2억 원을 청구하였는데, 甲이 공사대금채무가 전액 소멸되었다고 항변함으로써 乙회사가 공사대금 중 3억 원을 변제받은 사실은 선행자백이 된다. 甲으로서는 잔여 공사대금채무 2억 원의 소멸사실에 대하여 증명책임이 있다. 甲은 乙회사가 잔여 공사대금채무를 포기하였다고 주장하나, 법원은 이에 대하여 확신을 갖지 못하므로 乙회사의 甲에 대한 청구를 인용하여야 한다.

한편, 甲-1이 연대보증서(을 제2호증)의 진정성립을 인정함으로써 처분문서의 증명력에 의하여 연대보증계약의 성립 사실을 인정할 수는 있다. 그러나 甲-1의 연대보증계약은 민법 제428조의2 제1항에 규정된 방식을 위배하여 그 효력이 없으므로, 乙회사의 甲-1에 대한 보증금청구는 기각되어야 한다.

(9) 甲은 2020. 5. 1. 乙부터 X토지를 대금 3억 원에 매수하였다고 주장하면서 乙을 상대로 X토지에 관하여 2020. 1. 1. 매매를 원인으로 한 소유권이전등기절차의 이행을 구하는 소를 제기하였다. 乙은 2020. 6. 1. ① 甲에게 X토지를 매도한 사실이 없고, ② 甲으로부터 2020. 1. 1.경 1억 원을 지급받았으나, 이는 X토지의 매매대금이 아니라, 2019. 1. 1. 甲에게 대여한 1억 원(이율 월 0.5%, 변제기 2019. 10. 31.)의 원리금 중 일부로 수령한 것이며, ③ 甲의 주장과 같이 매매계약이 체결되었다고 甲으로부터 매매대금 3억 원을 전혀 지급받지 못하였으므

로 매매대금 3억 원을 지급받기 전에는 甲의 청구에 응할 수 없다는 내용의 답변서를 제출하였다. 甲은 2020. 7. 1. 제1회 변론기일에서 2019. 1. 1. 乙로부터 1억 원을 차용한 사실이 있으나, 2020. 1. 1. 乙에게 1억 원을 지급할 당시 위 돈은 X토지의 계약금으로 하기로 합의를 하였다고 주장하였다. 증인 A는 위 매매계약 당시 입회하였고 甲이 乙에게 1억 원을 주는 것은 목격하였으나 어떤 명목으로 주기로 한 것인지는 정확히 듣지 못했다고 증언하였다. 법원은 위 매매계약이 유효하게 존속하고 있다는 심증을 갖게 되었다면 어떤 판결을 하여야 하는가? (2021년 중간고사)

1. 쟁점

사안에서 甲은 청구원인사실(권리근거사실)로서 甲이 2020. 1. 1. 乙로부터 X토지를 대금 3억 원에 매수하였다고 주장하였다. 이에 대하여 乙은 매매계약의 성립을 부인하고(답변서 ①, 부인), 설령 매매계약이 성립되었다고 하더라도 매매대금 3억 원의 지급채권에 기초하여 동시이행항변을 하였다(답변서 ③, 예비적 항변). 이에 법원은 매매계약이 유효하게 존속하고 있다는 심증을 갖고 있고, 매매계약의 액수가 3억 원인 점에 대하여도 당사자 사이에 다툼이 없다. 다만, 甲이 매매대금 3억 원 중 1억 원을 지급하였는지에 관하여 다툼이 있다. 매매대금 지급채무의 변제사실에 관하여는 매수인 甲에게 주장·증명책임이 있는데, 乙은 2020. 1. 1. 甲으로부터 1억 원을 수령한 사실은 인정하면서 그 1억 원이 계약금이 아니라 2019. 1. 1.자 대여원리금 중 일부의 변제로 수령한 것이라고 다투고 있고(답변서 ②, 이유부 부인), 甲은 2019. 1. 1.자 차용원리금채무의 존재에 관하여는 다투지 않고, '甲과 乙 사이에 위 1억 원을 매매계약에 따른 계약금채무에 충당하기로 하는 합의가 있었다'고 변제충당의 합의사실을 주장하고 있는바, 그 증명책임이 문제가 된다.

2. 변제충당의 합의에 대한 증명책임

채무자가 특정한 채무의 변제조로 금원을 지급하였다고 주장함에 대하여, 채권자가 이를 수령한 사실을 인정하면서도 다른 채무의 변제에 충당하였다고 주장하는 경우에는 채권자는 그 다른 채권이 존재한다는 사실과 그 다른 채권에 변제충당하기로 하는 합의나 지정이 있었다거나 그 다른 채권이 법정충당의 우선순위에 있었다는 사실을 주장·증명하여야 할 것이다(대법원 2021. 10. 28 선고 2021다251813 판결 등). 한편, 변제충당은 지정충당, 법정충당, 합의충당이 있는바, 비용, 이자, 원본에 대한 변제충당에 관해서는 민법 제479조에 충당 순서가 법정되어 있고 지정변제충당에 관한 민법 제476조는 준용되지 않으므로 당사자가 법정 순서와 다르게 일방적으로 충당 순서를 지정할 수 없다. 그러나 당사자 사이에 명시적·묵시적 합의가 있다면 법정변제충당의 순서와 달리 인정할 수 있지만 이러한 합의가 있는지는 이를 주장하는 자가 증명할 책임이 있다(대법원 2020. 1. 30. 선고 2018다204787 판결 등).

3. 사안의 해결

사안에서 매매계약상 계약금 1억 원의 지급일자(이행기)를 계약당일인 2020. 1. 1.이라고 하더라도, 甲이 乙에게 지급한 1억 원은 법정변제충당의 법리에 따르면 민법 479조 제1항에 따라 2019. 1. 1.자 대여금의 이자 및 지연손해금 채무에 우선 충당되고, 나머지도 민법 제479조 제2항, 제477조에 따라 변제이익이 많고, 이행기가 먼저 도래한 2019. 1. 1.자 대여금의 원금채무에 충당되어야 한다. 甲은 2020. 1. 1. 乙에게 지급된 1억 원이 계약금이라는 사실에 관하여 변제충당의 합의가 존재하는 사실에 대하여 증명책임이 있는데, A의 증언만으로는 이에 대하여 증명이 이루어졌다고 할 수 없다. 법원은 매매대금 3억 원이 지급되지 않은 것으로 인정하여야 한다. 乙의 매매계약에 따른 소유권이전등기의무와 甲의 매매대금지급의무는 동시이행관계에 있고, 乙이 이에 관한 항변을 하였으므로, 법원은 乙에 대하여 甲으로부터 3억 원을 지급받음과 상환으로 甲에게 X토지에 관하여 2020. 1. 1. 매매를 원인으로 한 소유권이전등기절차의 이행을 명하는 판결을 하여야 한다.

(10) 甲은 2015. 1. 1.경 乙에게 Y토지를 보증금 1억 원, 차임 월 100만 원, 기간 5년으로 정하여 임대하였다. 甲은 2019. 7. 1.경 乙에게 Y토지에 관한 임대차관계를 계속할 의사가 없으니 임대기간이 만료되면 Y토지를 반환해달라는 내용증명을 보냈다. 乙은 Y토지에서 주차장 영업을 해오면서 지반 보강 및 배수공사를 하는 데에 8,000만 원을 지출하였고 그로 인하여 지가가 상승하였으므로 유익비를 상환받을 때까지는 Y토지를 인도해 줄 수 없다고 다투면서, 2019. 7. 1. 이후의 차임도 지급하지 않은 채 종전과 같이 Y토지를 점유·사용해오고 있다. 甲이 2020. 3. 1. 보증금 1억 원을 공탁한 뒤 乙을 상대로 임대차종료를 원인으로 하여 Y토지에 대한 인도청구의 소를 제기하자, 乙은 Y토지에 관한 유익비를 상환받기 전까지는 Y토지를 반환하지 않겠다고 다투었다. 乙은 위 소송에서 임대차종료시에 Y토지의 가치증가액이 5,000만 원이라고 주장하였는데, 법원은 2020. 7. 10. 乙이 Y토지의 공사비로 8,000만 원을 지출하였으나, 임대차 종료 시에 그 가치 증가액이 현존하는 사실이 인정되지 않는다는 이유로 乙의 주장을 배척하고 甲의 청구를 인용하는 판결을 선고하였고, 위 판결은 2020. 7.

31. 확정되었다. 甲-1은 2020. 9. 1. 甲으로부터 Y토지를 매수한 다음 이에 관한 소유권이전등기를 마쳤고, 乙에 대한 차임채권 및 차임 상당의 부당이득반환채권을 양수하고 그 대항요건을 갖춘 다음, 2020. 10. 1. 乙을 상대로 Y토지의 인도 및 2019. 7. 1.부터 2020. 8. 31.까지 월 100만 원 상당의 차임 및 차임 상당의 부당이득 합계 1,400만 원의 지급을 구하는 양수금청구의 소를 제기하였다. (2022년 중간고사)

① 乙은 甲과의 임대차계약시에 차임채권을 양도하지 않기로 하는 약정을 하였는데, 이를 알고 있었던 甲-1의 위 양수금청구는 부당하다는 내용의 답변서를 제출하였다. 甲-1은 계약서에 그러한 명시적인 기재는 없지만 甲과 乙 사이에 그러한 약정을 한 사실은 전해 들어서 알고 있었다는 내용의 준비서면을 제출하였다가, 제1회 변론기일에서 위 준비서면은 진술하지 않는다고 하면서, 위와 같은 특약에 대하여는 전혀 알지 못하는데 소송대리인이 준비서면을 작성하면서 착오로 기재한 것이라고 진술하였다. 더 이상 차임채권의 양도금지특약에 관하여 증거가 제출되지 않았다면, 법원은 甲-1의 차임채권의 양수금청구와 관련하여 어떤 재판을 하여야 하는가?

1. 쟁점

사안에서 채권양도금지특약의 존재에 관한 증명책임이 누구에게 있는지와 甲-1이 채권양도금지특약의 존재를 인정하는 취지의 준비서면을 제출하였으나 진술하지 않은 경우에 재판상 자백의 효과가 발생하는지가 검토되어야 한다.

2. 채권양도금지특약에 대한 증명책임

채권은 양도할 수 있으나, 채권의 성질이 양도를 허용하지 아니하는 때에는 그러하지 아니하다(민법 제449조 제1항). 그리고 채권은 당사자가 반대의 의사를 표시한 경우에는 양도하지 못한다. 그러나 그 의사표시로써 선의의 제3자에게 대항하지 못한다(민법 제449조 제2항). 이처럼 당사자가 양도를 반대하는 의사를 표시(양도금지특약)한 경우 채권은 양도성을 상실한다. 양도금지특약을 위반하여 채권을 제3자에게 양도한 경우에 채권양수인이 양도금지특약이 있음을 알았거나 중대한 과실로 알지 못하였다면 채권 이전의 효과가 생기지 아니한다. 반대로 양수인이 중대한 과실 없이 양도금지특약의 존재를 알지 못하였다면 채권양도는 유효하게 되어 채무자는 양수인에게 양도금지특약을 가지고 채무 이행을 거절할 수 없다. 채권양수인의 악의 내지 중과실은 양도금지특약으로 양수인에게 대항하려는 자가 주장·증명하여야 한다(대법원 2019. 12. 19. 선고 2016다24284 전원합의체 판결).

3. 재판상 자백의 성립

민소법 제288조에 따라 구속력을 갖는 재판상 자백은 변론기일 또는 변론준비기일에서 당사자가 하는 상대방의 주장과 일치하는 자기에게 불리한 사실의 진술을 말하는 것으로서(대법원 1996. 12. 20. 선고 95다37988 판결 등 참조), 법원에 제출되어 상대방에게 송달된 답변서나 준비서면에 자백에 해당하는 내용이 기재되어 있는 경우라도 그것이 변론기일이나 변론준비기일에서 진술 또는 진술간주되어야 재판상 자백이 성립한다(대법원 2015. 2. 12. 선고 2014다229870 판결).

4. 사안의 해결

사안에서 채권양도특약에 관하여는 그 특약으로써 양수인 甲-1에게 대항하려는 乙이 양도금지특약의 존재 및 甲-1의 악의 또는 중과실을 증명하여야 하는데, 甲-1이 이를 자백하는 내용의 준비서면을 제출하였으나, 그 준비서면이 진술되지 않음으로써 재판상 자백이 성립되었다고는 할 수 없다. 乙이 이에 관한 증거를 제출하지 못하였으므로 법원은 甲-1의 채권양도의 효력을 부인할 수는 없고, 甲-1의 양수금청구를 인용하는 판결을 하여야 한다.

② 乙은 제2회 변론기일에서 5,000만 원의 유익비상환청구권이 있으므로 Y토지를 인도할 의무가 없다고 다투면서 그 유익비상환청구권을 자동채권으로 차임 및 부당이득반환의 양수금채권에 대하여 상계권을 행사하다고 주장하였다. 심리결과, 乙이 Y토지의 공사비로 8,000만 원을 지출한 사실은 인정할 수 있지만, 그 가치증가액이 현존하는 사실은 인정되지 않았고, 2020. 1. 1. 이후 변론종결시인 2020. 11. 30.경까지 Y토지의 차임은 보증금 1억 원에 월 100만 원 정도가 되는 사실은 인정할 수 있었다. 법원은 어떤 재판을 하여야 하는지를 청구원인사실과 항변사실(직권으로 조사할 사항이 있다면 그것도 포함하여)의 증명책임에 기초하여 서술하시오.

1. 쟁점

사안에서 甲-1의 소유권에 기초한 Y토지의 인도청구와 1,400만 원의 양수금청구(600만 원의 차임+800만 원의 부당이득반환채권)의 소에 대하여, 乙은 (甲에 대한) 유익비상환청구권에 기초하여 유치권을 행사하였는바, 甲-1의 Y토지에 관한 소유권취득 및 차임채권 및 부당이득반환채권에 관한 채권양도 및 대항요건의 구비와 차임채권의 근거가 되는 甲과 乙 사이의 임대차계약의 성립에 관하여는 전제사실에서 주어져 있으므로 부당이득반환채권에 관한 증명책임과 유치권의 피담보채권인 유익비상환청구권에 관한 증명책임 등이 검토되어야 한다.

2. 유익비상환청구에 있어서 증명책임

임차인이 유익비를 지출한 경우에는 임대인은 임대차종료시에 그 가액의 증가가 현존하는 때에 한하여 임차인의 지출한 금액이나 그 증가액을 상환하여야 한다(민법 제626조 제2항). 유익비의 상환범위는 '임차인이 유익비로 지출한 금액'과 '현존하는 증가액' 중에서 임대인이 선택하는 것으로 정해지므로 실제 지출금액 및 현존 증가액에 관한 증명책임은 모두 유익비의 상환을 구하는 임차인에게 있다(대법원 1962. 10. 18. 선고 62다437 판결, 대법원 2018. 6. 15. 선고 2018다206707 판결 등).

3. 부당이득반환청구에 있어서 증명책임

민법 제741조는 "법률상 원인 없이 타인의 재산 또는 노무로 인하여 이익을 얻고 이로 인하여 타인에게 손해를 가한 자는 그 이익을 반환하여야 한다."라고 정하고 있다. 당사자 일방이 자신의 의사에 따라 일정한 급부를 한 다음 그 급부가 법률상 원인 없음을 이유로 반환을 청구하는 이른바 급부부당이득의 경우에는 법률상 원인이 없다는 점에 대한 증명책임은 부당이득반환을 주장하는 사람에게 있다. 이 경우 부당이득의 반환을 구하는 자는 급부행위의 원인이 된 사실의 존재와 함께 그 사유가 무효, 취소, 해제 등으로 소멸되어 법률상 원인이 없게 되었음을 주장·증명하여야 하고, 급부행위의 원인이 될 만한 사유가 처음부터 없었음을 이유로 하는 이른바 착오 송금과 같은 경우에는 착오로 송금하였다는 점 등을 주장·증명하여야 한다(대법원 2018. 1. 24. 선고 2017다37324 판결). 반면, 타인의 재산권 등을 침해하여 이익을 얻었음을 이유로 부당이득반환을 구하는 이른바 침해부당이득의 경우에는 부당이득반환 청구의 상대방이 그 이익을 보유할 정당한 권원이 있다는 점을 증명할 책임이 있다(대법원 1988. 9. 13. 선고 87다카205 판결 등).

4. 사안의 해결

사안에서 甲-1의 Y토지 인도청구권에 대하여 乙은 (甲에 대한) 유익비상환청구권을 피담보채권으로 하여 유치권항변을 하였는바, 유익비상환청구권과 관련하여는 임차인이 '유익비로 지출한 금액'과 '현존하는 증가액' 모두를 주장·증명하여야 하는데, 乙이 Y토지의 현존 증가액에 관하여 증명을 하지 못하였으므로 유익비상환청구권이 인정되지 않고, 이를 피담보채권으로 하는 유치권도 인정될 수 없다. 甲-1의 Y토지의 인도청구는 인용되어야 한다.

　　甲-1의 차임채권의 양수금 600만 원 및 부당이득반환채권의 양수금 800만 원의 청구와 관련하여, 차임채권은 甲과 乙 사이의 임대차계약에 따라 인정할 수 있고, 부당이득반환채권은 乙이 甲의 토지를 임대차계약 종료 후에도 점유·사용함에 따른 것으로서 침해부당이득에 해당하므로 그 이익을 보유할 정당한 권원에 관하여는 乙에게 증명책임이 있는바, 이에 관하여는 아무런 주장·증명이 없으므로 甲-1의 부당이득반환채권도 인정할 수 있다. 부당이득의 범위에 관하여 2020. 1. 1. 이후 2020. 11. 30.경까지 Y토지의 차임이 보증금 1억 원에 월 100만 원 정도인 사실을 인정할 수 있고 이에 기초하면 보증금이 없는 경우 월 100만 원을 초과하는 사실은 추인할 수 있으므로 甲이 주장하는 부당이득 월 100만 원을 인정할 수 있다. 이에 대하여 乙이 상계권을 행사하면서 자동채권으로 주장한 유익비상환청구권은 인정되지 않으므로 甲-1의 청구를 모두 인용하는 판결을 하여야 한다.[1]

(11) X토지는 원래 甲의 소유였는데, 甲은 1970년 5월경 행방불명되어 소식이 없다. 그런데 X토지에 관하여는 1990. 1. 1. 丙 명의로 1980. 1. 1. 매매를 원인으로 한 소유권이전등기가 마쳐져 있다. 甲의 상속인인 乙이 실종선고를 신청함으로써 2010. 7. 1. 甲에 대하여는 실종선고가 내려졌는데, 그 실종기간 만료일은 1975. 5. 31.이다. 乙이 丙을 상대로 X토지에 관한 丙 명의 소유권이전등기가 원인무효라고 주장하면서 그 말소등기청구의 소를 제기하자, 丙은 등기의 적법추정력에 의하여 이전등기가 원인무효인 것에 대하여는 乙이 증명책임이 있을 뿐만 아니라, 자신은 甲이 행방불명되기 전인 1968. 1. 1. X토지를 매수한 후 소유권이전등기를 마치고 X토지의 소유자로서 이를 점유하고 사용해오고 있어서 그 등기가 무효일 수 없다고 주장하면서 甲이 매도인으로 된 매매계약서를 서증으로 제출하였다. 심리결과, 법원은 甲의 필체 등을 확인할 수 있는 아무런 유품이 없어서 위 매매계약서가 甲에 의하여 작성된 것

---

[1]　사안에서 甲이 제기한 Y토지의 인도청구권은 임대차종료를 원인으로 한 것이고 甲-1이 제기한 Y토지의 인도청구권은 소유권에 기초한 것이므로 소송물이 달라서 기판력이 미치지 않는다.

인지에 대하여는 확신을 가질 수가 없었고, 丙이 1970년경부터 X토지를 경작해오면서 그 재산세 등을 납부해 온 사실은 인정할 수 있다. 법원은 乙의 청구를 인용할 수 있는가? (2022년 중간고사)

1. 쟁점

사안에서 甲의 실종기간만료 후에 X토지에 관하여 丙 명의로 소유권이전등기가 마쳐졌는바, 이 경우에 등기추정력이 미치는지 여부와 등기추정력이 미치지 않는 경우에 등기명의인인 丙이 증명하여야 할 사항, 매매계약의 진정성립에 관한 증명방법을 검토하여야 하고, 또 丙은 甲으로부터 X토지를 매수한 사실과 함께 점유시효취득의 주장을 하고 있는바 丙이 甲으로 매수한 사실이 인정되지 않는 경우에 자주점유의 추정이 번복되는지 등에 관하여 검토하여야 한다.

2. 사망자 명의의 소유권이전등기의 추정력

부동산에 관하여 소유권이전등기가 마쳐져 있는 경우, 그 등기명의자는 제3자에 대하여서뿐만 아니라 그 전 소유자에 대하여서도 적법한 절차 및 원인에 의하여 소유권을 취득한 것으로 추정되므로, 그 절차 및 원인이 부당하여 그 등기가 무효라는 사실은 이를 주장하는 사람에게 증명책임이 있다. 다만, 등기절차가 적법하게 진행되지 않은 것으로 볼만한 의심스러운 사정이 증명되는 경우, 즉 이전등기가 전 소유자의 사망 후에 이루어진 경우, 전 소유명의인이 허무인인 경우, 등기원인으로 주장된 계약서가 진정하지 않은 경우, 등기의 기재 자체에 의하여 불실의 등기임이 명백한 경우, 보존등기의 명의인이 원시취득자가 아님이 밝혀진 경우 등에서는 그 추정력이 깨어진다. 특히, 전 소유자가 사망한 후에 그 명의로 신청되어 경료된 소유권이전등기는, 그 등기원인이 이미 존재하고 있으나 아직 등기신청을 하지 않고 있는 동안에 등기의무자에 대하여 상속이 개시된 경우에 피상속인이 살아 있다면 그가 신청하였을 등기를 상속인이 신청한 경우 또는 등기신청을 등기공무원이 접수한 후 등기를 완료하기 전에 본인이나 그 대리인이 사망한 경우와 같은 특별한 사정이 인정되는 경우를 제외하고는, 원인무효의 등기로서 등기의 추정력을 인정할 여지가 없다. 사망자 명의의 신청으로 이루어진 소유권이전등기는 원인무효의 등기로서 등기의 추정력을 인정할 여지가 없으므로 그 등기의 유효를 주장하는 자가 현재의 실체관계와 부합함을 증명할 책임이 있다(대법원 1983. 8. 23. 선고 83다카597 판결, 대법원 2017. 12. 22. 선고 2017다360, 377 판결 등).

3. 실종선고의 효과

부재자의 생사가 5년간 분명하지 아니한 때에 법원은 이해관계인이나 검사의 청구에 의하여 실종선고를 하는바(민법 제27조 제1항), 실종선고를 받은 부재자는 실종기간이 만료한 때에 사망한 것으로 간주된다(민법 제28조).

4. 서증의 진정성립에 대한 증명

사문서를 서증으로 제출할 경우 그 제출자가 진정한 것임을 증명하여야 한다(민소법 제357조). 사문서는 본인 또는 대리인의 서명이나 날인 또는 무인이 있는 때에는 진정한 것으로 추정되는바(민소법 제358조), 사문서에 날인된 작성명의인의 인영이 그의 인장에 의하여 현출된 것이면 날인행위가 작성명의인의 의사에 의한 것임이 사실상 추정되고(인영의 진정성립의 추정), 인영의 진정성립이 인정되면 민소법 제358조에 근거하여 문서전체의 진정성립이 추정된다. 민소법 제359조는 "문서가 진정하게 성립된 것인지 어떤지는 필적 또는 인영을 대조하여 증명할 수 있다."고 규정하고 있는바, 필적 및 인영의 대조는 검증의 일종이고, 법원은 대조를 위하여 당사자에게 대조용 문서 등을 제출하게 하거나(민소법 제360조) 상대방에게 문자를 손수 쓰도록 명할 수 있다(민소법 제361조). 또는 증인, 필적 및 인영에 대한 감정을 통하여 문서의 진정성립을 증명할 수 있고, 문서의 진정성립은 변론 전체의 취지만으로 인정할 수도 있다. 즉, 당사자가 부지로서 다툰 서증으로서 그 내용이 당사자 사이에 다투어지지 않는 서증에 관하여는 서증의 제출자가 그 진정성립을 증명하지 않은 경우에도, 변론 전체의 취지를 참작하여 자유심증으로써 그 진정성립을 인정할 수 있다.

5. 시효취득과 소유의사의 추정

물건의 점유자는 소유의 의사로 점유한 것으로 추정된다(민법 제197조 제1항). 따라서 점유자가 취득시효를 주장하는 경우 스스로 소유의 의사를 증명할 책임은 없고, 그 점유자의 점유가 소유의 의사가 없는 점유임을 주장하여 취득시효의 성립을 부정하는 자에게 그 증명책임이 있다. 점유자의 점유가 자주점유인지 아니면 타주점유인지는 점유자의 마음속에 있는 의사에 따라 결정되는 것이 아니라 점유취득의 원인이 된 권원의 성질이나 점유와 관련된 모든 사정에 따라 외형적·객관적으로 결정되어야 한다. 점유자가 성질상 소유의 의사가 없는 것으로 보이는 권원에 바탕을 두고 점유를 취득한 사실이 증명되었거나, 점유자가 타인의 소유권을 배제하여 자기의 소유물처럼 배타적 지배를 하려는 의사를 가지고 점유하는 것으로 볼 수 없는 객관적 사정, 즉 점유자가 진정한 소유자라면 통상 취하지 않았을 태도를 나타내거나 소유자라면 당연히 취했을 것으로 보이는 행동을 취하지 않은 경우 등 외형적·객관적으로 보아 점유자가 타인의 소유권을 배척하고 점유할 의사를 갖고 있지 않았던 것이라고 볼 만한 사정이 증명된 경우에 한하여 그 추정은 깨진다(대법원 1997. 8. 21. 선고 95다28625 전원합의체 판결 등). 그러나 점유자가 스스로 매매나 증여와 같이 자주점유의 권원을 주장하였는데, 이것이 인정되지 않는다는 사유만으로는 자주점유의 추정이 깨진다고 볼 수 없다(대법원 2002. 2. 26. 선고 99다72743 판결 등).

6. 사안의 해결

사안에서 X토지에 관한 丙의 소유권이전등기는 甲의 실종기간 만료일 이후에 이루어진 것으로서 사망자의 신청에 의한 등기로서 추정력이 인정되지 않는다. 등기가 원인무효인 것에 대하여 乙에게 증명책임이 있다는 丙의 주장은 잘못된 것이고, 丙이 자신의 등기가 실체관계에 부합함을 증명하여야 한다. 丙은 甲과의 매매계약에 기초하여 마쳐진 등기로서 실체관계에 부합한다는 점에 관하여 매매계약서를 서증으로 제출하였으나, 그에 대한 진정성립이 인정되지 않으므로 법원은 甲과 丙 사이에 X토지에 관한 매매계약이 체결된 사실을 인정할 수 없다. 또 丙은 X토지를 甲으로부터 매수하여 점유를 개시하고 1970년경부터 경작해왔다고 주장하고 있는바, 이는 丙이 X토지를 점유하여 시효취득함으로써 그 등기가 실체관계에 부합한다는 주장이라고 볼 수 있다. 丙이 1970년경부터 20년 이상 X토지를 점유한 사실이 인정되므로 민법 제197조의 점유의 태양(자주점유)은 추정되고, 甲과 丙 사이의 매매가 인정되지 않는다는 사정만으로는 자주점유의 추정이 깨진다고 할 수 없다. 따라서 법원은 丙이 1990년경 X토지를 점유시효취득한 사실을 인정하고 X토지에 관한 丙 명의의 소유권이전등기가 실체관계에 부합한다고 판단하여, 乙의 청구를 기각하는 판결을 하여야 한다.

사례연습 4

소송의 종료

(1) A는 C의 소개로 그 소유인 X토지를 B에게 매도하였는데 그 소유권이전등기를 해주지 아니하고 있는 사이에 땅값이 폭등하자 A와 C는 공모하여 X토지를 다른 사람에게 처분하여 이익을 반분하기로 하였다. 그리하여 우선 B의 소유권이전등기청구에 대비하여 X토지를 처분할 때까지 일단 매매를 가장하여 C 앞으로 소유권이전등기를 해놓기로 하고 서울중앙지방법원에서 제소 전 화해를 한 후 이를 원인으로 C 앞으로 소유권이전등기를 마쳤다. 그 후 위 사실을 알게 된 B가 위 제소 전 화해는 무효라고 주장하면서 A를 대위해서 C를 상대로 C 앞으로 마쳐진 소유권이전등기의 말소등기를 구하는 소를 제기하였고 그 소송의 계속 중 C는 A에 대해 소송고지를 하였다. 그러나 위 소송에서 심리결과 A와 B간의 위 매매계약이 적법하게 해제된 사실이 밝혀져 B에게 당사자적격이 없다는 이유로 소각하 판결이 선고되었고, B는 위 판결에 대해서 항소하였다가 항소심 계속 중 위 소를 취하하였다. 그 후 A가 위 제소 전 화해조서의 효력을 다투어 C를 상대로 그 소유권이전등기의 말소등기를 구하는 소를 제기하였다. A가 제기한 위 소는 적법한가? 또, A의 청구는 인용될 수 있는가? (1997년 사법시험)

1. 쟁점

A의 소가 ① 민소법 제267조 제2항의 재소금지원칙에 위배되는지 여부 ② 제소 전 화해조서의 기판력에 저촉되는지 여부가 문제된다.

2. 재소금지의 원칙에서 '본안에 대한 종국판결'의 의미

민소법 제267조 제2항은 "본안에 대한 종국판결이 있은 뒤에 소를 취하한 사람은 같은 소를 제기하지 못한다."고 규정하고 있다. 채권자가 대위소송에서 본안에 대한 종국판결 후에 소를 취하한 경우 채권자대위권에 의한 소송이 제기된 사실을 피대위자가 알게 된 이상 피대위자도 재소금지규정의 적용을 받는다(대법원 1996. 9. 20. 선고 93다20177, 20184 판결). 그러나 채권자대위소송에서 채권자가 피대위자인 채무자에 대하여 가지는 채권, 즉 피보전채권의 존부는 당사자 적격의 문제로서 소송요건에 해당하며 그 부존재를 이유로 채권자의 청구가 각하된 경우 본안에 대한 종국판결이 있었다고 할 수 없다.

3. 통정허위표시에 의해 작성된 제소 전 화해조서의 효력

재판상 화해의 성립에 있어서 실체법상 하자가 있는 경우에 다수설은 제한적 기판력설을 취하나, 판례는 "제소 전 화해조서는 확정판결과 동일한 효력이 있어 당사자 사이에 기판력이 생기는 것이므로 확정판결의 당연무효 사유가 없는 한 설령 그 내용이 강행법규에 위반된다 할지라도 단지 제소전 화해에 하자가 있음에 지나지 아니하여 준재심절차에 의하여 구제받는 것은 별문제로 하고 그 화해조서를 무효라고 주장할 수는 없다."고 하여 무제한적 기판력설을 취한다. 판례에 따르면 소유권이전등기가 제소 전 화해조서에 의하여 마쳐진 경우 준재심절차에서 그 화해조서가 취소되지 않는 이상, 제소 전 화해조서에 기초하여 마쳐진 소유권이전등기가 원인무효라고 주장하며 말소등기절차의 이행을 청구하는 것은 제소 전 화해에 의해 확정된 소유권이전등기청구권을 부인하는 것으로서 기판력에 저촉된다(대법원 2002. 12. 6. 선고 2002다44014 판결).

4. 사안의 해결

사안에서 B가 A를 대위하여 C를 상대로 소유권이전등기말소청구의 소를 제기하였다가 A와 B 사이의 매매계약이 적법하게 해제되었음을 사유로 B에게 당사자적격이 없다는 이유로 소각하 판결이 선고되었다면, 본안에 대한 종국판결이 있었다고 볼 수 없다. 따라서 그 뒤 소가 취하되고 다시 A가 C를 상대로 소유권이전등기말소청구를 하였다고 하더라도 재소금지규정의 적용을 받지 않는다. 그러나 A는 제소 전 화해조서가 준재심절차에서 취소되지 않는 한 가장매매임을 이유로 그 효력을 부인할 수 없고, 기판력이 있는 제소 전 화해조서에 의해서 마쳐진 C명의의 소유권이전등기의 효력을 다툴 수는 없으므로 A가 C를 상대로 제기한 소유권이전등기말소청구소송은 인용될 수 없다.

(2) 甲은 2012. 5. 6. 乙이 운전하는 영업용택시를 타고 귀가하던 중 자신이 탄 택시와 丙이 운전하던 승용차가 교차로에서 충돌하는 교통사고를 당하여 안면부 열상과 뇌진탕 등의 상

해를 입었다. 수사결과 丙이 교통신호를 위반한 과실이 인정되어 丙에게 벌금 300만 원의 약식명령이 내려지자 甲은 2013. 2. 5. 丙을 상대로 이미 지출된 치료비 3,000만 원 상당의 손해배상을 청구하는 소송('전소'라고 한다)을 제기하였다. 전소에서 丙은 자신이 교통신호를 위반하지 않았다고 주장하면서 청구기각을 구하는 답변서를 제출하였는데, 얼마 후 甲과 丙은 2013. 2. 25. 소외에서 "1. 丙은 甲에게 치료비 2,000만 원을 지급한다. 2. 甲은 진행 중인 손해배상청구의 소를 취하하고, 민형사상 일체의 이의를 제기하지 아니한다."는 내용으로 서면합의를 하였고, 丙은 그 합의서를 법원에 제출하였다. (2015년 8월 변시 모의시험)

① 甲과 丙이 변론준비기일에 1회 불출석하고, 법원이 제1차 변론기일통지서를 송달하자, 丙은 '2013. 2. 25. 합의로 소송이 종료되었으므로 출석하지 않겠다'는 내용으로 불출석신고서를 법원에 제출하였고, 甲과 丙은 지정된 제1차 변론기일에 출석하지 않았다. 이 경우 소송종료 여부에 관하여 검토하시오.

1. 쟁점

사안에서 甲과 丙의 합의는 교통사고로 인한 손해배상의 분쟁을 해결하기 위한 민법상 화해계약과 소취하합의(소취하계약), 부제소특약 등이 포함된 혼성계약인바, 소취하합의의 법적 성격 및 쌍방불출석에 의한 소취하 간주 여부가 문제가 된다.

2. 소취하합의(소취하계약)의 법적 성격

소취하합의의 법적 성격에 대하여 ① 소송계약설 ② 사법계약설이 대립하나, 판례는 소취하합의만으로 곧바로 소송종료의 효력이 발생할 수 없고, 당사자 사이에 소취하합의가 있었음이 밝혀지면 특별한 사정이 없는 경우 법원은 권리보호이익이 흠결되었음을 이유로 소각하 판결을 선고하여야 한다는 사법계약설을 취한다.

3. 쌍방불출석에 의한 소취하 간주

양 쪽 당사자가 2회에 걸쳐 변론기일에 출석하지 않거나 출석하고서도 변론하지 않을 경우 그로부터 1개월 이내에 양 쪽 당사자 모두 기일지정신청을 하지 않거나, 기일지정에 따라 진행되는 변론기일에 추가로 1회 불출석하거나 출석하고서도 변론하지 않으면 소는 취하된 것으로 간주된다(민소법 제268조). 이는 변론준비기일에 관하여도 준용된다(민소법 제286조). 다만, 판례는 변론준비기일과 변론기일은 성격이 다르므로 쌍방불출석의 횟수에 있어

합산되지 않는다고 본다(대법원 2006. 10. 27. 선고 2004다69581 판결).

4. 사안의 해결

사안에서 丙이 합의서를 제출한 것만으로는 소송행위인 소취하의 효력이 바로 발생하지는 않는다. 또한 甲과 丙 쌍방이 변론준비기일에 1회, 변론기일에 1회 각 불출석한 것으로는 변론기일에 2회 불출석한 효과가 발생하지도 않는다. 법원으로서는 제2차 변론기일을 지정하여 당사자에게 통지하여야 한다.

② 甲과 丙이 출석한 변론기일에서 丙이 "합의에 따라 甲에게 합의금 2,000만 원을 지급하였으므로 소송이 끝난 것으로 안다."고 주장하자, 甲은 "丙과 합의한 금액에는 위자료가 포함되어 있지 않고, 추가로 지출된 치료비도 있어서 소를 취하할 수 없다."고 주장하였다. 법원은 甲, 丙의 위와 같은 주장에 대하여 어떻게 판단하여야 할 것인가?

1. 쟁점

사안에서 丙의 주장에 대하여는 소취하합의의 법적 성격 및 효력이 문제되고, 甲의 주장에 대하여는 위와 같은 주장이 청구취지의 변경으로 볼 수 있는지가 문제가 된다.

2. 소취하합의의 효력

소취하합의의 효력에 관하여는, ① 사법상 계약으로 유효하고 원고가 위반하여 소송을 계속 유지하거나 재소를 하는 경우에 그러한 소취하합의가 소송과정에서 현출되면 원고의 소는 권리보호이익을 잃으므로 각하할 것이라는 '사법계약설'과 ② 소송계속의 소멸이라는 소송상의 효과를 목적으로 하는 소송계약으로서 그러한 계약의 성립이 소송상 현출되면 직접 소 취하와 같은 효과가 발생하고 법원은 확인적 의미에서 소송종료선언을 하여야 한다는 '소송계약설'이 있다. 사법계약설이 다수설이고 판례의 입장인바(대법원 2005. 6. 10. 선고 2005다14861 판결 등), 이는 소송상 합의로서 부제소합의의 경우도 동일하다(대법원 2013. 11. 28. 선고 2011다80449 판결).

3. 사안의 해결

가. 丙의 주장에 대하여

丙은 소취하합의에 의하여 소송이 종료되었다고 주장하나, 이는 소송계약설에 근거한 것으로서 다수설과 판례에 따를 때 타당하지 않다. 따라서 법원은 절차를 계속 진행하되, 필요한 경우 중간판결 또는 종국판결의 이유에서 그 이유를 설시할 수 있다.

다만, 丙의 계약서 제출 및 위 주장을 통하여 소취하합의가 있었다는 사실이 법원에 현출되었으므로 법원은 특별한 사정이 없다면 권리보호이익의 흠결을 이유로 소각하 판결을 선고하여야 한다(대법원 2005. 6. 10. 선고 2005다14861 판결).

나. 甲의 주장에 대하여

민소법 제262조 제2항에 따라 청구의 변경은 그 변경된 청구의 내용을 특정하여야 하므로, 사안과 같은 甲의 주장만으로는 청구취지의 변경으로 볼 수 없다. 따라서 법원은 권리보호이익의 흠결을 이유로 소각하 판결을 선고하여야 한다. 소취하합의에도 불구하고 권리보호이익이 있다는 사정은 원고가 주장·증명하여야 하는데, 사안에서 甲이 주장한 사유만으로는 이를 인정하기 어렵다.

한편, 甲이 청구취지를 확장하여 위자료 및 추가로 지출한 치료비의 청구를 추가할 경우, 법원은 합의서상 '민형사상 일체의 이의를 하지 않겠다'고 기재된 부분이 위 추가청구에 관한 부제소합의에 해당하는지를 심리하여야 한다. 심리결과, 위와 같은 기재가 추가청구된 부분에 관하여 향후 재판상 청구를 하지 않겠다는 취지라면 이 부분도 권리보호이익이 없음을 이유로 소각하 판결을 하여야 한다.

(3) 甲은 2016. 1. 1. A종중의 대표자로 선임되어 종중재산에 관하여 점검을 하던 중, A종중 소유이던 X토지에 관하여 2015. 7. 1.자로 丁 명의로 소유권이전등기가 마쳐진 사실을 확인하고, 이에 관하여 조사를 한 결과, 종중원인 丙이 당시 A종중 대표자인 乙 몰래 X토지를 丁에게 매도하고 관련 서류를 위조하여 소유권이전등기를 마쳐준 사실을 알게 되었다. 이에 甲이 2016. 1. 15. A종중을 원고로 하여 丁을 상대로 X토지에 관한 소유권이전등기말소청구의 소를 제기하였다. 丁은 답변서에서 A종중의 대표자인 乙의 위임을 받은 丙으로부터 X토지를 대금 1억 원에 적법하게 매수하였다고 주장하는 한편, 2016. 1. 1.자 A종중 총회는 의결정족수가 미달하여 甲을 대표자로 선임한 결의가 무효이므로 甲이 대표자로서 제기한 소는 부적법하다고 다투었다. 제1심 법원이 2016. 3. 5. "피고는 원고에게 X토지에 관한 소유권이전등기를 말소한다. 원고는 2016. 3. 30.까지 피고에게 1억 원 및 이에 대하여 2015. 7. 1.부터 다 갚는 날까지 연 5%의 비율로 계산한 돈을 지급한다. 소송비용은 각자 부담한다."는 화해권고결정을 하자, 이를 송달받은 A종중과 丁이 이의를 하지 않음으로써 위 화해권고결정이 확정

되었다. (2016년 중간고사 변형)

① 丁은 2016. 4. 10. A종중이 위 화해권고결정상의 1억 원 및 그 법정이자를 지급하지 않음을 이유로 화해권고결정이 무효라고 주장하면서, 법원에 위 사건에 대하여 판결을 해달라는 내용의 서면을 제출하였다. 丁의 주장은 타당한가? 법원은 어떻게 하여야 하는가?

1. 화해권고결정의 효력

민소법 제231조에 따라 화해권고결정이 확정된 경우 이는 재판상 화해와 동일한 효력이 있고, 화해조서는 확정판결과 동일한 효력이 있다(민소법 제220조). 판례는 재판상 화해조서의 효력에 관하여 "재판상 화해를 조서에 기재한 때에는 그 조서는 확정판결과 동일한 효력이 있고 당사자 사이에 기판력이 생기는 것이므로 확정판결의 당연무효사유와 같은 사유가 있거나 민소법 제461조에 따라 준재심의 소로 취소되지 않는 이상 의사표시의 하자 내지 강행법규에 위반되는 사정이 있더라도 효력을 부정할 수 없다."는 입장(무제한 기판력설)이다(대법원 1991. 4. 12. 선고 90다9872 판결 등).

2. 재판상 화해의 무효를 주장하는 절차

당사자 일방이 화해조서의 당연무효사유를 주장하며 기일지정신청을 한 때에는 민소규 제67조를 준용하여 법원으로서는 기일을 지정하여 심리를 한 다음 무효사유가 존재하지 않는 경우 판결로써 소송종료선언을 하여야 한다(대법원 2000. 3. 10. 선고 99다67703 판결).

3. 사안의 해결

사안에서 A종중이 화해권고결정의 내용을 이행하지 아니하는 경우, 丁은 화해권고결정을 집행권원으로 하여 강제집행을 할 수 있을 뿐이고, 이를 사유로 화해권고결정의 효력을 다툴 수는 없다. 따라서 법원은 민소규 제67조를 준용하여 변론기일을 지정하여 심리를 한 다음 판결로써 소송종료선언을 하여야 한다.

② A종중이 위 화해권고결정에 기초하여 丁 명의의 소유권이전등기를 말소하자, 이를 안 丁이 위 ①과 같은 이유로 화해권고결정이 무효라고 주장하면서, A종중을 상대로 X 토지에 관하여 2015. 7. 1.자 매매를 원인으로 한 소유권이전등기청구의 소를 제기하였

다. 제1심 법원은 화해권고결정의 기판력을 이유로 청구기각 판결을 선고하였고, 이에 丁은 항소를 제기하였다가 항소심 소송이 계속 되던 중에 위 소를 취하하였다. 丁에 대하여 3억 원의 대여금채권을 가지고 있는 戊는 丁을 대위하여 A종중을 상대로 X토지에 관하여 2015. 7. 1.자 매매를 원인으로 한 소유권이전등기청구의 소를 제기하였다. 戊의 청구는 인용될 수 있는가?

1. 쟁점

사안에서 丁이 A종중을 상대로 X토지에 관하여 2015. 7. 1.자 매매를 원인으로 한 소유권이전등기청구의 소를 제기하였다가 기판력을 이유로 청구기각판결을 선고받은 후 항소심 계속 중에 소를 취하하였는데, 丁의 채권자인 戊가 채권자대위권에 기초하여 丁을 대위하여 A종중을 상대로 동일한 청구를 하였는바, 재소금지의 원칙이 적용되는지가 우선 검토되어야 한다.

2. 재소금지의 원칙

민소법 제267조 제2항은 "본안에 대한 종국판결이 있은 뒤에 소를 취하한 자는 같은 소를 제기하지 못한다."고 규정하고 있는바, 이는 법원의 노력을 무효화하고 당사자에 의해 종국판결이 농락당함을 방지하기 위함이다. 재소금지의 원칙을 규정한 위 조항에서 같은 소란 '당사자, 소송물, 권리보호이익(소제기를 필요로 하는 정당한 사정)이 동일한 소'를 의미하는바, 채권자대위권에 의한 소송이 제기된 사실을 피대위자가 알게 된 이상, 그 대위소송에 관한 종국판결이 있은 후 그 소가 취하된 때에는 피대위자도 재소금지규정의 적용을 받아 그 대위소송과 동일한 소를 제기하지 못한다(대법원 1996. 9. 20. 선고 93다20177, 20184 판결). 한편, 재소금지의 원칙은 본안에 대한 종국판결 후에 적용되고, 소각하 판결이나 소송종료선언 등의 소송판결이 있은 뒤의 소취하에는 적용되지 않는다.

3. 사안의 해결

사안에서 戊가 제기한 후소는 丁이 제기한 전소의 소송물인 소유권에 기초한 방해배제청구권(민법 제214조)으로서 소유권이전등기말소회복등기청구권을 대위 행사한 것이므로 소송물, 권리보호이익이 동일하고, 실질적인 당사자도 동일하므로 재소금지원칙의 적용대상이 된다. 丁이 제기한 전소에서의 제1심판결이 기판력에 저촉됨을 이유로 한 청구기각판결이라고 하더라도 이는 본안판결이므로 항소심 계속 중에 소를 취하한 경우에는 재소금지원칙이 적용된다. 따라서 戊의 소는 부적법하므로 인용될 수 없다.

(4) 甲은 2016년 8월경 인테리어 시공업자인 乙과 카페의 인테리어공사에 관하여 공사대금을 5,000만 원으로 하는 도급계약을 체결하였다. 乙은 약정기한인 2016. 10. 20. 위 인테리어공사를 완료하고, 甲에게 카페를 인도하였다. 乙은 甲을 상대로 위 공사대금의 지급을 청구하는 소를 제기하여 위 사실관계를 모두 주장·증명하였다. 〈 아래의 각 설문은 관련이 없음 〉 (2017년 6월 변시 모의시험)

① 甲은 변론종결 전에 乙에게 5,000만 원을 송금하였고, 乙은 위 5,000만 원이 위 공사대금 채무의 변제에 충당되는 것이라고 생각하여 소취하서를 작성하여 법원에 제출하였으며, 甲은 乙의 소취하에 동의하였다. 그 후 乙은 변제충당의 법리상 위 송금액 5,000만 원이 위 공사대금채무와 별개인 甲의 乙에 대한 대여금채무의 변제에 충당될 수밖에 없음을 알게 되었고, 이에 "착오로 소취하가 이루어진 것이니 소취하는 무효이고, 만일 소취하가 유효하다면 착오를 이유로 소취하를 취소한다."고 주장하면서 법원에 기일지정신청을 하였다. 법원은 이 사건을 어떻게 처리하여야 하는가?

1. 쟁점

착오로 소를 취하한 경우 그 소취하가 무효인지, 착오를 이유로 소송행위인 소취하를 취소할 수 있는지가 문제된다.

2. 소송행위에 대한 취소

소의 취하는 원고가 제기한 소를 철회하여 소송계속을 소멸시키는 원고의 법원에 대한 소송행위이고, 소송행위는 일반 사법상의 행위와는 달리 내심의 의사보다 그 표시를 기준으로 하여 그 효력 유무를 판정할 수밖에 없으므로 착오에 의하여 소를 취하하였다고 하더라도 이를 무효라고 할 수는 없다(대법원 1997. 6. 27. 선고 97다6124 판결 등).

소송행위를 한 당사자에게 불리하거나 상대방으로 하여금 일정한 법률상 지위를 형성하게 하는 구속적 소송행위에 대하여 사기·강박 등 하자를 이유로 취소를 주장할 수 있는지에 관하여는 견해의 대립이 있다. 판례(대법원 1979. 12. 11. 선고 76다1829 판결, 대법원 1980. 5. 27. 선고 76다1828 판결 등) 및 다수설은 소송절차의 명확성과 안정성을 기하기 위하여 표시주의 및 외관주의가 관철되어야 한다는 입장에서 소송행위에 대한 취소를 허용하지 않는다. 반면,

소송행위를 개별적, 구체적으로 검토하여 이익을 형량하여 의사표시의 하자를 다툴 수 있도록 해야한다는 견해도 있는바, 이는 소취하와 같이 소송절차를 종료시키는 행위는 소송절차의 안정과 무관하므로 의사표시의 하자에 관한 민법상의 규정을 유추적용하여야 한다고 주장한다.

3. 기일지정신청과 소송종료선언

당사자는 소취하가 부존재 또는 무효라는 것을 주장하여 기일지정신청을 할 수 있고, 이 경우 법원은 변론을 열어 신청사유에 관하여 심리를 하여야 하며, 심리결과 신청이 이유 없다고 인정하는 경우에는 판결로 소송의 종료를 선언하여야 하고, 신청이 이유 있다고 인정하는 경우에는 취하 당시의 소송 정도에 따라 필요한 절차를 계속하여 진행하고 중간판결 또는 종국판결에 그 판단을 표시하여야 한다(민소규 제67조).

4. 사안의 해결

사안에서 乙이 법원에 소취하서를 제출함으로써 소취하가 적법하게 이루어져서 乙과 甲 사이의 소송계속은 소급적으로 소멸하였고(민소법 제267조 제1항), 판례 및 다수설에 따르면 소취하는 구속적 소송행위에 해당하므로 乙이 착오를 이유로 소취하를 취소할 수 없다. 법원은 乙의 기일지정신청에 대하여 변론기일을 지정하여 심리를 한 후 소송종료선언을 하여야 한다.

② 甲과 乙은 기일 외에서 '甲은 乙에게 위 공사대금채무에 대한 대물변제로서 시가 5,000만 원 상당의 기계를 양도하고 乙은 甲으로부터 위 기계를 양도받음과 동시에 소를 취하한다'는 내용의 약정을 하였다. 그럼에도 乙이 소취하서를 제출하지 않자, 甲은 변론기일에서 위 소취하약정 사실을 주장·증명하였고, 乙은 "甲이 乙에게 위 기계를 양도하지 않았다."고 주장하였고, 甲도 이를 인정한 후, 변론이 종결되었다. 법원은 어떠한 판결을 하여야 하는가?

1. 쟁점

소취하합의에 조건을 붙일 수 있는지, 그 조건이 성취되지 않은 경우 권리보호이익이 인정되는지가 문제가 된다.

2. 소취하합의의 성질과 조건

현재 계속 중이거나 장래 계속될 특정의 소송과 관련하여 법적 효과의 발생을 목적으로 당사자 사이에 합의(계약)를 할 수 있다. 소취하합의도 소송상 합의에 해당하는바, 그 법적 성질에 대하여 학설은 사법계약설과 소송계약설이 나뉜다. 사법계약설은 소취하합의의 의무불이행시에 소송으로써 의무이행을 구하거나 손해배상청구를 할 수 있다는 의무이행소구설과 상대방에게 항변권을 주어 법원으로 하여금 권리보호이익이 없어 소를 각하하도록 하여야 한다는 항변권발생설로 나뉘는바, 다수설과 판례는 "당사자 사이에 그러한 합의가 소송 외에서 있었다고 하더라도 원고가 소취하서를 제출하지 않는 한 소취하의 효력이 발생하는 것은 아니지만 소송당사자들이 소송 외에서 그 소송을 취하하기로 하는 합의는 유효하고, 이로써 원고에게 권리보호의 이익이 없게 된다."는 입장이다(대법원 2005. 6. 10. 선고 2005다14861 판결).

또한 소취하합의는 사법상 계약이므로 조건·기한 등의 부관을 붙일 수 있고, 의사표시의 하자를 이유로 무효·취소를 주장할 수 있다.

3. 조건부 소취하합의에서 조건불성취와 권리보호이익

당사자 사이에 소를 취하하기로 하는 합의가 이루어졌다면 특별한 사정이 없는 한 소송을 계속 유지할 법률상 이익이 없어 그 소는 각하되어야 하지만, 조건부 소취하합의를 한 경우에는 조건의 성취사실이 인정되지 않는 한 그 소송을 계속 유지할 법률상의 이익을 부정할 수 없다(대법원 2013. 7. 12. 선고 2013다19571 판결 등).

4. 사안의 해결

사안에서 甲과 乙이 소취하합의를 하면서 甲의 기계양도라는 조건을 붙인 것은 유효하고, 甲의 기계양도라는 조건이 성취되지 않았으므로 소취하합의에 의하여 소의 권리보호이익이 부정되는 것은 아니다. 따라서 乙의 공사대금청구의 소는 적법하고 청구원인사실이 모두 주장·증명되었으므로 법원은 乙의 청구를 인용하는 판결을 하여야 한다.

(5) 甲은 2010. 1. 1. 乙에게 5,000만 원을 이율은 월 1%, 변제기는 2010. 12. 31.로 정하여 대여하였는데 위 대여원리금을 변제받지 못하자, 2015. 1. 1. 乙의 아들로서 유일한 상속인인 乙-1을 상대로 '피고는 원고에게 5,000만 원 및 이에 대하여 2010. 1. 1.부터 다 갚는 날까지 월 1%의 비율로 계산한 돈을 지급하라'는 소를 제기하였다. 제1심 법원이 2015. 4. 1. '피고는

원고에게 5,000만 원 및 이에 대하여 2010. 1. 1.부터 다 갚는 날까지 월 1%의 비율로 계산한 돈을 지급하라'는 판결을 선고하자, 乙-1이 항소를 하였다. 甲과 乙-1은 2015. 7. 21. 항소심 변론기일 전날에 법원 앞에서 만나서 '甲은 위 소를 취하하고, 乙-1은 甲에게 2015. 12. 31.까지 위 차용원리금을 모두 변제하고, 그 동안 지출된 소송비용은 각자가 부담하여 소송을 종결한다'는 합의한 다음, 甲은 법원에 소취하서를 제출하였다. 그런데 乙-1은 2015. 12. 31.까지 위 차용원리금을 변제하지 않았다. 〈 아래의 각 설문은 관련이 없음 〉(2017년 중간고사)

① 甲이 2016. 2. 1. 乙-1의 기망때문에 소를 취하하였으므로 위 소취하는 무효라고 주장하면서 기일지정신청을 하였다면, 甲의 위 주장은 받아들여질 수 있는가? 법원은 어떻게 하여야 하는가?

1. 쟁점

기망을 이유로 소송행위인 소취하의 효력을 부정할 수 있는지와 소취하를 무효라고 주장하면서 기일지정신청을 한 경우에 법원의 조치가 쟁점이 된다.

2. 기망에 의한 소취하의 효력

소취하는 원고가 제기한 소를 철회하여 소송계속을 소멸시키는 원고의 법원에 대한 소송행위이고, 소송행위는 일반 사법상의 행위와는 달리 내심의 의사보다 그 표시를 기준으로 하여 효력 유무를 판정할 수밖에 없다. 다만, 어떠한 소송행위에 민소법 제451조 제1항 제5호의 재심사유가 있다고 인정되는 경우 그러한 소송행위에 기초한 확정판결의 효력을 배제하기 위한 재심제도 취지상 재심절차에서 해당 소송행위 효력은 당연히 부정될 수밖에 없다.

3. 기일지정신청 및 소송종료선언

소취하의 효력을 부인하면서 기일지정신청을 한 경우 법원은 민소규 제67조에 따라 변론기일을 열어 신청사유를 심리한 다음 이유가 없으면 판결로 소송종료선언을 하고, 이유가 있으면 소 취하 당시의 소송정도에 따라 필요한 소송절차를 계속 진행할 수 있다.

4. 사안의 해결

사안에서 甲이 乙-1이 2016. 4. 30.까지 차용원리금을 모두 변제할 것이라고 믿고 소취하서를 제출하였고 乙-1이 甲을 기망하였다고 하더라도 소송행위로서 유효한 소취하의 효력을 부인하기는 어렵다. 법원은 변론기일을 열어 甲의 주장에 관하여 심리를 한 다음 소송종료선언을 하여야 한다. 다만, 乙-1이 甲으로 하여금 소취하서를 제출하게 한 행위가 민소법 제451조 제1항 제5호의 재심사유에 해당되는 형사상 처벌을 받을 행위에 해당되고 이로서 乙-1이 유죄판결을 받거나 증거부족 이외의 사유로 유죄의 확정판결을 받을 수 없는 때에는 소취하의 효력이 부정될 수 있다.

② 甲이 2016. 2. 1. 다시 乙-1을 상대로 '피고는 원고에게 5,000만 원 및 이에 대하여 2010. 1. 1.부터 다 갚는 날까지 월 1%의 비율로 계산한 돈을 지급하라'는 소를 제기하였다면, 위 소는 적법한가?

1. 쟁점

사안에서 甲은 乙-1을 상대로 소를 제기하였다가 제1심 승소판결이 선고된 다음 소를 취하하였다가 다시 동일한 소를 제기하였는바, 재소금지원칙에 위배되는지 여부가 쟁점이 된다.

2. 재소금지원칙

본안에 대한 종국판결이 있는 뒤에 소를 취하한 사람은 같은 소를 제기하지 못한다(민소법 267조 제2항). 이는 소취하로 인하여 그동안 판결에 들인 법원의 노력이 무용화되고 종국판결이 당사자에 의하여 농락당하는 것을 방지하기 위한 제재적 취지의 규정이므로, 본안에 대한 종국판결이 있은 후 소를 취하한 사람이라고 할지라도 이러한 규정의 취지에 반하지 않고 소제기를 필요로 하는 정당한 사정이 있다면 다시 소를 제기할 수 있다.

따라서 소취하에 근거하여 재소가 금지되는 동일한 소는 당사자가 동일하고, 소송물이 동일하여야 하고, 본안에 대한 종국판결 후의 취하이어야 하며, 전소와 후소 사이에 권리보호이익이 동일하여야 한다. 소취하합의에 따라 종국판결 후에 소를 취하하였더라도 소취하의 전제조건으로 하였던 약정사항이 이행되지 않음으로서 그 약정이 해제 또는 실효되는 사정변경이 있는 경우에는 후소를 제기할 재소의 이익이 인정된다(대법원 2000. 12. 22. 선고 2000다46399 판결).

3. 사안의 해결

사안에서 甲은 2000. 1. 1.자 대여금채권에 관한 본안의 종국판결을 받고서 소를 취하한 후 다시 동일한 당사자를 상대로 동일한 소송물에 대하여 다시 소를 제기하였지만, 乙-1이 소취하의 전제조건이 되었던 약정사항을 이행하지 않음으로써 그 약정이 실효된 사정변경이 있는 경우로서 새로이 소를 제기할 이익, 즉 권리보호이익이 인정되므로 甲의 소는 재소금지의 원칙에 위배되지 않는다.

> **유사문제** 1. 甲은 乙에게 X건물을 임대하였는데, 乙이 甲의 동의 없이 丙에게 X건물 전부를 전대(轉貸)하자, 甲은 이를 이유로 임대차계약을 해지하고 건물인도청구의 소를 제기하여 승소판결을 받았다. 이에 대하여 乙은 항소를 제기한 후 甲에게 사과하며 곧바로 전대차관계를 종료하고 자신이 직접 X건물을 사용하겠다고 다짐하였고, 이에 甲은 위 소를 취하하였다. 그런데 乙은 전대차관계를 종료시키지 않고 丙으로 하여금 X건물을 계속 사용하게 하였다. 甲은 위 소취하가 착오 내지 기망에 의한 것이어서 효력이 없다고 주장하며 법원에 기일지정신청을 하였다. 이에 대하여 법원은 어떻게 처리해야 하는가? 또, 甲은 소취하 이후에도 乙이 여전히 X건물을 무단 전대하고 있음을 이유로 乙에 대하여 건물인도청구의 소를 다시 제기하여 승소할 수 있는가? (2009년 사법시험)
>
> 2. 甲은 강원도 춘천시에 X토지를 소유하고 있는데 乙이 이를 점유하고 있다. 이에 甲은 乙을 상대로 乙이 X토지를 불법으로 점유하고 있으므로 토지소유권에 기하여 X토지의 인도를 구하는 소(전소)를 제기하였다. 위 소송에서 甲은 승소판결을 받았다. 乙이 항소심에서 X토지를 매수하겠다고 약속하자 甲은 이를 믿고 위 소를 취하하였다. 그 뒤 乙이 X토지를 매수하는 것에 소극적인 태도를 보이자 甲은 X토지를 위 소에 관해 알지 못하는 丙에게 매도하였다. 소유권이전등기를 경료받은 丙은 바로 乙을 상대로 X토지의 인도를 구하는 소(후소)를 제기하였다. 변론에서 乙은 丙의 소는 재소금지의 원칙에 반하여 부적법하다고 주장하고 있으며, 법원은 乙의 점유가 권원 없이 이루어진 것으로 판단하고 있다. 법원은 어떠한 재판을 하여야 하는가? (2022년 6월 변시 모의시험)

(6) 甲은 乙주식회사(이하 '乙회사'라 함)의 직원으로 재직하다가 2015. 12. 31. 해고처분을 받았다. 甲이 2016. 3. 1. 乙회사를 상대로 해고무효확인청구와 불법행위를 원인으로 하는 손해배상청구로서 2016. 1. 1.부터 복직 시까지 매월 300만 원의 지급을 구하는 소를 제기하자, 乙회사는 甲의 근무태만 등을 사유로 한 위 해고처분이 정당하다고 다투었다. 甲은 乙회사가 노조 조합장인 자신의 노조활동에 불만을 갖고 2014년경부터 장기간 불법적으로 감시와 미행을 하여 오다가 사소한 지각과 조퇴를 문제삼아 해고처분을 하였다고 주장하고 있는데,

위 주장과 관련한 구체적인 사실이나 그것을 뒷받침할 증거를 가지고 있지 못하지만, 乙회사는 위와 같은 불법행위로 수집한 자료(정보)를 직원들에 대한 인사관련자료(인사기록카드 등)로 가지고 있을 것이고, 위와 같은 자료가 증거로 제출될 수 있다면 불법행위의 성립에 관한 증명이 될 수 있을 것이라고 생각한다. 제1심 법원은 위 해고처분이 정당하고 불법행위에 관한 증명이 부족하다는 이유로 甲의 청구를 기각하였고, 이에 甲이 항소를 제기하였다가 소를 취하하였다. 甲은 2018. 1. 1. 다시 위 해고처분이 乙주식회사의 취업규칙에 규정된 징계절차를 준수하지 않은 것으로서 무효라고 주장하면서, 2015. 12. 31.자 해고처분의 무효확인청구와 함께 2016. 1. 1.부터 복직 시까지 매월 300만 원의 급여를 지급하라는 청구를 하였다. 법원의 심리결과, 乙회사가 甲에 대한 해고처분을 함에 있어서 정관에 규정된 징계절차를 준수하지 않았음이 인정되었다. 甲의 각 청구는 인용될 수 있는가? (2018년 중간고사)

1. 쟁점

사안에서 甲이 해고무효확인청구와 불법행위를 원인으로 급여 상당의 손해배상청구를 하였다가 제1심 패소판결 선고를 받고 소를 취하한 후 다시 해고무효확인청구와 급여청구를 하였는바, 민소법 제267조 제2항의 재소금지규정에 위배되는지가 문제로 된다.

2. 재소금지원칙이 적용되는 동일소송의 범위

민소법 제267조 제2항은 "본안에 대한 종국판결이 있은 후에 소를 취하한 자는 동일한 소를 제기하지 못한다."고 규정하고 있는바, 이는 임의의 소취하에 의하여 그때까지의 국가의 노력을 헛수고로 돌아가게 한 자에 대한 제재적 취지에서 그가 다시 동일한 분쟁을 문제삼아 소송제도를 농락하는 것과 같은 부당한 사태의 발생을 방지할 목적에서 나온 규정이다. 여기에서 '동일한 소'라 함은 반드시 기판력의 범위나 중복제소금지의 경우의 그것과 같이 풀이할 것은 아니므로 당사자와 소송물이 동일하더라도 재소의 이익이 다른 경우에는 동일한 소라 할 수 없는 반면, 후소가 전소의 소송물을 선결적 법률관계 내지 전제로 하는 것일 때에는 비록 소송물은 다르지만 원고는 전소의 목적이었던 권리 내지 법률관계의 존부에 대하여는 다시 법원의 판단을 구할 수 없는 관계상 위 제도의 취지와 목적에 비추어 후소에 대하여도 동일한 소로써 판결을 구할 수 없다(대법원 1989.10.10. 선고 88다카18023 판결).

3. 사안의 해결

사안에서 해고무효확인청구와 급여청구 중 해고무효확인청구는 전소와 소송물이 동일하고 해고무효사유가 무엇인지는 공격방어방법에 불과하여 재소의 이익(권리보호이익)도 인정되지 않으므로 재소금지원칙에 위배됨이 명백하고, 급여청구는 취하된 전소인 불법행위를 원인으로 하는 손해배상청구와는 소송물이 다르기는 하지만, 甲이 그 전제가 되는 해고무효의 여부에 대하여 더 이상 법원의 판단을 구할 수 없게 됨으로써 이에 대하여도 동일한 소로 보아서 법원의 판단을 구할 수 없다. 따라서 甲의 해고무효확인청구와 급여청구는 모두 부적법 각하되어야 한다.

(7) 甲은 2010. 1. 5. 乙에게 1억 원을 변제기 2010. 3. 4.로 정하여 무이자로 대여하였다. 甲은 乙을 상대로 2020. 2. 11. 위 대여금의 지급을 구하는 소를 제기하였고, 그 소장은 2020. 2. 22. 乙에게 송달되었다. 한편 甲의 채권자 丙은 강제집행을 승낙하는 취지가 기재된 소비대차계약 공정증서를 집행권원으로 하여 2020. 3. 10. 甲의 乙에 대한 위 대여금 채권에 관한 채권압류 및 추심명령신청을 하여, 2020. 3. 15. 채권압류 및 추심명령이 내려지고, 2020. 3. 20. 乙에게 위 추심명령이 송달되었다. 丙은 甲의 乙에 대한 소송의 변론기일이 계속 진행 중인 상태에서 2020. 5. 1. 乙을 상대로 추심금 청구의 소를 제기하였다. 甲은 2020. 5. 10. 乙에 대한 위 대여금 청구의 소를 취하하였고, 乙도 같은 날 소취하에 동의하였다. 한편 丙의 乙에 대한 위 추심금 청구 소송에서 乙은 '위 대여금은 변제기 2010. 3. 4.로부터 10년이 지나 시효소멸하였다.'고 항변하였고, 이에 대하여 丙은 '甲이 소멸시효 완성 전에 재판상 청구를 하였고, 甲이 그 후 소를 취하하기는 하였지만 丙이 별도로 추심금 청구를 하였으므로 위 대여금 채무의 시효는 중단되었다.'고 재항변하였다. 법원은 그 상태에서 변론을 종결하였다. 쌍방 주장사실이 모두 인정되는 경우, 법원은 어떠한 판결을 하여야 하며(소 각하/청구 기각/청구 인용), 그 근거는 무엇인가? (지연손해금은 고려하지 말 것.) (2020년 8월 변시 모의시험)

1. 쟁점

채무자 甲이 소멸시효기간 내인 2020. 2. 11. 제3채무자 乙에 대하여 대여금의 지급을 구하는 소를 제기하였다가 乙의 동의를 받아서 적법하게 소를 취하하였는바, 채무자 甲의 소제기에 의한 시효중단의 효력이 추심채권자 丙에게도 미치는지가 검토되어야 한다.

2. 채무자가 제3채무자에 대하여 제기한 소를 취하한 경우 그 소제기에 의한 시효중단의 효력이 추심채권자에게도 미치는지 여부

시효의 중단은 당사자 및 그 승계인간에만 효력이 있다(민법 제169조). 여기서 당사자라 함은 중단행위에 관여한 당사자를 가리키고 시효의 대상인 권리 또는 청구권의 당사자는 아니며, 승계인이라 함은 '시효중단에 관여한 당사자로부터 중단의 효과를 받는 권리를 그 중단효과 발생 이후에 승계한 자'를 뜻하고, 포괄승계인은 물론 특정승계인도 이에 포함된다(대법원 1997. 4. 25. 선고 96다46484 판결). 채무자의 제3채무자에 대한 금전채권에 대하여 압류 및 추심명령이 있더라도, 이는 추심채권자에게 피압류채권을 추심할 권능만을 부여하는 것이고, 이로 인하여 채무자가 제3채무자에게 가지는 채권이 추심채권자에게 이전되거나 귀속되는 것은 아니다. 따라서 추심채권자는 시효중단의 효력을 받는 승계인에는 해당되지 않는다. 다만, 채무자가 제3채무자를 상대로 금전채권의 이행을 구하는 소를 제기한 후 채권자가 위 금전채권에 대하여 압류 및 추심명령을 받아 제3채무자를 상대로 추심의 소를 제기한 경우, 추심채권자는 집행법원의 수권에 따라 피압류채권에 대한 추심권능을 부여받아 일종의 추심기관으로서 그 채권을 추심하는 지위에 있으므로 채무자가 권리주체의 지위에서 한 시효중단의 효력은 추심채권자에게도 미친다고 할 수 있다(대법원 2019. 7. 25. 선고 2019다212945 판결). 한편, 재판상의 청구는 소송의 각하, 기각 또는 취하의 경우에는 시효중단의 효력이 없지만, 그 경우 6개월 내에 재판상의 청구, 파산절차참가, 압류 또는 가압류, 가처분을 한 때에는 시효는 최초의 재판상 청구로 인하여 중단된 것으로 본다(민법 제170조). 그러므로 채무자가 제3채무자를 상대로 제기한 금전채권의 이행소송을 취하하였더라도, 위 이행소송의 계속 중에 피압류채권에 대하여 채무자에 갈음하여 당사자적격을 취득한 추심채권자가 위 소취하로부터 6개월 내에 제3채무자를 상대로 추심의 소를 제기하였다면, 채무자가 제기한 재판상 청구로 인하여 발생한 시효중단의 효력은 추심채권자의 추심소송에서도 그대로 유지된다고 보는 것이 타당하다(대법원 2019. 7. 25. 선고2019다212945 판결 참조).

3. 사안의 해결

사안에서 甲의 乙에 대한 금전대여사실이 인정되고, 丙이 채권압류 및 추심명령을 받아 추심채권자로서 추심금청구의 소를 제기한 이상, 乙은 특별한 사정이 없는 한 丙에게 추심금을 지급할 의무가 있다. 그런데 추심채권자 丙의 제3채무자 乙을 상대로 한 추심금청구의 소는 乙의 주장과 같이, 채무자 甲의 乙에 대한 대여금채권의 소멸시효기간, 즉 변제기인 2010. 3. 4.로부터 10년이 경과한 후인 2020. 5. 1. 제기되었다. 그러나 甲이 乙을 상대로 위 대여금채권의 소멸시효가 완성되기 전인 2020. 2. 11. 대여금청구의 소를 제기함으로써 시효가 중단되었고, 그 시효중단의 효력은 추심기관으로서 그 채권을 추심하는 지위에 있는 추심채권자 丙에게도 미친다. 그후 甲이 소를 취하하였으나, 추심채권자가 채무자의 소취하로부터 6개월내에 제3채무자를 상대로 추심의 소를 제기하였다면, 채무자가 제기한 재판상 청구로 인하여 발생한 시효중단의 효력이 추심채권자의 추심소송에서도 그대로 유지된다고 보는 것과 마찬가지로, 추심채권자 丙이 채무자 甲의 소취하 이전에 이미 추심금청구의 소를 제기한 경우에도 채무자 甲이 제기한 대여금청구로 발생한 시효중단의 효력은 그대로 유지된다고 보는 것이 타당하다. 따라서 丙의 재항변이 이유 있으므로 乙의 소멸시효항변은 이유가 없게 되고, 丙의 추심금청구는 인용되어야 한다.

(8) 甲은 乙에게 2020. 1. 1. 5,000만 원을, 2020. 3. 1. 1억 원을 각 무이자로 대여하여 주었는데, 乙은 2020. 4. 1. 甲으로부터 차용한 위 금원 중 5,000만 원을 다시 丙에게 대여하여 주었다. 甲은 위 각 채권의 변제기가 도래하였음에도 불구하고 乙로부터 1억 5,000만 원을 변제받지 못하자, 2020. 5. 1. 위 채권 중 2020. 1. 1.자 5,000만 원의 대여금 채권을 피보전채권으로 하여 무자력자인 乙을 대위하여 丙을 상대로 "丙은 甲에게 2020. 4. 1.자 대여금 5,000만 원을 지급하라"는 취지의 소(전소)를 제기하였다. 乙은 2020. 7. 1. 위 소송에 증인으로 출석하여 丙에게 5,000만 원을 빌려주었다고 증언하였다. 제1심 법원이 甲의 청구를 기각하는 판결을 선고하자, 甲은 항소를 제기하였다가 항소심 계속 중 전소를 취하하였다. 그 이후 乙이 丙을 상대로 2020. 4. 1.자 대여금 5,000만 원의 지급을 청구하는 소를 제기하였다. 법원은 이에 대하여 어떤 판결을 하여야 하는가? (2021년 8월 변시 모의시험)

1. 쟁점

사안에서 甲이 채권자대위소송을 제기하였다가 항소심에서 소를 취하하였는데, 채무자 乙이 다시 제3채무자인 丙을 상대로 동일한 내용의 소를 제기한 경우에 재소금지원칙의 적용 여부가 문제된다.

2. 소취하와 재소금지원칙

본안에 관하여 종국판결이 있은 뒤에는 이미 취하한 소와 같은 소를 제기할 수 없다(민소법 제267조 제2항). 이때 '같은 소'란 ① 당사자가 동일할 것, ② 소송물이 동일할 것, ③ 권리보호이익이 동일할 것을 요한다.

3. 채권자대위소송과 재소금지원칙

채권자대위소송은 채권자가 자기의 채권을 보전하기 위하여 채무자의 권리를 행사하는 것으로서(민법 제404조 제1항), 채권자가 법정소송담당자의 지위를 갖는다는 것이 판례와 통설의 입장이고, 이에 따르면 채권자대위소송의 소송물은 피대위채권이 되므로, 채권자대위소송과 채무자의 제3채무자에 대한 피대위채권에 관한 소송의 소송물은 동일하다. 재소금지원칙에서의 당사자 동일의 요건과 관련하여, 판례는 채권자대위권에 의한 소송이 제기된 사실을 피대위자가 알게 된 이상 채권자대위소송에 관한 종국판결이 있은 후 그 소가 취하된 때에는 피대위자도 재소금지규정의 적용을 받아 채권자대위소송과 동일한 소를 제기하지 못한다는 입장이다(대법원 1996. 9. 20. 선고 93다20177,20184 판결 등).

4. 사안의 해결

사안에서 채무자 乙은 甲이 제기한 채권자대위소송에서 증인으로 출석하여 증언을 함으로써 甲이 2020. 4. 1.자 대여금 채권에 관하여 채권자대위소송을 제기한 사실을 알았으므로, 乙이 甲의 소취하 후 2020. 4. 1.자 대여금 채권의 지급을 구하는 소를 다시 제기한 것은 재소금지원칙에 반한다. 따라서 乙의 소는 부적법하므로 법원은 소 각하 판결을 하여야 한다.

(9) 甲과 乙의 운전 미숙으로 인하여 개인 택시기사 甲이 운전한 택시와 乙이 운전한 자신의 자동차가 충돌하여 택시 승객 丙이 상해를 입었다. 甲, 乙, 丙 3인은 丙에 대한 손해배상책임에 관하여 甲이 8,000만 원, 乙이 2,000만 원을 각각 별개의 채무로 하여 丙에게 지급하기로 하는 합의서를 작성하였다. 丙은 甲에 대하여 1억 원의 손해배상 청구를 할 수 있는가? (2017년 8월 변시 모의시험)

1. 화해계약의 효력

화해계약은 당사자가 서로 양보하여 당사자 사이의 분쟁을 끝낼 것을 약정함으로써 성립하는 계약(민법 제731조)으로서, 화해계약이 성립하면 특별한 사정이 없는 한, 그 창설적 효력에 의하여 종전의 법률관계를 바탕으로 한 권리의무 관계는 소멸되고 계약 당사자간에는 종전의 법률관계가 어떠하였느냐를 묻지 않고 화해계약에 의하여 새로운 법률관계가 생긴다.

2. 사안의 해결

사안에서 甲과 乙은 공동불법행위자로서 丙의 손해 1억 원에 대하여 각자 부진정연대채무를 부담한다. 그런데 甲, 乙, 丙이 丙의 손해액 중 甲은 8천만 원에 대하여만, 乙은 2천만 원에 대하여만 채무를 부담하기로 하는 합의서를 작성함으로써 화해계약을 체결하였다. 丙은 위 화해계약에 의하여 甲에 대한 기존의 손해배상청구권 중 2천만 원 부분을 포기하였으므로 8천만 원을 넘는 부분에 대하여는 청구를 할 수 없다.

(10) 甲은 2017. 3. 1. 乙에게 자신의 소유인 X토지를 5억 원에 매도하면서 계약 당일 계약금 5천만 원을 지급받았고, 같은 해 4. 1. 중도금 1억 5천만 원, 같은 해 5. 1. 소유권이전등기에 필요한 서류의 교부 및 X토지의 인도와 상환으로 잔금 3억 원을 지급받기로 합의하였다(이하 '이 사건 매매계약'이라 함). 甲은 2017. 4. 1. 중도금 1억 5천만 원을 지급받고서 당일 X토지를 乙에게 인도하여 주었는데, 乙은 같은 해 4. 15. X토지를 丁에게 임대하고 인도하였다. 甲이 소장의 청구원인란에서 乙의 채무불이행을 이유로 이 사건 매매계약을 해제한다고 주장하면서 X토지에 관하여 乙을 상대로 하여서는 계약해제에 따른 원상회복으로, 丁을 상대로 하여서는 소유권에 기하여 각 인도를 구하는 청구를 병합하여 소(전소)를 제기하였고, 그 소장 부본이 乙, 丁에게 적법하게 송달되었다. 그 후 제1차 변론기일에 "1. 丁은 2017. 7. 1.까지 甲에게 X토지를 인도한다. 2. 甲은 2019. 8. 1.까지 乙에게 매매대금 2억 원을 반환한다. 3. 甲과 乙은 이 사건 매매계약과 관련된 나머지 청구를 모두 포기한다."는 내용으로 소송상 화해가 성립되었다. 丁이 2018. 7. 1. 戊에게 X토지를 전대하여 인도한 채 위 화해조항에 따른 의무를 이행하지 않자, 甲은 丁의 의무불이행을 이유로 위 소송상 화해를 모두 해제한다고 주장하면서, 戊를 상대로 소유권에 기하여 X토지의 인도를 구하는 소(후소)를 제기하였다. 후소에서 위 소송상 화해의 성립사실이 주장·증명된다면 후소 법원은 어떻게 판단하여야 하는가? (2018년 8월 변시 모의시험)

1. 쟁점

사안에서 戊는 甲과 丁 사이에 X토지의 인도에 관한 소송상 화해가 성립된 후에 丁으로부터 X토지를 인도받음으로써 점유를 승계하였는바, 甲과 丁 사이의 소송상 화해의 효력이 戊에게도 미치는지가 문제로 된다.

2. 소송상 화해의 기판력

민소법 제220조는 "화해조서는 확정판결과 동일한 효력이 있다."고 규정하고 있는바, 화해조서에 기판력을 인정할 것인지와 관련하여는 무제한 기판력설과 제한적 기판력설이 있다. 제한적 기판력설은 소송상 화해에 실체법상 하자가 있는 경우에는 기판력을 인정할 수 없다는 입장이다. 판례는 "제소 전 화해조서는 확정판결과 동일한 효력이 있어 당사자 사이에 기판력이 생기는 것이므로, 확정판결의 당연무효 사유가 없는 한 설령 그 내용이 강행법규에 위반된다 할지라도 단지 제소전 화해에 하자가 있음에 지나지 아니하여 준재심절차에 의하여 구제받는 것은 별문제로 하고 그 화해조서를 무효라고 주장할 수는 없다."고 하여 무제한적 기판력설을 취한다. 판례에 따르면 소송상 화해가 성립하면 그 조서는 확정판결과 동일한 효력을 가지므로 기판력이 발생하고, 준재심에 의하여 취소 또는 변경이 없는 한 당사자는 그 화해의 취지에 반하는 주장을 할 수 없으므로 당사자가 화해내용에 따른 의무이행을 하지 않는다 하여 소송상 화해의 실효 또는 해제를 주장할 수는 없다(대법원 1962. 2. 15. 선고 4294민상914 판결).

3. 기판력의 주관적 범위와 계쟁물의 승계인

민소법 제218조 제1항은 "확정판결은 당사자와 변론종결 후의 승계인 등에게 효력이 미친다."고 규정하고 있다. 변론종결 후의 승계인은 변론종결 후에 당사자로부터 소송물인 실체법상의 권리의무를 승계한 사람뿐만 아니라, 전소가 물권적 청구권에 기한 청구인 때에는 변론종결 후에 계쟁물을 승계한 사람도 포함된다는 것이 판례와 다수설의 입장이다.

4. 소송상 화해의 창설적 효력

소송상 화해는 민법상 화해계약과 마찬가지로 종전의 법률관계를 바탕으로 한 권리의무관계를 소멸시키는 창설적 효력이 있다. 그러나 소유권에 기한 물권적 방해배제청구로서 소유권이전등기의 말소등기를 청구하는 소송이나 진정명의회복을 원인으로 한 소유권이전등기절차의 이행을 구하는 소송 중에 그 소송물에 대하여 화해권고결정이 확정되면 상대방은 여전히 물권적인 방해배제의무를 지는 것이고, 화해권고결정에 창설적 효력이 있다고 하여 그 청구권의 법적 성질이 채권적 청구권으로 바뀌지 않는다(대법원 2012. 5. 10. 선고 2010다2558 판결).

5. 사안의 해결

사안에서 甲의 丁에 대한 소유권에 기한 X토지 인도청구와 관련하여 소송상 화해가 성립되었고, 戊는 전소의 기판력 발생 기준시점인 소송상 화해 성립일 이후에 계쟁물인 X토지의 점유를 승계하였는바, 소송상 화해의 성립 이후에도 丁의 인도의무는 甲의 소유권에 기초한 것이어서 甲과 丁 사이의 소송상 화해에 따른 기판력은 戊에게도 미친다. 따라서 甲은 전소의 화해조서를 집행권원으로 戊에 대하여 승계집행문을 받아 X토지에 관한 인도집행을 할 수 있다. 후소 법원은 직권으로 이와 같은 사실을 조사하여 戊에 대한 소의 이익이 없음을 이유로 소를 각하하는 판결을 선고하여야 한다.

(11) 甲은 乙로부터 X부동산을 5억 원에 매수하였다며 2017. 3. 2. 乙을 상대로 '乙은 甲에게 X부동산에 관하여 2015. 7. 1. 매매를 원인으로 한 소유권이전등기절차를 이행하라'는 취지의 소유권이전등기청구의 소를 제기하였다. 甲과 乙은 위 소송계속 중인 2018. 2. 2. 다음과 같이 소송상 화해를 하였다. "乙은 甲에게 X부동산에 관하여 2015. 7. 1. 매매를 원인으로 한 소유권이전등기절차를 이행한다. 甲은 乙에게 매매잔대금 1억 원을 2018. 6. 30.까지 지급한다. 소송비용은 각자 부담한다." 그런데 乙은 위 화해조항에 따라 X부동산에 관하여 甲 명의로 소유권이전등기를 마쳤음에도 甲이 매매잔대금 1억 원을 지급하지 않음으로써 위 매매계약이 해제되었고 그로 인하여 위 소송상 화해도 효력이 없다고 주장하면서, 甲을 상대로 X부동산에 관한 甲 명의 소유권이전등기의 말소등기를 구하는 소를 제기하였다. 乙의 주장대로 甲이 화해조항에 따른 매매잔대금 1억 원을 지급하지 않았다면, 법원은 乙의 청구에 대해 어떤 판결을 하여야 하는가? (제8회 변호사시험)

1. 쟁점

사안에서 乙은 甲이 소송상 화해에 따른 의무를 이행하지 않았음을 사유로 소송상 화해의 무효를 주장하고 있는바, 소송상 화해의 성질 및 효력에 대하여 검토하여야 한다.

2. 소송상 화해의 성질

소송상 화해의 성질에 관하여 학설로는 소송상 화해를 민법상의 화해계약과 동일하게 보는 '사법행위설'과 민법상의 화해계약과는 전혀 다른 소송행위로 보는 '소송행위설'이 있고, 사법행위설과 소송행위설을 절충한 '절충설'이 있는데, 절충설에는 소송상 화해를 민법상의 화해계약과 소송행위 등 2개가 병존하고 각가 독립·개별적으로 소송법과 실체법의 원칙을 지배받는다고 하는 '양행위병존설'과 소송상 화해를 민법상의 화해계약임과 동시에 소송행위의 성질을 갖춘 1개의 경합된 행위로 보고 법원에 대한 관계에서는 소송법의 적용을 받지만 당사자들 사이에서는 민법의 적용을 받는다는 '양행위경합설'이 있다.

3. 소송상 화해의 창설적 효력

소송상 화해는 민법상 화해계약과 마찬가지로 종전의 법률관계를 바탕으로 한 권리의 무관계를 소멸시키는 창설적 효력이 있다.

4. 소송상 화해의 기판력

민소법 제220조는 "화해조서는 확정판결과 동일한 효력이 있다."고 규정하고 있는바, 화해조서에 기판력을 인정할 것인지와 관련하여는 무제한 기판력설과 제한적 기판력설이 있다. 제한적 기판력설은 소송상 화해에 실체법상 하자가 있는 경우에는 기판력을 인정할 수 없다는 입장이다. 판례는 "제소 전 화해조서는 확정판결과 동일한 효력이 있어 당사자 사이에 기판력이 생기는 것이므로, 확정판결의 당연무효 사유가 없는 한 설령 그 내용이 강행법규에 위반된다 할지라도 단지 제소전 화해에 하자가 있음에 지나지 아니하여 준재심절차에 의하여 구제받는 것은 별문제로 하고 그 화해조서를 무효라고 주장할 수는 없다."고 하여 무제한적 기판력설을 취한다.

판례에 따르면 소송상 화해가 성립하면 그 조서는 확정판결과 동일한 효력을 가지므로 기판력이 발생하고, 준재심에 의하여 취소 또는 변경이 없는 한 당사자는 그 화해의 취지에 반하는 주장을 할 수 없으므로, 당사자가 화해내용에 따른 의무이행을 하지 않는다 하여 소송상 화해의 실효 또는 해제를 주장할 수는 없다(대법원 1962. 2. 15. 선고 4294민상914 판결).

5. 사안의 해결

사안에서 甲과 乙이 소송상 화해를 함으로써 종전의 매매계약에 기초한 법률관계는 소멸하고 소송상 화해에 기초한 새로운 권리의무관계가 창설되므로 乙은 甲이 소송상 화해에 따른 의무를 이행하지 않았음을 사유로 소송상 화해의 효력을 부인할 수도 없다. 乙의 甲에 대한 X부동산에 관한 甲 명의 소유권이전등기의 말소등기청구는 '乙이 甲에 대하여 X부동산에 관하여 2015. 7. 1. 매매를 원인으로 한 소유권이전등기절차를 이행할 의무가 있다'는 내용의 소송상 화해의 기판력에 모순되는 청구를 한 것이어서 기각되어야 한다.

(12) 乙은 2020. 1. 1. 丙에게 5,000만 원을 이자 월 1%, 변제기 2020. 12. 31.로 정하여 대여하였다. 乙의 채권자 甲은 2021. 2. 1., 甲-1은 2021. 3. 1. 각 乙의 丙에 대하여 대여금채권에 관하여 채권압류 및 추심명령을 받았는데, 甲은 2021. 3. 1., 甲-1은 2021. 4. 1. 각각 丙을 상대로 추심금 5,000만 원의 지급을 구하는 소를 제기하였다. 甲은 2021. 7. 1. 제1심 소송계속 중에 丙과 "丙은 甲에게 3,000만 원을 지급한다. 甲은 나머지 청구를 포기한다. 소송비용은 각자 부담한다."는 내용으로 소송상 화해를 하였다. 丙은 2021. 8. 1. 甲-1이 丙을 상대로 제기한 소송의 변론기일에서 甲이 제기한 추심금청구소송의 화해조서와 甲 명의의 영수증(3,000만 원을 수령하였다는 내용의 2021. 7. 15.자)을 제출하면서 자신이 이미 甲에게 3,000만 원을 지급하였으므로 甲-1의 추심금청구의 소는 위 화해조서의 내용과 모순되는 것으로서 각하 또는 기각되어야 한다고 주장하였다. (2022년 중간고사)

① 甲이 증인으로 출석하여 위 영수증은 자신이 작성한 것이라고 증언하였다. 丙의 위 주장은 받아들일 수 있는가?

1. 쟁점

사안에서 甲과 甲-1은 乙의 丙에 대한 대여금채권에 관하여 채권압류 및 추심명령을 받았는바, 추심권자인 甲과 제3채무자 丙 사이의 소송상 화해의 효력이 또 다른 추심권자인 甲-1에게 미치는지, 특히 소송상 화해의 내용 중 '나머지 청구 포기 부분'의 의미가 쟁점이다.

2. 어느 한 추심권자가 제기한 추심금소송에서 한 소송상 화해의 기판력이 다른 추심권자에게도 미치는지 여부

동일한 채권에 대하여 그 채권자에 대한 복수의 채권자들이 압류·추심명령을 받은 경우 어느 한 추심권자가 제기한 추심금소송에서 확정된 판결의 기판력은 그 소송의 변론종결일 이전에 압류·추심명령을 받았던 다른 추심채권자에게 미치지 않는다. 그 이유는 다음과 같다.

① 추심채권자들이 제기하는 추심금소송의 소송물이 채무자의 제3채무자에 대한 피압류채권의 존부로서 서로 같더라도 소송당사자가 다른 이상 그 확정판결의 기판력이 서로에게 미친다고 할 수 없다.

② 민사집행법 제249조 제3항, 제4항은 추심의 소에서 소를 제기당한 제3채무자는 집

행력 있는 정본을 가진 채권자를 공동소송인으로 원고 쪽에 참가하도록 명할 것을 첫 변론기일까지 신청할 수 있고, 그러한 참가명령을 받은 채권자가 소송에 참가하지 않더라도 그 소에 대한 재판의 효력이 미친다고 정한다. 위 규정 역시 참가명령을 받지 않은 채권자에게는 추심금소송의 확정판결의 효력이 미치지 않음을 전제로 참가명령을 통해 판결의 효력이 미치는 범위를 확장할 수 있도록 한 것이다.

③ 제3채무자는 추심의 소에서 다른 압류채권자에게 위와 같이 참가명령신청을 하거나 패소한 부분에 대해 변제 또는 집행공탁을 함으로써, 다른 채권자가 계속 자신을 상대로 소를 제기하는 것을 피할 수 있다. 따라서 어느 한 채권자가 제기한 추심금소송에서 확정된 판결의 효력이 다른 채권자에게 미치지 않는다고 해도 제3채무자에게 부당하지 않다.

소송상 화해는 판결과 동일한 효력이 있는바(민소법 제220조), 추심금소송의 확정판결에 관한 법리는 추심채권자가 제3채무자를 상대로 제기한 추심금소송에서 소송상 화해가 성립된 경우에도 동일하게 적용된다. 따라서 어느 한 추심권자가 제기한 추심금소송에서 소송상 화해가 성립하더라도 그 소송상 화해의 기판력은 다른 추심채권자에게 미치지 않는다(대법원 2020. 10. 29. 선고 2016다35390 판결).

3. 추심채권자가 제3채무자와 '피압류채권 중 일부 금액을 지급하고 나머지 청구를 포기한다.'는 내용의 소송상 화해를 한 경우, '나머지 청구 포기 부분'의 의미

추심채권자는 민사집행법 제229조 제2항에 따라 대위절차 없이 압류채권을 직접 추심할 수 있는 권능을 취득하고, 추심권을 포기할 수 있으나(민사집행법 제240조 제1항), 그 경우 집행채권이나 피압류채권에는 아무런 영향이 없으며, 추심채권자는 추심 목적을 넘는 행위, 예를 들어 피압류채권의 면제, 포기, 기한 유예, 채권양도 등의 행위는 할 수 없다. 따라서 추심금소송에서 추심채권자가 제3채무자와 '피압류채권 중 일부 금액을 지급하고 나머지 청구를 포기한다.'는 내용의 재판상 화해를 한 경우 '나머지 청구 포기 부분'은 추심채권자가 적법하게 포기할 수 있는 자신의 '추심권'에 관한 것으로서 제3채무자에게 더 이상 추심권을 행사하지 않고 소송을 종료하겠다는 의미로 보아야 한다. 이와 달리 추심채권자가 나머지 청구를 포기한다는 표현을 사용하였다고 하더라도 이를 애초에 자신에게 처분 권한이 없는 '피압류채권' 자체를 포기한 것으로 볼 수는 없다. 따라서 위와 같은 소송상 화해의 효력은 별도의 추심명령을 기초로 추심권을 행사하는 다른 채권자에게 미치지 않는다(대법원 2020. 10. 29. 선고 2016다35390 판결).

4. 사건의 해결

사안에서 추심채권자 중 1인인 甲이 제3채무자 丙과 소송상 화해를 하였다고 하더라도 그 소송상 화해의 기판력이 다른 추심채권자 중 1인인 甲-1에게 미치지 않고, 그 소송상 화해 중 '나머지 청구를 포기한다.'는 내용이 포함되어 있다고 하더라도, 이는 피압류채권의 포기가 아니다. 따라서 甲과 丙 사이의 소송상 화해의 효력이 甲-1에게 미치는 것을 전제로 하는 丙의 주장은 받아들일 수 없다(丙이 2021. 7. 15. 甲에게 3,000만 원을 지급하였다면, 이로써 피압류채권 중 3,000만 원은 소멸하였으므로, 법원은 甲-1의 추심금청구에 대하여 위와 같이 피압류채권이 소멸된 사실에 기초하여 甲-1의 청구 중 일부를 기각할 수 있다).

② 甲-1은 위 추심금청구소송의 제1심판결에 대하여 항소를 제기하였다가 항소심 제1회 변론기일 전에 소를 취하하였다. 甲-2는 2021. 4. 1. 乙의 丙에 대한 위 대여금채권에 관하여 채권압류 및 추심명령을 받았고, 2022. 1. 1. 丙을 상대로 5,000만 원의 지급을 구하는 추심금청구의 소를 제기하였다. 이에 丙은 甲-2의 위 소가 재소금지원칙에 위반되어 부적법하다고 주장하였다. 이에 대하여 甲-2는 丙이 甲에게 위 화해조서에 따른 3,000만 원을 지급하지 않았다고 주장하였고, 심리결과, 甲은 3,000만 원을 수령하지 않은 채 丙에게 영수증을 작성해준 사실을 인정할 수 있었다. 丙의 위 주장은 받아들여질 수 있는가? 법원은 어떤 재판을 하여야 하는가?

1. 쟁점

사안에서 추심권자 중 1인인 甲-1이 종국판결 후에 추심금청구의 소를 취하하였는바, 그에 관한 재소금지의 규정이 다른 추심권자인 甲-2에게 미치는지 여부가 쟁점이 된다.

2. 추심금청구의 소와 재소금지

민소법 제267조 제2항은 "본안에 대한 종국판결이 있은 뒤에 소를 취하한 사람은 같은 소를 제기하지 못한다."라고 정하고 있다. 이는 소취하로 그동안 판결에 들인 법원의 노력이 무용화되고 다시 동일한 분쟁을 문제 삼아 소송제도를 남용하는 부당한 사태를 방지할 목적에서 나온 제재적 취지의 규정이다. 여기에서 '같은 소'는 반드시 기판력의 범위나 중복제소금지에서 말하는 것과 같은 것은 아니고, 당사자와 소송물이 같더라도 이러한 규정의 취지에 반하지 않고 소제기를 필요로 하는 정당한 사정이 있다면 다시 소를 제기할 수 있다. 추심채권자 중의 1인이 종국판결 후에 추심금청구의 소를 취하하였다고 하더라도, 다른 추심채권자가 자신의 집행채무자에 대한 채권의 집행을 위하여 추심금청구의 소를 제기한 것은 새로운 권리보호이익이 있으므로 재소금지 규정에 위반되지 않는다(대법원 2021. 5. 7. 선고 2018다259213 판결).

3. 사안의 해결

사안에서 추심채권자 중 1인인 甲-1이 乙의 丙에 대한 대여금채권에 관하여 추심금청구의 소를 제기하였다가 제1심 종국판결 후에 취하하였다고 하더라도 다른 추심채권자 甲-2가 제기한 추심금청구의 소는 당사자가 다를 뿐만 아니라, 자신의 추심권에 기초하여 피압류채권인 乙의 丙에 대한 대여금채권에 대한 집행을 위하여 제기한 것으로서 (甲이 丙으로부터 소송상 화해에 따라 3,000만 원을 지급받았는지와 상관 없이) 새로운 권리보호이익이 있으므로 甲-1의 종국판결 후 소취하의 효력이 甲-2에게도 미침을 전제로 한 丙의 주장은 받아들일 수 없다. 甲과 丙 사이의 소송상화해의 효력은 甲-2에게 미치지 않을 뿐만 아니라, 甲이 피압류채권 중 일부인 3,000만 원을 수령하지 못한 상황이므로 피압류채권도 소멸되지 않았다. 따라서 법원은 甲-2의 추심금청구의 소를 전부 인용하는 판결을 하여야 한다.

③ 甲-1은 2022. 2. 1. 항소심 법원에 기일지정신청을 하면서, 甲이 소송상 화해에 따라 丙으로부터 3,000만 원을 지급받은 사실에 기초하여 자신은 丙으로부터 나머지 2,000만 원을 지급받기로 하고 소를 취하하는 내용의 소취하합의를 하였고 이에 따라 항소심에 소취하서를 제출하였는데, 甲이 丙으로부터 3,000만 원을 지급받지 못한 사실을 알고 난 뒤, 2021. 12. 1.경 丙과의 소취하합의를 취소하였으니 甲-1이 제출한 소취하서는 효력이 없게 되었다고 주장하였다. 甲-1의 주장사실은 받아들일 수 있는가? 법원은 어떤 재판을 하여야 하는가?

1. 쟁점

사안에서 甲-1이 착오로 소취하합의를 하였다는 이유로 소취하합의를 취소하면서 그에 기초한 소취하를 무효라고 주장하고 있는바, 소취하합의 취소의 요건과 소취하의 무효사유 및 소취하의 효력 여부가 다투어지는 경우의 처리 등에 관하여 검토되어야 한다.

2. 소취하합의의 취소

소취하합의의 의사표시도 민법 제109조에 따라 법률행위의 내용의 중요 부분에 착오가 있는 때에는 취소할 수 있다. 의사표시의 동기에 착오가 있는 경우에는 당사자 사이에 그 동기를 의사표시의 내용으로 삼았을 때에 한하여 의사표시의 내용의 착오가 되어 취소할 수 있는 것이고, 법률행위의 중요 부분의 착오라 함은 표의자가 그러한 착오가 없었더라면 그 의사표시를 하지 않으리라고 생각될 정도로 중요한 것이어야 하고 보통 일반인도 표의자의 처지에 섰더라면 그러한 의사표시를 하지 않았으리라고 생각될 정도로 중요한 것이어야 한다. 이때 착오를 이유로 의사표시를 취소하는 자는 법률행위의 내용에 착오가 있었다는 사실과 함께 착오가 의사표시에 결정적인 영향을 미쳤다는 점, 즉 만일 착오가 없었더라면 의사표시를 하지 않았을 것이라는 점을 증명하여야 한다(대법원 2020. 10. 15. 선고 2020다227523, 227530 판결).

3. 소취하의 효력

소의 취하는 원고가 제기한 소를 철회하여 소송계속을 소멸시키는 원고의 법원에 대한 소송행위이고 소송행위는 일반 사법상 행위와는 달리 내심의 의사보다 그 표시를 기준으로 하여 효력 유무를 판정할 수밖에 없다(대법원 2009. 4. 23. 선고 2008다95151 판결 등).

4. 소취하의 무효사유

어떠한 소송행위에 민소법 제451조 제1항 제5호의 재심사유가 있다고 인정되는 경우 그러한 소송행위에 기초한 확정판결의 효력을 배제하기 위한 재심제도의 취지상 재심절차에서 해당 소송행위의 효력은 당연히 부정될 수밖에 없고, 그에 따라 법원으로서는 위 소송행위가 존재하지 않은 것과 같은 상태를 전제로 재심대상사건의 본안에 나아가 심리·판단하여야 하며 달리 위 소송행위의 효력을 인정할 여지가 없다.

5. 소취하의 효력 여부를 다투는 절차

소취하의 효력을 부인하면서 기일지정신청을 한 경우 법원은 민소규 제67조에 따라 변론기일을 열어 신청사유를 심리한 다음 이유가 없으면 판결로 소송종료선언을 하고, 이유가 있으면 소취하 당시의 소송정도에 따라 필요한 소송절차를 계속 진행할 수 있다.

6. 사안의 해결

사안에서 甲-1이 착오로 소취하합의(사법상계약)를 하고 그 소취하합의에 대하여 취소의 의사표시를 한 것만으로는 소취하(소송행위)를 무효라고 할 수는 없다. 丙이 범죄행위에 의하여 甲-1으로 하여금 소취하합의를 하게 하고 그에 기초하여 소취하서를 제출하게 한 경우와 같이 민소법 제451조 제1항 제5호의 재심사유가 있는 경우에는 소취하의 효력을 부인할 수 있지만, 소취하가 착오에 기한 것이라거나, 그 기초가 된 소취하합의에 대하여 취소의 의사표시를 하였다는 사정만으로는 소취하가 무효라고 할 수는 없으므로 甲-1의 주장은 받아들일 수 없다. 법원은 甲의 기일지정신청에 대하여 변론기일을 열어 신청사유를 심리한 다음 판결로 소송종료선언을 하여야 한다.

판결의 효력 / 기판력

1. 기판력의 작용

(1) 甲은 2009. 1. 1. 乙로부터 공작기계를 매수하였다. 甲과 乙은 위 매매계약 당시 乙이 공작기계를 계속 사용하되 甲이 요구하면 즉시 공작기계를 甲에게 인도하고, 乙은 2009. 1. 1.부터 공작기계를 현실적으로 甲에게 인도하는 날까지 월 1,000만 원의 사용료를 甲에게 지급하기로 약정하였다. 甲은 2009. 7. 1. 乙을 상대로 공작기계의 인도를 구하는 소를 제기하였고, 乙은 甲의 위 청구에 대해 공작기계 매도사실을 부인하면서 甲을 상대로 공작기계의 소유권확인을 구하는 반소를 제기하였다. 제1심 법원은 甲이 乙로부터 공작기계를 매수하고 점유개정의 방법으로 그 소유권을 취득한 사실이 인정된다고 하면서 甲의 공작기계 인도청구는 인용하고, 乙의 반소 청구는 기각하였다. 위 판결이 확정된 후, ① 乙은 甲과 乙 사이의 위 공작기계 매매계약은 甲의 사기에 의해 체결된 것이므로 이를 취소한다고 주장하면서 甲을 상대로 '소유권'에 기초하여 위 공작기계의 인도를 구하는 소를 제기하였고, ② 甲은 乙을 상대로 위 공작기계가 甲 소유임의 확인을 구하는 반소를 제기하였다. 乙의 본소와 甲의 반소가 각각 전소 판결의 기판력에 저촉되는지 여부를 설명하라. (2010년 사법시험)

1. 乙의 본소가 기판력에 저촉되는지 여부

기판력은 전소에서 확정된 권리관계가 후소에서 다시 다투어지는 때에만 문제되는데, 전소의 소송물과 동일한 소송물에 대하여 후소를 제기하는 경우뿐만 아니라, 전소의 기판력이 있는 법률관계가 후소의 선결적 법률관계가 되는 때와 후소와 모순관계에 있는 때에도 전소의 기판력이 후소에 미친다.

사안에서 전소의 소유권확인청구에서 패소판결을 받은 乙이 甲을 상대로 소유권에 기초하여 공작기계 인도청구의 후소를 제기하는 것은, 비록 전소의 소송물인 乙의 소유권과 후소의 소송물인 공작기계 인도청구권이 동일하지 않다고 하더라도, 후소는 전소의 소송물인 乙의 소유권을 전제로 하는 것으로서 선결관계 있는 전소 판결의 기판력이 미치므로, 후소에서는 전소에서 한 판단과 모순되는 판단을 할 수 없다.

따라서 乙의 본소는 전소 중 반소의 기판력에 저촉된다.

2. 甲의 반소가 기판력에 저촉되는지 여부

기판력은 판결의 주문에 포함된 소송물인 법률관계의 존부에 관한 판단의 결론에 대해서만 발생하고 그 전제가 된 법률관계의 존부에는 미치지 않는다.

전소에서 공작기계 인도청구를 하여 인용판결을 받았다면 그 기판력은 소송물인 공작기계 인도청구권에만 미칠 뿐, 그 전제가 된 소유권의 존부에는 미치지 않는다.

사안에서 甲이 전소에서 소유권에 기초하여 공작기계 인도청구소송에서 승소판결을 받았다고 하더라도 후소로 같은 공작기계에 대한 소유권확인의 소를 제기하는 것은 전소의 기판력에 저촉되지 않는다.

(2) B는 2002. 1. 1. 주택을 신축할 목적으로 C로부터 X토지를 매매대금 10억 원에 매수하면서, 소유권이전등기는 추후 B가 요구하는 때에 마쳐주기로 하였다. B는 2002. 4. 5. 매매대금 전액을 지급하고 C로부터 X토지를 인도받았다. B는 그 무렵 이후 C에게 X토지에 관한 소유권이전등기절차의 이행을 요구하였는데, C는 X토지를 매도할 당시보다 시가가 2배 이상 상승하였다고 주장하면서 매매대금으로 10억 원을 더 주지 않으면 B에게 소유권이전등기를 마쳐줄 수 없다고 하였다. B는 C에게 수차례 소유권이전등기절차의 이행을 요구하다가 2009. 12. 4. A에게 X토지를 25억 원에 매도하였다. X토지 바로 옆에 있는 Y토지에서 중고차매매업을 하던 E는, 위와 같이 C가 B에게 X토지를 매도하였다는 사실을 잘 알면서도 C의 배임적 처분행위에 적극 가담하여 2012. 3. 5. C와 X토지를 매수하는 계약을 체결하고, 그 매매계약서를 근거로 2012. 7. 28. C를 상대로 법원에 X토지에 관하여 2012. 3. 5.자 매매를 원인으로 한 소유권이전등기절차 이행을 구하는 소를 제기하여 2012. 9. 1. 무변론 승소판결을 선고받고 위 판결이 확정되자, 위 판결에 기하여 2012. 11. 25. X토지에 관하여 E 명의로 소유권이전등기를 마쳤다. 그 후 E는 2013. 9. 8. X토지 위에 컨테이너를 설치하여 이를 사무실로 사용하는 한편, X토지 전부를 위 컨테이너 부지 및 주차장 용도로 사용하고 있다. A는 2014. 7. 10. X토지에 관한 소유권이전등기청구권을 보전하기 위하여 법원에 E를 상대로 B와 C를 대

위하여, ① E 앞으로 마쳐진 2012. 11. 25.자 소유권이전등기가 반사회적인 법률행위에 기한 원인무효의 등기라는 이유로 말소를 청구하는 한편, ② E가 무단으로 X토지 위에 설치한 컨테이너의 철거와 X토지의 인도를 구하는 소를 제기하였다. 재판과정에서, E는 확정판결에 따라 적법하게 X토지에 관한 소유권이전등기를 마쳤으므로 A의 청구는 모두 부당하다고 주장하였다. 이 경우 법원은 어떠한 판단을 하여야 하며, 그 이유는 무엇인가? (제4회 변호사시험)

1. 쟁점

사안에서 C와 E 사이에 X토지에 관한 소유권이전등기가 무변론판결에 의하여 마쳐졌는바, A가 B, C를 순차 대위하여 E를 상대로 제기하는 소유권이전등기말소와 컨테이너철거 및 토지인도청구의 소에 위 무변론판결의 기판력이 미치는지 여부 및 그 범위가 문제이다.

2. 기판력의 작용 – 모순관계

기판력은 전소에서 확정된 권리관계가 후소에서 다시 문제될 때 작용하는바, 전소와 후소의 소송물이 동일한 경우뿐만 아니라, 전소의 소송물에 관한 판단이 후소의 선결문제가 될 때, 또 모순관계에 있을 때 후소에서 전소의 판단과 다른 주장을 하는 것을 허용하지 않는 면에서도 작용한다.

3. 사안의 해결

사안에서 A가 B에 대한 소유권이전등기청구권을 보전하기 위하여 B와 C를 순차 대위하여 E에 대하여 소유권이전등기말소청구를 하는 것은 E의 C에 대한 X토지에 관한 소유권이전등기이행판결과 모순관계에 있어서 그 기판력에 저촉되므로 법원은 위 청구를 기각하여야 한다(대법원 2002. 12. 6. 선고 2002다44014 판결 등).

한편, C와 E사이의 매매계약이 E가 C의 이중매매행위에 적극 가담함으로써 반사회적 법률행위에 해당하여 무효인 경우(대법원 1994. 3. 11. 선고 93다55289 판결 등), X토지의 소유권은 여전히 C에게 있고, C의 채권자인 B와 B의 채권자인 A는 자신이 가지는 채권을 보전할 필요성이 있는 경우에 C의 E에 대한 소유권에 기초한 컨테이너철거 및 X토지의 인도청구권을 대위하여 행사할 수 있는바, 이는 위 소유권이전등기판결이 선고된 전소와는 소송물이 다르고 선결 또는 모순관계에 있지도 않으므로 그 기판력이 미치지 않는다.

A는 X토지에 관한 소유권이전등기청구권을 보전하기 위하여 컨테이너철거 및 X토지의 인도청구권을 대위행사 할 필요성은 없지만(이 경우에 법원으로서는 소송요건을 갖추지 못한 경우에

해당된다는 이유로 A의 위 청구 부분의 소를 각하하여야 한다), 매매계약에 따른 X토지에 관한 인도청구권을 보전하기 위하여 B와 C를 순차 대위하여 C의 E에 대한 소유권에 기한 컨테이너철거 및 X토지의 인도청구권을 대위행사할 수 있으므로 법원으로서는 이 부분에 대하여는 원고 승소판결을 할 수 있다.

(3) 甲은 2008. 4. 1. 乙에게 1억 원을 변제기 2009. 3. 31.로 정하여 대여하였다. 甲은 2012. 4. 1. 乙을 상대로 위 대여금 1억 원의 지급을 청구하는 소(전소)를 제기하였으나, 법원은 대여사실에 대한 증명이 부족하다는 이유로 2012. 6. 30. 변론을 종결하고 2012. 7. 14. 원고의 청구를 기각하는 판결을 선고하였으며, 위 판결은 2012. 8. 20. 확정되었다. 甲은 2012. 12. 1. 乙을 상대로 위 대여금에 대하여 2012. 7. 1.부터 다 갚는 날까지 연 5%의 비율로 계산한 지연손해금의 지급을 청구하는 소(후소)를 제기하였다. 후소에서의 증거조사 결과 위 대여사실이 증명되었다면 후소 법원은 어떠한 판결을 하여야 하는가? (소 각하 / 청구 기각 / 청구 인용) (제9회 변호사시험)

1. 쟁점

전소 대여금 청구에 대하여 청구기각판결이 확정된 경우, 대여금에 대한 지연손해금을 청구하는 후소에 전소의 기판력이 미치는지 여부가 문제된다.

2. 기판력의 작용 – 선결관계

민소법 제216조 제1항에 따르면 확정판결은 주문에 포함된 것에 한하여 기판력을 가진다. 전소와 후소의 소송물이 동일하지 않아도 전소의 기판력이 있는 법률관계가 후소의 선결적 법률관계가 되는 때에는 전소확정판결의 기판력이 후소에 미쳐서 후소의 법원은 전소에서 한 판단과 모순되는 판단을 할 수 없다. 전소가 승소판결인 경우에는 후소는 권리보호이익이 없어 소 각하하고, 전소가 청구기각판결인 경우에는 후소는 청구기각판결을 하여야 한다(모순금지설).

3. 기판력의 시적 범위

기판력은 전소 사실심 변론 종결 시를 표준시로 하는바(민소법 제218조 제1항), 후소에서 전소 변론종결 이전에 존재하고 있던 사실이나 공격방어방법을 주장하여 전소 확정판결에서 판단된 법률관계의 존부와 모순되는 판단을 구하는 것은 전소 확정판결의 기판력에 반한다.

4. 사안의 해결

전소에서 甲이 乙을 상대로 2008. 4. 1. 대여한 원금 1억 원을 청구하였는바, 전소 판결에 의하여 확정된 권리관계는 그 변론종결일인 2012. 6. 30. 당시 甲의 乙에 대한 2008. 4. 1.자 대여원금 채권의 존부(부존재)이다. 후소에서 甲은 위 대여원금에 대한 2012. 7. 1.부터 다 갚는 날까지 연 5%의 비율로 계산한 지연손해금을 청구하고 있는데, 전소 판결에 의하여 확정된 권리관계인 2012. 6. 30. 당시 대여원금 채권의 존부가 후소 소송물의 선결문제에 해당되므로 전소의 기판력이 후소에 미친다. 따라서 후소 법원은 위 대여원금에 대한 2012. 7. 1.부터의 지연손해금 청구에 관하여 대여원금의 존재를 인정할 수 없으므로 甲의 청구에 대하여 청구기각 판결을 하여야 한다.

> **유사문제** 甲은 乙을 상대로 대여원금 1억 원의 반환을 구하는 소(이하 'A소'라고 함)를 제기하였다. A소의 제1심 법원은 2015. 7. 10. 변론을 종결한 후 청구기각 판결을 선고하였고, 甲과 乙이 항소를 하지 않아 위 판결이 2015. 8. 10. 확정되었다. 甲은 2017. 5. 20. 乙을 상대로 위 대여원금 1억 원에 대한 2015. 5. 10.부터 2017. 5. 10.까지 연 5%의 비율로 계산한 지연손해금의 지급을 구하는 소(이하 'B소'라고 함)를 제기하였고, 소송절차에서 '乙이 2014. 5. 9. 甲으로부터 1억 원을 변제기를 2015. 5. 9.로 정하여 차용한 후 2017. 5. 11. 반환하였다'는 사실을 주장·증명하였다. 법원은 B소에 대하여 어떠한 판결을 선고하여야 하는가? (2017년 6월 변시 모의시험)

(4) X토지의 공유자인 甲이 2016. 1. 1. 다른 공유자인 乙을 상대로 공유물분할청구의 소를 제기하자, 제1심 법원은 2016. 6. 30. "1. X토지는 乙의 소유로 한다. 2. 乙은 甲에게 1억 원 및 이에 대하여 이 판결 확정일 다음 날부터 다 갚는 날까지 연 5%의 비율로 계산한 돈을 지급하라."는 판결을 선고하였는데, 위 판결은 2016. 7. 5. 甲과 乙에게 각 송달되었고, 이에 대하여 乙이 항소하였으나, 항소심은 2016. 12. 31. 항소를 기각하는 판결을 선고하였다. 그런데 대법원이 2017. 3. 1. 항소심판결을 파기·환송하였고, 乙은 항소심이 계속 중이던 2017. 7. 31. 항소를 취하하였다. 乙이 2017. 12. 31. 위 판결에 따라 1억 원 및 이에 대하여 2017. 8. 1.부터 같은 해 12. 31.까지 연 5%의 비율로 계산한 돈을 공탁하자, 甲은 이의를 유보하고 위 공탁금을 수령한 다음, 乙을 상대로 1억 원에 대한 2016. 7. 20.부터 2017. 7. 31.까지 연 5%의 비율에 계산한 지연손해금을 청구하는 소를 제기하였다. 甲의 위 청구는 인용될 수 있는가? (2018년 중간고사)

1. 쟁점

사안에서 제1심판결은 乙에게 甲에 대하여 1억 원 및 이에 대하여 판결확정일 다음날부터 다 갚는날까지의 지연손해금의 지급을 명하고 있으므로 판결확정일을 언제로 볼 것인지와 승소 확정판결이 있는 사항에 대하여 소를 제기하는 경우에 소의 이익이 문제로 된다.

2. 판결의 확정 시기

판결은 상소를 제기할 수 있는 기간 또는 그 기간 내에 적법한 상소제기가 있을 때에는 확정되지 않는다(민소법 제498조). 상소기간 내에 상소를 제기하지 않고 그 기간을 도과시킨 때뿐만 아니라, 상소를 제기하였으나 상소를 취하하거나, 상소를 제기하였으나 상소각하 판결이 선고되거나 상소장 각하명령이 있는 때에는 그 재판이 확정될 것을 전제로 하여 상소기간만료시에 판결이 확정된다.

3. 기판력의 본질

기판력의 본질과 관련하여 '실체법설'과 '소송법설'이 있고, 소송법설에는 '모순금지설'과 '반복금지설' 등이 있는바, 모순금지설은 후소법원이 전소의 판단과 모순되는 판단을 할 수 없고 당사자도 전소의 판단과 모순되는 판결을 구할 수 없다는 것인데, 이에 의하면 전소에서 승소판결을 받은 원고가 동일한 후소를 제기할 경우는 권리보호의 이익이 없어서 소를 각하하여야 하고, 패소판결을 받은 원고가 동일한 후소를 제기하면 전소의 판결과 모순되는 판단을 하여서는 아니되기 때문에 본안에 관하여 심리를 하지 않고 원고청구를 기각하는 판결을 하여야 한다는 것으로서, 판례의 입장이다. 반복금지설은 기판력을 그 자체로 소극적 소송요건으로 보아서 전소 판결의 내용에 상관없이 전소와 동일한 소송물의 후소에 대하여는 소각하 판결을 하여야 한다는 입장이다.

4. 사안의 해결

사안에서 제1심판결은 결국 乙의 항소취하에 의하여 종결되었으므로 그 확정시기는 항소기간이 경과한 2016. 7. 19. 24:00이 되므로, 乙은 제1심판결에 따라 甲에게 1억 원 및 이에 대하여 2016. 7. 20.부터 지연손해금을 지급하여야 한다. 한편, 甲은 乙이 변제하지 아니한 판결문상의 채권에 대하여는 그 확정판결을 가지고 강제집행으로 나아갈 수 있으므로 그에 대한 소를 다시 제기하는 것은 권리보호의 이익이 없다. 따라서 법원은 甲의 소를 각하하여야 한다(모순금지설에 의하더라도 전소 판결이 있는 이상 소를 각하하여야 하므로 결론은 동일하다).

(5) 甲은 乙을 상대로 乙 명의로 등기되어 있던 X토지에 관하여 매매를 원인으로 한 소유권이전등기를 청구하는 소(이하 'A소'라고 함)를 제기하였다. 소송계속 중 乙은 변호사인 丙에게 소송대리를 위임한 후 사망하였는데, 丁이 그 유일한 상속인이었다. 乙의 사망 사실을 알지 못한 법원은 乙을 피고로 하여 청구인용 판결을 선고하였고, 판결정본이 甲과 丙에게 송달된 때로부터 30일이 경과된 후 甲은 위 판결에 기초하여 자신 앞으로 X 토지에 관한 소유권이전등기를 마쳤다. 그 후 丁은 위 소유권이전등기가 원인무효라고 주장하면서 그 말소를 청구하는 소(이하 'B소'라고 함)를 제기하였다. 심리결과, '甲은 乙로부터 X토지를 매수한 적이 없고, 다른 실체법상 등기원인도 존재하지 않는다'는 사실이 밝혀졌다. 乙이 사망 전에 丙에게 상소제기의 수권을 한 경우에 B소 법원이 어떠한 판결을 해야 하는지 논하시오. (2019년 6월 변시 모의시험)

1. 쟁점

당사자가 소송대리인을 선임하고 상소제기의 특별수권을 한 후 소송계속 중에 사망한 경우, 소송절차의 중단 여부 및 그 판결의 효력이 문제된다. 판결의 효력이 망인의 상속인에 대하여 미치는 경우, 소유권이전등기청구에 관한 전소 판결의 기판력이 그 판결에 기초한 소유권이전등기의 원인무효를 이유로 한 등기말소청구의 후소에 미치는지 등이 검토되어야 한다.

2. 당사자의 사망에 따른 소송절차의 중단

소송계속 중 당사자가 사망하면 소송절차는 중단되고, 그 상속인 등이 그 소송을 수계하여야 한다(민소법 제233조). 적법한 수계인들이 소송수계를 하지 않는 한 그 소송은 중단된 채 피상속인의 사망 당시의 심급법원에 그대로 남아 있게 된다. 한편, 소송 계속 중 당사자가 사망하더라도 소송대리인이 있는 경우에는 소송절차가 중단되지 않고 소송대리인은 상속인들 전원을 위하여 소송을 수행하게 된다(민소법 제95조 제1호, 제238조). 소송대리인에게 상소제기의 특별수권이 없다면 심급대리의 원칙상 판결정본 송달시 소송은 중단되나, 소송대리인에게 상소제기에 관한 특별수권이 있는 경우에는 그에게 판결정본이 송달되더라도 소송절차가 중단되지 않고 상소기간은 진행하므로 상소제기 없이 상소기간이 지나가면 그 판결은 확정된다(대법원 2010. 12. 23. 선고 2007다22859 판결).

3. 망인을 당사자로 표시한 판결의 상속인에 대한 효력

소송계속 중에 당사자가 사망하더라도 소송대리인이 있는 경우에는 민소법 제95조 제1호, 제238조에 따라 소송절차가 중단되지 않고 소송대리인의 소송대리권도 소멸하지 않으며, 이때 망인의 소송대리인은 당사자 지위의 당연승계로 인하여 상속인으로부터 새로이 수권을 받을 필요 없이 법률상 당연히 상속인의 소송대리인으로 취급되어 상속인들 모두를 위하여 소송을 수행하게 된다. 당사자가 사망하였으나 그를 위한 소송대리인이 있어 소송절차가 중단되지 않는 경우에 비록 상속인으로 당사자의 표시를 정정하지 아니한 채 망인을 그대로 당사자로 표시하여 판결하였다고 하더라도 그 판결의 효력은 망인의 소송상 지위를 당연승계한 상속인들 모두에게 미친다(대법원 2011. 4. 28. 선고 2010다103048 판결).

4. 기판력이 작용하는 범위

기판력은 전소에서 확정된 권리관계가 후소에서 다시 문제될 때 작용하는바, 전소와 후소의 소송물이 동일한 경우뿐만 아니라 전소의 소송물에 관한 판단이 후소의 선결문제가 되거나 모순관계에 있을 때 후소에서 전소의 판단과 다른 주장을 하는 것을 허용하지 않는 면에서도 작용한다. 소유권이전등기절차를 명하는 확정판결에 기초하여 소유권이전등기가 마쳐진 경우에 다시 원인무효임을 내세워 그 말소등기절차의 이행을 청구함은 확정된 이전등기청구권을 부인하는 것이어서 기판력에 저촉된다(대법원 1987. 3. 24. 선고 86다카1958 판결). 판례는 전소 확정판결에 저촉되는 후소는 모순금지설에 따라 기각되어야 한다고 한다(대법원 2014. 3. 27. 선고 2013다91146 판결).

5. 사안의 해결

사안에서 乙은 소송대리인으로 丙을 선임하고 A소 계속 중 사망하였는바, 당사자 乙이 사망하였으나 소송대리인 丙이 있으므로 A소의 소송절차는 중단되지 않는다. 丙에게 상소제기에 관한 특별수권이 있었으므로 丙에게 판결정본이 송달되더라도 소송절차는 중단되지 않고 상소기간은 진행된다. 丙이 상소제기를 하지 않은 상태에서 상소기간이 도과하여 A소의 판결은 확정되었다. 乙의 상속인 丁이 A소에 대하여 수계를 하지 않았더라도 乙의 소송대리인 丙은 상속인 丁을 위한 소송대리인으로 소송을 수행한 것이고, A소가 망인 乙을 피고로 표시하여 판결하였더라도 그 판결의 효력은 망인 乙의 소송상 지위를 당연승계한 상속인 丁에게 미친다. 丁이 甲에 대하여 매매가 무효임을 주장하여 X토지에 관한 소유권이전등기의 말소등기를 청구하는 것은(B소) 乙에 대하여 X토지에 관한 소유권이전등기절차의 이행을 명한 판결(A소의 판결)과 모순관계에 있고, 乙에 대한 이행판결은 당연승계인 丁에게도 미치므로 丁의 B소는 A소의 기판력에 저촉된다. 따라서 B소의 법원은 등기원인이 존재하지 않는다는 확신이 있더라도 기판력에 의하여 A소의 판결과 다른 판단을 할 수 없으므로 丁의 청구를 기각하여야 한다.

(6) 甲건설회사(이하 '甲회사'라고 함)는 2005. 1. 6. 乙법인과 공사대금 30억 원으로 하여 건물을 신축하는 도급계약을 체결하고 2006. 1. 6. 건물을 완공하였다. 그런데 乙법인이 공사대금을 지급하지 않고 있다. 이에 甲회사는 乙법인을 상대로 공사대금지급청구의 소(이하 '전소'라고 함)를 제기하였고 법원은 이에 대하여 30억 원의 지급을 명하는 판결을 선고하여 2007. 3. 10. 판결이 확정되었다. 전소 판결이 확정된 후 乙법인이 위 30억 원의 공사대금을 지급하지 않았음에도 甲회사는 강제집행을 진행하지 아니하였다. 이후 甲회사는 2017. 3. 15. 乙법인을 상대로 전소와 동일한 이행청구의 소(이하 '후소'라고 함)를 제기하였다. 이에 乙법인은 '1) 후소가 전소 확정판결 채권의 시효중단을 위한 재소(再訴)이지만 시효완성 이후에 제기되었으므로 부적법하고, 2) 乙법인은 2017. 2. 10. 甲회사에 공사대금 30억 원을 모두 변제하여 더 이상 甲회사에 지급할 대금이 없다'고 주장하였고 변제사실은 증명되었다. 이때 후소 법원은 甲회사와 乙법인 사이의 채권이 乙법인의 변제로 소멸하였다고 본안판단을 할 수 있는가? (이자 및 지연손해금은 논하지 말 것) (제10회 변호사시험)

1. 쟁점

사안에서 乙법인의 각 주장과 관련하여, 이미 승소확정판결을 받은 경우 시효중단을 위한 후소 제기의 소의 이익이 있는지 여부와 시효중단을 위한 후소에서 법원의 본안 판단에 관하여 검토하여야 한다.

2. 원고가 이미 승소확정판결을 받은 경우 소의 이익

확정된 승소판결에는 기판력이 있으므로, 승소 확정판결을 받은 당사자가 그 상대방을 상대로 다시 승소 확정판결의 전소와 동일한 청구의 소를 제기하는 경우 그 후소는 권리보호의 이익이 없어 부적법하다. 하지만 예외적으로 확정판결에 의한 채권의 소멸시효기간인 10년의 경과가 임박한 경우에는 그 시효중단을 위한 소는 소의 이익이 있다. 다른 시효중단사유인 압류·가압류나 승인 등의 경우 이를 1회로 제한하고 있지 않음에도 유독 재판상 청구의 경우만 1회로 제한되어야 한다고 보아야 할 합리적인 근거가 없다. 또한 확정판결에 의한 채무라 하더라도 채무자가 파산이나 회생제도를 통해 이로부터 전부 또는 일부 벗어날 수 있는 이상, 채권자에게는 시효중단을 위한 재소를 허용하는 것이 균형에 맞다(대법원 2018. 7. 19. 선고 2018다22008 전원합의체 판결).

3. 시효중단을 위한 재소의 본안판단

시효중단을 위한 후소의 판결은 전소의 승소 확정판결의 내용에 저촉되어서는 아니 되므로, 후소 법원으로서는 그 확정된 권리를 주장할 수 있는 모든 요건이 구비되어 있는지에 관하여 다시 심리할 수 없으나, 위 후소 판결의 기판력은 후소의 변론종결 시를 기준으로 발생하므로, 전소의 변론종결 후에 발생한 변제, 상계, 면제 등과 같은 채권소멸사유는 후소의 심리대상이 된다. 따라서 채무자인 피고는 후소 절차에서 위와 같은 사유를 들어 항변할 수 있고 심리 결과 그 주장이 인정되면 법원은 원고의 청구를 기각하여야 한다. 이처럼 판결이 확정된 채권의 소멸시효기간의 경과가 임박하였는지 여부에 따라 시효중단을 위한 후소의 권리보호이익을 달리 보는 취지와 채권의 소멸시효 완성이 갖는 효과 등을 고려해 보면, 시효중단을 위한 후소를 심리하는 법원으로서는 전소 판결이 확정된 후 소멸시효가 중단된 적이 있어 그 중단사유가 종료한 때로부터 새로이 진행된 소멸시효기간의 경과가 임박하지 않아 시효중단을 위한 재소의 이익을 인정할 수 없다는 등의 특별한 사정이 없는 한, 후소가 전소 판결이 확정된 후 10년이 지나 제기되었다 하더라도 곧바로 소의 이익이 없다고 하여 소를 각하해서는 아니 되고, 채무자인 피고의 항변에 따라 원고의 채권이 소멸시효 완성으로 소멸하였는지에 관한 본안판단을 하여야 한다(대법원 2019. 1. 17. 선고 2018다24349 판결).

4. 사안의 해결

사안에서 甲회사의 乙법인에 대한 공사대금지급청구의 전소가 2007. 3. 10. 확정되었는바, 후소는 전소 확정일로부터 10년이 경과한 2017. 3. 15. 제기되었으나 시효중단을 위한 후소가 시효기간이 경과한 후에 제기된 경우에도 후소는 소의 이익이 있다. 후소 법원은 피고의 시효완성의 항변 등 전소 변론종결일 이후의 사유에 대하여 피고의 주장에 따라서 본안 심리를 하여야 한다. 피고 乙법인은 소멸시효 완성의 항변을 하지는 않고, 오히려 2017. 2. 10. 사건 채무 전액을 변제하였다고 항변하였는바, 후소 법원은 본안 판단으로 나아가 乙법인의 변제로 甲회사의 채권이 소멸하였다고 본안판단을 할 수 있다.

(7) 甲은 2020. 5. 1. 乙부터 X토지를 대금 3억 원에 매수하였다고 주장하면서 乙을 상대로 X토지에 관하여 2020. 1. 1. 매매를 원인으로 한 소유권이전등기절차의 이행을 구하는 소를 제기하였다가, 2020. 6. 15. X토지의 등기부를 열람하고 X토지에 관하여 丙 명의로 소유권이전등기가 마쳐진 사실을 확인한 다음, 2020. 7. 15. X토지에 관한 丙 명의의 소유권이전등기는 乙과의 통정허위표시에 기초한 것으로 원인무효라고 주장하면서 丙을 상대로 乙에 대한 X토지에 관한 소유권이전등기청구권을 피보전채권으로 하여 X토지에 관한 소유권이전등기의 말소등기절차의 이행을 구하는 소를 제기하였다. 丙은 2020. 9. 1. 제1회 변론기일에 출석하여 丙 명의의 소유권이전등기는 법원에서 이루어진 조정절차에서 작성된 조정조서에 의하여 마쳐진 것이어서 말소될 수 없다고 진술하면서, 그에 관한 조정조서를 을 제1호증으로 제출하였다. 甲의 주장과 같이 2020. 5. 1.자 매매계약이 체결된 사실은 인정할 수 있다면, 법원은 어떤 판단을 하여야 하는가? (2021년 중간고사)

1. 쟁점

사안에서 甲은 채권자대위소송으로 乙과 丙 사이의 조정조서에 의하여 마쳐진 X토지에 관한 소유권이전등기의 말소등기를 청구하고 있는바, 기판력이 작용하는 범위와 관련하여 甲의 위 청구가 조정조서의 기판력에 반하는 것인지 등이 쟁점이 된다.

2. 조정조서의 기판력

조정은 당사자 사이에 합의된 사항을 조서에 기재함으로써 성립하고(민사조정법 제28조), 조정은 재판상의 화해와 동일한 효력이 있다(같은 법 제29조). 재판상 화해의 성립에 있어서 실체법상 하자가 있는 경우에 다수설은 '제한적 기판력설'을 취하나, 판례는 "제소 전 화해조서는 확정판결과 동일한 효력이 있어 당사자 사이에 기판력이 생기는 것이므로 확정판결의 당연무효 사유가 없는 한 설령 그 내용이 강행법규에 위반된다 할지라도 단지 제소전 화해에 하자가 있음에 지나지 아니하여 준재심절차에 의하여 구제받는 것은 별문제로 하고 그 화해조서를 무효라고 주장할 수는 없다."고 하여 '무제한적 기판력설'을 취한다. 판례에 따르면 소유권이전등기가 제소 전 화해조서에 의하여 마쳐진 경우 준재심절차에서 그 화해조서가 취소되지 않는 이상, 제소 전 화해조서에 기초하여 마쳐진 소유권이전등기가 원인무효라고 주장하며 말소등기절차의 이행을 청구하는 것은 제소 전 화해에 의해 확정된 소유권이전등기청구권을 부인하는 것으로서 기판력에 저촉된다(대법원 2002. 12. 6. 선고 2002다44014 판결).

3. 기판력이 작용하는 범위 – 모순관계

기판력은 전소에서 확정된 권리관계가 후소에서 다시 문제될 때 작용하는바, 전소와 후소의 소송물이 동일한 경우뿐만 아니라 전소의 소송물에 관한 판단이 후소의 선결문제가 되거나 모순관계에 있을 때 후소에서 전소의 판단과 다른 주장을 하는 것을 허용하지 않는 면에서도 작용한다. 소유권이전등기절차를 명하는 확정판결에 기초하여 소유권이전등기가 마쳐진 경우에 다시 원인무효임을 내세워 그 말소등기절차의 이행을 청구함은 확정된 이전등기청구권을 부인하는 것이어서 기판력에 저촉된다. 이 경우 전소 확정판결에 저촉되는 후소는 모순금지설에 따라 기각되어야 한다(대법원 2014. 3. 27. 선고 2013다91146 판결).

4. 사안의 해결

판례에 따르면 재판상 화해와 동일한 효력이 있는 조정의 경우도 그 성립에 있어서 실체법상 하자가 있다고 하더라도 준재심 절차에 의하여 그 조정조서가 취소되지 않는 한 그 조정조서에 의하여 마쳐진 소유권이전등기가 원인무효라고 주장하여 말소등기절차의 이행을 구하는 것은 조정에 의하여 확정된 소유권이전등기청구권을 부인하는 것으로 기판력에 저촉된다. 甲은 채권자대위권을 행사하여 丙에 대하여 소유권이전등기의 말소등기청구를 하고 있으나, 채무자 乙의 丙에 대한 소유권이전등기말소청구가 기판력에 저촉되어 본안에 관한 실질적인 심리 없이 기각되어야 하는 이상, 법원은 피대위채권에 관한 실질적인 심리를 전제로 한 소송요건으로서 채권자대위권행사의 요건, 특히 실체법적 관계의 심리를 요하는 피보전채권에 관한 심리 및 그에 대한 판단은 생략하고, 甲의 丙에 대한 청구를 기각할 수 있다.[2]

---

2) 92다32876판결은 채무자가 제3채무자를 상대로 소를 제기하여 패소판결을 받고 그 판결이 확정된 후, 채권자가 채권자대위 소송으로 동일한 청구를 한 사안인바, 이는 확정판결의 존재에 의하여 그 확정판결의 내용을 검토할 필요 없이 채무자가 권리를 행사하였음이 명백하므로, 이러한 경우에는 확정판결의 내용을 검토할 필요 없이 채권자대위소송을 제기한 채권자에 대하여 당사자적격이 없음을 이유로 소를 각하하여야 한다. 그러나 피보전채권의 경우는, 기판력에 의하여 피대위채권이 기각됨으로써 채권자의 채무자에 대한 소유권이전등기청구권이 이행불능이 된다고 하더라도 채권자는 채무자에 대하여 손해배상청구권이나 대상청구권 등을 행사할 수도 있으므로 채권자의 채무자에 대한 피보전채권이 존재하지 않는다고 단정할 수 없고, 피보전채권을 무엇으로 하느냐에 따라서는 피대위채권을 대위 행사하는 것이 피보전채권을 보전하는 데에 필요하지 않은 경우도 있는 등 채권자대위소송의 소송요건에 관한 심리가 복잡해 질 수 있기 때문에, 피대위채권에 관한 확정판결의 기판력으로 말미암아 피대위채권의 행사에 대하여 청구기각을 하여야 하는 채권자대위소송에서는 피보전채권에 관한 실체관계를 심리할 필요는 없다.

2. 객관적 범위

(1) 甲이 乙을 상대로 X토지 3,305㎡ 중 특정부분 330㎡를 매수하였다고 주장하면서 그 특정 부분에 관하여 소유권이전등기청구의 소를 제기하였다가 청구기각판결을 받아 확정되었다. 甲은 다시 乙을 상대로, 매수한 것은 X토지에 관한 330/3,305 지분이라고 주장하면서 위 지 분에 관하여 소유권이전등기청구의 소를 제기하면 승소할 수 있는가?

1. 쟁점

기판력의 객관적 범위와 관련하여 1필의 토지의 특정부분에 관한 소유권이전등기청구 와 토지 전체에 관한 지분이전등기청구가 동일한 소송물인지가 문제이다.

2. 1필의 토지 중 일부인 특정부분에 관한 소유권이전등기청구와 그 토지 전체에 관한 지분이전등기 청구

민소법 제218조 제1항에 따르면 기판력은 판결주문에 포함된 소송물인 법률관계의 존 부에 관한 판단에 대하여만 발생한다. 따라서 전소와 후소의 청구취지가 다른 경우에는 원 칙적으로 소송물이 같다고 할 수 없다.

1필의 토지 중 일부인 특정부분에 관한 소유권이전등기청구와 그 토지 전체에 관한 지 분이전등기청구가 그 특정부분의 한도 내에서 동일 소송물인지에 관하여는 견해의 대립이 있다. 대법원 1995. 4. 25. 선고 94다17956 전원합의체 판결의 소수의견은 '공유지분은 1 개의 소유권의 분량적 일부이므로 어떤 토지의 특정부분에 관한 지분이전등기는 특정부분 에 관한 소유권이전등기청구의 분량적 일부이고 그 특정부분의 한도 내에서 동일 소송물' 이라고 하였으나, 다수의견은 위 각 청구는 청구취지를 달리하여 소송물이 동일하다고 볼 수 없다는 이유로 1필의 토지 중 일부인 특정부분에 관한 소유권이전등기청구인 전소의 기 판력이 후소인 토지 전체에 관한 지분이전등기청구에 미칠 수 없다고 하였다.

3. 사안의 해결

사안에서 위 대법원 전원합의체 판결의 다수의견에 따르면 甲이 제기한 전소와 후소는 청구취지를 달리하므로 甲이 후소로 제기한 지분이전등기청구에는 전소의 기판력이 미치 지 않는다. 따라서 甲은 승소할 수 있다.

(2) 甲은 2012. 5. 6. 乙이 운전하는 영업용택시를 타고 귀가하던 중 자신이 탄 택시와 丙이 운전하던 승용차가 교차로에서 충돌하는 교통사고를 당하여 안면부 열상과 뇌진탕 등의 상해를 입었다. 수사결과 丙이 교통신호를 위반한 과실이 인정되어 丙에게 벌금 300만 원의 약식명령이 내려지자, 甲은 2013. 2. 5. 丙을 상대로 이미 지출된 치료비 3,000만 원 상당의 손해배상을 청구하는 소송(이하 '전소'라고 함)을 제기하였다. 전소는 2013. 8. 25. 변론이 종결되어, 2013. 9. 5. '丙은 甲에게 2,000만 원을 지급하라'는 판결이 선고되었고, 그 판결이 같은 달 30. 확정되었다. 그런데 1년 후 甲에게 언어장애 증상이 나타나기 시작하였는데, 정밀검사한 결과, 위 교통사고시 입은 뇌진탕의 후유증이 뒤늦게 나타난 결과임이 밝혀졌고, 최종적으로 甲은 언어장애로 인하여 1,000만 원의 치료비를 추가로 지출하고, 30% 가량의 노동능력을 상실하였다. 이에 甲은 2015. 2. 5. ① 노동능력상실에 따른 일실수익금 5,000만 원, ② 위자료 2,000만 원, ③ 전소에서 승소판결을 선고받고서도 아직 지급받지 못한 치료비 1,000만 원, ④ 전소에서 승소판결을 선고받은 2,000만 원에 대한 지출일로부터 완제일까지의 지연손해금, ⑤ 후유장애의 치료비로 지출한 1,000만 원의 지급을 청구하는 소(이하 '본소'라고 함)를 제기하였고, 이에 대하여 丙은 甲의 청구가 전소 판결의 기판력에 저촉되고, 자신이 2013. 10. 5. 무죄판결을 선고받아 확정되었다고 주장하면서 전소 판결에 따라 지급한 1,000만 원의 반환을 구하는 반소를 제기하였다.

법원은 본소 및 반소에 대하여 재판을 하여야 하는가? (2015년 8월 변시 모의시험)

1. 쟁점

치료비에 관한 전소 판결의 기판력이 후소에 미치는지와 관련하여 손해배상청구소송에서 소송물, 기판력의 시적 범위 등이 문제가 된다.

2. 손해배상청구와 소송물

판례에 따르면 생명 또는 신체에 대한 불법행위로 인하여 입게 된 적극적 손해와 소극적 손해 및 정신적 손해는 서로 소송물을 달리한다(대법원 2001. 9. 10. 선고 2002다34581 판결 등). 한편, 불법행위로 인한 적극적 손해의 배상을 명한 전소의 변론종결 후에 새로운 적극적 손해가 발생한 경우, 그 소송의 변론종결 당시 그 손해의 발생을 예견할 수 없었고 또 그 부분 청구를 포기하였다고 볼 수 없는 등 특별한 사정이 있다면 전소에서 그 부분에 관한 청구가 유보되어 있지 않다고 하더라도 이는 전소의 소송물과는 별개의 소송물이다(대법원 2007. 4. 13. 선고 2006다78640 판결). 또한 금전채무불이행의 경우에 발생하는 지연손해금채권은 원본채권과 별개의 소송물이다(대법원 2009. 6. 11. 선고 2009다12399 판결).

3. 기판력의 객관적 범위

기판력은 원칙적으로 주문에 포함된 사항에 미치고(민소법 제216조 제1항), 전소의 사실심 변론종결 이전에 존재하고 객관적으로 제출할 수 있었으나 제출하지 않은 주장이나 항변은 후소에서 주장할 수 없다.

4. 사안의 해결

가. 본소의 적법 여부

① 일실수익청구, ② 위자료청구 부분은 전소인 치료비청구와 소송물을 달리하여 전소의 기판력이 미치지 않으므로 본안판단이 필요하다.

③ 전소에서 승소한 치료비 1,000만 원 청구 부분은 이미 승소판결이 있으므로 이에 대한 청구는 권리보호이익이 없어서 부적법하다. 따라서 이 부분에 대하여는 각하판결을 하여야 한다.

④ 전소에서 승소한 치료비 2,000만 원에 대한 지연손해금청구 부분은 전소 치료비청구와 소송물을 달리하므로 이에 대한 본안의 판단이 필요하다.

⑤ 후유장애로 인한 추가치료비청구 부분은 뇌진탕의 후유증이 뒤늦게 나타난 것으로서 전소 변론종결 당시 이를 예상하기 어려웠을 것이므로 전소와는 소송물을 달리하므로 본안판단이 필요하다.

나. 본소의 본안에 관한 판단

확정판결의 기판력은 사실심의 최종 변론종결 당시의 권리관계를 확정하는 것이므로, 전소의 사실심 변론종결일 후의 지연손해금청구 부분은 그 선결적 법률관계를 이루는 전소 판결의 기판력을 받게 된다(대법원 1976. 12. 14. 선고 76다1488 판결).

따라서 ④ 전소에서 승소한 치료비 2,000만 원에 대한 지연손해금청구 중 2013. 8. 26.부터 지급일까지 부분은 전소 판결의 기판력에 의하여 전소 판결에서 판단된 내용과 모순되는 판단을 하지 못하므로 인용되어야 한다.

① 일실수익청구, ② 위자료청구, ④ 전소에서 승소한 치료비 2,000만 원에 대한 지연손해금청구 중 지출일부터 2013. 8. 25.까지 부분, ⑤ 후유장애로 인한 추가치료비에 대하여는 본안심리를 거쳐 판단하여야 한다. 다만, 민사재판에 있어서 형사재판에서 인정된 사

실에 구속을 받는 것은 아니라 할지라도 이미 확정된 관련 형사사건의 판결에서 인정된 사실은 특별한 사정이 없으면 유력한 증거자료가 되므로(대법원 1992. 5. 22. 선고 91다37690 판결), 丙이 형사사건과 관련하여 무죄판결을 선고받아 확정되었다면 丙에 대하여 교통사고에 대한 책임이 있다고 인정되기는 어려울 것이다.

다. 반소청구의 적법 여부

丙은 전소의 확정판결에 따라 지급된 금액의 일부에 대하여 부당이득으로써 반환을 청구하고 있는바, 전소와 후소는 당사자가 동일하고, 소송물이 동일하지는 않으나 상호 모순관계에 있으므로 전소 판결의 기판력이 후소에 작용하는 관계에 있다.

후소에서 주장하는 사유(무죄판결의 확정)는 전소 사실심 변론종결일 후에 발생하였지만, 청구원인인 불법행위에 관하여 형사소송에서 무죄판결을 선고받아 확정되었다는 것은 사후적인 법적 판단의 변경에 불과하므로 변론종결 후의 사정변경으로 보기 어렵다.

형사소송에서 무죄판결은 민소법 제451조 제1항 제8호의 재심사유(재판의 기초가 된 형사판결의 변경)에 해당되지만, 전소 판결에 재심사유가 있다고 하더라도 재심에 의하여 그 판결이 취소되지 않는 한 기판력이 있다. 따라서 법원은 직권조사를 통해 반소청구가 전소 판결의 기판력에 저촉되는 것으로 판단하여, 그 청구원인에 대한 별도의 심리 없이 반소청구를 기각하여야 한다.

(3) 사무용품 도매상을 개업하려는 乙은 개업자금을 조달하기 위하여 지인 甲으로부터 2004. 4. 1. 1억 원을 이자 월 1%(매월 말일 지급), 변제기 2005. 3. 31.로 정하여 차용하면서, 이를 담보하기 위하여 甲에게 액면금 1억 원의 약속어음을 발행·교부하였다. 甲은 "乙이 변제기가 지나도록 차용금 1억 원을 변제하지 않았고 약속어음금의 지급도 거절되었다."라고 주장하면서, 乙을 상대로 약속어음금 1억 원의 지급을 구하는 소를 제기하였다. 법원은 위 소송에서 위 차용금 1억 원이 모두 변제되었다는 이유로 甲의 청구를 기각하는 판결을 선고하였고, 그 판결은 그대로 확정되었다. 그 후 甲이 乙을 상대로 다시 위 차용금 1억 원의 지급을 구하는 소를 제기하였고, 이에 乙은 위 확정판결을 증거자료로 제출하면서 위 차용금 1억 원은 모두 변제되었다고 주장하였다. 이 경우 법원은 어떠한 판결을 선고하여야 하는지 그 근거를 들어 설명하시오(단, 소멸시효는 논외로 할 것). (2016년 8월 변시 모의시험)

1. 쟁점

원인채권의 부존재를 이유로 어음금청구를 기각한 판결이 확정된 후 원인채권의 지급을 구하는 소가 제기된 경우, 전소 판결의 기판력이 후소에 미치는지가 문제가 된다.

2. 소송물의 동일 여부 – 어음금청구와 원인채권청구

기판력은 판결의 주문에 포함된 소송물인 법률관계의 존부에 관한 판단의 결론에 대하여 발생하고 판결이유에서 판단된 그 전제가 되는 법률관계의 존부, 사실인정 등에는 미치지 않는다. 한편, 기판력은 전소의 소송물이 후소의 소송물과 동일하거나, 전소의 소송물에 관한 판단이 후소와 선결관계 또는 모순관계에 있을 때 작용한다.

구소송물이론을 취하는 판례에 따를 때, 어음금청구소송과 원인채권청구소송은 실체법상 별개의 권리에 해당하므로 별개의 소송물이다. 또한 전소의 소송물(약속어음금청구권의 존부)에 관한 판단이 후소와 선결·모순관계에 있는 것도 아니다.

3. 판결의 증명효

기판력의 작용에 관한 원칙을 그대로 관철할 경우 전소와 후소의 모순저촉이 발생할 우려가 있으므로 그 방지를 위하여 쟁점효 이론, 신의칙 적용 등 여러 견해가 있다.

이와 관련하여 판례는 "민사재판에 있어서는 다른 민사사건 등의 판결에서 인정된 사실에 구속받는 것은 아니라 할지라도 이미 확정된 관련 민사사건에서 인정된 사실은 특별한 사정이 없는 한 유력한 증거가 되므로 합리적인 이유설시 없이 이를 배척할 수 없고, 특히 전후 두 개의 민사소송이 당사자가 같고 분쟁의 기초가 된 사실도 같으나 다만 소송물이 달라서 기판력에 저촉되지 않는 결과로 인하여 새로운 청구를 할 수 있는 경우에 있어서는 더욱 그러하다."라고 하여 증명효를 인정하고 있다(대법원 2009. 9. 24. 선고 2008다92312 판결).

4. 사안의 해결

사안에서 전소 판결의 판단 중 '약속어음금청구권이 부존재한다'는 판단에 기판력이 발생하고, '차용금 1억원이 모두 변제되었다'는 부분은 선결적 법률관계에 관한 판결이유 중의 판단으로서 기판력이 발생하지 않으므로 전소 판결의 기판력은 후소에 미치지 않는다. 전소와 후소는 비록 소송물이 달라서 기판력은 미치지 않지만, 당사자가 같고 분쟁의 기초가 된 사실도 개업자금의 조달을 위한 2004. 4. 1.자 1억 원의 차용사실이어서 동일하다. 따라서 판결의 모순저촉을 방지하기 위하여 후소 법원에서는 특별한 사정이 없는 한 전소에서 인정한 '차용금 1억 원의 변제사실'을 그대로 인정하여 甲의 청구를 기각하여야 한다.

(4) X토지는 원래 甲 소유였는데 위조서류에 의하여 乙 명의로 소유권이전등기가 마쳐졌다. 甲이 乙을 상대로 소유권에 기초한 말소등기청구의 소를 제기하여 승소판결을 받았고, 그 판결이 확정되었으나 아직 말소등기의 신청을 하지 않고 있던 중, 乙이 사망하여 丁이 乙의 상속인으로서 상속등기를 마치자, 甲은 위 승소 확정판결에 기초하여 乙, 丁 명의의 소유권이전등기를 말소하였다. 그 후 丁은 자신의 선대인 乙이 甲이 소를 제기할 당시에 이미 위 토지를 점유시효취득하였다고 주장하면서 甲을 상대로 취득시효완성을 원인으로 한 소유권이전등기청구의 소를 제기하였다. 전소의 기판력이 후소에 미치는가?

1. 쟁점

전소인 소유권이전등기말소청구소송에 관한 판결의 기판력이 후소인 시효취득을 원인으로 한 소유권이전등기청구소송에 미치는지 여부가 문제가 된다.

2. 소송물의 동일 여부 – 소유권에 기초한 말소등기청구와 시효취득을 원인으로 한 이전등기청구

기판력은 판결의 주문에 포함된 소송물인 법률관계의 존부에만 미친다. 따라서 청구취지가 다른 경우에는 원칙적으로 소송물이 동일하다고 할 수 없다. 전소 소송물이 소유권이전등기말소청구권이고 후소 소송물이 시효취득을 원인으로 하는 소유권이전등기청구권인 경우, 양소는 청구취지가 다르고 전소의 소송물이 후소의 소송물과 선결관계 또는 모순관계에 있지 않으므로 기판력이 미치지 않는다(대법원 1995. 12. 8. 선고 94다35039, 35046 판결).

3. 사안의 해결

사안에서 丁이 후소를 제기하면서 선대인 乙이 전소인 소유권이전등기말소청구소송 당시에 이미 X토지를 점유시효취득하였다고 주장한다고 하더라도 전소와 후소는 청구취지와 청구원인이 달라서 소송물이 동일하지 않고, 선결관계 또는 모순관계에 있지도 않으므로 기판력이 미치지 않는다.

(5) X부동산의 매도인 甲은 매매대금 20억 원 중 계약금 1억 원 및 1차 중도금 1억 원 합계 2억 원만을 지급받은 상태에서 2017. 2. 1. 乙을 상대로 위 매매계약의 해제에 따른 원상회복을 원인으로 X부동산의 인도를 구하는 소를 제기하였다(이하 '이 사건 소송'이라 함). 이에 乙

은 "매매계약의 해제를 원인으로 甲으로부터 위 2억 원의 반환을 받을 때까지 甲의 인도청구에 응할 수 없다."는 취지로 동시이행항변을 하였고, 이에 대하여 甲은 2017. 11. 1. 이 사건 소송에서 "乙의 X부동산 점유를 원인으로 하는 甲의 乙에 대한 사용료 채권이 2억 원이므로 이를 자동채권으로 하여 乙의 甲에 대한 위 2억 원의 반환채권과 상계하면 지급할 금액이 없다."고 재항변을 하였다. X부동산에 관한 임료 시세는 월 2,000만 원이다. 이 사건 소송에서 甲의 재항변이 받아들여져 甲의 승소판결이 확정되었다. 그런데 乙이 다시 위 계약금 및 중도금 합계 2억 원의 반환을 청구하는 후소를 제기하였다. 이에 대하여 법원은 어떠한 판결을 하여야 하는가? (2017년 10월 변시 모의시험)

1. 쟁점

사안에서 乙은 전소에서 계약금 등 2억 원의 반환청구권으로써 동시이행항변권을 행사하였다가 甲이 한 상계의 재항변에 의하여 동시이행항변권이 배척된 판결을 받은 후, 계약금 등 2억 원의 반환청구권을 소송물로 하여 후소를 제기하였는바, 전소의 기판력이 어느 범위에서 후소에 미치는지가 쟁점이 된다.

2. 상계권 행사와 기판력 – 동시이행항변이 상계의 재항변에 의하여 배척된 경우

확정판결은 원칙적으로 주문에 포함된 것에 한하여 기판력을 가지므로(민소법 제216조 제1항), 이유에서 판단된 피고의 항변 등에 대하여는 그것이 판결의 기초가 되었다고 하더라도 기판력이 발생하지 않는다. 한편, 상계의 경우는 자동채권의 존부에 대하여 판결이유에서 판단되지만, 상계하고자 대항한 액수에 한하여 기판력을 가진다(민소법 제216조 제2항). 판례에 따르면, 상계 주장에 관한 판단에 기판력이 인정되는 경우는, 상계 주장의 대상이 된 수동채권이 소송물로서 심판되는 소구채권이거나 그와 실질적으로 동일하다고 보이는 경우(가령 원고가 상계를 주장하면서 청구이의의 소를 제기하는 경우 등)로서 상계를 주장한 반대채권과 그 수동채권을 기판력의 관점에서 동일하게 취급하여야 할 필요성이 인정되는 경우를 말하고, 만일 상계 주장의 대상이 된 수동채권이 동시이행항변에 행사된 채권일 경우에는 그러한 상계 주장에 대한 판단에는 기판력이 발생하지 않는다. 위와 같이 해석하지 않을 경우 동시이행항변이 상대방의 상계의 재항변에 의하여 배척된 경우에 그 동시이행항변에 행사된 채권을 나중에 소송상 행사할 수 없게 되어 민소법 제216조가 예정하고 있는 것과 달리 동시이행항변에 행사된 채권의 존부나 범위에 관한 판결 이유 중의 판단에 기판력이 미치는 결과에 이르기 때문이다(대법원 2005. 7. 22. 선고 2004다17207 판결).

3. 판결의 증명효

민사재판에 있어서 다른 민사사건 등의 판결에서 인정된 사실에 구속받는 것이 아니라 할지라도 이미 확정된 관련 민사사건에서 인정된 사실은 특별한 사정이 없는 한 유력한 증거가 되므로, 합리적인 이유설시 없이 이를 배척할 수 없고, 특히 전후 두 개의 민사소송이 당사자가 같고 분쟁의 기초가 된 사실도 같으나 다만 소송물이 달라 기판력에 저촉되지 아니한 결과 새로운 청구를 할 수 있는 경우에 있어서는 더욱 그러하다(대법원 2007. 11. 30. 선고 2007다30393 판결).

4. 사안의 해결

사안에서 전소의 기판력은 甲의 乙에 대한 인도청구권의 존재에만 미치고, 전소에서 乙이 동시이행항변권을 행사한 계약금 등 2억 원의 반환채권이 인정되었다고 하더라도 그 채권의 존부와 액수에 대하여는 기판력이 발생하지 않으며(대법원 1996. 7. 12. 선고 96다19017 판결), 甲이 乙의 동시이행항변권을 소멸시키기 위하여 상계의 재항변에서 주장한 사용료 2억 원의 채권에 대하여도 기판력이 발생하지 않는다. 따라서 乙이 전소에서 동시이행의 항변권으로 행사한 권리를 소송물로 하여 후소를 제기하더라도 전소의 기판력에 저촉되는 것은 아니다. 법원은 乙의 청구에 대하여 전소의 기판력에 저촉된다는 이유로 기각할 수 없지만, 乙의 채권이 전소 재판과정에서 甲이 행사한 상계의 실체법적 효력에 의하여 소멸되었다는 이유로 乙의 청구를 기각하여야 한다.

유사문제 1. 乙과 丙은 각 2/3, 1/3 지분에 따라 X주택을 소유하며, 乙과 丙의 합의에 따라 乙이 단독으로 X주택에 거주하고 있었다. 2010. 4. 1. 乙은 甲에게 X주택의 보수를 의뢰하면서 그 대금을 5,000만 원으로 하고 공사완공과 동시에 지급하기로 약정하였다. 이 약정에 따라 甲은 2010. 10. 31. 보수공사를 마쳤다. 그러나 乙이 공사대금을 지급하지 않아 甲은 X주택을 점유하고 그 반환을 거절하였다. 乙은 2014. 1. 15. 지분권에 기하여 甲을 상대로 X주택에 대한 인도청구의 소를 제기하였다. 乙이 제기한 소에서 甲이 공사비의 지급과 동시이행되어야 한다고 항변을 하자, 乙은 자신이 甲에 대하여 가지고 있는 대여금채권 7,000만 원을 자동채권으로 하여 위 공사비채권과 상계한다는 항변을 하였다. 그러나 법원은 乙이 주장하는 대여금채권의 발생을 인정할 수 없다는 이유로 乙의 항변을 배척하는 판결을 선고하여 확정되었다. 그 후 乙이 甲에 대하여 위 대여금 7,000만 원의 지급을 구하는 후소를 제기하자 甲은 기판력에 저촉된다고 주장하였다. 법원은 甲의 주장에 대하여 어떠한 판단을 하여야 하는가? (2015년 6월 변시 모의시험)

2. 甲은 乙로부터 X건물을 대금 1억 원에 매수하였다. 甲이 乙을 상대로 위 매매를 원인으로 한 소유권이전등기 청구의 소를 제기하였다. 乙은 甲으로부터 대금을 지급받을 때까지는 이전등기 청구에 응할 수 없다고 동시이행의 항변을 하였다. 甲은 乙에 대한 1억 원의 대여금 채권으로 乙의 대금 채권과 상계하겠다고 주장하였다. 법원은 대여사실에 대한 증명이 부족하다는 이유로 甲의 상계주장을 배척하여 '乙은 甲으로부터 1억 원을 지급받음과 동시에 甲에게 X건물에 관한 위 매매를 원인으로 한 소유권이전등기절차를 이행하라'는 취지의 청구 일부 인용 판결을 선고하였고 그 판결이 확정되었다. 그 후 甲이 乙을 상대로 위 대여금 1억 원의 지급을 청구하는 소를 제기하여 대여 및 변제기 도래 사실을 증명하였다면 법원은 어떠한 판결을 하여야 하는가? (소 각하 / 청구 기각 / 청구 인용) (제9회 변호사시험)

3. 甲은 乙로부터 X건물을 대금 10억 원에 매수하였다. 계약 내용은 다음과 같다.
"계약금 1억 원은 당일 지급하고, 중도금 및 잔금은 6개월마다 1억 원씩 9회에 걸쳐 분할 지급한다. 甲이 30일 이상 대금의 지급을 지체한 때에는 乙이 계약을 해제할 수 있다. 매매대금을 전액 지급하기 전이라도 甲은 乙의 승낙을 얻어 X 건물을 점유·사용할 수 있다. 甲의 귀책사유로 매매계약이 해제되는 경우 甲은 乙에게 지체 없이 X 건물을 인도하고 그 점유·사용기간에 대한 점유사용료를 지급한다."
甲이 乙의 승낙을 얻어 X건물을 사용하여 오던 중 5회차 중도금을 2개월 연체하자, 乙은 매매계약을 해제하고 甲을 상대로 X 건물의 인도를 구하는 소(이하 "전소"라 함)를 제기하였다. 甲은 '乙에게 지급한 계약금과 중도금 일부를 반환받음과 동시에 건물을 인도할 의무가 있다'는 내용의 동시이행항변을 하였다. 이에 대해 乙은 '甲으로부터 지급받아야 할 X 건물에 대한 점유사용료가 甲이 동시이행항변으로 주장한 계약금 및 중도금 반환채권액을 초과하였다'고 주장하면서 상계의 재항변을 하였다. 법원은 상계의 재항변을 인정하여 甲에게 무조건의 인도판결을 선고하였으며, 이 판결은 그대로 확정되었다. 이후 甲은 乙을 상대로 위 매매계약에 따라 기지급된 계약금 및 중도금의 일부인 2억 원의 반환을 구하는 소(이하 "후소"라 함)를 제기하였는데, 후소 법원은 '후소가 전소 판결의 기판력에 저촉된다'고 판단하여 甲의 청구를 기각하였다. 후소 법원의 판단은 적법한가? (2022년 8월 변시 모의시험)

(6) 甲은 2009. 7. 18. 乙로부터 X부동산을 매수하고 2010. 7. 28. 소유권이전등기를 마침으로써 그 소유권을 취득한 이래 X부동산을 점유하고 있다. 丙은 乙에 대한 A채권을 보전하기 위하여 甲을 상대로 하여 甲, 乙 사이의 위 매매계약이 사해행위에 해당한다는 이유로 사해행위취소 및 원상회복청구소송(이하 '이 사건 소'라고 함)을 제기하였다. 〈 아래의 각 설문은 관련이 없음 〉 (2018년 10월 변시 모의시험)

① 이 사건 소가 제기되기 전에 甲은 乙을 상대로 甲, 乙 사이의 위 매매계약을 원인으로 한 소유권이전등기청구소송(전소)을 제기하고 그 승소 확정판결에 기초하여 2010. 7. 28. 위 소유권이전등기를 마쳤다. 甲은 이 사건 소에서 위와 같은 사실을 이유로 "이 사건 소가 기판력에 저촉된다."고 주장하였다. 법원은 위 주장에 관하여 어떻게 판단하여야 하는가?

1. 기판력의 작용

확정판결의 기판력은 당사자가 동일하거나 동일시할 수 있는 관계에서 판결 주문에 대하여 변론종결시를 기준으로 발생하는바, 소송물이 동일하거나, 선결관계 또는 모순관계일 때 작용한다. 따라서 전소의 사실심 변론종결시 이전에 존재하고 객관적으로 제출할 수 있었으나 제출하지 않은 주장이나 항변은 차단되어 다시 주장할 수 없다.

2. 채권자취소소송의 소송물과 원상회복을 명하는 판결의 효력

채권자취소소송의 소송물은 채권자가 수익자(또는 전득자)에 대하여 가지는 채권자취소권이다. 채권자가 사해행위의 취소와 함께 수익자 또는 전득자로부터 책임재산의 회복을 명하는 판결을 받은 경우, 수익자 또는 전득자가 채권자에 대하여 사해행위의 취소로 인한 원상회복의무를 부담하게 될 뿐, 채권자와 채무자 사이에서 그 취소로 인한 법률관계가 형성되는 것은 아니다. 따라서 위와 같이 채무자와 수익자 사이의 소송절차에서 확정판결 등을 통해 마쳐진 소유권이전등기가 사해행위취소로 인한 원상회복으로써 말소된다고 하더라도, 그것이 확정판결 등의 효력에 반하거나 모순되는 것이라고는 할 수 없다(대법원 2017. 4. 7. 선고 2016다204783 판결).

3. 사안의 해결

사안에서 전소의 소송물은 甲이 乙에 대하여 가지는 X부동산에 관한 2009. 7. 18.자 매매계약에 기초한 소유권이전등기청구권이고, 전소 판결의 기판력은 '전소 사실심 변론종결 당시에 甲은 乙에 대하여 위 소유권이전등기청구권을 가지고 있었다'는 데에 미친다.

전소와 이 사건 소는 당사자와 소송물이 다르고, 전소에서 확정된 법률관계가 후소 청구와 모순관계에 있거나 선결관계에 있지 않다. 따라서 전소 판결의 기판력은 후소에 미치지 않는다. 법원은 甲의 기판력저촉 주장에 관하여 직권으로 조사하되, 종국판결의 이유 또는 중간판결을 통하여 위와 같은 이유로 기판력에 저촉되지 않는다고 판단할 수 있다.

② 이 사건 소가 제기되기 전에 乙에 대하여 C채권을 가진 丁이 C채권을 보전하기 위하여 甲을 상대로 하여 甲, 乙 사이의 위 매매계약이 사해행위에 해당한다는 이유로 사해행위취소 및 원상회복청구소송(전소)을 제기하여 청구인용 판결이 확정되었다. 甲은 이 사건 소의 변론기일에 "이 사건 소는 전소 판결의 기판력에 저촉되고, 권리보호의 이익이 없다."고 주장하였다. 이 사건 소에서 법원은 甲의 위 주장에 관하여 어떻게 판단하여야 하는가?

1. 채권자를 달리하는 채권자취소소송의 소송물

확정판결의 기판력은 당사자가 동일하거나 동일시할 수 있는 관계에서 판결 주문에 대하여 변론종결시를 기준으로 발생하는바, 소송물이 동일하거나, 선결관계 또는 모순관계일 때 작용한다. 채권자취소소송의 소송물은 채권자가 수익자(또는 전득자)에 대하여 가지는 채권자취소권이고, 각 취소채권자가 제기한 채권자취소소송의 소송물은 각 취소채권자가 가지는 채권자취소권으로서 소송물이 상이하고 당사자도 상이하므로 각 취소채권자 사이에 채권자취소소송의 판결의 기판력이 미친다고 볼 근거가 없다(대법원 2014. 8. 20. 선고 2014다28114 판결).

2. 동일한 처분행위에 대한 채권자취소소송과 권리보호의 이익

어느 한 채권자가 동일한 처분행위에 관하여 사해행위취소 및 원상회복청구를 하여 승소판결을 받아 그 판결이 확정되었다는 것만으로는 그 후에 다른 채권자가 동일한 처분행위에 대하여 제기한 채권자취소소송이 권리보호의 이익이 없게 되는 것은 아니다. 그러나 확정된 판결에 기초하여 재산이나 가액의 회복을 마친 경우에는 다른 채권자의 사해행위취소 및 원상회복청구는 그와 중첩되는 범위 내에서 권리보호의 이익이 없게 된다(대법원 2014. 8. 20. 선고 2014다28114 판결).

3. 사안의 해결

사안에서 이 사건 소는 전소와 당사자와 소송물이 모두 상이하므로 기판력에 저촉되지 않는다. 한편, 전소의 승소 확정판결에 기초하여 원상회복이 마쳐진 경우가 아니라면 이 사건 소에 권리보호의 이익이 없다고 할 수도 없다. 기판력저촉 또는 권리보호의 이익은 모두 소송요건에 관한 것이므로 법원이 직권으로 조사하여 종국판결의 이유에서 또는 중간판결로 판단하면 된다. 이 사건 소의 변론종결 당시를 기준으로 丁이 전소에서의 승소확정판결에 기초하여 원상회복을 마쳐졌다면, 법원으로서는 권리보호의 이익이 없음을 이유로 이 사건 소를 각하하는 판결을 하여야 한다.

(7) 甲은 2020. 1. 1. 乙로부터 Y토지를 대금 5억 원에 매수하고 계약당일 계약금과 중도금을 합하여 3억 원을 지급하였는데, 乙은 2020. 3. 1. 丙에게 Y토지에 관하여 매매를 원인으로 한 소유권이전등기를 마쳐주었다. 甲은 2020. 5. 1. 부동산중개사 사무실에서 보조원으로 근무하는 甲-1의 도움을 받아서 乙과 丙을 상대로 소를 제기하기로 계획하고, 甲-1이 甲을 상대로 Y토지에 관하여 매매를 원인으로 한 소유권이전등기청구의 소를 제기한 다음 무변론판결에 의하여 승소판결을 받도록 하였다. 甲-1은 2020. 7. 1. 甲을 대위하여 乙을 상대로 Y토지에 관한 소유권이전등기청구 및 甲과 乙을 순차 대위하여 丙을 상대로 원인무효인 소유권이전등기의 말소등기청구의 소를 제기하였다. 위 소송과정에서 乙은 甲을 증인으로 신청하였고, 甲은 "甲-1에게 X토지를 매도하기는 하였으나, 그 대금은 받지 않았고, 甲-1이 이 소송에서 승소를 하면 1억 원을 주고 매매계약은 합의해제하기로 하였다."고 증언하였다. 또한 법원은 증거조사결과, 丙은 甲이 乙로부터 Y토지를 매수한 사실을 알면서도 향후 재개발로 말미암아 Y토지의 시세가 급등할 것을 예상하고 적극적으로 乙에게 매도를 권유하여 매매대금 8억 원을 지급하고 Y토지를 매수하였다는 심증을 갖게 되었다. 법원은 어떤 판결을 하여야 하는가? (2021년 중간고사)

1. 쟁점

사안에서 甲-1은 甲을 대신하여 소를 제기할 목적으로 판결을 받아 소유권이전등기를 마쳤는바, 甲-1이 제기한 채권자대위소송에서 피보전채권의 존재를 부인할 수 있는지가 쟁점이 된다.

2. 채권자대위소송에서 판결로 확정된 피보전채권에 대하여 그 존재를 부인할 수 있는 경우

채권자대위권을 행사하는 경우, 채권자가 채무자를 상대로 그 보전되는 청구권에 기한 이행청구의 소를 제기하여 승소판결을 선고받고 그 판결이 확정되었다면, 특별한 사정이 없는 한 그 청구권의 발생원인이 되는 사실관계가 제3채무자에 대한 관계에서도 증명되었다고 볼 수 있다. 그러나 그 청구권의 취득이, 채권자로 하여금 채무자를 대신하여 소송행위를 하게 하는 것을 주목적으로 이루어진 경우와 같이, 강행법규에 위반되어 무효라고 볼 수 있는 경우 등에는 위 확정판결에도 불구하고 채권자대위소송의 제3채무자에 대한 관계에서는 피보전채권이 존재하지 아니한다고 보아야 한다. 이는 위 확정판결 또는 그와 같은 효력이 있는 재판상 화해조서 등이 재심이나 준재심으로 취소되지 아니하여 채권자와 채무자 사이에서는 그 판결이나 화해가 무효라는 주장을 할 수 없는 경우라 하더라도 마찬가지이다(대법원 2019. 1. 31. 선고 2017다228618 판결 등).

3. 사안의 해결

사안에서 甲-1이 제기한 채권자대위소송에서 그 피보전채권에 관하여는 승소확정판결이 있기는 하지만, 甲의 증언과 甲과 甲-1의 관계, 甲-1의 신분 등에 비추어 볼 때 甲-1의 소유권이전등기청구권의 취득은 甲을 대신하여 소송행위를 하게 하는 것을 주된 목적으로 이루어짐으로써 강행법규(신탁법 제6조)에 위반된 소송신탁으로서 무효이므로 채권자대위소송에서 제3채무자인 乙, 丙에 대하여는 피보전채권이 존재하지 않는 것으로 보아야 한다. 따라서 甲-1의 乙과 丙에 대한 소는 채권자대위소송의 요건인 피보전채권이 존재하지 않으므로 당사자적격이 없는 자에 의하여 제기된 소로써 부적법하여, 피대위채권의 유 · 무효에 상관없이 모두 각하하여야 한다.

3. 주관적 범위

(1) 甲은 乙을 상대로 X부동산에 관하여 매매를 원인으로 한 소유권이전등기청구의 소를 제기하였는데, 법원은 2013. 6. 28. 위 사건에 관한 변론을 종결한 후 2013. 7. 26. 원고의 청구를 전부 인용하는 판결을 선고하였고, 이 판결은 그대로 확정되었다. 그런데 乙은 2013. 6. 15. 丙과 사이에 X부동산에 관한 증여계약을 체결한 후 2013. 8. 26. 丙에게 X부동산에 관하여 위 증여를 원인으로 한 소유권이전등기를 마쳐주었다. 이 경우 위 확정판결의 효력은 丙에게 미치는가? (2014년 사법시험)

1. 쟁점

사안에서 甲이 乙을 상대로 제기한 X부동산에 관한 매매를 원인으로 한 소유권이전등기청구소송의 변론종결 후에 X부동산에 관하여 丙 명의로 소유권이전등기가 마쳐졌는바, 甲의 乙에 대한 위 소송의 판결의 기판력이 丙에게도 미치는지가 문제가 된다.

2. 계쟁물의 승계인

확정판결의 기판력은 당사자, 변론을 종결한 뒤의 승계인 등에게 미친다(민소법 제218조). 기판력이 미치는 승계인은 변론종결 후에 당사자로부터 소송물인 실체법상의 권리의무를 승계한 자이고, 피승계인이 원고이든, 피고이든, 승소자이든 패소자이든 불문하고 특정승계이든 일반승계이든 상관이 없으며, 원인행위는 변론종결 이전에 하였으나, 등기는 그 뒤에 마친 경우에도 변론종결 후의 승계인으로 본다. 한편, 판례에 따르면 계쟁물은 소송물인 권리의무 자체는 아니지만, 소송물이 물권적 청구권일 경우에는 변론종결 후에 계쟁물에 관한 권리의무를 승계한 사람도 기판력이 미치는 승계인에 해당되지만, 소송물이 채권적 청구권일 때에는 승계인에 해당되지 않는다.

3. 사안의 해결

사안에서 甲의 乙에 대한 소유권이전등기청구는 매매를 원인으로 한 것으로서 그 소송물이 채권적 청구권에 해당한다. 따라서 丙이 위 소송의 변론종결 후에 계쟁물인 X토지에 관하여 소유권이전등기를 마쳤다고 하더라도 甲이 받은 판결의 기판력이 미치는 승계인에 해당되지 않는다.

(2) 甲 소유인 Y건물(2층)을 甲의 아들 A로부터 임차하여 사용·수익하는 乙은 Y건물 중 1층 부분을 丙에게 전대하여 乙과 丙이 Y건물을 나누어 점유·사용하고 있다. 이에 대하여 甲은 乙과 丙이 권원 없이 Y건물을 점유하고 있다고 주장하면서 乙과 丙에 대하여 소유권에 기초하여 각 점유 부분의 인도 및 그 부분의 사용·수익으로 인한 차임 상당의 부당이득반환청구의 소를 제기하였다. 甲은 위 소에 관하여 점유이전금지가처분 등 보전처분을 하지 않았다. 위 소송에서 제1심 법원은 甲의 청구를 전부 인용하는 판결을 선고하였고, 그 판결이 확정되었다(이하 '전소'라고 함). 그 이후에 丙이 1층 부분을 丁에게 전대하여 丁이 그 부분을 점유하고 있다는 사실이 집행단계에서 밝혀지자 甲은 丁을 상대로 전소 확정판결과 동일한 내용의 소를 별도로 제기하였다. 법원은 어떻게 판단하여야 하는가? (2015년 6월 변시 모의시험)

1. 쟁점

전소 판결 확정 후에 甲이 丁을 상대로 전소 확정판결과 동일한 내용의 소를 별도로 제기하였는바, 丙에 대한 전소 판결의 기판력이 丁에게도 미치는지가 문제가 된다(기판력의 주관적 범위).

2. 계쟁물의 승계인

기판력은 당해 소송의 당사자 및 변론종결 뒤의 승계인 등 당사자와 같이 볼 제3자에게 미친다(민소법 제218조). 이때 변론종결 뒤의 승계인이라 함은 소송물인 실체법상의 권리의무의 승계인을 의미하는바, 계쟁물의 승계인도 이에 포함되는지 문제가 된다. 이에 대하여 실체법상의 권리의 주장을 소송물로 보는 판례의 입장에서는 소송물이 물권적 청구권일 경우에는 승계인에 해당된다고 보지만, 채권적 청구권일 때에는 승계인에 해당되지 않는다고 한다. 다수설은 소송물에 상관없이 계쟁물의 승계인에게도 기판력이 미친다고 한다.

3. 사안의 해결

사안에서 전소 중 건물인도청구 부분은 소송물이 물권적 청구권이므로 그 판결확정 후 계쟁물의 승계인에 해당하는 丁에게 그 판결의 기판력이 미친다. 따라서 甲은 승계집행문을 얻어 丙에 대한 확정판결로써 丁에게 집행할 수 있으므로, 법원은 후소를 부적법 각하하여야 한다. 그러나 전소 중 부당이득반환청구 부분은 채권적 청구권으로서 丁이 丙으로부터 그 판결상의 채무를 면책적으로 인수하지 않는 한 그 기판력이 미친다고 할 수 없다. 법원은 丁에 대한 부당이득반환청구 부분에 관하여는 심리를 하여야 한다.

> **유사문제** 甲이 乙을 상대로 특정 중고기계의 인도청구소송을 제기하여 승소 확정판결을 받았다. 甲이 위 판결에 기초하여 강제집행을 하기 전에 乙이 위 중고기계를 丙에게 양도하고 인도해 주었다면 甲은 위 판결에 기초하여 丙으로부터 위 중고기계를 인도받을 수 있는가?

(3) 甲은 2014. 7. 1. P부동산을 자신이 원시취득한 것인데 乙이 원인없이 소유권보존등기를 마쳤다고 주장하면서 乙 명의의 소유권보존등기의 말소등기를 청구하는 소를 제기하였다. 그 소송 중에 2014. 10. 31. 甲과 乙은 '乙은 甲으로부터 1,000만 원을 지급받음과 동시에 甲에게 P부동산에 관하여 2000. 1. 1. 마친 소유권보존등기의 말소등기절차를 이행한다'는 내용의 소송상 화해를 하였다. 그런데, 乙은 甲으로부터 1,000만 원을 지급받고도 甲이 위 소송상 화해에 기한 말소등기를 실행하고 있지 않은 틈을 이용하여, 2014. 12. 31. P부동산을 丙에게 담보로 제공하고 丙을 근저당권자로 한 근저당권설정등기를 마쳐주었다. 甲은 2015. 3. 1. 丙을 상대로 丙 명의의 P부동산에 관한 근저당권설정등기의 말소등기청구의 소를 제기하면서, 乙과의 소송상 화해조서를 소장에 첨부하여 제출하였다. 법원은 甲의 청구에 대하여 어떤 판단을 하여야 하는가? (청구인용, 기각, 각하 등) (2015년 중간고사)

1. 쟁점

화해조서는 확정판결과 동일한 효력이 있으므로(민소법 제220조) 기판력이 있는바, 사안에서 甲과 乙 사이에 성립된 화해조서의 기판력이 丙에게 미치는지와 관련하여 기판력의 주관적 범위가 문제가 된다.

2. 계쟁물의 승계인

기판력은 당해 소송의 당사자 및 변론종결 뒤의 승계인 등 당사자와 같이 볼 수 있는 제3자에게 미친다(민소법 제218조). 이때 '변론종결 뒤의 승계인'이라 함은 소송물인 실체법상의 권리의무의 승계인을 의미한다. 계쟁물의 승계인에 관하여는 실체법상의 권리의 주장을 소송물로 보는 판례는 소송물이 물권적 청구권일 경우에는 승계인에 해당된다고 보지만, 채권적 청구권일 때에는 승계인에 해당되지 않는다고 한다. 학설은 소송물에 상관없이 계쟁물의 승계인에게도 기판력이 미친다고 한다.

3. 사안의 해결

사안에서 甲의 乙에 대한 청구는 소유권에 기초한 말소등기청구권으로서 물권적 청구권의 행사이고, 丙은 화해조서 성립 후의 계쟁물의 승계인으로서 기판력이 미친다. 기판력이 미치는 丙에 대하여는 승계집행문을 받아 말소등기를 할 수 있으므로 甲의 丙에 대한 말소등기청구의 소는 권리보호이익이 없어 부적법하므로 각하되어야 한다.

(4) 乙은 2012. 1. 28. 丙으로부터 돈을 빌리면서 이를 담보하기 위하여 자신 소유인 Y건물에 관하여 소유권이전청구권보전의 가등기를 丙 앞으로 마쳐주었다. 그런데 甲은 2015. 5. 1. "Y건물은 자신의 토지 위에 무단으로 건축된 것이다."라고 주장하면서, 乙을 상대로 토지소유권에 기초한 방해배제청구로서 Y건물의 철거 및 토지인도청구의 소를 제기하였다. 법원은 위 소송에서 甲의 청구를 인용하는 판결을 선고하였고, 이 판결은 2016. 1. 6. 그대로 확정되었는데, 乙은 그 후인 2016. 1. 25. Y건물에 관하여 위 가등기에 기한 본등기(소유권이전등기)를 丙 앞으로 마쳐주었다. 甲은 乙에 대한 위 확정판결을 가지고 Y건물을 철거할 수 있는가? (2016년 8월 변시 모의시험)

1. 쟁점

사안에서 甲의 乙에 대한 건물철거소송의 판결 확정 후에 건물에 관하여 (그 이전에 마쳐진)

가등기에 기한 본등기를 마친 丙에게 변론종결 후의 승계인으로서 위 판결의 기판력이 미치는지가 문제가 된다.

2. 변론종결 후의 승계인 - 소유권이전청구권가등기에 기초한 본등기 취득

기판력은 당해 소송의 당사자 및 변론종결 후의 승계인 등 당사자와 같이 볼 제3자에게 미친다(민소법 제218조). 이때 '변론종결 후의 승계인'이라 함은 소송물인 실체법상의 권리의무의 승계인을 의미하는바, 계쟁물의 승계인도 이에 포함되는지 문제가 된다. 이에 대하여 판례는 소송물이 물권적 청구권일 경우에는 승계인에 해당된다고 보지만, 대인적 효력밖에 없는 채권적 청구권일 때에는 승계인에 해당되지 않는다고 한다. 학설은 소송물에 상관없이 계쟁물의 승계인에게도 기판력이 미친다고 한다.

한편, 대지 소유권에 기초한 방해배제청구로서 그 지상건물의 철거를 구하여 승소 확정판결을 받은 경우, 그 지상건물에 관하여 위 확정판결의 변론종결 전에 마쳐진 소유권이전청구권가등기에 기초하여 위 확정판결의 변론종결 후에 소유권이전등기를 마친 사람은 가등기의 순위보전효와는 별개로 본등기를 마친 시점에 소유권을 취득하게 되므로 민소법 제218조 제1항의 변론종결 후의 승계인이어서 위 확정판결의 기판력이 미친다(대법원 1992. 10. 27. 선고 92다10883 판결).

3. 사안의 해결

사안에서 전소는 토지소유권에 기초한 방해배제청구권의 행사로서 지상건물의 철거 및 토지인도를 청구한 것인바, 견해의 대립과 무관하게 계쟁물의 양수인인 丙도 민소법 제218조의 변론종결 후 승계인에 해당할 수 있다. 한편 전소 판결은 2016. 1. 6. 확정되었는데, 丙은 그 후인 2016. 1. 25. 계쟁물인 Y건물에 관하여 가등기에 기한 본등기(소유권이전등기)를 마쳤는바, 비록 가등기가 확정판결의 변론종결 전에 마쳐져 있었더라도 본등기를 마침으로써 Y건물의 소유권을 취득한 시점이 변론종결 후이므로 변론종결 후의 승계인에 해당하여, 丙에게도 전소 판결의 기판력이 미친다. 따라서 甲은 乙에 대한 승소 확정판결을 집행권원으로 하여 승계집행문을 부여받아 丙 소유의 Y건물을 철거할 수 있다.

(5) 甲은 2015. 2. 1. 乙에게 甲 소유의 X토지를 3억 원에 매도하고, 계약금 3천만 원은 위 계약 당일 지급받았으며, 중도금 1억 원은 2015. 2. 28.까지, 잔금 1억 7천만 원은 2015. 3. 31. 소유권이전에 필요한 서류의 교부와 동시에 각 지급받기로 약정하였다. 甲은 丁에 대하여

2014. 5. 1. 차용한 3억 원의 반환채무를 부담하고 있었는데, 2015. 4. 5. 丁에게 위 차용금채무의 변제에 갈음하여 X토지의 소유권을 이전하여 주기로 약정하였다. 乙이 2015. 4. 10. 甲을 상대로 2015. 2. 1.자 매매계약을 원인으로 한 X토지에 관한 소유권이전등기 및 인도청구의 소(이하 '전소'라고 함)를 제기하였고, 그 소송의 변론종결 전인 2015. 4. 20. 甲은 X토지를 丁에게 인도하였다. 甲이 丁을 상대로 甲과 丁 사이의 2015. 4. 5.자 대물변제계약이 통정허위표시라는 이유로 소유권에 기하여 X토지의 인도를 구하는 소(제1소송)를 제기하였다가 2015. 6. 10. 변론이 종결되고, 같은 달 17. 청구기각판결을 선고받아 그 판결이 확정되었다. 그 후 아래와 같은 소가 제기되었다면 제1소송의 확정판결에 따른 기판력이 후소에 미치는가? (2015년 10월 변시 모의시험)

① 乙이 전소에서 승소 확정판결을 선고받아 X토지에 관한 소유권이전등기를 마치고 나서 丁을 상대로 소유권에 기초하여 X토지의 인도를 구하는 소송(제2소송)

1. 쟁점

사안에서 제1소송은 甲이 丁을 상대로 한 소유권에 기초한 X토지의 인도청구이고, 제2소송은 甲으로부터 X토지에 관한 소유권이전등기를 마친 乙이 丁을 상대로 한 소유권에 기초한 X토지의 인도청구로서 제1소송의 기판력이 제2소송에도 미치는지 여부가 문제가 된다.

2. 계쟁물의 승계인 – 소유권에 기초한 건물인도청구소송의 패소 후 건물소유권 취득

건물의 소유권에 기초한 물권적 청구권을 원인으로 하는 건물인도소송의 소송물은 건물의 소유권이 아니라 그 물권적 청구권인 건물인도청구권이므로 그 소송에서 청구가 기각된 확정판결의 기판력은 건물인도청구권의 존부 그 자체에만 미치는 것이고, 소송물이 되지 아니한 건물에 대한 소유권의 존부에 관하여는 미치지 않는다. 따라서 소유권에 기초한 건물인도소송의 사실심 변론종결 후에 그 패소자인 건물소유자로부터 건물을 매수하고 소유권이전등기를 마침으로써 그 소유권을 승계한 제3자의 건물소유권의 존부에 관하여는 위 확정판결의 기판력이 미치지 않으며, 또 이 경우 위 제3자가 가지게 되는 물권적 청구권인 건물인도청구권은 적법하게 승계한 건물소유권의 일반적 효력으로서 발생된 것이고, 위 건물인도소송의 소송물인 패소자의 건물인도청구권을 승계함으로써 가지게 된 것이라고는 할 수 없으므로, 위 제3자는 위 확정판결의 변론종결 후의 승계인에 해당하지 않는다

(대법원 1984. 9. 25. 선고 84다카148 판결, 대법원 1999. 10. 22. 선고 98다6855 판결 등).

3. 사안의 해결

사안에서 乙이 제1소송의 변론종결 전에 X토지에 관한 소유권이전등기를 마쳤다면 기판력이 전혀 문제되지 않는다. 乙이 제1소송의 변론종결 후에 X토지에 관한 소유권이전등기를 마친 경우에도, 제1소송의 기판력은 토지인도청구권에만 미치고 X토지의 소유권에는 미친다고 할 수 없으며, 제2소송은 乙의 X토지의 소유권에 기초한 토지인도청구로서 이는 제1소송에서 패소한 甲의 토지인도청구권을 승계한 것이 아니라 자신의 소유권에 기초한 것이므로 제1소송에서 甲의 패소판결의 기판력은 乙에게 미치지 않는다.

② 丁이 戊와 X토지에 관하여 임대차계약을 체결하고 점유를 이전하여 주자, 乙이 甲을 대위하여 戊를 상대로 甲과 丁 사이의 대물변제계약이 사회질서에 위반되어 무효라는 이유로 X토지의 인도를 청구하는 소송(제3소송)

1. 사안의 해결

제3소송은 甲의 소유권에 기초한 戊에 대한 X토지인도청구를 乙이 甲을 대위하여 제기하는 것이고, 제1소송은 甲의 소유권에 기초한 丁에 대한 X토지인도청구로서, 戊는 제1소송의 변론종결 후에 X토지의 점유를 승계한 계쟁물의 승계인에 해당된다.

제1소송은 물권적 청구권에 기초한 청구로서 그 변론종결 후의 계쟁물의 승계인에 해당하는 戊에게는 제1소송의 기판력이 미친다. 제3소송의 소송물은, 제1소송의 변론종결 후에 甲이 새로이 소유권을 취득하였다는 사실에 근거한 것이 아니라 그 이전의 사유, 즉 丁에 대한 소유권이전등기가 사회질서에 위반된 대물변제계약에 기초한 것으로서 원인무효임을 전제로 한 甲의 소유권에 기초한 X토지인도청구로서 제1소송과 동일하고, 그 기판력이 미치는 자를 상대로 한 것으로서, 결국 제1소송과 동일하다. 기판력의 본질에 관하여 판례의 입장인 모순금지설에 따를 때 제3소송에 대하여는 청구기각판결이 선고되어야 한다.

유사문제 甲은 강원도 춘천시에 X토지를 소유하고 있는데 乙이 이를 점유하고 있다. 이에 甲은 乙을 상대로 乙이 X토지를 불법으로 점유하고 있으므로 토지소유권에 기하여 X토지의 인도를 구하는 소(전소)를 제기하였다. 위 소송에서 甲은 패소판결을 받았으며 이는 그대로 확정되었다. 그 뒤 甲은 X토지를 丙에게 매도하고 소유권이전등기를 경료해 주었다. 그 뒤 丙은 乙을 상대로 X토지의 인도를 구하는 소(후소)를 제기하였다. 이에 乙은 丙의 후소는 전소 기판력에 저촉되어 부적법한 소라고 주장하였다. 법원이 丙의 본안에 관한 주장이 모두 이유 있다고 인정하는 경우 어떠한 재판을 하여야 하는가? (2022년 6월 변시 모의시험)

(6) 乙은 2013. 10. 1. 甲에게 자기 소유의 X건물을 매도하였으나 소유권이전등기의무를 이행하지 않고 있던 중 2014. 1. 3. 丙에게 X건물을 매도하였고, 丙은 2015. 1. 5. 자신의 명의로 소유권이전등기를 마쳤다. 甲은 2015. 2. 2. 乙과 丙을 상대로 ① 乙에게는 2013. 10. 1. 매매를 원인으로 한 소유권이전등기를, ② 丙에게는 乙과 丙 사이의 2014. 1. 3. 매매가 통정허위표시에 의한 것이어서 무효라는 이유로 乙을 대위하여 소유권이전등기말소를 청구하는 소(이하 '이 사건 소송'이라 함)를 제기하였다. 이 사건 소송에서 乙은 직접 소장 부본을 송달받은 후 적법한 변론기일 통지를 받고도 계속 변론기일에 출석하지 않았고, 답변서 및 기타 자료를 제출하지도 않았다. 한편, 丙은 변론기일에 출석하여 "乙을 상대로 X건물에 관하여 2014. 1. 3. 매매를 원인으로 한 소유권이전등기청구의 소를 제기하여 승소 확정판결을 받아 이전등기를 마친 것이다. 따라서 甲은 丙에게 말소등기청구를 할 수 없으며 이처럼 말소등기청구가 인정되지 않는 상황에서 乙이 甲에게 소유권이전을 하는 것은 불가능하므로 甲은 乙에 대해서도 소유권이전등기를 구할 수 없어 甲의 乙과 丙에 대한 청구는 모두 이유 없다."라고 주장하였고, 위 주장 중 丙의 乙에 대한 승소판결의 확정사실은 증거를 통하여 모두 증명되었다.[아래 문항은 관련이 없음] (2016년 사법시험)

① 심리결과 甲과 乙 사이의 매매계약체결 사실 및 乙과 丙 사이의 매매가 통정허위표시에 의한 것임이 증명된 경우, 법원은 甲의 丙에 대한 청구에 대하여 어떤 판단을 하여야 하는지 논거를 들어 서술하시오.

1. 쟁점

제3채무자의 채무자에 대한 확정판결의 기판력이 채권자가 제기한 대위소송에 미치는지 여부가 문제이다.

2. 채권자대위소송과 기판력

확정판결의 기판력은 당사자가 동일하거나 동일시할 수 있는 관계에서 판결 주문에 대하여 변론종결시를 기준으로 발생하는 바, 소송물이 동일, 선결, 모순관계일 때 작용한다.

한편 채권자대위소송의 법적 성질에 관하여 채권자 고유의 권리라는 견해가 주장되나, 판례는 채권자대위소송에서 원고는 채무자의 제3채무자에 대한 권리를 행사하는 것이므로 그 지위는 채무자 자신이 원고인 경우와 마찬가지라고 하여 법정소송담당으로 보는 입장을 취하고 있다.

3. 사안의 해결

사안에서 전소의 소송물은 丙의 乙에 대한 소유권이전등기청구권이고, 후소인 채권자대위소송의 소송물은 乙이 丙에 대하여 갖는 소유권이전등기의 말소등기청구권이므로 丙이 乙을 상대로 제기한 전소와 모순관계에 있어서 후소에는 전소 확정판결의 기판력이 미친다. 법원은 丙의 소유권이전등기청구권이 있음을 부정할 수 없으므로 甲의 청구를 기각하여야 한다.

② 이 사건 소송에서 甲은 乙에 대한 소를 취하하였고, 丙에 대하여는 청구기각의 패소 확정판결을 받았고, 이후 丙이 丁에게 X건물을 매도하여 丁 앞으로 소유권이전등기가 마쳐졌다. 이에 甲이 丁을 상대로 "乙과 丙 사이의 2014. 1. 3. 매매계약은 乙의 배임행위에 丙이 적극 가담하여 이루어진 것으로서 반사회적 법률행위로 무효이고, 따라서 丙, 丁 명의의 소유권이전등기는 모두 무효이다."라고 주장하면서 乙을 대위하여 X건물에 관한 소유권이전등기의 말소등기청구의 소를 제기하였다. 심리결과 丙이 乙의 배임행위에 적극 가담한 사실이 증명되는 경우 법원은 어떤 판단을 하여야 하는지 논거를 들어 서술하시오.

1. 쟁점

사안에서 甲이 丙을 상대로 제기하여 받은 패소 확정판결의 기판력이 丁에게 미치는지가 문제되는바, 丁이 변론종결 뒤의 승계인에 해당하는지, 등기말소청구소송에서 등기원인의 무효를 뒷받침하는 개개의 사유가 독립된 공격방어방법에 해당하는지 등이 검토되어야 한다.

2. 계쟁물의 승계인 – 계쟁물에 관한 물권적 청구권의 행사

기판력은 당해 소송의 당사자 및 변론종결 뒤의 승계인 등 당사자와 같이 볼 제3자에게 미친다(민소법 제218조). 이때 '변론종결 뒤의 승계인'이라 함은 소송물인 실체법상의 권리의무의 승계인을 의미하는바, 계쟁물의 승계인도 이에 포함되는지 문제가 된다. 이에 대하여 판례는 소송물이 물권적 청구권일 경우에는 승계인에 해당된다고 하고, 채권적 청구권일 때에는 승계인에 해당되지 않는다고 한다. 학설은 소송물에 상관없이 계쟁물의 승계인에게도 기판력이 미친다고 한다.

3. 말소등기청구의 소송물과 기판력

소유권이전등기청구사건의 등기원인을 달리하는 경우에는 등기원인에 따라 별개의 소송물이 되지만, 말소등기청구사건의 소송물은 당해 등기의 말소등기청구권이고, 그 동일성 식별의 표준이 되는 청구원인, 즉 말소등기청구권의 발생원인은 당해 '등기원인의 무효'이며, 등기원인의 무효를 뒷받침하는 개개의 사유는 독립된 공격방어방법에 불과하여 별개의 청구원인을 구성한다고 볼 수 없다(대법원 1999. 9. 17. 선고 97다54024 판결 등).

4. 사안의 해결

사안의 경우 전소의 소송물은 乙의 소유권에 기초한 말소등기청구권이므로 물권적 청구권에 해당하는바, 견해대립과 무관하게 계쟁물인 X건물을 양수한 丁은 기판력을 받는 변론종결 후의 승계인에 해당한다.

한편, 丁 명의 등기의 효력은 丙 명의 등기의 효력에 기초하므로 후소는 전소와 선결관계에 있는바, 비록 丙이 배임행위에 적극 가담한 사실이 증명되었더라도 전소의 판단과 다르게 丙의 등기가 무효라는 판단을 할 수 없다. 따라서 丙의 등기가 유효한 이상, 丁의 등기도 유효하므로 甲의 청구는 기각되어야 한다.

(7) 甲은 乙에게 1억 원을 대여한 후 그 반환을 구하는 소를 제기하였다. 위 소송의 결과, 甲의 승소판결이 확정되었다. 그 후 丙은 乙로부터 위 1억 원의 반환채무를 면책적으로 인수하였다. 그 후 甲은 丙을 상대로 위 1억 원의 지급을 구하는 소를 제기하였다. 법원은 어떠한 재판을 하여야 하는가? (2017년 10월 변시 모의시험)

1. 쟁점

사안에서 면책적 채무인수인 丙이 변론종결 후의 승계인으로 甲의 乙에 대한 판결의 기판력을 받는지 여부 및 기판력이 미치는 변론종결 후의 승계인에 대한 소의 이익이 쟁점이된다.

2. 소송물인 권리의무의 승계인

기판력은 당해 소송의 당사자 및 변론종결 뒤의 승계인 등 당사자와 같이 볼 제3자에게 미친다(민소법 제218조 제1항). '변론종결 뒤의 승계인'은 소송물인 실체법상의 권리의무의 승계인을 의미하는데, 소유권확인판결이 난 소유권의 양수인, 이행판결을 받은 채권의 양수인·채무의 면책적 인수인 등이 이에 해당한다.

3. 면책적 채무인수인에 대한 소의 이익

확정된 승소판결에는 기판력이 있으므로 승소 확정판결을 받은 당사자가 전소의 상대방을 상대로 다시 승소 확정판결의 전소와 동일한 청구의 소를 제기하는 경우 후소는 권리보호의 이익이 없어 부적법하다. 전소 변론종결 또는 판결선고 후에 채무자의 채무를 소멸시켜 당사자인 채무자의 지위를 승계하는 이른바 면책적 채무인수인은 변론종결 후의 승계인으로서 전소 확정판결의 기판력이 미치게 되므로 전소의 원고는 면책적 채무인수인을 상대로 다시 소를 제기할 이익이 없다(대법원 2016. 9. 28. 선고 2016다13482 판결).

4. 사안의 해결

사안에서 丙은 변론종결 후의 승계인에 해당하여 甲과 乙 사이의 확정판결의 기판력이 丙에게도 미치므로 甲은 그 확정판결을 집행권원으로 하여 승계집행문을 부여받아 집행을 하면 되고, 丙을 상대로 다시 소를 제기할 이익이 없다. 결국 甲의 丙에 대한 소는 부적법하므로 법원은 소각하 판결을 하여야 한다.

(8) 甲종중의 대표자 乙은 2018. 5.경 일부 종원들이 乙 몰래 甲종중 소유의 X토지를 종원 丙에게 매도하고 관련서류를 위조하여 소유권이전등기를 마쳐 준 사실을 알게 되어 甲종중을 원고로 하여 丙을 상대로 X토지에 관한 소유권이전등기말소청구의 소를 제기하였다. 제1심에서 甲종중의 청구를 인용하는 판결이 선고되어 확정되었다. 이에 甲종중이 丙의 소유권이전등기를 말소하기 위하여 새로운 등기부등본을 발급받아 보고, 丙이 丁에게 위 소송의 변론

종결 전에 소유권이전등기를 마쳐 주었으며, 다시 丁이 戊에게 위 소송의 변론종결 후에 소유권이전등기를 마쳐 준 사실을 비로소 알게 되었다. 위 판결의 효력이 丁과 戊에게 미치는지 여부와 甲종중이 丁과 戊 명의의 각 소유권이전등기를 말소할 수 있는 방법을 서술하시오. (제8회 변호사시험)

1. 쟁점

사안에서 甲종중은 丙에 대하여 소유권(물권)에 기초한 방해배제청구로서 X토지에 관한 소유권이전등기의 말소등기청구의 소를 제기하여 승소 확정판결(이하 '전소 판결'이라 함)을 받았는데, 丁과 戊는 계쟁물인 X토지에 관하여 소유권이전등기를 마쳤는바, 丁과 戊에게 전소 판결의 효력이 미치는지와 관련하여 기판력의 주관적 범위가 검토되어야 한다.

2. 기판력의 주관적 범위

확정판결의 기판력은 당사자, 변론을 종결한 뒤의 승계인 등에게 미친다(민소법 제218조). 기판력이 미치는 승계인은 변론종결 후에 당사자로부터 소송물인 실체법상의 권리의무를 승계한 사람이고, 승계의 전주가 원고이든, 피고이든, 승소자이든 패소자이든 불문하고 특정승계이든 일반승계이든 상관이 없으며, 원인행위는 변론종결 이전에 하였으나, 등기는 그 뒤인 경우에도 변론종결 후의 승계인으로 본다. 한편, 판례에 따르면 계쟁물은 소송물인 권리의무 자체는 아니지만, 소송물이 물권적 청구권일 경우에는 변론종결 후에 계쟁물에 관한 권리의무를 승계한 사람도 기판력이 미치는 승계인에 해당되지만, 소송물이 채권적 청구권일 때에는 승계인에 해당되지 않는다.

3. 사안의 해결

사안에서 丁은 민소법 제218조의 변론종결 후의 승계인이 아니어서 전소 판결의 효력이 丁에게 미치지 않는다. 戊는 전소 판결의 효력이 미치지 않는 丁으로부터 계쟁물을 승계하였으므로 그 승계 시기와 관계없이 전소 판결의 효력이 미치지 않는다. 따라서 甲종중은 전소 판결의 효력(또는 기판력)이 미치지 않는 丁과 戊를 상대로 신소를 제기할 이익이 있으므로 丁과 戊를 피고로 하여 소유권이전등기말소청구의 소를 제기하여 그들 명의의 소유권이전등기를 말소할 수 있다.

⑼ 甲은 乙에게 2020. 1. 1. 5,000만 원을, 2020. 3. 1. 1억 원을 각 무이자로 대여하여 주

었는데, 乙은 2020. 4. 1. 甲으로부터 차용한 위 금원 중 5,000만 원을 다시 丙에게 대여하여 주었다. 甲은 위 각 채권의 변제기가 도래하였음에도 불구하고 乙로부터 1억 5천만 원을 변제받지 못하자, 2020. 5. 1. 위 채권 중 2020. 1. 1.자 5,000만 원의 대여금 채권을 피보전채권으로 하여 무자력자인 乙을 대위하여 丙을 상대로 "丙은 甲에게 2020. 4. 1.자 대여금 5,000만 원을 지급하라"는 취지의 소(전소)를 제기하였다. 한편 甲은 전소 계속 중인 2020. 7. 1. 乙에게 소송고지를 하였다. 전소에서 제1심 법원은 2020. 1. 1.자 5,000만 원의 대여금 채권이 변제로 소멸하였다는 이유로 소각하 판결을 선고하였고, 그 판결은 그대로 확정되었다. 그 이후, 甲은 乙을 상대로 2020. 1. 1.자 대여금 5,000만 원과 2020. 3. 1.자 대여금 1억 원, 합계 1억 5,000만 원의 지급을 구하는 소(후소)를 제기하였다. 乙은 후소에서 甲의 대여금 청구 전체가 전소 확정판결의 기판력에 저촉되는 것이라고 주장하였다. 이러한 乙의 주장은 타당한가? (2021년 8월 변시 모의시험)

1. 쟁점

사안에서 甲의 2020. 1. 1.자 대여금 5,000만 원 청구와 2020. 3. 1.자 대여금 1억 원의 청구는 별개의 소송물이고, 채권자대위소송에서 피보전채권은 2020. 1. 1.자 대여금 5,000만 원 채권인바, 이에 대하여는 채권자대위소송에서 피보전채권의 부존재로 인한 소각하 판결의 기판력이 채권자가 채무자를 상대로 피보전채권의 이행을 구하는 소에 미치는지 여부가 문제된다.

2. 채권자대위소송에서 피보전채권에 관한 소송판결의 기판력이 채무자에게 미치는지 여부

민소법 제218조 제3항은 '다른 사람을 위하여 원고나 피고가 된 사람에 대한 확정판결은 그 다른 사람에 대하여도 효력이 미친다.'고 규정하고 있으므로, 채권자가 채권자대위권을 행사하는 방법으로 제3채무자를 상대로 소를 제기하고 판결을 받은 경우 채권자가 채무자에 대하여 민법 제405조 제1항에 의한 보존행위 이외의 권리행사의 통지, 또는 민소법 제84조에 의한 소송고지 혹은 비송사건절차법 제49조 제1항에 의한 법원에 의한 재판상 대위의 허가를 고지하는 방법 등 어떠한 사유로 인하였던 적어도 채권자대위권에 의한 소송이 제기된 사실을 채무자가 알았을 때에는 그 판결의 효력이 채무자에게 미친다고 보아야 한다(대법원 1975. 5. 13. 선고 74다1664 전원합의체 판결 참조). 이때 채무자에게도 기판력이 미친다는 의미는 채권자대위소송의 소송물인 피대위채권의 존부에 관하여 채무자에게도 기판력이 인정된다는 것이고, 채권자대위소송의 소송요건인 피보전채권의 존부에 관하여 당해 소송의 당사자가 아닌 채무자에게 기판력이 인정된다는 것은 아니다. 따라서 채권자가 채권자대위권을 행사하는 방법으로 제3채무자를 상대로 소를 제기하였다가 채무자를 대위할 피보전채권이 인정되지 않는다는 이유로 소각하 판결을 받아 확정된 경우 그 판결의 기판력이 채권자가 채무자를 상대로 피보전채권의 이행을 구하는 소송에 미치는 것은 아니다(대법원 2014. 1. 23. 선고 2011다108095 판결).

3. 사안의 해결

가. 2020. 1. 1.자 대여금 5,000만 원 청구가 전소의 기판력에 저촉되는지 여부

사안에서 甲이 乙을 대위하여 제기한 채권자대위소송에서 2020. 1. 1. 자 대여금 5,000만 원 채권이 변제로 소멸하였다는 이유로 소각하 판결을 받았더라도 그 판결의 기판력은 甲이 乙을 상대로 제기한 후소에는 미치지는 않는다. 따라서 乙의 이 부분 주장은 타당하지 않다.

나. 2020. 3. 1.자 대여금 1억 원 청구가 전소의 기판력에 저촉되는지 여부

사안에서 2020. 3. 1.자 대여금 1억 원 청구는 전소인 채권자대위소송에서 피보전채권이었던 2020. 1. 1.자 대여금 채권과는 별개의 권리로서 전소의 기판력에 저촉될 여지가 없다. 따라서 乙의 이 부분 주장 역시 타당하지 않다.

유사문제 甲은 乙에게 토지를 대금 1억 원에 매도한 후 위 대금의 지급기일이 도래하였음에도 채무초과 상태에서 위 대금 채권을 행사하지 않았다(이러한 사실은 아래 각 소송절차에서 모두 주장·증명되었다). 그 후 丙은 자신이 2016. 5. 4. 甲에게 2억 원을 변제기일은 2017. 5. 3로 정하여 대여하였다는 사실(이하 '이 사건 대여사실'이라고 함)을 주장하면서 위 2억 원의 대여금채권을 피보전채권으로 하여 甲을 대위하여 乙을 상대로 위 대금 1억 원의 지급을 청구하는 소(이하 'A소'라고 함)를 2018. 7. 2. 제기하였다. 甲은 같은 날 A소의 제기 사실을 알게 되었다. 제1심 법원은 이 사건 대여사실이 존재하지 않는다는 이유로 A소를 각하하는 판결을 선고하였고, 이 판결은 그대로 확정되었다. 그 후 丙은 甲을 상대로 대여금 2억 원의 반환을 청구하는 소(이하 'B소'라고 함)를 제기한 후 그 소송절차에서 이 사건 대여사실이 존재한다는 진술을 하고 A소의 소송절차에서는 제출되지 않았던 새로운 증거를 제출하여 B소 제1심 법원으로 하여금 이 사건 대여사실이 존재한다는 확신을 갖게 하였다. B소에 대하여 제1심 법원은 어떠한 판결을 선고하여야 하는가? (2019년 6월 변시 모의시험)

4. 시적 범위

(1) 乙은 건물 소유를 목적으로 甲 소유의 X토지를 임차하였다. 甲은 乙을 피고로 하여 X토지 위의 건물 철거와 X토지의 인도를 구하는 소를 제기하였다. 법원은 甲의 청구를 전부 인용하는 판결을 선고하여 그대로 확정되었다. 甲은 이 판결을 집행권원으로 하여 강제집행을 신청하였다. 이 경우 乙이 강제집행을 정지시킬 수 있는 방법은 무엇인가? (2014년 8월 변시 모의시험)

1. 쟁점

건물소유를 목적으로 하는 토지임대차에 있어서 임대인의 건물철거 및 토지인도청구의 승소 판결 후에 매수인이 건물매수청구권을 행사하여 그 집행을 저지시킬 수 있는지가 전소 판결의 기판력의 시적 범위와 관련하여 문제가 된다.

2. 기판력의 시적 범위와 형성권의 행사

기판력의 표준시는 사실심 변론종결일이고, 기판력은 표준시의 권리관계의 존부에 관하여 생기므로 당사자는 전소의 표준시 이전에 존재하였으나 그때까지 제출하지 않은 소송자료를 제출할 권리를 잃는다(실권효).

전소의 기판력 표준시 이전에 발생한 건물매수청구권 등의 형성권을 행사하지 않고 있다가 전소의 변론종결 후에 행사할 수 있는가와 관련하여, 비실권설(상계권을 비롯하여 모든 형성권을 변론종결 후에 행사하면 변론종결 후의 사유로 보아 실권되지 않는다는 견해), 상계권비실권설(취소권, 해제권 등은 실권되지만 상계권은 실권되지 않는다는 견해), 제한적 상계권실권설(상계권의 경우에도 그 존재를 알지 못했을 경우에만 실권되지 않는다는 견해), 상계권실권설(상계권을 비롯한 모든 형성권이 실권된다는 견해) 등이 있는바, 상계권비실권설이 통설, 판례이다.

판례는 건물매수청구권의 행사와 관련하여, "건물의 소유를 목적으로 하는 토지 임대차에 있어서, 임대차가 종료함에 따라 토지의 임차인이 임대인에 대하여 건물매수청구권을 행사할 수 있음에도 불구하고 이를 행사하지 아니한 채, 토지의 임대인이 임차인에 대하여 제기한 토지인도 및 건물철거 청구소송에서 패소하여 그 패소판결이 확정되었다고 하더라도, 그 확정판결에 의하여 건물철거가 집행되지 아니한 이상, 토지의 임차인으로서는 건물매수청구권을 행사하여 별소로써 임대인에 대하여 건물 매매대금의 지급을 구할 수 있다."고 한다(대법원 1995. 12. 26. 선고 95다42195 판결).

3. 사안의 해결

사안에서 甲이 건물철거 및 대지인도의 승소판결을 받았다고 하더라도 건물철거가 집행되지 않은 이상, 乙은 건물매수청구권을 행사하여 강제집행을 저지할 수 있다. 乙은 甲에 대하여 건물매수청구권을 행사하고, 甲을 상대로 위 판결에 대한 청구이의의 소(민사집행법 제44조)를 제기하면서, 잠정처분으로서 위 판결에 대한 강제집행정지신청을 하여(민사집행법 제46조 제2항), 그 결정문을 집행기관에 제출함으로써 강제집행을 정지시킬 수 있다(민사집행법 제49조 제2호).

(2) 甲은 2016. 1. 1. 乙에게 직물공장에서 사용될 편직기계를 대금을 1억 원으로 하여 2개월 내에 제작·공급하기로 하는 계약을 체결하였고, 2016. 2. 28. 기계를 완성해서 인도하려고 하였으나, 乙이 공장건물이 완성되지 않았다는 이유로 기계의 수령을 미루었다. 甲은 2016. 4. 1. 乙을 상대로 기계대금 1억 원의 지급을 구하는 소를 제기하였는데, 2016. 5. 15. 무변론으로 '피고는 원고에게 1억 원을 지급하라'는 판결을 선고받았고 위 판결은 그 무렵 확정되었다. 甲이 2016. 7. 1. 위 확정판결을 집행권원으로 하여 乙의 아파트에 강제경매신청을 하자, 乙은 2016. 7. 15. 甲을 상대로 위 확정판결의 집행력의 배제를 구하는 청구이의의 소를 제기하면서, ① 甲이 2016. 4. 30.경 위 기계를 丁에게 매도함으로써 기계인도의 이행이 불가능하게 되었으니 본 소장부본의 송달로써 위 기계제작·공급계약을 해제하므로 위 계약에 기한 기계대금지급채무는 소멸하였고, ② 그렇지 않다고 하더라도 乙이 甲에 대하여 가지는 2015. 6. 30.자 5,000만 원의 대여금채권(변제기는 2016. 4. 30.이다)을 자동채권으로 하여 상계를 한다고 주장하였다. 乙의 위 각 주장은 받아들여질 수 있는가? (2017년 중간고사)

1. 쟁점

사안에서 乙은 무변론판결인 전소 판결의 선고시인 2016. 5. 15. 이전에 해제사유가 발생하였음에도 그 이후에 해제권을 행사하고, 또 그 이전에 발생한 자동채권에 근거하여 그 이후에 상계권을 행사한다고 주장하면서 청구이의의 소를 제기하였는바, 乙의 위 해제권 및 상계권의 행사가 전소 판결의 기판력에 의하여 차단되는지가 쟁점이다.

2. 기판력의 시적 범위와 상계권의 행사

확정판결의 기판력은 소송물로 주장된 법률관계의 존부에 관한 판단에 미치는 것이므로 동일한 당사자 사이에서 전소의 소송물과 동일한 소송물에 대한 후소를 제기하는 것은 전소 확정판결의 기판력에 저촉되어 허용될 수 없다. 또, 동일한 소송물에 대한 후소에서 전소 변론종결 이전(무변론 판결의 경우는 판결선고시 이전)에 존재하고 있던 공격방어방법을 주장하여 전소 확정판결에서 판단된 법률관계의 존부와 모순되는 판단을 구하는 것은 전소 확정판결의 기판력에 반하는 것이고, 전소에서 당사자가 그 공격방어방법을 알지 못하여 주장하지 못하였는지, 그와 같이 알지 못한 데 과실이 있는지는 상관이 없다.

　　전소의 변론종결 전에 발생한 취소권, 해제권, 상계권 등 형성권을 행사하지 않고 있다가 변론종결 후에 행사한 때에는 실권효의 예외로서, 청구이의의 소로써 확정판결의 기판력을 배제할 수 있는지가 문제로 된다. 학설로는 비실권설, 상계권비실권설, 제한적 실권설, 상계권실권설이 있는바, 다수설과 판례는 상계권비실권설로서 취소권, 해제권은 실권되지만(대법원 1981. 7. 7. 선고 80다2751 판결) 상계권은 예외로서 변론종결 전에 상계권이 발생했다고 하더라도 변론종결 후에 행사하였으면 이를 사유로 청구이의의 소를 제기할 수 있다는 입장이다(대법원 1998. 11. 24. 선고 98다25344 판결). 이에 따르면 계약의 해제사유가 전소의 변론종결 전에 존재하였다면 그 변론종결 후에 해제의 의사표시를 하였다고 하여도 계약이 해제되었음을 전제로 하는 공격방어방법은 기판력에 저촉된다.

3. 사안의 해결

　　사안에서 ① 무변론판결인 전소 판결의 선고시인 2016. 5. 15. 이전에 계약해제사유가 발생한 경우에는 기판력표준시인 전소 판결의 선고시 후에 해제권을 행사하여 전소 판결의 기판력을 배제할 수 없고, ② 상계항변은 그 자동채권이 전소 기판력표준시 이전에 발생하였다고 하더라도 그 이후에 상계권을 행사하여 청구이의의 소를 제기할 수 있다. 따라서 乙의 주장 중 ①의 주장은 기판력에 의하여 차단되어 해제권의 발생 및 행사 등에 관하여 판단할 필요 없이 배척되어야 하고, ②의 주장은 상계권의 행사에 관하여 심리를 하여야 한다.

유사문제 甲은 2008. 4. 1. 乙에게 1억 원을 변제기 2009. 3. 31.로 정하여 대여하였다. 甲은 2012. 4. 1. 乙을 상대로 위 대여금 채권 1억 원의 지급을 청구하는 소를 제기하여 청구 인용 판결을 선고받아 위 판결이 확정되었다. 한편 乙에게는 甲에 대한 1억 원의 손해배상 채권이 있었고, 위 소송의 사실심 변론종결 당시 위 두 채권은 상계적상에 있었으며, 乙도 위 두 채권이 상계적상에 있음을 알고 있었다. 甲이 위 확정판결로 강제집행을 하려고 하자, 乙은 비로소 위 손해배상 채권으로 위 대여금 채권과 상계한다고 주장하면서 위 확정판결의 집행력을 배제하기 위한 청구이의의 소를 제기하였다. 乙의 상계 주장은 적법한 청구이의의 사유에 해당하는가? (제9회 변호사시험)

(3) 甲은 2015. 1. 1. 乙에게 1억 원을 이율 월 1%, 변제기 2015. 12. 31.로 정하여 대여하였다고 주장하면서, 2018. 1. 1. 乙을 상대로 '1억 원 및 이에 대하여 2015. 1. 1.부터 다 갚는 날까지 월 1%의 비율로 계산한 돈을 지급하라'는 청구를 하였다. 乙은 甲이 주장하는 대여금의 차용사실을 부인하는 내용의 답변서를 제출하였는데, 법원은 변론기일을 진행한 다음, 2018. 6. 1. '피고는 원고에게 1억 원 및 이에 대하여 소장 부본 송달일 다음날인 2018. 2. 1.부터 다 갚는 날까지는 연 15%의 각 비율로 계산한 돈을 지급하라'는 판결을 선고하였다. 乙은 2018. 9. 1. 항소심 제1차 변론기일에서 甲에 대한 5,000만 원의 물품대금채권을 자동채권으로 하여 상계항변하였고, 항소심은 사건을 조정에 회부하였는데, 甲과 乙은 2018. 10. 1. 조정절차에서 '乙은 甲에게 8,000만 원을 2018. 12. 31.까지 지급한다. 甲의 나머지 청구는 포기한다. 소송비용 및 조정비용은 각자 부담한다'는 내용의 조정을 하였다. 그런데, 乙은 2018. 11. 1. 甲을 상대로 물품대금 5,000만 원 및 이에 대하여 소장 부본 송달일 다음날부터 다 갚는 날까지 연 15%의 비율로 계산한 돈을 지급하라는 소를 제기하였다. 이에 대하여 甲은 乙이 2018. 9. 1. 위 물품대금채권을 자동채권으로 하여 상계권을 행사함으로써 위 물품대금채권은 상계권의 행사와 함께 상계적상 시점에 소급하여 소멸되었으므로 乙의 청구는 이유가 없다는 취지로 다투는 답변서를 제출하였다. 甲의 위 항쟁은 타당한가? (2018년 민사소송법 기말고사)

1. 쟁점

사안에서 乙은 전소에서 물품대금채권을 자동채권으로 한 상계항변을 하였으나 전소가 조정에 의하여 종결됨으로써 乙이 한 상계항변에 대하여 법원의 판단이 이루어지지 않았는바, 이러한 경우 상계권 행사의 실체법적 효과로서 자동채권인 물품대금채권이 소멸하는지가 쟁점이 된다.

2. 소송상 형성권 행사의 효과

소송상 공격방어방법으로서 해제권, 취소권, 상계권 등 사법상의 형성권이 행사되었으나, 실기한 공격방어방법으로서 취급되거나, 소가 취하 또는 각하되는 등으로 행사된 형성권에 관하여 법원의 실질적인 판단이 없이 소송이 종결된 경우에, 그 형성권 행사의 실체법상의 효과가 남게 되는가에 관하는 견해의 대립이 있다.

소송상 형성권의 행사에 대하여, '병존설'은 상대방에 대한 사법상 의사표시(사법행위)와 법원에 대한 그러한 의사표시에 대한 진술(소송행위)이라는 두 가지가 병존하므로 소송법상

사유와 상관없이 그 사법상 효과는 그대로 남는다는 견해이고, '양성설'은 사법행위와 소송행위라는 두 가지 성질을 가진 하나의 행위라고 보는 견해이며, '소송행위설'은 소송법상 공격방어방법으로서 소송법상의 규율을 받는 소송행위로 보는 견해이고, '신병존설'은 기본적으로 병존설에 따르되 상계항변에 대하여는 유효한 공격방어방법으로서 법원의 판단을 받는 경우에만 사법상 효과도 발생한다는 견해이다.

판례는 "소송상 방어방법으로서의 상계항변은 그 수동채권의 존재가 확정되는 것을 전제로 하여 행하여지는 일종의 예비적 항변으로서 당사자가 소송상 상계항변으로 달성하려는 목적, 상호양해에 의한 자주적 분쟁해결수단인 조정의 성격 등에 비추어 볼 때 당해 소송절차 진행 중 당사자 사이에 조정이 성립됨으로써 수동채권의 존재에 관한 법원의 실질적인 판단이 이루어지지 아니한 경우에는 그 소송절차에서 행하여진 소송상 상계항변의 사법상 효과도 발생하지 않는다고 봄이 상당하다."고 하여(대법원 2013. 3. 28. 선고 2011다3329 판결) 신병존설의 입장이다.

3. 상계권의 행사와 조정성립

판례는 "조정조서에 인정되는 확정판결과 동일한 효력은 소송물인 권리관계의 존부에 관한 판단에만 미친다고 할 것이므로 소송절차 진행 중에 사건이 조정에 회부되어 조정이 성립한 경우 소송물 이외의 권리관계에도 조정의 효력이 미치려면 특별한 사정이 없는 한 그 권리관계가 조정조항에 특정되거나 조정조서 중 청구의 표시 다음에 부가적으로 기재됨으로써 조정조서의 기재내용에 의하여 소송물인 권리관계가 되었다고 인정할 수 있어야 한다."고 하면서, "원고가 관련소송에서 피고의 원고에 대한 손해배상청구가 인용될 것에 대비하여 미지급대금 채권을 자동채권으로 하는 예비적 상계항변을 하였더라도 그 소송절차 진행 중에 원고와 피고 사이에 조정이 성립됨으로써 수동채권인 피고의 청구채권에 대한 법원의 실질적인 판단이 이루어지지 아니한 이상 원고의 상계항변은 그 사법상 효과도 발생하지 않는다고 보아야 하고, 미지급대금 채권은 관련소송의 소송물이 아니었을 뿐만 아니라 그 조정조서의 조정조항에 특정되거나 청구의 표시 다음에 부가적으로 기재되지 아니하였으므로 특별한 사정이 없는 한, 조정조서의 효력이 상계권의 자동채권인 미지급대금 채권에 미치지 않는다."고 하였다(대법원 2013. 3. 28. 선고 2011다3329 판결).

4. 사안의 해결

판례에 따르면 乙이 전소에서 대여금채권을 자동채권으로 한 상계항변을 하면서 상계권을 행사하였으나 조정이 성립됨으로써 수동채권인 매매대금채권의 존부에 관하여 법원의 실질적 판단이 이루어지지 않았으므로 자동채권인 대여금채권이 소멸되었다고 볼 수 없고, 조정조서에 상계항변의 자동채권에 관한 조정조항에 특정되거나 청구의 표시 다음에 부가적으로 기재되는 등으로 소송물이 되었다고 볼 만한 사정도 없어서 위 조정조서의 기판력이 상계권에 미친다고 할 수도 없다. 따라서 甲의 항변은 타당하지 않다.

(4) X토지의 소유자인 甲은 2016. 4. 1. 乙회사에게 X토지 위에 지상 5층의 Y건물 신축공사를 대금 5억 원, 기간 2016. 8. 31.까지로 하여 도급하면서, 공사대금은 Y건물이 완성된 다음 1, 2층을 임대하여 그 임대보증금을 받아서 지급하기로 약정하였다. 乙회사는 2016. 8. 31. Y건물을 완성하여 甲에게 인도하였고, 甲은 2016. 9. 1. Y건물에 관한 소유권보존등기를 마쳤는데, 丙이 2016. 9. 1.경부터 乙회사로부터 Y건물의 1층을 보증금 1억 원에 임차하였다고 주장하면서 이를 점유해오고 있다. 甲은 2016. 11. 1. 丙을 상대로 Y건물의 소유권에 기초하여 건물인도청구의 소를 제기하였는데, 법원은 2017. 3. 31. 甲을 Y건물의 소유자로 인정하기에 부족하다는 이유로 원고의 청구를 기각하는 판결을 선고하였고, 甲의 항소를 기각하는 항소심 판결이 선고되어 확정되었다. 그 후 乙회사는 2017. 9. 1. 丙을 상대로 "Y건물의 1층 부분에 관한 임대차계약은 丙으로부터 1억 원을 차용하는 방편으로 허위로 체결한 것인데, 丙이 위 건물 부분이 전대(轉貸)되지 않는다는 이유로 乙회사의 근에 대한 공사대금채권 1억 원에 대하여 채권압류 및 전부명령을 받음으로써 乙회사에 대한 위 채권을 회수하였다."고 주장하면서, Y건물 1층 부분에 관한 임대차계약의 무효확인의 소를 제기하였다. 법원은 2017. 12. 31. 乙회사와 丙 사이의 Y건물 1층 부분에 관한 임대차계약은 통정허위표시에 의한 것일 뿐만 아니라 Y건물의 소유자가 아닌 乙회사가 권한 없이 임대한 것으로서 무효라는 이유로 원고 승소판결을 하였고, 그 판결은 그 무렵 확정되었다. 甲은 乙회사와 丙 사이에 위와 같은 임대차계약무효확인판결이 확정된 사실을 알게 되자, 2018. 3. 1. 丙을 상대로 다시 소유권에 기초한 건물인도청구와 함께 2016. 9. 1.부터 Y건물의 1층 부분 인도완료시까지 그 부분의 임료 상당액인 월 200만 원씩을 지급하라는 소를 제기하였다. 甲의 丙에 대한 위 청구는 인용될 수 있는가? (2018년 중간고사)

1. 쟁점

사안에서 甲은 丙을 상대로 소유권에 기초한 건물인도청구의 소를 제기하였다가 패소 확정판결을 받고(전소), 그 후 乙회사가 丙을 상대로 한 임대차계약무효확인판결이 확정되자 다시 丙을 상대로 건물인도청구소송(후소)을 제기하였는바, 위 임대차계약무효확인판결의 확정이 전소 판결의 확정 후 사유로서 그에 의하여 전소 판결의 기판력이 차단될 수 있는지, 전소 건물인도청구소송의 판결의 기판력이 부당이득반환청구소송에도 미치는지가 쟁점이 된다.

2. 전소 판결의 변론종결 후에 발생한 새로운 사유

확정판결의 기판력은 소송물로 주장된 법률관계의 존부에 관한 판단에 미치는 것이므로 동일한 당사자 사이에서 전소의 소송물과 동일한 소송물에 대한 후소를 제기하는 것은 전소 확정판결의 기판력에 저촉되어 허용될 수 없다. 또한, 확정판결의 기판력은 전소의 변론종결 전에 당사자가 주장하였거나 주장할 수 있었던 모든 공격방어방법에 미치는 것이고, 다만 그 변론종결 후에 새로 발생한 사유가 있어 전소 판결과 모순되는 사정변경이 있는 경우에는 그 기판력의 효력이 차단된다. 그리고 여기에서 변론종결 후에 발생한 새로운 사유는 새로운 사실관계를 말하는 것일 뿐 기존의 사실관계에 대한 새로운 증거자료가 있다거나 새로운 법적 평가 또는 그와 같은 법적 평가가 담긴 다른 판결의 존재, 법률의 변경, 판례의 변경 혹은 판결의 기초가 된 행정처분의 변경은 그에 포함되지 않는다.

3. 기판력의 객관적 범위

확정판결의 기판력은 소송물로 주장된 법률관계의 존부에 관한 판단의 결론에만 미치고 그 전제가 되는 법률관계의 존부에까지 미치는 것이 아니다.

4. 판결문의 증명력과 판결의 증명효

판결서가 처분문서이기는 하지만, 그것은 그 판결이 있었던가 또 어떠한 내용의 판결이 있었던가의 사실을 증명하기 위한 처분문서라는 뜻일 뿐, 판결서 중에서 한 사실판단을 그 사실을 증명하기 위하여 이용을 불허하는 것이 아니어서 이를 이용하는 경우에는 판결서도 그 한도 내에서 보고문서이다(대법원 1980. 9. 9. 선고 79다1281 전원합의체 판결).

민사재판에 있어서는 다른 민사사건 등의 판결에서 인정된 사실에 구속받는 것은 아니라 할지라도 이미 확정된 관련 민사사건에서 인정된 사실은 특별한 사정이 없는 한 유력한 증거가 되므로, 합리적인 이유 설시 없이 이를 배척할 수 없고, 특히 전후 두 개의 민사소송이 당사자가 같고 분쟁의 기초가 된 사실도 같으나 다만 소송물이 달라 기판력에 저촉되지 아니한 결과 새로운 청구를 할 수 있는 경우에 있어서는 더욱 그러하다(대법원 2009. 9. 24. 선고 2008다92312, 92329 판결).

5. 사안의 해결

사안에서 甲의 丙에 대한 전소와 후소는 소송물이 동일하고, 乙회사가 丙을 상대로 한 임대차계약무효확인판결이 확정된 사정은 새로운 사실관계에 관한 것이 아니어서, 변론종결 후에 발생한 새로운 사유에 해당되지 않는다. 따라서 법원은 甲의 丙에 대한 건물인도 청구에 대하여는 전소와 모순되는 판단을 할 수 없으므로 원고의 청구를 기각하여야 한다. 그러나 甲의 丙에 대한 부당이득반환청구는 전소와 소송물을 달리하고 전소 판결의 전제가 되는 Y건물의 소유권의 귀속에 관한 판단이 후소에 영향을 미치지는 않는다. Y건물의 소유권의 귀속에 관하여는 사실인정을 달리한 두 개의 판결이 존재하므로 법원으로서는 이에 관하여 심리를 하여 甲의 Y건물에 대한 소유권의 귀속 여부에 관하여 심리를 한 다음, 부당이득반환청구의 인용 여부를 판단하여야 한다.

(5) 甲은 자신의 X 토지를 2015. 3. 2.부터 乙이 무단 점유하면서 이를 도로로 사용하고 있다는 사실을 알게 되었다. 甲은 乙과 합의하여 일정한 액수의 배상액을 받기를 원했으나 둘은 합의에 이르지 못하였다. 이에 甲은 2017. 7. 25. 乙을 상대로 X 토지에 관하여 월 200만 원의 차임 상당의 부당이득반환을 구하는 소를 제기하였다. 제1심 법원은 X 토지의 월차임을 150만 원으로 인정한 뒤, 乙은 甲에게 2015. 3. 2.부터 2017. 7. 25.까지는 차임 상당의 부당이득(기존 차임)을 반환하고, 2017. 7. 26.부터 피고의 점유종료일까지는 월 150만 원의 부당이득금을 정기금으로 지급하라는 취지의 판결을 선고하였다. 〈추가된 사실관계 및 문항은 관련이 없음〉 (2020년 6월 변시 모의시험)

① 甲은 이에 불복하여 항소를 제기하였으나 정기금 지급을 명한 부분에 대해서는 항소취지를 누락하였다. 항소심은 이 사건 토지가 '도로'가 아닌 '대지'임을 전제로 위 기존 차임 부분에 대해 월 500만 원의 비율로 산정한 차임 상당의 부당이득을 반환하라고 판결하였으나 정기금 청구 부분은 항소가 없었으므로 이를 변경하지 않았으며, 이 판결은 상고심에서 그대로 확정되었다. 그 후 甲은 전소 항소심에서 항소취지를 누락하지 않았다면 위 정기금 청구 부분에 대해서도 월 500만 원을 지급하라는 판결이 선고되었을 것이라는 이유로 변경의 소를 제기하였다. 법원은 어떠한 판결을 해야 하는가?

1. 쟁점

정기금 판결에 대한 변경의 소를 제기하기 위한 요건과 관련하여, 甲의 주장이 그에 해당하는지가 문제된다.

2. 정기금 판결에 대한 변경의 소

민소법 제252조 제1항은 "정기금의 지급을 명한 판결이 확정된 뒤에 그 액수산정의 기초가 된 사정이 현저하게 바뀜으로써 당사자 사이의 형평을 크게 침해할 특별한 사정이 생긴 때에는 그 판결의 당사자는 장차 지급할 정기금 액수를 바꾸어 달라는 소를 제기할 수 있다."라고 규정하고 있다. 정기금 판결에 대한 변경의 소는 정기금판결을 받은 당사자 또는 기판력이 미치는 제3자가 정기금의 지급을 명하는 확정판결을 대상으로 판결확정 뒤에 정기금 액수산정의 기초가 된 사정이 현저하게 바뀌었음을 이유로 제기할 수 있다. 이러한 정기금판결에 대한 변경의 소는 판결 확정 뒤에 발생한 사정변경을 요건으로 하므로, 단순히 종전 확정판결의 결론이 위법·부당하다는 등의 사정을 이유로 본조에 따라 정기금의 액수를 바꾸어 달라고 하는 것은 허용될 수 없다(대법원 2016. 3. 10. 선고 2015다243996 판결).

3. 사안의 해결

사안에서 甲은 전소 항소심에서 항소취지를 누락하지 않았다면 위 정기금 청구 부분에 대해서도 월 500만 원을 지급하라는 판결이 선고되었을 것이라는 이유로 정기금 판결에 대한 변경의 소를 제기하였는바, 甲이 주장하는 사유는 전소 판결의 확정 이후의 사정이 아니고, 단순히 종전 확정판결의 결론이 부당하다는 이유로 정기금의 액수를 바꾸어 달라는 주장에 불과하여 정기금 판결에 대한 변경을 위한 특별한 사정에 해당하지 아니한다. 甲이 제기한 소는 정기금 판결에 대한 변경의 소로서 요건을 갖추지 못하여 부적법 각하를 하여야 한다.

② 위 제1심 판결은 그 무렵 그대로 확정되었다. 판결확정 후 丙은 甲으로부터 이 사건 토지를 매수하여 소유권이전등기를 넘겨받았다. 丙은 위 제1심 판결의 확정 후 이 사건 토지의 시가 및 차임 상당액이 10배 이상 앙등하였다고 주장하면서 월차임을 1,000만 원으로 변경하는 변경의 소를 제기하였다. 이 소는 적법한가?

1. 쟁점

丙이 정기금 판결에 대한 변경의 소를 제기할 수 있는 당사자에 해당하는지 여부가 문제된다.

2. 정기금 판결에 대한 변경의 소

정기금 판결에 대한 변경의 소는 정기금 판결이 확정된 뒤에 발생한 현저한 사정변경을 이유로 확정된 정기금 판결의 기판력을 예외적으로 배제하는 것을 목적으로 하므로, 확정된 정기금 판결의 당사자 또는 민소법 제218조 제1항에 의하여 확정판결의 기판력이 미치는 제3자만 정기금판결에 대한 변경의 소를 제기할 수 있다(대법원 2016. 6. 28. 선고 2014다31721 판결).

3. 기판력의 주관적 범위

기판력은 당해 소송의 당사자 및 변론종결 뒤의 승계인 등 당사자와 같이 볼 제3자에게 미친다(민소법 제218조). 이때 변론종결 뒤의 승계인이라 함은 소송물인 실체법상의 권리의무의 승계인을 의미하는바, 계쟁물의 승계인도 이에 포함되는지 문제된다. 이에 대하여 실체법상의 권리의 주장을 소송물로 보는 판례의 입장에서는 소송물이 물권적 청구권일 경우에는 승계인에 해당된다고 보지만, 채권적 청구권일 때에는 승계인에 해당되지 않는다고 한다. 다수설은 소송물에 상관없이 계쟁물의 승계인에게도 기판력이 미친다고 본다. 토지의 소유자가 소유권에 기하여 토지의 무단 점유자를 상대로 차임 상당의 부당이득반환을 구하는 소송을 제기하여 무단 점유자가 점유 토지의 인도 시까지 매월 일정 금액의 차임 상당 부당이득을 반환하라는 판결이 확정된 경우, 이러한 소송의 소송물은 채권적 청구권인 부당이득반환청구권이므로, 소송의 변론종결 후에 토지의 소유권을 취득한 사람은 민소법 제218조 제1항에 의하여 확정판결의 기판력이 미치는 변론을 종결한 뒤의 승계인에 해당한다고 볼 수 없다(대법원 2016. 6. 28. 선고 2014다31721 판결).

4. 사안의 해결

사안에서 X토지의 전 소유자인 甲이 무단점유자 乙을 상대로 부당이득반환청구의 소를 제기하였는바, 변론종결 후 X토지 소유권을 취득한 丙에게는 채권적 청구권에 불과한 정기금 지급을 명하는 전소 확정판결의 기판력이 미치지 않는다. 따라서 丙은 乙을 상대로 다시 부당이득반환청구의 소를 제기할 수 있으나, 丙이 X토지의 전 소유자 甲이 제기한 전소에 대하여 정기금 판결에 대하여 변경의 소를 제기하는 것은 부적법하다.

(6) 乙은 丙에게 4,000만 원을 대여하여 주고 이를 돌려받지 못하고 있다. 이에 乙은 위 채권을 甲에게 양도하였고, 그 후 甲은 丙을 상대로 양수금청구의 소(전소)를 제기하여 2008. 6. 4. 전부승소판결을 받았고 이 판결은 같은 달 20. 확정되었다. 판결 확정 후에도 丙으로부터 전혀 변제를 받지 못한 甲은 2018. 5. 25. 채권 소멸시효중단을 위해 다시 丙을 상대로 위 양수금의 지급을 구하는 소(후소)를 제기하였다. 후소에서 법원은 甲이 乙로부터 채권을 양도받아 2008. 6. 4. 판결을 선고받은 사실은 인정하면서도, 乙이 丙에게 위 채권의 양도사실을 통지하였거나 채권양도에 대한 丙의 승낙을 인정할 아무런 증거가 없다고 판단하였다. 법원은 甲이 위 채권의 적법한 양수인이라 할 수 없다는 이유로 甲의 청구를 기각할 수 있는가? (2021년 6월 변시 모의시험)

1. 쟁점

사안에서 전소인 양수금청구의 소의 판결이 확정된 후 시효중단을 위하여 재소를 한 경우에 후소법원이 확정판결과 달리 채권양도의 대항요건을 갖추지 못하였다고 판단하는 것이 전소 확정판결의 기판력에 저촉되는지가 문제된다.

2. 기판력의 시적 범위 및 차단효

확정판결의 기판력은 사실심 변론종결시를 기준으로 하여 표준시의 권리관계의 존부에 관한 판단에 미치며, 확정판결이 있은 경우 당사자는 후소에서 기판력의 작용에 의하여 사실심 변론종결 전에 존재하였던 사실에 대한 공격·방어방법을 제출할 수 없고, 법원도 사실심 변론종결 전의 권리관계의 존부에 관하여 판결로 확정된 사실에 반하는 판단을 할 수 없다.

3. 시효중단을 위해 제기된 소송의 심리 범위

시효중단을 위하여 제기된 소의 이익이 인정되는 경우에도 후소의 판결이 전소의 승소 확정판결의 내용에 저촉되어서는 안되므로, 후소법원으로서는 그 확정된 권리를 주장할 수 있는 모든 요건이 구비되어 있는지 여부에 관하여 다시 심리할 수 없다(대법원 2018. 4. 24 선고 2017다293858 판결 등).

4. 사안의 해결

사안에서 전소인 양수금청구의 소에서 甲이 전부승소판결을 받은 이상 시효중단을 위한 재소인 후소에서 채권양도의 대항요건 구비 여부와 같은 사실심 변론종결 전의 사실관계에 대해서 후소법원은 전소법원의 판단과 모순·저촉되는 내용의 판단을 할 수 없다. 따라서 법원은 甲이 적법한 양수인이 아니라는 이유로 청구기각판결을 할 수 없다.

5. 기판력의 객관적·주관적·시적 범위

(1) 甲은 1957. 3. 15.생이고 A주식회사(이하 'A회사'라고 함)의 운전원으로 근무하다가 2011. 8. 1. 자로 해고를 당하였다.

① 甲이 A회사를 상대로 소를 제기하여 '위 해고는 무효임을 확인한다'는 승소판결을 받아 확정되었는데, A회사는 복직도 시키지 않고 급여도 지급하지 않자, 甲이 다시 A회사를 상대로 '해고 시부터 복직 시까지 매월 450만 원을 지급하라'는 임금청구의 소를 제기하였다. 위 임금청구소송에서 A회사가 위 해고가 무효가 아니라고 주장하면 받아들여질 수 있는가? 만약 甲이 위와 같은 임금청구소송(위 해고가 무효인 것을 전제로)을 먼저 제기하여 승소 확정판결을 받은 후 다시 해고무효확인의 소를 제기했다면 위 해고가 무효가 아니라는 A회사의 주장은 받아들여질 수 있는가?

1. 기판력의 객관적 범위

민소법 제216조 제1항에 따르면 확정판결은 주문에 포함된 것에 한하여 기판력을 가진다. 전소와 후소의 소송물이 동일하지 않아도 전소의 기판력이 있는 법률관계가 후소의 선결적 법률관계가 되는 때에는 전소확정판결의 기판력이 후소에 미쳐서 후소의 법원은 전소에서 한 판단과 모순되는 판단을 할 수 없다.

2. 사안의 해결

가. 해고무효확인판결의 기판력과 임금청구

전소의 기판력 있는 법률관계는 'A회사가 甲에 대하여 한 2011. 8. 1.자 해고가 무효'라는 것이다. 후소인 임금청구는 그 해고가 무효임을 전제로 한 것으로서, 전소에서 확정된 법률관계가 후소의 선결적 법률관계에 해당되므로 그 기판력이 후소에도 미친다. 따라서 법원은 후소인 임금청구소송에서 위 해고가 무효가 아니라는 A회사의 주장을 받아들일 수 없다.

나. 임금지급판결의 기판력과 해고무효확인청구

전소인 임금청구소송의 판결의 기판력은 그 소송물인 '甲의 A회사에 대한 임금청구권'에만 미치고 그 전제가 되는 법률관계에는 미치지 않는다. 전소인 임금청구소송에서 2011. 8. 1.자 해고가 무효임을 전제로 甲의 승소판결을 하였다고 하더라도, 2011. 8. 1.자 해고가 무효라는 것은 판결이유 중에 판단된 것으로서 기판력이 미치지 않는다. 따라서 甲이 임금청구소송에서 승소판결을 받았다고 하더라도 후소인 해고무효확인소송에서는 2011. 8. 1.자 해고의 효력에 관한 다른 주장이 받아들여질 수 있다.

② 甲이 A회사를 상대로 위 해고의 무효확인과 복직 시까지 매월 450만 원의 임금지급을 함께 구하는 소를 제기하여 1, 2심에서 승소하고(2심 변론종결일 2013. 1. 15.) 2013. 7. 5. 피고의 상고가 기각되어 확정되었다. 그러나 아직도 A회사는 甲을 복직시키거나 임금을 지급하지 않고 있고 甲도 강제집행을 하지 않고 있다. 그런데 A회사의 직원의 정년은 일반직원은 60세, 운전원 등 기능직 직원은 55세이어서 甲은 2012. 3. 15. 정년에 도달하였음에도 A회사 측에서는 위 소송에서 甲의 정년 도달 사실을 주장하지 못했다. 이를 뒤늦게 알게 된 A회사는 2014. 1. 29. 甲을 상대로 청구이의의 소를 제기하고 "甲은 2012. 3. 15. 정년에 도달하였으므로 그 이후에는 임금을 지급할 의무가 없다."고 주장하면서 위 판결 중 임금 지급을 명한 부분에 대한 강제집행의 불허를 구하였다. A회사의 위 주장(甲의 정년 도달)이 받아들여져 A회사가 승소할 수 있는가?

1. 쟁점

장래 정기적으로 이행을 명하는 판결에 대하여 그 변론종결 전의 사유를 들어서 장래 이행을 명하는 부분에 대한 집행력의 배제를 구하는 것이 판결에 대한 기판력에 반하는지가 쟁점이 된다.

2. 기판력의 시적 범위와 장래이행의 소에서의 예외

민사집행법 제44조는 채무자가 판결에 따라 확정된 청구에 관하여 변론종결 뒤에 생긴 사유를 들어 이의를 할 수 있도록 규정하고 있다. 이는 확정판결의 집행력을 배제함으로써 부당한 강제집행이 행하여지지 않도록 하려는 것이고, 그 이의의 원인을 사실심 변론종결 이후의 사유로 한정한 것은 변론종결시를 기준으로 확정된 권리관계를 변론종결 이전의 사유를 들어서 다투는 것은 확정판결의 기판력에 저촉되기 때문이다.

다만, 장래이행의 소에 있어서 변론종결 이후 부분은 변론종결시를 기준으로 확정된 권리관계가 아니라 장래의 권리관계를 예측한 것이어서, 종전 확정판결의 변론종결시 이전의 사유를 들어서 변론종결 이후 부분의 집행력의 배제를 구하는 것이 기판력에 저촉된다고 보아야 할지가 문제가 된다. 판례는 해고가 무효임을 이유로 복직 시까지 정기적으로 발생하는 임금의 지급을 명하는 판결에 있어서, "변론종결 이후 부분은 변론종결시를 기준으로 확정된 권리관계라고 말할 수는 없고 이는 단지 장래의 권리관계를 예측한 것에 불과하므로, 그 부분의 집행배제를 구함에 있어서는 비록 종전 확정판결 변론종결 이전에 발생한 정년퇴직이라는 사유를 들고 있더라도 이를 가지고 확정판결의 기판력에 저촉된다고 볼 수는 없다."고 한다(대법원 1998. 5. 26. 선고 98다9908 판결).

3. 사안의 해결

사안에서 종전 해고무효확인 및 임금청구사건의 항소심 변론종결일인 2013. 1. 15. 이전에 이미 甲의 정년퇴직일(2012. 3. 15)이 경과되었음에도 불구하고 A회사가 그러한 주장을 하지 아니한 경우, 정년퇴직일로부터 변론종결일까지의 임금지급을 명한 부분은 기판력에 의하여 차단되어 그 이후에 제기한 청구이의소송에서 다시 주장할 수 없으나, 위 항소심 변론종결일 후의 부분에 대하여는 원고가 피고의 정년퇴직 사실을 전소의 변론종결일 후의 사유로써 소송에서 다시 주장할 수 있다.

따라서 A회사는 청구이의의 소에서 甲이 정년에 도달한 사실을 들어 종전 확정판결 중 2013. 1. 16. 이후 부분에 대한 집행력의 배제를 구할 수 있다.

(2) Z임야에 관하여 甲종중 명의의 소유권보존등기가 마쳐져 있었다. 乙이 甲종중을 상대로 2013. 5. 1.자 매매를 원인으로 한 소유권이전등기청구의 소를 제기하였는데, 甲종중의 대표자인 丙은 제1차 변론기일에 출석하여 "甲종중과 乙 사이에 매매계약이 체결된 사실은 있으나, 乙이 매매대금 1억 원 중 1,000만 원을 지급하지 않아서 이전등기절차를 이행하지 않고 있을 뿐, 매매잔대금을 지급받으면 언제든지 乙에게 소유권이전등기를 경료해주겠다."고 진술하였다. 이에 법원은 "피고는 원고로부터 1,000만 원을 지급받음과 동시에 원고에게 Z임야에 관하여 2013. 5. 1. 매매를 원인으로 한 소유권이전등기절차를 이행한다. 원고의 나머지 청구는 포기한다. 소송 및 화해비용은 각자 부담한다."는 화해권고결정을 하였고, 위 화해권

고결정은 그 무렵 확정되었으며, 이에 기초하여 Z임야에 관하여 乙 명의의 소유권이전등기가 마쳐졌다. 그런데 2014. 1. 1. 새로이 甲종중의 대표자가 된 丁이 종중재산을 정리하면서 Z임야는 乙과의 매매계약 당시 시가가 5억 원 정도이었음에도 현저히 낮은 1억 원에 매도되었고 丙이 매매대금과는 별도로 1억 원을 乙로부터 받아서 개인적으로 사용한 사실을 알게 되었다. 丁은 丙을 배임죄로 고소하면서 위 화해권고결정은 乙이 丙의 배임행위에 적극 가담하여 확정된 것이므로 반사회적 행위로서 무효라고 주장하면서 甲종중을 원고로 하여 乙을 상대로 Z임야에 관한 진정명의회복을 위한 소유권이전등기청구의 소를 제기하였다. (2014년 중간고사)

① 甲종중은 승소할 수 있는가?

1. 쟁점

사안에서 Z임야에 관한 乙의 소유권이전등기는 화해권고결정에 기초하여 마쳐졌는바, 그러한 등기의 효력을 반사회적 행위임을 사유로 부인하는 것이 가능한지를 화해권고결정의 효력과 관련하여 검토하여야 한다.

2. 화해권고결정의 효력

화해권고결정에 대하여 소정의 기간 내에 이의신청이 없으면 화해권고결정은 재판상 화해와 같은 효력을 가지며(민소법 제231조), 재판상 화해는 확정판결과 동일한 효력이 있다. 판례는 재판상 화해조서의 효력에 관하여 '재판상 화해를 조서에 기재한 때에는 그 조서는 확정판결과 동일한 효력이 있고 당사자 사이에 기판력이 생기는 것이므로 확정판결의 당연무효사유와 같은 사유가 있거나 민소법 제461조에 따라 준재심의 소로 취소되지 않는 이상 의사표시의 하자 내지 강행법규에 위반되는 사정이 있더라도 효력을 부정할 수 없다'는 입장(무제한 기판력설)이다(대법원 1991. 4. 12. 선고 90다9872 판결 등).

3. 기판력의 작용

확정판결의 기판력은 전후 양소의 소송물이 동일한 경우는 물론, 소송물이 동일하지 않더라도 후소의 소송물이 전소에서 확정된 법률관계와 모순되는 경우에도 기판력이 미친다. 따라서 확정된 전소 판결에 의하여 마쳐진 소유권이전등기가 원인무효라고 주장하며 말소등기절차의 이행을 구하는 것은 전소에 의하여 확정된 소유권이전등기청구권을 부인하는 것이어서 그 기판력에 저촉된다.

4. 말소등기청구와 진정명의회복을 위한 소유권이전등기청구의 관계

진정한 등기명의의 회복을 위한 소유권이전등기청구는 이미 자기 앞으로 소유권을 표상하는 등기가 되어 있었거나 법률에 의하여 소유권을 취득한 사람이 진정한 등기명의를 회복하기 위한 방법으로 현재의 등기명의인을 상대로 그 등기의 말소를 구하는 것에 갈음하여 허용되는 것인데, 말소등기에 갈음하여 허용되는 진정명의회복을 원인으로 한 소유권이전등기청구권과 무효등기의 말소등기청구권은 어느 것이나 진정한 소유자의 등기명의를 회복하기 위한 것으로서 실질적으로 그 목적이 동일하고, 두 청구권 모두 소유권에 기초한 방해배제청구권으로서 그 법적 근거와 성질이 동일하므로, 비록 전자는 이전등기, 후자는 말소등기의 형식을 취하고 있다고 하더라도 그 소송물은 실질상 동일한 것으로 보아야 한다(대법원 2001. 9. 20. 선고 99다37894 전원합의체 판결).

5. 사안의 해결

판례에 따르면 확정된 화해권고결정에 당연무효의 사유가 없는 이상 화해권고결정이 甲종중 대표자의 배임행위에 乙이 적극 가담함으로써 확정된 것으로서 반사회적 행위에 해당된다는 사유로는 화해권고결정을 무효라고 할 수 없다. Z임야에 관한 진정명의 회복을 위한 소유권이전등기청구권의 행사는 화해권고결정에 기초하여 마쳐진 소유권이전등기에 대한 말소등기청구권의 행사와 실질상 동일한 것으로서, Z임야에 관하여 2013. 5. 1.자 매매를 원인으로 한 소유권이전등기를 명한 화해권고결정과 모순관계에 있어서 화해권고결정의 기판력이 미친다. 법원으로서는 甲종중의 청구에 대하여 화해권고결정과 모순되는 판단을 할 수 없으므로 甲종중은 승소할 수 없다.

② 甲종중이 권리를 회복할 수 있는 방법이 있는가?

1. 쟁점

기판력이 있는 화해권고결정의 효력을 부인하기 위한 방법을 검토하여야 한다.

2. 화해권고결정에 대한 불복

당사자는 화해권고결정에 대해 결정서 등의 정본을 송달받은 날부터 2주 이내에 이의

신청을 하는 방법으로 불복할 수 있는바(민소법 제226조 제1항), 위 2주간의 기간은 불변기간이다(같은 조 제2항). 당사자가 화해권고결정을 송달받고 이의기간 내에 이의신청을 하지 않은 때, 이의신청에 대한 각하결정이 확정된 때, 그리고 이의신청의 취하 또는 신청권의 포기를 한 때에 화해권고결정은 재판상 화해와 같은 효력을 가진다(민소법 제231조).

따라서 법률상 관여할 수 없는 법관의 관여(민소법 제451조 제1항 제2호), 대리권의 흠(같은 항 제3호), 형사상 처벌받을 다른 사람의 행위로 인한 경우(같은 항 제5호) 등의 재심사유가 있는 경우에 준재심의 소에 의해 불복할 수 있는 외에는(민소법 제461조), 확정된 화해권고결정의 효력을 부인할 수는 없다.

3. 재심사유 중 제451조 제1항 제5호의 해석

민소법 제461조, 제451조 제1항 제5호 소정의 형사상 처벌받을 타인의 행위로 인한 사유가 소송상의 화해에 대한 준재심사유로 될 수 있는 것은 그것이 당사자가 화해의 의사표시를 하게 된 직접적 원인이 된 경우에 한한다(대법원 1979. 5. 15. 선고 78다1094 판결). 한편 '형사상 처벌을 받을 다른 사람의 행위'에는 당사자의 대리인이 범한 배임죄도 포함될 수 있으나, 이를 재심사유로 인정하기 위해서는 단순히 대리인이 문제된 소송행위와 관련하여 배임죄로 유죄판결을 받았다는 것만으로는 충분하지 않고, 대리인의 배임행위에 소송상대방 또는 그 대리인이 통모하여 가담한 경우와 같이 대리인이 한 소송행위 효과를 당사자 본인에게 귀속시키는 것이 절차적 정의에 반하여 도저히 수긍할 수 없다고 볼 정도로 대리권에 실질적인 흠이 발생한 경우라야 한다(대법원 2012. 6. 14. 선고 2010다86112 판결).

4. 사안의 해결

사안에서 甲종중의 전 대표자 丙의 배임행위로 인하여 화해권고결정이 확정된 것이므로 丙의 배임행위는 화해권고결정의 확정에 있어서 직접적인 원인이 된 경우에 해당한다.

다만, 丙은 甲종중의 전 대표자이므로 단순히 丙이 일련의 배임행위로 유죄판결을 받았다는 것만으로는 준재심에 의하여 화해권고결정을 취소할 수 없고, 丙의 배임행위에 상대방인 乙이나 乙의 대리인 등이 통모하여 가담하는 등의 사정이 증명되어야 한다.

따라서 甲종중이 丙을 단지 배임죄로 형사고소하기만 했을 뿐인 현재로서는 준재심에 의하여 화해권고결정을 취소할 수는 없고, 甲종중이 준재심을 통하여 화해권고결정의 효력을 부인하지 않는 한 그 기판력에 반하는 청구를 통하여 권리를 회복할 수 있는 방법은 없다.

추가된 사실

丁은 丙이 위 화해권고결정이 확정된 후에 乙로부터 매매잔대금 1,000만 원을 지급받지도 않았음에도 乙에게 1,000만 원을 수령하였다는 영수증을 작성하여 줌으로써 乙이 위 화해권고결정에 의하여 소유권이전등기를 마친 사실을 알게 되었고, 乙에게 "매매잔대금 1,000만 원을 지급하라."는 최고를 한 다음, "甲종중과 乙 사이의 Z토지에 관한 2013. 5. 1.자 매매계약을 해제한다."는 통지를 하였다. 甲종중은 乙과의 위 매매계약이 해제되었다고 주장하면서 매매계약해제에 따른 원상회복으로서 乙 명의의 소유권이전등기말소청구를 추가하였다. 증거조사결과 법원은 甲종중의 위 주장이 사실이라는 심증을 갖게 되었다.

③ 법원은 甲의 위 소유권이전등기말소청구에 대하여 어떤 판결을 하여야 하는가? (청구인용, 기각, 각하 등/ 해제의 요건은 갖추어진 것을 전제로 검토하고, 논거를 밝힐 것)

1. 쟁점

사안에서 매매대금 1,000만 원의 지급과 상환으로 소유권이전등기의 이행을 명한 화해권고결정이 확정된 후 1,000만 원이 지급되지 않았음에도 화해권고결정에 의하여 소유권이전등기가 마쳐진 경우, 이를 이유로 화해권고결정에 의하여 마쳐진 소유권이전등기의 말소를 청구할 수 있는지가 문제이다.

2. 기판력 표준시 이후에 발생한 형성권의 행사

기판력의 표준시는 사실심 변론종결시이고, 기판력은 표준시에 있어서의 권리관계의 존부에 관하여 생긴다. 따라서 당사자는 전소의 표준시 이전에 존재하였고 객관적으로 제출할 수 있었으나 제출하지 아니한 소송자료를 후소에서 제출할 수 없다(실권효). 따라서 표준시 이전에 이미 발생한 취소권, 해제권 등 형성권을 전소 변론종결시 이후에 행사하여 전소 확정판결의 기판력을 부인할 수도 없다(대법원 1981. 7. 7. 선고 80다2751 판결). 다만, 예외적으로 전소의 기판력 표준시 이전에 발생한 상계권, 건물매수청구권 등은 행사할 수 있다고 봄이 판례이다.

한편, 제소전화해가 성립된 후에 새로 발생한 사실을 주장하여 제소전화해에 반하는 청구를 하여도 이는 제소전화해의 기판력에 저촉되는 것은 아니다. 甲과 乙 사이에 甲이 丙으로부터 부동산을 매수하였으나 소유권이전등기를 마치지 않는 상태에서 부동산을 乙에게 매도하기로 하되 등기명의를 丙에서 직접 乙 앞으로 제소전화해절차를 통하여 소유권이전등기를 마침과 동시에 乙이 甲에게 잔대금을 지급하기로 약정하였는데, 乙이 당초의 약정과 달리 잔대금을 지급하지 아니한 상태에서 丙을 상대로 제소전화해신청을 하여 그 화해조서에 기초하여 소유권이전등기를 마친 경우, 乙 명의의 소유권이전등기가 丙과 乙 사이의 제소전화해조서에 기초하여 이루어진 것이라 할지라도 이는 甲과 乙 사이에 체결된 매매계약과 당사자들 사이에 이루어진 중간등기생략에 관한 합의에 의한 것이라면 그 매매계약상의 甲의 채무는 乙이 그 부동산에 관하여 소유권이전등기를 마침으로써 전부 이행되었다고 할 것이므로 乙이 당초의 약정과는 달리 소유권이전등기를 마친 후에도 甲에게 잔대금을 지급하지 아니한 경우에는 甲은 적법한 최고절차를 거쳐 매매계약을 해제하고 계약 당사자로서 乙에게 직접 매매계약 해제를 원인으로 한 원상회복으로서 소유권이전등기의 말소등기절차의 이행을 구할 수 있다(대법원 1994. 12. 9. 선고 94다17680 판결).

3. 사안의 해결

화해권고결정의 기판력은 확정시를 기준으로 하여 발생한다. 사안에서 화해권고결정에서는 乙이 甲종중에게 1,000만 원을 지급함과 동시에 甲종중이 乙에게 소유권이전등기를 마쳐줄 것을 명하였는데, 乙은 화해권고결정의 확정 후 1,000만 원을 지급하지 않은 상태에서 소유권이전등기를 마쳤고 이에 甲종중이 적법한 최고절차를 거쳐 매매계약을 해제하였다. 그렇다면 甲종중의 위 매매계약의 해제는 기판력의 표준시 이전에 이미 발생하였던 해제권을 표준시 이후에 행사한 것이 아니라, 표준시 이후에 발생한 해제권에 기초한 것이고, 甲종중의 매매계약 해제 주장은 기판력의 표준시 이후의 사유로서 기판력에 의하여 차단되지 않는다. 따라서 법원은 甲종중의 청구를 인용해야 한다.

(3) X토지의 등기부에는 甲 명의 소유권보존등기 다음에 乙 명의 소유권이전등기가 마쳐져 있다. 甲은 乙을 피고로 삼아 乙 명의 등기가 위조서류에 의하여 마쳐진 원인무효라는 이유로 '1) X토지가 甲 소유임을 확인한다. 2) 乙은 甲에게 乙 명의의 소유권이전등기의 말소등기절차를 이행하라'는 취지의 소(이하 '전소'라고 함)를 제기하여 승소판결을 받고 그 판결이 확정되었다. 甲은 위 판결에 기해 乙 명의의 소유권이전등기를 말소하였다. 乙은 甲을 상대로 소유권에 기하여 X토지의 인도를 구하는 후소를 제기하였다. 그 소송에서 乙은, 전소의 변론종결 전에 乙이 甲의 정당한 대리인에게서 X토지를 매수하여 소유권이전등기를 마친 것으로 X토지는 乙 소유인데, 전소에서는 이를 제대로 증명하지 못하여 패소하였을 뿐이라고 주장하였다. 후소에서 乙의 주장이 인정된다면 乙은 승소할 수 있는가? (제10회 변호사시험)

1. 쟁점

甲이 乙에게 X토지에 관하여 소유권확인 및 소유권이전등기 말소청구의 소를 제기하여 승소판결이 확정된 후에, 乙이 甲에게 X토지에 관하여 인도청구의 소를 제기한 경우 기판력이 미치는지 문제된다.

2. 기판력의 객관적 범위와 작용

민소법 제216조 제1항에 따르면 확정판결은 주문에 포함된 것에 한하여 기판력을 가진다. 전소와 후소의 소송물이 동일하지 않아도 전소의 기판력이 있는 법률관계가 후소의 선결적 법률관계가 되는 때에는 전소확정판결의 기판력이 후소에 미쳐서 후소의 법원은 전소에서 한 판단과 모순되는 판단을 할 수 없다. 한편, 전소의 선결적 법률관계에 관하여는, 확정판결의 기판력은 소송물로 주장된 법률관계의 존부에 관한 판단의 결론에만 미치고 그 전제가 되는 법률관계의 존부에까지 미치는 것이 아니므로, 전의 소송에서 확정된 법률관계란 확정판결의 기판력이 미치는 법률관계를 의미하는 것이지 그 전제가 되는 법률관계까지 의미하는 것은 아니다(대법원 2005. 12. 23. 선고 2004다55698 판결).

3. 기판력의 시적 범위

확정판결의 기판력은 전소의 변론종결 전에 당사자가 주장하였거나 주장할 수 있었던 모든 공격방어방법에 미치고, 다만 변론종결 후에 새로 발생한 사유가 있어 전소 판결과 모순되는 사정 변경이 있는 경우에는 기판력의 효력이 차단된다. 그리고 여기에서 변론종결 후에 발생한 새로운 사유란 새로운 사실관계를 말하는 것일 뿐 기존의 사실관계에 대한 새로운 증거자료가 있다거나 새로운 법적 평가 또는 그와 같은 법적 평가가 담긴 다른 판결이 존재한다는 등의 사정은 포함되지 아니한다(대법원 2016. 8. 30. 선고 2016다222149 판결).

4. 사안의 해결

가. 전소 소유권이전등기말소판결의 기판력

전소 소유권이전등기말소판결의 소송물은 甲의 소유권에 기한 등기말소청구권이고, 후소 인도청구의 소송물은 乙의 소유권에 기한 인도청구권이다. X토지에 관하여 甲의 소유권과 乙의 소유권은 각 전소와 후소의 선결문제인바, 선결문제 간의 모순관계에는 기판력이 미치지 아니한다. 따라서 전소 소유권이전등기말소판결의 기판력은 후소에 미치지 아니한다.

나. 전소 소유권확인판결의 기판력

전소 소유권확인판결의 소송물은 甲의 X토지에 대한 소유권 존부이고, 후소 인도청구의 소송물은 乙의 소유권에 기한 인도청구권이다. 전소 소송물이 후소 소송물의 선결문제이므로 전소 확정판결의 기판력이 후소에 미친다. 乙은 전소 변론종결 전에 정당한 대리인에게서 X토지를 매수한 사실을 증명하지 못하여 패소하였다고 주장하고 있는바, 이는 전소 변론종결일 이전의 사유로 전소 확정판결의 기판력이 미친다. 따라서 후소 법원은 전소 승소판결의 기판력에 의하여 후소 인도청구를 기각하여야 한다.

(4) X 부동산과 Y 부동산에 관하여 그 소유자인 甲으로부터 乙 앞으로 소유권이전등기가 각 마쳐졌다. 甲은 2015. 1. 5. 자신이 X, Y부동산을 乙에게 매도한 바 없는데도 乙이 등기에 필요한 매매계약서 등 서류를 위조해 그 각 등기를 경료한 것이라고 주장하면서 乙을 상대로 그 각 등기의 말소등기를 청구하는 소('전소')를 제기했다. 전소의 변론이 2015. 9. 24. 종결되어 甲의 청구를 모두 인용하는 판결('전소판결')이 선고되었고, 그 판결은 2015. 10. 15. 확정되었으며, 그 판결에 기해 그 각 소유권이전등기가 2015. 10. 30. 말소되었다. 甲은 2015. 11. 2. ① X부동산에 관하여 2015. 9. 17.자 매매(유효한 계약임을 전제로 한다)를 원인으로 하는 소유권이전등기를 丙 앞으로 마쳐주었고, ② 자신이 2015. 10. 20. 차용한 5,000만 원의 원리금반환채무를 담보하기 위해 Y부동산에 관하여 채권최고액이 1억 원인 근저당권설정등기를 丁 앞으로 마쳐주었다. 그런데 乙은 자신이 전소에서 패소한 것은 억울하고, 정당하게 작성된 매매계약서 등 증거를 발견했으므로 자신은 X, Y부동산의 정당한 소유자라고 주장하면서 ① 丙을 상대로 X부동산에 관하여 진정한 등기명의 회복을 위한 소유권이전등기 청구의 소(이하 '후소'라고 함)를 제기하고, ② 별소로 丁을 상대로 Y부동산에 관하여 근저당권 설정등기의 말소등기 청구의 소(이하 '별소'라고 함)를 제기했다. 후소와 별소의 청구원인에는 전소의 변론종결 후에 발생한 새로운 사유의 주장은 없다. 법원은 후소와 별소에 관해 어떻게 판결하여야 하는가? (2021년 10월 변시 모의시험)

1. 쟁점

사안에서 乙은 자신이 X, Y 부동산의 정당한 소유자라고 주장하면서 丙을 상대로 X부동산에 관하여 진정명의회복을 위한 소유권이전등기청구의 소(후소)를 제기하고, 丁을 상대로 Y부동산에 관하여 근저당권설정등기의 말소등기청구의 소(별소)를 제기한바, 乙이 제기한 각 소가 乙 명의의 X, Y 부동산에 관한 각 소유권이전등기의 말소등기를 명한 전소판결의 내용과 어떤 관계에 있는지, 전소판결의 기판력에 반하는지, 丙과 丁에 대하여 전소판결의 기판력이 미치는지, 전소판결확정 후에 새로운 증거를 발견한 경우에 새로운 소를 제기할 수 있는지 등이 검토되어야 한다.

2. 기판력의 작용

확정판결의 기판력은 주문에 포함된 권리관계에 한하여 미치는데(민소법 제216조 제1항), 기판력 있는 전소판결의 소송물과 동일한 후소를 허용하지 않는 것임은 물론, 후소의 소송물이 전소의 소송물과 동일하지 않다고 하더라도 전소의 소송물에 관한 판단이 후소의 선결문제가 되거나 모순관계에 있을 때에는 후소에서 전소판결의 판단과 다른 주장을 하는 것을 허용하지 않는 작용을 한다(대법원 1995. 3. 24. 선고 94다46114 판결).

3. 기판력의 주관적 범위

기판력은 당해 소송의 당사자 및 변론종결 뒤의 승계인 등 당사자와 같이 볼 제3자에게 미친다(민소법 제218조). 이때 '변론종결 뒤의 승계인'이라 함은 소송물인 실체법상의 권리의무의 승계인을 의미하는바, 계쟁물의 승계인도 이에 포함되는지가 문제가 된다. 이에 대하여 판례는 전소의 소송물이 물권적 청구권일 경우에는 승계인에 해당된다고 보지만, 채권적 청구권일 때에는 승계인에 해당되지 않는다고 한다(대법원 1991. 1. 15. 선고 90다9964 판결). 학설은 소송물에 상관없이 계쟁물의 승계인에게도 기판력이 미친다고 한다.

4. 소유권이전등기말소청구소송에서 패소한 등기명의자가 현재의 등기명의인을 상대로 진정한 등기명의회복을 위한 소유권이전등기청구를 하는 경우

진정한 등기명의의 회복을 위한 소유권이전등기청구는 이미 자기 앞으로 소유권을 표상하는 등기가 되어 있었거나 법률에 의하여 소유권을 취득한 자가 진정한 등기명의를 회복하기 위한 방법으로 현재의 등기명의인을 상대로 그 등기의 말소를 구하는 것에 갈음하여 허용되는 것인데, 말소등기에 갈음하여 허용되는 진정명의회복을 원인으로 한 소유권이전등기청구권과 무효등기의 말소청구권은 어느 것이나 진정한 소유자의 등기명의를 회복하기 위한 것으로서 실질적으로 그 목적이 동일하고 두 청구권 모두 소유권에 기한 방해배제청구권으로서 그 법적근거와 성질이 동일하므로 그 소송물은 실질상 동일한 것으로 보아야 하는바(대법원 2001. 9. 20. 선고 99다37894 전원합의체 판결 참조), 그렇다면 소유권이전등기말소소송의 승소 확정판결에 기하여 소유권이전등기가 말소된 후 순차 제3자 명의로 소유권이전등기 및 근저당권설정등기 등이 마쳐졌는데, 위 말소된 등기의 명의자가 현재의 등기명의인을 상대로 진정한 등기명의의 회복을 위한 소유권이전등기청구와 근저당권자 등을 상대로 그 근저당권설정등기 등의 말소등기청구 등을 하는 경우, 현재의 등기명의인 및 근저당권자 등은 모두 위 확정된 전 소송의 사실심 변론종결 후의 승계인으로서 위 확정판결의 기판력은 그와 실질적으로 동일한 소송물인 진정한 등기명의의 회복을 위한 소유권이전등기청구 및 위 확정된 전소의 말소등기청구권의 존재 여부를 선결문제로 하는 근저당권설정등기 등의 말소등기청구에 모두 미친다(대법원 2003. 3. 28. 선고 2000다24856 판결).

5. 기판력의 시적 범위와 실권효

확정판결의 기판력은 소송물로 주장된 법률관계의 존부에 관한 판단에 미치는 것이므로 동일한 당사자 사이에서 전소의 소송물과 동일한 소송물에 대한 후소를 제기하는 것은 전소 확정판결의 기판력에 저촉되어 허용될 수 없다. 또한 동일한 소송물에 대한 후소에서 전소 변론종결 이전에 존재하고 있던 공격·방어방법을 주장하여 전소 확정판결에서 판단된 법률관계의 존부와 모순되는 판단을 구하는 것은 전소 확정판결의 기판력에 반하는 것이고, 전소에서 당사자가 그 공격방어방법을 알지 못하여 주장하지 못하였는지 나아가 그와 같이 알지 못한 데 과실이 있는지는 묻지 아니한다(대법원 2014. 3. 27. 선고 2011다49981 판결 등).

6. 기판력의 본질과 모순금지설

기판력의 본질에 대해서는 반복금지설과 모순금지설이 대립한다. 통설, 판례의 입장인 모순금지설에 따르면 전소가 승소판결인 경우에는 후소는 소의 이익이 없으므로 각하되고, 전소에서 패소판결이 확정된 경우 모순되는 판결을 할 수 없으므로 후소는 기각된다.

7. 사안의 해결

사안에서 甲이 제기한 전소의 소송물은 소유권에 기초한 말소등기청구권으로서 물권적 청구권이고, 甲으로부터 전소의 사실심 변론종결 후 전소의 계쟁물이었던 X부동산의 소유권을 이전받은 丙 및 Y부동산에 관한 저당권을 설정받은 丁은 계쟁물의 승계인으로서 전소의 기판력을 받는다.

① 후소는 X부동산에 관한 소유권에 기한 말소등기청구소송에서 패소하여 그 확정판결에 의하여 소유권이전등기를 말소당한 전소판결의 피고 乙이 전소판결의 원고 甲으로부터

X부동산에 관한 소유권이전등기를 마친 丙에 대하여 진정명의회복을 원인으로 한 소유권이전등기청구를 하는 것인바, 이는 乙이 甲에 대하여 말소된 소유권이전등기의 회복등기청구권이 있음을 전제(선결문제)로 하는 것으로서 전소판결의 판단과 모순된다. 따라서 乙의 후소는 전소판결과 모순·저촉되는 법률관계를 선결문제로 하는 것으로 전소판결의 기판력에 반한다.

② 별소는 Y부동산에 관하여 전소의 변론종결 이후에 甲으로부터 근저당권을 설정받은 丁에 대하여 전소에서 패소한 乙이 근저당권설정등기의 말소를 구하는 것으로서, 이 역시 乙이 甲에 대하여 말소된 소유권이전등기의 회복등기청구권이 있음을 전제(선결문제)로 하는 것으로서 전소판결의 판단과 모순된다. 따라서 乙의 별소 역시 전소판결과 모순·저촉되는 법률관계를 선결문제로 하는 것으로 전소판결의 기판력에 반한다.

乙이 전소판결 후에 새로운 증거를 발견하였다고 하더라도 그것을 주장하여 전소판결과 모순·저촉되는 주장을 하는 것은 전소판결의 기판력에 의하여 허용되지 않는다. 법원은 실체관계에 관한 심리를 할 필요 없이 모순금지설에 따라 전소에서 패소한 乙이 제기한 후소와 별소의 청구를 모두 기각하여야 한다.

유사문제 X토지에 관하여는 甲의 명의로 소유권이전등기가 마쳐져 있다가 그 후 다시 乙의 명의로 소유권이전등기가 마쳐졌다. 甲은 乙을 상대로 乙의 등기가 원인무효라고 주장하면서 X토지에 관한 소유권이전등기말소청구의 소를 제기하였다. 제1심 법원은 甲의 청구를 인용하는 판결을 선고하였고 위 판결은 그대로 확정되었다. 이에 甲은 乙 명의의 X토지에 관한 소유권이전등기를 말소하였다. 그 후 丙은 甲으로부터 X토지를 매수하여 소유권이전등기를 마쳤고, 丁에 대한 채무를 담보하기 위하여 X토지에 관하여 丁에게 근저당권설정등기를 마쳐주었다. 그러자 乙은 자신의 소유권이전등기가 원인무효가 아님에도 잘못 말소된 것이므로 자신이 여전히 X토지의 소유자라고 주장하면서, 丙을 상대로는 X토지에 관하여 진정한 등기명의의 회복을 원인으로 하는 소유권이전등기청구의 소를 제기하는 한편, 丁을 상대로는 X토지에 관한 근저당권설정등기말소청구의 소를 제기하였다. 법원이 심리 결과 乙의 등기가 원인무효가 아니고 乙이 진정한 소유자라는 확신을 가지게 된 경우, 乙의 각각의 청구에 대해 어떤 판결을 하여야 하는가? (소 각하/청구 인용/청구 기각)
(2020년 8월 변시 모의시험)

---

(5) 甲은 2010. 1. 1. 乙에게 1억 원을 변제기는 2010. 12. 31.로 정하여 대여하였다. 乙은 2010. 5. 1. 사망하였는데, 그의 상속인으로 처인 乙-1과 딸인 乙-2가 있다. 甲이 2011. 2. 1.

乙-1과 乙-2를 상대로 대여금청구의 소를 제기하자, 乙-1, 2는 답변서에서 乙이 甲으로부터 1억 원을 차용한 사실은 있지만, ① 乙이 생전에 이미 전액을 변제하였고, ② 그렇지 않다고 하더라도 乙이 甲에게 대하여 가지는 (주채무자 丁에 대한) 물품대금의 연대보증금 채권 5,000만 원과 불법행위에 기한 손해배상금(상해로 인한 치료비) 1,000만 원을 자동채권으로 하여 상계한다고 주장하면서, 반소로서 연대보증금 5,000만 원을 청구하였다. 심리결과, 법원은 乙이 甲에게 위 차용금 1억 원 중 8,000만 원을 생전에 변제한 사실은 인정되고, 乙의 甲에 대한 연대보증금 채권 5,000만 원은 인정할 수 있으나, 손해배상금 채권에 관하여는 불법행위의 성립을 인정할 수 없었다. 법원은 2011. 2. 28. 변론을 종결하고, 2011. 3. 15. 甲의 본소 청구를 기각하고, 乙-1, 2의 반소청구를 일부 인용하여 "甲은 乙-1에게 1,800만 원과 乙-1에게 1,200만 원을 지급하라."는 판결을 하면서, 판결이유에서 위의 심리결과와 같이 불법행위의 성립사실이 인정되지 않아서 손해배상금 1,000만 원을 자동채권으로 한 상계항변은 이유가 없다는 취지의 판단을 하였고, 위 판결은 2011. 3. 31.경 확정되었다. 〈 추가된 사실관계 및 문항은 관련이 없음 〉 (2021년 중간고사)

① 乙-1, 2가 2016. 1. 1. 위 확정판결에 기초하여 甲의 재산에 대하여 강제집행을 하려고 하자, 甲은 乙-2가 2010. 5. 31. 상속포기신고를 하였는데 위 판결의 확정 후에야 그 사실을 알게 되었다고 주장하면서 위 판결에 대한 집행력의 배제를 구하는 청구이의의 소를 제기하였다. 甲의 위 주장은 받아들여질 수 있는가?

1. 쟁점

사안에서 乙-2는 전소 확정판결의 변론종결 전에 상속포기를 하였는데 전소 소송과정에서는 상속포기사실이 제출되지 않았는바, 기판력에 의하여 실권되는지 여부가 쟁점이다.

2. 기판력의 시적 범위와 실권효

확정판결의 기판력은 소송물로 주장된 법률관계의 존부에 관한 판단에 미치는 것이므로 동일한 당사자 사이에서 전소의 소송물과 동일한 소송물에 대한 후소를 제기하는 것은 전소 확정판결의 기판력에 저촉되어 허용될 수 없다. 또, 동일한 소송물에 대한 후소에서 전소 변론종결 이전(무변론 판결의 경우는 판결선고시 이전)에 존재하고 있던 공격방어방법을 주장하여 전소 확정판결에서 판단된 법률관계의 존부와 모순되는 판단을 구하는 것은 전소 확정판결의 기판력에 반하는 것이고, 전소에서 당사자가 그 공격방어방법을 알지 못하여 주장하지 못하였는지, 그와 같이 알지 못한 데 과실이 있는지는 상관이 없다.

3. 상속포기와 실권효

한정승인에 의한 책임의 제한은 상속채무의 존재 및 범위의 확정과는 관계없이 다만 판결의 집행 대상을 상속재산의 한도로 한정함으로써 판결의 집행력을 제한할 뿐이기 때문에 그에 관하여는 기판력이 미치지 않지만, 상속포기의 경우에는 한정승인과 달리 상속에 의한 채무의 존재 자체가 문제되어 그에 관한 확정판결의 주문에 당연히 기판력이 미치게 되므로, 한정승인에 관한 실권효 제한의 법리가 상속포기의 경우에는 적용되지 않는다(대법원 2009. 5. 28. 선고 2008다79876 판결).

4. 사안의 해결

상속포기사실은 기판력에 의하여 실권되므로 이를 사유로 확정판결의 집행력의 배제를 구할 수는 없으므로 甲의 주장은 받아들여질 수 없다.

② 乙-1, 2는 위 판결확정 후에 증거를 확보하여 甲을 고소하였는데 甲은 2015. 12. 31. 乙에 대한 상해죄로 징역 1년 집행유예 2년의 유죄판결을 선고받았고 그 판결은 그 무렵 확정되었다. 乙-1, 2는 2017. 1. 1. 甲을 상대로 乙의 치료비 1,000만 원과 위자료 500만 원 합계 1,500만 원의 손해배상을 청구하는 소를 제기하였다. 심리결과, 乙-1, 2이 주장하는 손해는 모두 증명이 되었다. 법원은 어떤 판결을 하여야 하는가?

1. 쟁점

사안에서 乙은 판결이 확정된 전소에서 불법행위에 기한 치료비 손해 1,000만 원의 손해배상청구권을 자동채권으로 하여 상계권을 행사하였고, 전소판결에서 그 자동채권이 존재하지 않는다는 판단을 받았는바, 이에 대한 기판력이 미치는지가 쟁점이 되고, 확정판결의 기판력이 미치지 않는다고 할 경우에 판결의 증명효와 관련하여 확정판결의 내용과 다른 사실을 인정할 수 있을지가 쟁점이 된다.

2. 상계권 행사의 기판력

확정판결은 원칙적으로 주문에 포함된 것에 한하여 기판력을 가지므로(민소법 제216조 제1항), 이유에서 판단된 피고의 항변 등에 대하여는 그것이 판결의 기초가 되었다고 하더라도 기판력이 발생하지 않는다. 한편, 상계의 경우는 자동채권의 존부에 대하여 판결이유에서 판단되지만, 상계하고자 대항한 액수에 한하여 기판력을 가진다(민소법 제216조 제2항).

3. 피고가 상계항변으로 2개 이상의 반대채권을 주장한 경우 기판력의 범위

피고가 상계항변으로 2개 이상의 반대채권을 주장하였는데 법원이 그중 어느 하나의 반대채권의 존재를 인정하여 수동채권의 일부와 대등액에서 상계하는 판단을 하고, 나머지 반대채권들은 모두 부존재한다고 판단하여 그 부분 상계항변은 배척한 경우, 그와 같이 반대채권들이 부존재한다는 판단에 대하여 기판력이 발생하는 전체 범위는 위와 같이 상계를 마친 후의 수동채권의 잔액을 초과할 수 없다고 보아야 한다(대법원 2018. 8. 30. 선고 2016다46338, 46345 판결).

4. 판결의 증명효

판결서는 그 판결의 존재 및 내용을 증명하기 위하여 이용하는 경우에는 처분문서이지만, 판결서 중 이유에 기재된 사실을 증명하기 위하여 이용하는 경우에는 보고문서에 해당한다(대법원 1980. 9. 9. 선고 79다1281 전원합의체 판결). 민사재판에서 다른 민사사건 등의 판결에서 인정된 사실에 구속받는 것은 아니라 할지라도 이미 확정된 관련 민사사건에서 인정된 사실은 특별한 사정이 없는 한 유력한 증거가 되므로, 합리적인 이유설시 없이 이를 배척할 수 없고, 특히 전후 두 개의 민사소송이 당사자가 같고 분쟁의 기초가 된 사실도 같으나 다만 소송물이 달라 기판력에 저촉되지 아니한 결과 새로운 청구를 할 수 있는 경우에 있어서는 더욱 그러하다(대법원 2009. 9. 24. 선고 2008다92312, 92329 판결).

5. 사안의 해결

사안에서 乙은 전소에서 연대보증금 채권 5,000만 원과 손해배상금 채권 1,000만 원을 자동채권으로 주장하였고, 전소 확정판결에서는 손해배상금 채권은 인정되지 않았으나, 연대보증금 채권이 자동채권으로 인정되어 甲의 수동채권인 대여금채권과 상계됨으로써 그 수동채권이 전액 소멸되었다. 판례에 따르면 전소에서 연대보증금 채권에 의하여 수동채권이 전액 소멸한 이상, 전소 확정판결의 기판력은 손해배상금 채권을 자동채권으로 한 상계권의 행사에는 미치지 않는다. 전소 확정판결의 기판력이 미치지 않는다고 하더라도, 그 증명효로 말미암아 불법행위의 성립을 인정하지 않은 전소 확정판결은 후소의 사실인정에 유력한 증거가 될 수 있다. 그러나 甲에 대한 유죄를 인정한 형사판결의 확정 등 특별한 사정이 있으므로 법원은 전소 확정판결과 달리 불법행위의 성립을 인정하고 乙-1, 2의 손해배상청구를 전액 인용하는 판결을 할 수 있다.

③ 丙은 2021. 1. 1. 甲을 상대로 양수금청구의 소를 제기하면서, 위 확정판결의 시효중단을 위하여 새로운 소를 제기하였다고 주장하였다. 甲은 2021. 2. 1. 제1회 변론기일에 출석하여 丙이 乙-1, 2로부터 위 확정판결의 변론종결 전인 2011. 2. 15. 위 판결상의 채권을 양수하였으므로 그 양도통지가 2011. 3. 1.에 이루어진 것과 상관없이 丙에게는 위 확정판결의 효력이 미치지 않는다고 주장하고, 또 위 확정판결의 연대보증금 채무와 관련하여 주채무자인 丁이 乙의 생전에 乙에게 이미 물품대금을 변제하였는데 위 확정판결에 관한 소송 당시 丁과 연락이 닿지 않아서 이를 알지 못하여 증거신청을 하지 못하였다고 주장하면서, 유일한 증거방법으로 증인 丁을 신청하였다. 丙은 甲이 주장하는 채권양수일자 및 그 통지일자는 모두 사실이라고 시인하였다. 법원은 증인 丁을 채택하여야 하는가?

1. 쟁점

사안에서 乙-1, 2는 전소확정판결의 변론종결 전에 丙에게 채권을 양도하였으나 그 후에 통지를 하였는바, 丙이 변론종결 후의 승계인으로서 전소확정판결의 기판력을 받는지가 우선 문제가 되고, 전소확정판결의 기판력을 받는다고 할 때 신소를 제기할 수 있는지, 그 신소에서의 심리의 범위 등이 문제가 된다.

2. 채권양수인이 기판력을 받는 승계인에 해당하는지를 판별하는 기준 시점

채권을 양수하기는 하였으나 아직 양도인에 의한 통지 또는 채무자의 승낙이라는 대항요건을 갖추지 못하였다면 채권양수인은 채무자와 사이에 아무런 법률관계가 없어 채무자에 대하여 아무런 권리주장을 할 수 없고, 양도인이 채무자에게 채권양도통지를 하거나 채무자가 이를 승낙하여야 채무자에게 채권양수를 주장할 수 있다. 채권양수인이 민소법 제218조 제1항에 따라 확정판결의 효력이 미치는 변론종결 후의 승계인에 해당하는지 여부 역시 채권양도의 합의가 이루어진 때가 아니라 대항요건이 갖추어진 때를 기준으로 판단하여야 한다(대법원 2020. 9. 3. 선고 2020다210747 판결).

3. 시효중단을 위한 신소의 제기와 그 심리의 범위

확정된 승소판결에는 기판력이 있으므로 당사자는 확정된 판결과 동일한 소송물에 기하여 신소를 제기할 수 없는 것이 원칙이나, 시효중단 등 특별한 사정이 있는 경우에는 예외적으로 신소가 허용되는데, 이러한 경우에 신소의 판결이 전소의 승소확정판결의 내용에 저촉되어서는 아니 되므로, 후소 법원으로서는 그 확정된 권리를 주장할 수 있는 모든 요건이 구비되어 있는지에 관하여 다시 심리할 수 없다(대법원 2018. 4. 24. 선고 2017다293858 판결).

4. 유일한 증거

법원은 당사자가 신청한 증거를 필요하지 아니하다고 인정한 때에는 조사할지 아니할 수 있으나, 그것이 당사자가 주장하는 사실에 대한 유일한 증거인 때에는 그러하지 않다(민소법 제290조). 유일한 증거는 당사자가 신청한 증거가 요건사실에 관하여 유일한 것인 경우를 가리키는바, 쟁점별로, 모든 심급을 통하여 유일한지를 판단하여야 하고, 자기에게 증명책임이 있는 사항에 대하여 적용된다. 한편, 유일한 증거라고 하더라도 증거신청이 쟁점 판단에 불필요한 경우 등에 있어서는 조사하지 아니할 수 있다.

5. 사안의 해결

사안에서 丙은 전소 확정판결의 변론종결 전에 채권을 양수하였으나 그에 관한 통지가 그 이후에 이루어짐으로써 변론종결 후의 승계인으로서 전소 확정판결의 기판력을 받는다. 한편 전소 확정판결은 2011. 3. 31.경 확정되었으므로 2021. 1. 1. 제기된 신소는 시효중단을 위한 것으로서 소의 이익이 있다. 다만, 이 경우에 후소 법원은 전소 확정판결의 내용에 저촉되어서는 안되므로 甲의 을에 대한 연대보증채무가 주채무의 소멸로 말미암아 소멸되었는지에 관해서는 심리를 할 수 없다. 후소 법원이 주채무의 소멸 여부에 관하여 심리를 할 필요가 없는 이상, 甲이 신청하는 증거가 유일한 증거라고 하더라도 조사를 하지 않을 수 있으므로 채택하지 않을 수 있다.

6. 그 밖의 판결의 효력

(1) 甲은 X토지를 그 소유자인 乙로부터 매수한 사실이 없음에도 불구하고 乙을 상대로 X토지에 관한 매매를 원인으로 하는 소유권이전등기를 청구하는 소를 제기하면서 소장에 乙의

주소를 허위로 기재하여 그 허위 주소로 소장 부본이 송달되게 하고 甲의 친구인 丙으로 하여금 소장 부본을 수령하게 하였다. 소장 부본 송달일로부터 30일이 경과하여도 답변서가 제출되지 않자, 법원은 변론 없이 청구인용 판결을 선고하였는데, 판결정본은 2017. 1. 2. 위 허위 주소로 송달되어 丙이 이를 수령하였다. 甲은 2017. 2. 5. 위 판결에 기초하여 X토지에 관하여 甲 앞으로의 소유권이전등기를 마쳤다. 乙은 이상과 같은 사실을 2017. 3. 10. 알게 되었다. 2017. 4. 3. 현재 乙의 구제방법에 관하여 검토하라. (2017년 8월 변시 모의시험)

1. 쟁점

허위 주소의 기재에 기초한 판결의 편취(사위판결)의 경우, 항소·추후보완항소·재심의 가능 여부와 별소로 위 판결에 기초하여 마쳐진 소유권이전등기의 말소등기청구를 할 수 있는지 여부가 검토되어야 한다.

2. 항소·추후보완항소·재심

허위 주소의 기재로 인한 판결 편취의 경우에 관하여, 피고의 재판받을 권리가 실질적으로 보장되지 않았기 때문에 판결이 당연무효라는 무효설, 판결이 확정되지 않았기 때문에 피고는 어느 때나 항소를 제기할 수 있다는 항소설, 피고는 추후보완항소·재심의 소를 제기할 수 있다는 추후보완항소·재심설, 피고는 항소·추후보완항소·재심의 소를 모두 제기를 모두 할 수 있다는 병용설이 대립한다.

대법원 1978. 5. 9. 선고 75다634 전원합의체 판결은 "원고가 피고의 주소를 허위로 표시하여 소송 서류가 그 허위 주소로 송달되고 피고 아닌 다른 사람이 이를 수령하여 의제자백의 형식으로 청구인용 판결이 선고된 후 판결서도 위와 같은 방법으로 송달된 경우, 즉 사위판결의 경우는 판결이 형식적으로 존재하는 이상 당연무효는 아니고, 피고에 대한 판결정본의 송달은 부적법하여 무효이며, 피고는 아직도 판결정본의 송달을 받지 않은 상태에 있는 것으로서 판결에 대한 항소기간은 진행을 개시하지 않은 것이라고 보아야 하므로 형식적으로 확정된 판결이 아니어서 기판력이 없고, 재심사유인 '당사자가 상대방의 주소 또는 거소를 알고 있었음에도 주소나 거소를 거짓으로 하여 소를 제기한 때'(제451조 제1항 제11호)는 공시송달의 방법에 의하여 상대방에게 판결정본을 송달한 경우를 말하는 것이지 공시송달의 방법에 의하여 송달된 것이 아닌 경우까지 재심사유가 되는 것으로 규정한 취지는 아니므로 위 판결에 대한 재심은 허용되지 않는다."고 판시하였다. 또 위 전원합의체 판결은 "사위판결에 기초하여 마쳐진 소유권이전등기는 실체적 권리관계에 부합될 수 있는 다른 사정이 없는 한 말소될 처지에 있는 것이어서 피고는 본건 사위판결에 대하여 항소를 제기하지 아니하고 별소로 위 소유권이전등기의 말소를 청구할 수 있다."고 판시하였다.

3. 사안의 해결

위 전원합의체 판결에 따르면 乙은 甲의 청구를 인용한 판결에 대하여 항소를 제기하여 위 판결의 취소를 구할 수 있고, (위 판결의 취소 여부와 상관없이) 별소 또는 항소심에서의 반소를 통하여 X토지에 관한 소유권이전등기의 말소등기를 청구할 수 있다.

(2) 甲은 乙로부터 X부동산을 5억 원에 매수하였다고 하면서 2017. 3. 2. 乙을 상대로 '乙은 甲에게 X부동산에 관하여 2015. 7. 1. 매매를 원인으로 한 소유권이전등기절차를 이행하라'는 취지의 소유권이전등기청구의 소를 제기하였다. 제1심 법원이 甲의 청구를 기각하자 甲이 항소하였고 乙은 甲의 항소 직후 사망하였다. 그런데 항소심 법원은 항소장 부본 및 변론기일통지서를 공시송달의 방법으로 송달하여 소송을 진행한 다음, 甲의 항소를 받아들여 甲의 청구를 인용하는 판결을 선고하였고, 판결문까지 공시송달의 방법으로 송달하였다. 乙의 상속인으로는 A, B가 있고 A, B는 상소기간 도과 후인 2018. 10. 28.에야 이러한 사실을 알게 되었는데, A는 위 판결을 그대로 받아들이기로 했으나 B는 위 판결의 효력을 다투고 있다. B가 혼자서 2018. 11. 5. 추후보완상고를 제기하였다면 이는 적법한가? (제8회 변호사시험)

1. 쟁점

사안에서 乙이 甲의 항소 직후 사망함으로써 소송중단사유가 발생하였는데, 항소심 법원은 이를 간과하고 판결을 선고하고 그 판결을 공시송달하였는바, 소송중단사유를 간과하고 선고된 판결의 효력 및 당사자가 사망한 상태에서 판결문이 공시송달된 경우 그 송달의 효력 등이 문제로 된다.

2. 소송계속 중 당사자의 사망

민소법 제233조는 제1항은 "당사자가 죽은 때에 소송절차는 중단된다. 이 경우 상속인·상속재산관리인, 그 밖에 법률에 의하여 소송을 계속하여 수행할 사람이 소송절차를 수계하여야 한다."고 규정하고 있다. 소송절차의 중단은 당사자나 소송행위자에게 소송수행을 할 수 없는 사유가 발생한 경우에 새로운 소송수행자가 나타나 소송에 관여할 수 있을 때까지 법률상 당연히 절차의 진행이 정지되는 것을 말한다. 당사자의 사망으로 인한 소송법상 당사자 지위의 당연승계에 관하여 부정설도 있으나, 판례는 '대립당사자 구조를 갖추고 적법히 소가 제기되었다가 소송 도중 어느 일방의 당사자가 사망함으로 인해서 그 당사자로서의 자격을 상실하게 된 때에는 그 대립당사자 구조가 없어져 버린 것이 아니고, 그때부터 그 소송은 그의 지위를 당연히 이어받게 되는 상속인들과의 관계에서 대립당사자 구조를 형성하여 존재하게 되는 것'이라고 판시하여 당연승계긍정설의 입장이다(대법원 1995. 5. 23. 선고 94다28444 전원합의체 판결).

3. 소송중단 중 판결정본 송달의 효력

소송절차의 정지 중에는 변론종결된 판결의 선고를 제외하고 일체의 소송행위를 할 수가 없다(민소법 제247조). 학설상 소송중단 중에 행하여진 판결정본의 송달은 무효라는 견해가 있고, 판례는 피고가 변론종결 후에 사망한 상태에서 판결이 선고되고 망인에 대하여 판결정본이 공시송달된 사안에 대하여 "원고가 위 망인을 상대로 제기한 소송은 위 망인의 사망으로 중단되었고, 다만 판결의 선고는 소송절차가 중단된 중에도 할 수 있으므로 위 법원이 이 사건 재심대상판결을 선고한 것은 적법하다고 할 것이나, 위 망인에 대하여 판결정본을 공시송달한 것은 효력이 없고, 위 망인의 상속인이 그 소송절차를 수계하여 위 판결의 정본을 송달받기 전까지는 그에 대한 항소제기기간이 진행될 수도 없으며, 이는 위 망인의 상속인들인 피고들이 위 판결의 존재를 알고 있었다거나 위 소송에 대한 수계신청을 하였다는 등의 사정이 있다고 하여 달리 볼 것은 아니다."고 하였다(대법원 2007. 12. 14. 선고 2007다52997 판결).

4. 추완상소

민소법 제396조에 따라 항소는 판결서가 송달된 날로부터 2주 이내에 하여야 하며, 그 기간은 불변기간이다. 민소법 제173조는 당사자가 책임질 수 없는 사유로 인해 불변기간을 지킬 수 없었다면 그 사유가 없어진 날로부터 2주 이내에 소송행위를 보완할 수 있다고 규정하고 있는바, 여기서 '당사자가 책임질 수 없는 사유'라 함은 당사자가 그 소송행위를 하기 위하여 일반적으로 하여야 할 주의의무를 다하였음에도 불구하고 그 기간을 준수할 수 없었던 사유를 가리킨다. 판례는 소장 부본 기타의 서류가 공시송달의 방법에 의하여 피고에게 송달되고 그 판결 역시 공시송달의 방법으로 피고에게 송달된 경우에 피고가 이러한 사실을 그 후에야 알게 되었다면 특별한 사정이 없는 한 피고가 상소제기의 불변기간을 준수치 못한 것이 피고에게 책임을 돌릴 수 없는 사유에 인한 것이라고 한다(대법원 1991. 5. 28. 선고 90다20480 판결 등).

5. 사안의 해결

사안에서 甲의 항소제기 후 乙이 사망함으로써 소송절차의 중단사유가 발생하였는바, 이를 간과한 항소심판결은 위법하지만 당연무효라고 할 수는 없다. 다만, 이미 사망한 乙에 대한 항소심판결정본의 송달은 무효이어서 이로써 상고기간이 진행하지 않는다. 따라서 B의 추완상고는 부적법하다. 乙의 상속인인 A, B는 언제든지 항소심 법원에 수계신청을 할 수 있고, 수계인으로서 항소심판결정본을 송달받은 다음 상고기간 내에 상고를 할수 있고, 또 상고장을 제출한 다음 수계신청도 할 수 있다. 따라서 B의 추완상고는 수계신청이 이어진다면 상고로서의 효력이 있다(대법원 2005. 10. 14. 선고 2004다52705 판결).

(3) 乙은 甲을 상대로 甲 소유의 X토지에 관하여 매매를 원인으로 한 소유권이전등기청구의 소를 제기하였다. 乙은 甲의 주소를 알고 있음에도 불구하고 甲이 마치 행방불명된 것처럼 허위의 주소를 기재함으로써 재판장의 공시송달명령에 기초하여 소장부본 및 변론기일통지서 등이 송달되게 한 다음, 丙으로 하여금 자신이 甲 소유의 토지를 매수한 것이라는 취지의 허위 증언을 하게 함과 아울러 위조된 매매계약서 등을 증거로 제출하여 승소판결을 받았다. 이 판결은 재판장의 명령에 의하여 공시송달되고 확정되었고, 乙은 X토지에 관하여 자신의 명의로 소유권이전등기를 마쳤다. 그 후 위와 같은 사실을 알게 된 甲은 乙을 상대로 하여 위 토지에 관한 소유권이전등기가 원인무효임을 이유로 말소등기절차의 이행을 구하는 소를 제기하였다. 이 경우 법원은 어떤 판결을 하여야 하는가? (2021년 6월 변시 모의시험)

1. 쟁점

사안에서 乙이 공시송달의 요건이 구비되지 않았음에도 마치 그 요건이 구비된 것처럼 법원을 기망하여 공시송달명령을 받아 甲이 알지 못하는 사이에 승소판결을 받고 공시송달의 방법에 의하여 판결이 송달되게 함으로써 확정된 판결에 기초하여 X토지에 관하여 乙 명의로 소유권이전등기를 마쳤는바, 이러한 경우 甲이 확정판결에 대하여 다투지 않고, 별소를 제기하여 확정판결의 효력을 부인할 수 있는지가 문제된다.

2. 공시송달에 의한 판결 편취의 경우

제1심판결 정본이 공시송달의 방법에 의하여 피고에게 송달되었다면 비록 피고의 주소가 허위이거나 그 요건에 미비가 있다 할지라도 그 송달은 유효하므로 항소기간의 도과로 위 판결은 형식적으로 확정되어 기판력이 발생한다(대법원 1990. 11. 27. 선고 90다카28559 판결 참조). 이 경우에 피고로서는 항소기간 내에 항소를 제기할 수 없었던 것이 자신이 책임질 수 없었던 사유로 인한 것임을 주장하여 민소법 제173조에 따라 추완항소를 제기할 수 있고(대법원 1994. 10. 21. 선고 94다27922 판결), 민소법 제451조 제1항 제11호 소정의 재심사유를 주장하여 확정판결의 효력을 배제하여야 한다.

3. 사안의 해결

사안에서 甲에 대한 공시송달이 비록 허위의 주소에 기초한 것이었다고 하더라도 공시송달의 방법에 의한 판결정본의 송달은 유효하므로 甲에 대하여 X토지에 관한 소유권이전등기를 명하는 확정판결은 여전히 기판력을 갖는다. 甲이 추완항소 또는 재심에 의하여 위 확정판결의 기판력을 배제하지 않은 채, 별소를 제기하여 확정판결에 기초하여 마쳐진 X토지에 관한 乙 명의의 소유권이전등기에 대하여 말소등기절차의 이행을 청구하는 것은 확정판결에 모순되는 것이므로 법원으로서는 실체관계에 관하여 심리를 할 필요 없이 기판력을 이유로 甲의 청구를 기각하여야 한다.

(4) 甲은 2020. 1. 1. 乙을 상대로 S토지 200㎡에 관하여 2019. 7. 1. 매매를 원인으로 한 소유권이전등기청구의 소를 제기하였다. S토지는 위 소송계속 중 2020. 10. 30. S-1토지 150㎡와 S-2 토지 50㎡로 분할되었다. 甲은 청구취지 기재 부동산의 표시를 변경하거나 새로운 토지대장을 제출하지 않았고, 법원은 2020. 12. 31. 甲의 청구를 모두 인용하는 판결을 선고하였고, 위 판결은 그 무렵 확정되었다. 甲이 위 확정판결에 기초하여 소유권이전등기신청을 하였으나 등기공무원이 그 신청을 받아들이지 않자, 甲은 2022. 1. 1. 乙을 상대로 S-1토지 150㎡와 S-2토지 50㎡에 관하여 2019. 7. 1. 매매를 원인으로 한 소유권이전등기청구를 하였다. 乙은 X토지에 관한 종전 소송의 판결문을 법원에 송부한 채 답변서도 제출하지 않았다. 법원은 어떤 재판을 하여야 하는가? (2022년 중간고사)

1. 쟁점

사안에서 S토지에 관한 소유권이전등기청구의 소송계속 중이 토지가 분할되었고, 전소

판결의 내용은 후소 청구취지와 실체적으로 변경된 사항이 없는바, 이러한 경우 甲이 신소를 제기할 이익이 있는지를 검토하여야 한다.

2. 원고의 승소확정판결이 있는 경우

원고가 이미 승소확정판결을 받은 경우 동일한 청구에 대하여 신소를 제기할 이익이 없는 것이 원칙이다(기판력). 다만, 판결원본의 멸실, 판결채권의 시효중단·연장의 필요, 판결내용의 불특정 등의 사유가 있고 판결경정사유에 해당되지 않아서 (광의의) 집행을 할 수 없는 등의 특별한 경우에는 예외적으로 소의 이익이 인정된다.

3. 판결경정의 범위

판결에 잘못된 계산이나 기재 그 밖에 이와 비슷한 잘못이 있는 것이 명백한 때에 법원은 직권으로 또는 당사자의 신청에 따라 경정결정을 할 수 있다(민소법 제211조 제1항). 경정결정은 일단 선고된 판결에 대하여 그 내용을 실질적으로 변경하지 않는 범위에서 표현상의 기재 잘못이나 계산의 착오 또는 이와 유사한 잘못을 법원 스스로 결정으로써 정정 또는 보충하여 강제집행이나 등기의 기재 등 이른바 광의의 집행에 지장이 없도록 하자는 데 그 취지가 있다. 경정이 가능한 잘못에는 그것이 법원의 과실로 생긴 경우뿐만 아니라 당사자의 청구에 잘못이 있어 생긴 경우도 포함된다. 경정결정을 할 때에는 소송의 모든 과정에 나타난 자료는 물론 경정대상인 판결 이후에 제출된 자료도 다른 당사자에게 아무런 불이익이 없는 경우나 이를 다툴 수 있는 기회가 있었던 경우에는 소송경제상 이를 참작하여 그 잘못이 명백한지 여부를 판단할 수 있다(대법원 2020. 3. 16. 자 2020그507 결정).

4. 사안의 해결

사안에서 전소 판결에서 S토지가 분할되기 전의 상태로 표기된 것은 甲의 잘못된 청구로 유발된 오기 또는 이와 유사한 잘못에 해당하고, 그 잘못을 명백히 인정할 수 있으며, 잘못을 경정하더라도 판결의 내용을 실질적으로 변경한다고 볼 수 없으므로 판결경정을 통하여 주문을 경정할 수 있다. 따라서 甲의 신소제기는 소의 이익이 없으므로 법원은 소를 각하하는 판결을 하여야 한다.

상소 / 재심

(1) 어떤 소송이 소의 취하간주로 종료 처리되었는데 원고가 취하간주 처리가 잘못이라고 주장하면서 기일지정신청을 하자 법원이 이유 없다고 결정으로 기각하였다. 이에 대해 불복하고자 하는 원고는 어떻게 해야 하는가?

1. 쟁점

소취하간주로 소송이 종료된 경우 당사자는 민소규 제67조에 따라 기일지정신청을 하여 소취하간주에 대하여 다툴 수 있고, 법원이 기일지정신청에 대해 변론을 열어 심리한 결과 기일지정신청이 이유 없다고 인정하는 경우에는 판결로 소송종료선언을 하여야 한다. 하지만 사안에서는 법원이 결정으로 기각을 하였는바, 형식에 어긋나는 재판에 대한 불복방법이 문제이다.

2. 형식에 어긋나는 재판에 대한 불복방법

판결로 재판하여야 할 것을 결정으로 하였다거나, 그 반대의 경우와 같이 민사소송법이 규정하고 있는 형식과 다른 형식의 재판을 한 경우 그 재판을 "형식에 어긋나는 재판"이라 하는데, 이러한 재판의 불복방법에 대해서 주관설(현재 취한 재판의 형식에 따라 상소의 종류를 정하여야 하는 견해), 객관설(본래 하여야 할 재판의 형식에 따라 상소의 종류를 정하여야 한다는 견해), 선택설(현재 취한 재판의 형식에 따르든, 본래 하여야 할 재판의 형식에 따르든 적법한 상소로 보아야 한다는 견해)이 대립한다.

결정이나 명령으로 재판할 수 없는 사항에 대하여 결정 또는 명령을 한 때에는 항고할 수 있다(민소법 제440조).

3. 사안의 해결

사안에서 기일지정신청에 대한 법원의 기각결정에 대해서 민소법 제440조에 따라 항고할 수 있다. 한편 사안과 같은 경우에 항소할 수 있는지에 대해서 명확한 판례는 없으나, 주관설에 의하면 항소할 수 없고, 객관설과 선택설에 따르면 항소할 수 있다.

(2) 서울고등법원이 2014. 4. 7.에 선고한 패소판결을 2014. 4. 15. 송달받고 이 판결에 대하여 상고하면서 상고장을 2014. 4. 28.에 대법원에 제출하였다. 이 상고장을 접수한 대법원은 2014. 4. 29.에 이를 원심법원인 서울고등법원에 송부하여 이 상고장이 2014. 5. 1. 서울고등법원에 도착하였다. 이 상고는 적법한가?

1. 상고장 제출기간

상고장은 판결서가 송달된 날로부터 2주 이내에 원심법원에 제출되어야 한다(민소법 제425조, 제396조, 제397조). 판례에 따르면 상고장이 원심법원 이외의 법원에 제출된 경우에는 상고장이 원심법원에 접수된 때를 기준으로 기간준수 여부를 따져보아야 한다(대법원 1981. 10. 13. 선고 81누230 판결).

2. 사안의 해결

사안에서 상고기간은 판결정본을 송달받은 2014. 4. 15.부터 진행되고, 상고장이 원심법원인 서울고등법원에 도착한 것은 2014. 5. 1.으로 상고기간인 2014. 4. 29.을 도과하였으므로 상고는 부적법하다.

(3) 甲 소유의 X토지에 관하여 乙 앞으로 매매를 원인으로 한 소유권이전등기(이하 '이 사건 등기'라고 함)가 마쳐졌다. 丙은 "丙은 甲으로부터 X 토지를 매수하였으므로 甲에 대하여 X토지에 관한 소유권이전등기청구권을 갖는다. 그리고 乙은 甲으로부터 X토지를 매수하지 않았음에도 등기 관련 서류를 위조하여 이 사건 등기를 마쳤으므로 이 사건 등기는 원인무효이다. 따라서 丙은 甲에 대한 위 소유권이전등기청구권을 보전하기 위하여 甲을 대위하여 乙을 상대로 이 사건 등기의 말소를 청구할 수 있다."라고 주장하면서, 甲과 乙을 공동피고로 하여, 甲에 대하여는 丙에게 X토지에 관하여 매매를 원인으로 한 소유권이전등기절차를 이행할 것을 청구하고, 乙에 대하여는 甲에게 이 사건 등기의 말소등기절차를 이행할 것을 청구하는 소를 제기하였다. 소송과정에서 甲, 乙, 丙 중 누구도 "甲이 丙에게 X 토지를 증여하

였다."라는 주장을 하지 않았는데, 제1심 법원은 甲이 제출한 증거를 통하여 '甲이 丙에게 X토지를 매도한 것이 아니라 증여하였다'는 확신을 갖게 되었다. 이에 제1심 법원은 甲에 대하여는 丙에게 X토지에 관하여 증여를 원인으로 한 소유권이전등기절차를 이행할 것을 명하고, 乙에 대하여는 甲에게 이 사건 등기의 말소등기절차를 이행할 것을 명하는 판결을 선고하였다(乙에 대한 판결에 있어서, 법원은 丙의 甲에 대한 증여를 원인으로 한 소유권이전등기청구권을 피보전채권으로 인정하였다). 丙은 甲과 乙을 상대로 하여 제1심판결에 대하여 항소를 할 수 있는가? (2019년 8월 변시 모의시험)

1. 쟁점

채무자에 대하여 소유권이전등기청구를 하고 채권자대위소송에 기초하여 제3채무자에 대하여 소유권이전등기의 말소등기청구를 하여 전부승소한 원고가 주문상으로 전부승소하였음에도 불구하고 상소의 이익이 있는지 문제된다.

2. 상소요건으로서 상소의 이익

상소는 자기에게 불이익한 재판에 대하여 유리하게 취소·변경을 구하는 것으로서 상소인에게는 상소의 이익이 있어야 한다. 재판이 상소인에게 불이익한지 여부는 원칙적으로 판결의 주문을 표준으로 하여 판단한다(판례, 형식적 불복설). 따라서 판결에서 전부승소한 당사자는 판결이유에 불만이 있더라도 상소의 이익이 없음이 원칙이다.

3. 원고가 전부승소하였으나 처분권주의를 위반한 경우 상소이익

원고가 매매를 원인으로 한 소유권이전등기를 청구한 데 대하여 원심이 다른 청구원인을 인정하여 소유권이전등기를 명하였다면 판결의 주문상으로는 원고가 전부승소한 것으로 보이기는 하지만, 매매를 원인으로 한 소유권이전등기청구와는 청구원인사실이 달라서 동일한 청구라 할 수 없으므로 법원이 원고가 주장한 매매를 원인으로 한 소유권이전등기청구에 관하여는 심판을 한 것으로 볼 수 없다. 결국 원고의 청구는 실질적으로 인용된 것이 아니어서 판결의 결과가 원고에게 불이익하게 되었고, 원심판결에 처분권주의를 위반한 위법이 있으므로 원고에게는 상소의 이익이 인정된다(대법원 1992. 3. 27. 선고 91다40696 판결).

4. 사안의 해결

사안에서 제1심판결의 주문상으로는 丙이 甲에 대한 소유권이전등기청구에 관하여 전

부승소한 것으로 보이지만, 제1심은 甲이 주장하지도 아니한 증여를 원인으로 한 소유권
이전등기청구에 대하여 판단을 하였을 뿐, 丙이 청구한 매매를 원인으로 한 소유권이전
등기청구에 대하여는 판단을 하지 않음으로써 처분권주의를 위반하였다. 이는 결과적으
로 丙의 청구를 실질적으로 인용한 것이 아니고 그러한 판결의 결과는 丙에게 불이익하므
로 丙에게는 상소의 이익이 인정된다. 따라서 丙은 甲에 대한 제1심판결에 관하여 처분권
주의 위반을 이유로 항소할 수 있다. 한편, 丙의 乙에 대한 채권자대위소송에서 심판의 대
상은 甲의 乙에 대한 소유권이전등기 말소등기청구권의 존부이고, 이에 대하여 丙의 청구
가 전부 인용된 이상 제1심판결의 판결이유에서 丙의 피보전채권을 잘못 인정하였다 하더
라도 그 사유만으로는 상소의 이익이 있다고 할 수 없다(대법원 1992. 3. 27. 선고 91다40696 판결).
따라서 丙은 乙에 대한 제1심판결에 관하여는 항소의 이익이 없으므로 항소할 수 없다.

(4)

① 甲이 주채무자 乙과 보증인 丙을 상대로 대여금반환청구의 소를 제기하여 모두 승소
하였는데 丙만 항소하였다면 甲과 乙 사이의 판결과 소송은 어떻게 되는가?

1. 쟁점

통상공동소송에서 공동소송인 중 1인이 항소를 제기한 경우 나머지 공동소송인에 대한
소송이 문제가 된다.

2. 통상공동소송에서의 항소

통상공동소송은 공동소송인 사이에서 승패가 일률적으로 될 필요가 없는 공동소송으
로서, 판결의 내용이 일치할 필요가 없고 변론을 분리하거나 일부판결도 가능하다. 통상공
동소송의 경우 공동소송인 독립의 원칙이 적용되므로(민소법 제66조), 통상공동소송인은 각
자 상소의 제기, 상소의 취하 등 소송행위를 할 수 있고, 그 행위를 한 자에 대하여만 효력
이 미친다. 통상공동소송 관계의 판결에 대하여 공동소송인 중 일부에 대해서만 불복한 경
우에는 그 부분만 상소심으로 이심이 되고 상소심의 심판권한의 범위도 당연히 그 부분에
한정된다. 따라서 불복하지 않은 부분에 대한 제1심판결은 항소기간 만료일이 지남으로써
분리 확정되었다. 그럼에도 불구하고 분리 확정된 피고에 대한 청구까지 항소심에 이심된
것으로 보고 판단하는 것은 공동소송 및 항소로 인한 항소심 심판 범위 등에 관한 법리를
오해한 것이다(대법원 2012. 9. 27. 선고 2011다76747 판결).

3. 사안의 해결

주채무자 乙과 보증인 丙에 대한 대여금반환청구는 민소법 제65조의 통상공동소송에 해당한다. 따라서 丙이 제1심판결에 대하여 항소하였다고 하더라도 그로 인하여 乙도 항소한 것으로 간주되지는 않고, 乙이 항소를 제기하지 않은 채 항소기간을 도과한다면 甲의 乙에 대한 판결은 확정된다.

> **유사문제** 乙은 甲에게 자기 소유의 X토지를 매도하였으나 X토지에 대한 소유권이전등기의무를 이행하지 않고 있던 중 丙에게 X토지를 매도하였고, 丙은 자신의 명의로 X토지에 관하여 소유권이전등기를 마쳤다. 甲은 乙과 丙을 상대로 乙에게는 X토지에 대한 매매를 원인으로 한 소유권이전등기를, 丙에게는 X토지에 관한 乙과 丙 사이의 매매가 통정허위표시에 의한 것이어서 무효라는 이유로 乙을 대위하여 X토지에 대한 소유권이전등기말소를 청구하는 소를 제기하였다. 제1심 법원은 ① 甲의 乙에 대한 청구는 '乙은 甲으로부터 매매잔대금을 지급받음과 동시에 甲에게 X토지에 관하여 위 매매를 원인으로 한 소유권이전등기절차를 이행하라'는 내용으로 일부 인용하고, ② 丙에 대한 청구는 기각하였다. 甲은 丙에 대한 청구 부분에 대하여만 항소를 제기하였다. 항소심 법원은 甲의 乙에 대한 청구 부분도 심리한 후 '甲의 乙과 丙에 대한 항소를 모두 기각한다'고 판결하였다. 항소심 법원의 판단은 타당한가? (2020년 8월 변시 모의시험)

② A가 B를 상대로 물품인도와 손해배상을 청구하여 모두 승소하였는데 B가 손해배상 부분에 대해서만 항소한 경우 제1심판결 중 물품인도 부분은 어떻게 되는가?

1. 쟁점

단순병합된 두 개의 청구 중 하나의 청구에 대해서만 항소를 한 경우 나머지 청구가 분리 확정되는지, 이심되는지 여부가 문제이다.

2. 상소불가분의 원칙

단순병합이란 여러 개의 청구 전부에 대해서 심판을 구하는 형태의 병합으로서, 각 청구들 사이의 관련성이 요구되지 않으며, 법원은 병합된 모든 청구에 대해서 판단하여야 한다. 단순병합관계에 있는 모든 청구에 대해서 하나의 전부판결이 선고되고 그중 일부에 대하여만 상소한 경우 모든 청구에 대하여 이심과 확정차단의 효력이 생기나, 항소인이 변론종결시까지 항소취지를 확장하지 않는 한 불복하지 않은 나머지 부분은 항소심의 심판대상이 되지 않으므로 그 부분에 관하여는 항소심판결의 선고와 동시에 확정되어 소송이 종료된다(대법원 1994. 12. 23. 선고 94다44644판결 등).

3. 사안의 해결

사안에서 A의 B에 대한 물품인도청구와 손해배상청구는 각 청구 사이의 관련성이 없으므로 단순병합형태에 해당한다. 이에 대하여 제1심 법원이 하나의 전부승소판결을 하고, B가 손해배상청구 부분만 항소한 경우, 항소대상으로 삼지 않은 물품인도청구도 항소심으로 이심은 되지만, B가 항소심 변론종결시까지 항소취지를 확장하지 않는 한 항소심의 심판대상이 되지 않는다.

(5) 甲은 乙이 경영하는 공장에서 일하다가 동료의 잘못으로 상해를 입었다. 이에 乙을 상대로 위 사고로 인한 손해배상으로 치료비 5,000만 원, 노동능력 상실로 인한 일실이익 1억 원, 위자료 3,000만 원을 청구하자, 제1심 법원은 치료비는 모두 인용하고 일실이익은 8,000만 원, 위자료는 2,000만 원만을 인용하였다.

① 제1심판결에 대하여 乙만이 항소하면서 치료비 부분에 대하여는 불복하지 않고 일실이익과 위자료 부분에 대하여만 불복한 경우, ⅰ) 乙은 항소심 계속 중 불복범위를 치료비 부분까지 확장할 수 있는가? ⅱ) 甲도 자신의 제1심 패소부분 일실이익 2,000만 원과 위자료 1,000만 원 부분을 불복할 수 있는가? 또 일실이익 손해의 청구금액을 1억 3,000만 원으로 늘릴 수 있는가?

1. 쟁점

甲의 손해배상청구소송에서 소송물과 甲과 乙 각각의 상소의 이익이 문제가 된다.

2. 손해배상소송에서의 소송물

판례에 따르면 손해배상청구에서 적극적 손해(치료비 등), 소극적 손해(일실이익), 정신적 손해(위자료)는 별개의 소송물이다.

3. 단순병합청구에서 상소의 이익

여러 개의 청구에 대하여 하나의 전부판결을 한 경우에는 그중 한 청구에 대하여만 항소를 하여도 다른 청구에 대해서 항소의 효력이 미친다(상소불가분의 원칙). 즉, 항소인은 항소심 변론종결시까지 어느 때나 항소취지를 확장할 수 있고, 피항소인도 변론종결 전까지 부대항소를 제기할 수 있으며, 피항소인인 원고가 청구취지를 확장하는 것은 부대항소를 한 것으로 의제된다(대법원 1992. 12. 8. 선고 91다43015 판결).

4. 사안의 해결

ⅰ) 사안에서 피고 乙이 항소하면서 일실이익과 위자료 부분에 대하여만 불복하였다고 하더라도 치료비 부분도 이심의 효력이 생기므로 항소인인 피고 乙로서는 항소심 변론종결시까지 치료비 부분을 포함하여 항소취지를 확장할 수 있다.

ⅱ) 사안에서 원고 甲이 항소를 하지 않았다고 하더라도 甲으로서는 부대항소를 하여 자신이 패소한 부분(일실이익 2,000만 원, 위자료 1,000만 원)에 대하여 불복할 수 있고, 나아가 부대항소로서 일실이익에 대한 청구취지를 1억 3,000만 원으로 확장할 수 있다.

② 제1심판결에 대하여 乙은 항소하지 않고 甲만 자신의 패소부분에 대하여 항소했을 경우, 甲은 치료비의 청구금액을 6,000만 원으로 늘릴 수 있는가?

1. 쟁점

甲이 제1심판결에서 전부승소한 치료비청구액을 항소심에서 확장할 수 있는지가 문제이다.

2. 손해배상청구에서 전부승소한 부분에 대한 상소이익

상소는 자기에게 불이익한 재판에 대하여 유리하게 취소변경을 구하기 위하여 하는 것이므로 전부승소한 판결에 대하여는 항소가 허용되지 않는 것이 원칙이다(판례, 형식적 불복설). 그러나 상대방이 항소를 제기하여 확정이 차단된 경우에는 청구취지의 확장을 위하여 부대항소를 하거나, 항소심에서 청구취지의 확장을 하여 나머지 부분의 청구를 할 수 있다.

판례에 따르면 원고가 제1심에서 재산상 손해(소극적 손해)에 대하여는 형식상 전부승소하였으나 위자료에 대하여는 일부 패소한 후, 패소부분에 불복하는 형식으로 항소를 제기하여, 항소심에서 위자료는 물론 재산상 손해(소극적 손해)에 관하여도 청구를 확장하는 것이 허용되는바, 이는 피고의 법적 안정성이나 실체적 권리가 부당하게 침해되는 것도 아니고, 오히려 재산상 손해(소극적 손해)에 대한 항소의 이익을 부정하고 청구취지의 확장을 허용하지 않으면 원고는 판결이 확정되기도 전에 나머지 부분을 청구할 기회를 절대적으로 박탈

당하게 되어 부당하기 때문이다(대법원 1994. 6. 28. 선고 94다3063 판결).

3. 사안의 해결

사안에서 원고 甲은 자신의 패소부분에 관하여 항소를 한 후, 전부승소한 치료비 부분에 대한 청구금액을 6,000만 원으로 확장할 수 있다.

③ 乙만 항소했는데, 항소심의 판단은 치료비가 6,000만 원, 일실이익이 1억 원, 위자료가 2,000만 원이라면, 항소심은 다음의 경우에 각각 어떤 판결을 해야 하는가?
ⅰ) 甲은 항소나 부대항소, 청구확장을 하지 않은 때,
ⅱ) 甲이 제1심 패소부분에 대하여 불복한 때,
ⅲ) 甲이 청구금액을 치료비 6,000만 원, 일실이익 1억 3,000만 원으로 늘린 때,

1. 쟁점

손해배상청구의 경우 적극적 손해(치료비), 소극적 손해(일실이익), 위자료가 각각 별개의 소송물이므로 주어진 상황마다 각각 제1심판결과 비교해서 항소심의 판단이 불이익변경금지의 원칙에 저촉되지 않는지를 검토하여야 한다.

2. 사안의 해결

ⅰ) 사안에서 피고 乙만이 항소하고, 甲이 항소나 부대항소, 청구취지의 확장을 하지 않았다면, 항소심에서 심리결과 인정될 수 있는 손해배상의 범위가 치료비와 일실이익에서 제1심 인용금액을 초과하더라도 불이익변경금지의 원칙에 따라 乙의 항소를 모두 기각하여야 한다.

ⅱ) 사안에서 원고 甲, 피고 乙이 각각 패소한 부분에 대하여 쌍방 항소를 한 경우에,
 – 치료비 부분은 항소심 심리결과 제1심보다 많은 6,000만 원이 인정된다고 하더라도 원고 甲은 항소하지 않았고(제1심에서 전부승소하였으므로), 乙만이 항소를 하였으므로 피고 乙에게 불이익하게 변경할 수 없어서 乙의 항소기각을 해야 하고,
 – 일실이익 부분은 원고 甲의 항소를 받아들여서 2,000만 원 부분에 대한 甲의 패소부분을 취소하고 위 금액을 인용하고, 피고 乙의 항소는 기각해야 하며,
 – 위자료 부분은 원고 甲, 피고 乙 모두의 항소를 기각하여야 한다.
 – 결론적으로, 항소심은 피고 乙의 항소를 기각하고, 원고 甲의 항소 중 일실이익부분

을 인용하고 나머지 항소는 기각하여야 한다.

　iii) 사안에서 원고 甲이 항소심에서 청구금액을 치료비 6,000만 원, 일실이익 1억 3,000만 원으로 확장한 경우에는 부대항소를 한 것으로 의제되므로, 항소심은 甲의 부대항소를 받아들여 치료비 부분은 1,000만 원을 추가로 인용하고, 일실이익 부분은 제1심판결 중 원고 패소부분을 취소하고 2,000만 원을 추가로 인용하고, 피고 乙의 항소는 모두 기각하여야 한다.

유사문제 甲은 乙이 운전하던 A회사의 택시를 타고 가던 중, 乙이 丙이 운전하던 자동차와 추돌하는 바람에 중상을 입고 병원에 입원하여 치료를 받고 있다. 이 사고에 대한 乙의 과실은 40%, 丙의 과실은 60%로 확정되었다. 甲은 乙을 상대로 불법행위를 이유로 치료비 1,500만 원, 일실수익 3,000만 원, 위자료 1,500만 원 합계 6,000만 원의 손해배상청구의 소를 제기하였다. 甲은 제1심에서 치료비 1,500만 원, 일실수익 3,000만 원, 위자료 500만 원 합계 5,000만 원의 일부 승소판결을 선고받았다. 이에 甲은 위자료 중 패소한 1,000만 원 부분에 대하여 항소한 후, 항소심에서 일실수익을 4,000만 원으로 청구취지를 확장하였다. 법원은 확장된 일실수익 부분에 대하여 어떠한 판단을 하여야 하는가? (2016년 6월 변시 모의시험)

---

(6) 甲이 乙, 丙, 丁, 戊, 己를 상대로 2012. 4. 1. 소를 제기하였다. 甲은 소장에서 i) 자신이 乙에게 2010. 5. 4. 丙, 丁, 戊, 己의 연대보증 하에 1억 원을 대여하였고, ii) 乙이 2010. 12. 3. 자신에게 아파트 1채(별지 목록 1)를 매매대금 2억 원에 매도하였고, iii) 2010. 5. 1. 乙에게 자기 소유의 점포 1동(별지 목록 2)을 보증금 5천만 원, 월 차임 200만 원, 기간을 2년으로 정하여 임대하였다고 주장하였다. 戊는 변호사 A를, 己는 변호사 B를 선임하여 소송을 수행하였는데, A에게는 상소제기의 수권이 있었지만, B에게는 상소제기의 수권이 없었다. 제1심 법원은 2012. 10. 5. 변론을 종결하고 다음과 같은 주문의 판결을 선고하였다.

---

1. 피고 乙, 丙, 丁, 戊, 己는 연대하여 원고에게 금 1억 원을 지급하라.
2. 피고 乙은 원고에게,
　가. 별지 목록 (1) 기재 부동산에 관하여 2010. 12. 3. 매매를 원인으로 한 소유권이전등기절차를 이행하고,
　나. 원고로부터 5천만 원을 지급받음과 상환으로 별지 목록 (2) 기재 부동산을 인도하라.
3. 원고의 나머지 청구를 기각한다.
4. 소송비용 중 원고와 피고 乙 사이에서 생긴 부분은 이를 5분하여 그 1은 원고의, 나머지는 위 피고의, 원고와 피고 丙, 丁, 戊, 己 사이에서 생긴 부분은 위 각 피고들의 부담으로 한다.

제1심판결에 대하여 乙만이 항소하였는데, 乙은 대여금청구는 다투지 아니하고, 건물인도청구와 소유권이전등기청구 부분만 다투었다. 항소심 법원은 乙의 항소를 기각하였다. 乙이 상고하면서 건물인도청구 부분만 다투었다. 대법원은 乙의 상고를 기각하였다.

재판절차가 모두 끝났다고 판단한 甲이 강제집행에 착수하기 위하여 조사를 해 본 결과, 乙, 丙은 현재도 생존해 있으나, 丁은 2012. 3. 31. 사망하여 丁-1이 단독으로 상속하였고, 戊는 2012. 10. 3. 사망하여 戊-1이 단독으로 상속하였으며, 己는 2012. 10. 2. 사망하여 己-1이 단독으로 상속한 사실을 알게 되었다. (2013년 8월 변시 모의시험)

① 乙에 대한 판결은 언제 확정되는가?

1. 단순병합청구에서 상소불가분의 원칙

단순병합이란 여러 개의 청구 전부에 대해서 심판을 구하는 형태의 병합으로써, 각 청구들 사이의 관련성이 요구되지 않으며, 법원은 병합된 모든 청구에 대해서 판단하여야 한다. 단순병합관계에 있는 모든 청구에 대해서 하나의 전부판결이 선고되고 그중 일부에 대하여만 상소한 경우 모든 청구에 대하여 이심과 확정차단의 효력이 생기나, 항소인이 변론종결시까지 항소취지를 확장하지 아니하는 한 불복하지 아니한 나머지 부분은 항소심의 심판대상이 되지 아니하므로 그 부분에 관하여는 항소심판결의 선고와 동시에 확정되어 소송이 종료된다.

2. 사안의 해결

사안에서 乙의 항소에 의하여 甲의 乙에 대한 각 청구는 乙이 항소로 다투지 않은 대여금청구 부분을 포함하여 모두 확정이 차단되고 항소심으로 이심된다. 다만 위 대여금청구 부분은 항소심 변론종결시까지 이에 대한 항소나 부대항소가 없었으므로 항소심판결선고시에 분리 확정된다. 乙이 상고로 다투지 않은 소유권이전등기청구 부분 역시 상고심으로 이심은 되나, 상고심의 심판대상이 아니므로 상고심판결 선고시에 확정되고, 상고심에서 상고기각된 건물인도청구 부분도 상고기각판결 선고시에 확정된다.

② 丁-1, 戊-1, 己-1은 각 부친들의 채무를 인정하지 않음은 물론 위 재판에 관하여 전혀 아는 바가 없고 책임질 의사도 없다고 하고 있다. 위 1심 판결의 효력은 丁-1, 戊-1, 己-1에게 미치는가? 미친다면 언제 확정되는가?

1. 쟁점

피고들의 각 사망시기와 관련하여 판결의 효력 및 소송대리인이 있는 경우 그 대리권의 범위와 소송절차의 중단 시점 등이 판결의 확정 시점과 관련하여 검토되어야 할 문제이다.

2. 사안의 해결

가. 丁은 2012. 3. 31.에 사망하여 甲이 소를 제기한 2012. 4. 1. 이전에 사망하였다. 그럼에도 불구하고 제1심 법원이 이를 간과한 채 판결하였으므로, 丁에 대한 제1심판결은 당연무효로서 판결의 효력이 丁-1에게 미치지 아니한다.

나. 戊는 소송계속 중인 2012. 10. 3. 사망하였으므로 원칙적으로 戊가 사망한 시점부터 소송이 중단되어야 하나(민소법 제233조), 戊에게는 소송대리인 변호사 A가 있으므로 소송이 중단되지 않고(민소법 제238조), A는 상속인 戊-1의 소송대리인으로서 소송을 수행한다. 따라서 戊에 대한 제1심판결의 효력은 戊-1에게 미치고, A에게는 상소제기의 특별수권이 있으므로 제1심판결정본을 송달받은 시점부터 상소기간(2주)이 진행된다. 상소가 제기된 바 없이 상소기간이 도과하였으므로 戊-1에 대한 제1심판결은 상소기간이 도과함으로써 확정되었다.

다. 己는 소송계속 중인 2012. 10. 2. 사망하였으나 소송대리인 변호사 B가 있어 소송이 중단되지 않고, 己에 대한 제1심판결의 효력은 己-1에게 미친다. 다만 B는 상소제기의 특별수권이 없으므로 제1심판결정본을 송달받은 때로부터 己에 대한 소송이 중단되어 미확정인 상태이다.

(7) 甲은 乙에 대하여 2억 원의 매매대금과 공작물인도를 구하는 청구를 병합하여 소를 제기하였다.

① 甲이 1심에서 매매대금청구 부분은 패소하고 공작물인도청구 부분은 승소한 후 패소한 매매대금청구 부분 중 일부인 2,000만 원 부분에 대하여만 항소를 제기하였다가 항소심 계속 중 2억 원으로 항소취지를 확장하는 경우,

② 甲이 1심에서 전부패소 후 매매대금청구 부분만 항소하였다가 공작물인도청구 부분도 항소취지로 추가하는 경우,

③ 甲이 1심에서 전부패소 후 2억 원의 매매대금청구 부분 중 일부인 2,000만 원 부분에 대

해서만 항소를 제기하였다가 항소심에서 패소하자 상고를 제기하였고, 상고심에서 파기환송한 후 환송심에서 2억 원으로 항소취지를 확장하는 경우,
위 ①, ②, ③이 가능한지를 근거를 제시하여 설명하시오. (2015년 사법시험)

1. 쟁점

상소불가분의 원칙과 관련하여 항소심에서의 청구확장 가부가 문제이다.

2. 상소불가분의 원칙

판결의 일부에 대한 상소가 있더라도 판결의 전부에 대하여 확정차단 및 이심의 효력이 발생한다. 이를 '상소불가분원칙'이라고 하는데, 상소인이 불복신청의 범위를 확장할 수 있고, 피상소인이 부대상소를 할 수 있도록 하기 위함이다.

한편, 청구를 모두 기각한 제1심판결에 대하여 원고가 그중 일부에 대하여만 항소를 제기한 경우, 불복하지 않은 나머지 부분도 항소로 인하여 확정이 차단되고 항소심에 이심된다. 판례에 따르면 원고가 항소심 변론종결시까지 항소취지를 확장하지 않는다면, 원고가 항소하지 않은 나머지 부분에 관하여는 항소심판결의 선고와 동시에 확정된다(대법원 2001. 4. 27. 선고 99다30312 판결).

3. 사안의 해결

① 사안에서 매매대금청구에 대하여 전부 패소한 甲이 그중 일부인 2,000만 원 부분에 대하여만 항소를 하였다고 하더라도, 항소에 의한 확정차단 및 이심의 효력은 그 전부에 미치므로 甲은 항소심 변론종결시까지 나머지 패소부분에 대하여 항소취지를 확장할 수 있다.

② 사안에서 1심에서 전부 패소한 甲이 매매대금청구 부분만 항소를 하는 경우, 나머지 패소부분에 대하여도 확정차단 및 이심의 효력이 발생하므로, 공작물인도청구 부분을 항소취지로 추가하여 항소취지를 확장할 수 있다.

③ 사안에서 甲이 전부 패소한 제1심판결 중 매매대금청구 중 일부인 2,000만 원 부분에 대하여만 항소를 제기하였다면, 불복하지 않은 나머지 부분, 즉 매매대금청구 중 1억 8,000만 원 부분과 공작물인도청구 부분은 항소심판결의 선고시에 분리 확정된다. 상고심에서 甲의 상고를 받아들여 파기환송을 하였다고 하더라도, 매매대금청구 중 1억 8,000만 원 부분은 이미 확정되었으므로 파기환송 후 항소심에서는 항소취지를 2억 원으로 확장할

수 없다.[3]

(8) A는 2013. 1. 1. 甲이 운전하는 택시를 타고 가다가 교차로에서 甲의 택시가 乙이 운전하는 승용차와 충돌을 하는 사고로 인하여 경추부 골절상을 입고, 2013. 6. 30.까지 입원치료를 받았는데, 甲과 乙이 서로 상대편이 신호를 위반함으로써 사고가 발생했다고 주장하면서 치료비조차 배상해주지 않자, A는 2015. 7. 1. 乙을 상대로 치료비 3,000만 원의 손해배상청구의 소를 제기하였다. 乙은 위 소송에서 甲이 신호위반을 하여 사고가 발생하였고 자신도 피해자라고 주장하였다. A는 2015. 10. 1. 법원에 甲에 대하여 乙과 함께 치료비 3,000만 원을 지급하라는 내용을 포함한 소송고지서를 제출하였고, 위 소송고지서는 2016. 2. 1. 甲에게 송달되었다. 제1심 법원이 원고 전부승소의 판결을 선고하자, 乙은 위 치료비청구 중 1,500만 원을 초과하는 부분에 대하여만 불복하여 항소하였고, A도 추가로 지출된 치료비 1,000만 원에 관하여 청구를 확장하면서 항소기간 내에 항소를 제기하였다. (2017년 기말고사)

① A의 위 항소는 적법한가?

1. 쟁점

제1심판결에서 전부승소한 원고가 청구를 확장하기 위하여 항소를 제기할 이익이 있는지가 검토되어야 한다.

2. 상소요건으로서 상소의 이익

상소는 자기에게 불이익한 재판에 대하여 유리하게 취소·변경을 구하는 것으로서 상소하려는 자는 상소의 이익이 있어야 한다. 재판이 상소인에게 불이익한지 여부는 원칙적으로 판결의 주문을 표준으로 하여 판단한다(판례, 형식적 불복설). 따라서 판결에서 전부승소한 당사자는 상소의 이익이 없음이 원칙이다.

3. 일부청구에 관하여 전부승소한 채권자의 상소의 이익

---

3) 당사자가 항소 또는 부대항소를 하지 않아 항소심에 이심은 되어 있었으나 항소심의 심판대상이 되지 않았던 부분도 항소심의 심판대상이 되었던 부분에 대하여 상고제기가 있으면 상소불가분의 원칙에 따라 함께 확정이 차단되고 상고심으로 이심된다는 비확정설에 따르면 파기환송 후 항소심에서 항소취지의 확장이 가능하다.

가분채권에 대한 이행청구의 소를 제기하면서 그것이 나머지 부분을 유보하고 일부만 청구하는 것이라는 취지를 명시하지 아니한 경우, 그 확정판결의 기판력은 나머지 부분에까지 미치기 때문에, 별소로써 나머지 부분에 관하여 다시 청구를 할 수 없다(판례, 명시설). 명시하지 않은 일부청구에 관하여 전부승소한 채권자에게 나머지 부분에 관한 청구를 확장하기 위한 항소가 허용되지 않는다면, 나머지 부분을 소구할 기회를 상실하는 불이익을 입게 되므로, 이러한 경우에는 예외적으로 전부승소한 당사자에게도 나머지 부분에 관하여 청구를 확장하기 위한 항소의 이익이 인정된다(대법원 1997. 10. 24. 선고 96다12276 판결 등).

4. 사안의 해결

사안에서 A는 제1심에서 전부승소하였지만, 치료비청구에 관하여 일부청구임을 명시하지 않았기 때문에 추가로 지출된 1,000만 원에 대한 청구를 확장하기 위하여 항소의 이익이 인정된다. 따라서 A의 항소는 적법하다.

추가된 사실

항소심 법원이 제1심판결을 변경하여 乙에 대하여 A에게 4,000만 원을 지급하라는 취지의 판결을 선고하자, 乙은 위 항소심판결이 甲의 신호위반으로 발생한 위 교통사고에 관하여 채증법칙을 위반하여 사실을 오인하였다고 주장하면서 항소심의 인용금액인 4,000만 원 전액에 대하여 상고를 제기하였다.

② 대법원이 乙의 위 주장이 이유 있다고 판단한다면, 어떤 판결을 하여야 하는가? (상고각하, 상고기각, 원심파기 등)

1. 쟁점

항소인이 항소하지 않은 부분에 관한 항소심판결에 대하여 상고할 수 있는지, 상고의 이익이 있는지가 검토되어야 한다.

2. 항소심의 심판대상과 상고의 이익

원고 전부승소의 제1심판결에 대하여 피고가 일부에 대하여만 항소를 한 경우, 항소되지 않은 나머지 부분도 항소로 인하여 확정이 차단되고 항소심에 이심은 되지만, 피고가 항소심 변론종결시까지 항소취지를 확장하지 아니하는 한, 그 나머지 부분은 피고가 불복한 바가 없어서 항소심의 심판대상이 되지 않는다. 한편, 피고만이 항소한 항소심에서 원고가 청구취지를 확장하여 변경한 경우에는 그에 의하여 피고에게 불리하게 되는 한도에서 부대항소를 한 취지이며, 항소심이 제1심판결의 인용금액을 초과하여 원고의 청구를 인용하더라도 불이익변경금지의 원칙에 위배되지 않는다(대법원 1991.9.24. 선고 91다21688 판결). 따라서 항소심의 심판대상은 패소한 피고가 불복한 부분과 원고가 항소심에서 확장한 청구 부분에 한정되고, 원고 승소의 제1심판결 중 피고가 항소하지 않은 부분은 항소심의 심판대상이 될 수 없으므로 그 부분은 항소심판결의 선고와 동시에 확정되어 소송이 종료된다(대법원 1994. 12. 23. 선고 94다44644 판결 등).

3. 상고심의 재판

상고심은 상고요건에 흠이 있는 경우 판결로써 상고를 각하하여야 하고, 상고에 정당한 이유가 있다고 인정할 때에는 원심파기하고 사건을 원심법원에 환송하여야 한다(민소법 제436조).

4. 사안의 해결

사안에서 乙은 전부 패소한 치료비청구 중 1,500만 원을 초과하는 부분에 대하여만 불복하여 항소하였고, A도 추가로 지출된 치료비 1,000만 원에 관하여 청구를 확장하면서 항소를 하였는데, 항소심이 제1심판결을 변경하여 乙에 대하여 A에게 4,000만 원을 지급하라는 취지의 판결을 선고한바, 이는 乙의 항소를 기각하고 항소심에서 확장된 A의 청구를 추가 인용한 것이다. 항소심이 제1심판결을 변경하여 4,000만 원을 인용하였다고 하더라도 피고가 항소하지 않은 1,500만 원 부분은 항소심의 심판대상이 아니어서 항소심판결의 선고와 동시에 확정되었으므로 이 부분에 대하여는 상고를 할 수가 없다. 따라서 상고심으로서는 1,500만 원 부분에 대한 피고의 상고를 각하하고, 원심판결 중 1,500만 원을 초과하여 지급을 명한 피고 패소부분을 파기하는 판결을 선고하여야 한다.

(9) A종중은 종중원 甲을 상대로 X, Y토지에 관하여 명의신탁해지를 원인으로 한 소유권이전 등기청구의 소를 제기하여 제1심에서 X토지에 대하여는 승소하였으나 Y토지에 대하여는 패소하였다. 이에 A종중이 항소하여 진행된 항소심에서, 이 소를 제기한 원고 A종중의 대표자라는 사람에게 적법한 대표권이 없음이 밝혀졌다면 항소심 법원은 어떻게 판결을 해야 하는가?

1. 쟁점

법원의 직권조사사항에도 불이익변경금지의 원칙이 적용되는지가 문제이다.

2. 불이익변경금지원칙의 적용범위

민소법 제415조는 "제1심판결의 변경은 불복신청의 한도에서 할 수 있다."고 규정하고 있는바, 이는 법원이 당사자의 신청과는 관계없이 직권으로 조사하여야 할 사항에는 그 적용이 없다(대법원 1995. 7. 25. 선고 95다14817 판결). 즉, 불이익변경금지의 원칙은 처분권주의에 근거한 것으로서 직권조사사항인 소송요건의 흠, 판결절차의 위배 등에는 적용되지 않는다.

3. 사안의 해결

사안에서 비법인사단 대표자의 대표권 유무는 소송요건으로서 직권조사사항이므로, 원고 A종중의 청구 중 일부가 인용되고 일부가 기각된 제1심판결에 대하여 원고 A종중만이 항소를 하였다고 하더라도, 항소심 법원으로서는 원고 A종중의 소 전체에 대하여 대표자의 대표권이 없음을 이유로 제1심판결을 취소하고 소를 각하하여야 한다.

(10) 甲은 "甲이 2016. 5. 1. 乙에게 1억 원을 변제기는 2017. 4. 30.로 정하여 대여하였다."고 주장하면서, 2017. 7. 1. 乙을 상대로 위 대여금 1억 원의 지급을 구하는 소(전소)를 제기하였는데, 대여사실을 인정할 증거가 없다는 이유로 2017. 11. 1. 청구기각 판결(사실심 변론종결일은 2017. 9. 30.)을 선고받았고, 그 판결이 확정되었다. 그 후 甲이 자신의 위 주장에 부합하는 내용의 차용증을 발견하자, 乙을 상대로 위 대여금 1억 원의 지급을 구하는 소(후소)를 제기하였고, 乙은 변론기일에서 甲이 증거로 제출한 위 차용증(갑제1호증)의 진정성립을 인정하였는데, 그 후 법원은 후소가 전소의 기판력에 저촉된다는 이유로 소각하 판결을 선고하였다. 위 판결에 甲만이 항소하였고, 항소심에서 甲은 2017. 5. 1.부터 완제일까지 연 5%의 지연손해금의 지급을 구하는 청구를 추가하였는데, 乙이 전소 판결문 및 그 확정증명을 증거로 제출하였다. 항소심 법원은 어떤 판결을 선고하여야 하는가? (2018년 8월 변시 모의시험)

1. 쟁점

사안에서 甲은 乙에 대한 2016. 5. 1.자 대여금채권에 기초하여 원금 1억 원의 지급을 구하는 소(전소)를 제기하였다가 패소판결을 받고 그 판결이 확정된 후에 새로이 발견한 증거에 기초하여 동일한 소를 제기하였다가 소각하 판결을 받고, 항소하여 항소심에서 지연손해금의 지급을 구하는 소를 추가하였는바, 전소 판결의 기판력이 후소에 미치는지 여부와 그 범위에 관하여 검토하여야 한다.

2. 기판력의 시적 범위와 실권효

기판력의 표준시는 사실심 변론종결일이고, 기판력은 표준시의 권리관계의 존부에 관하여 생기므로 당사자는 전소의 표준시 이전에 존재하였으나 그때까지 제출하지 않은 소송자료 및 증거자료는 당사자의 지·부지, 고의·과실 유무를 불문하고 일률적으로 제출할 권리를 잃는다(실권효). 증거서류를 새로이 발견한 것은 표준시 후에 발생한 새로운 사실에 포함되지 않는다.

3. 기판력의 객관적 범위

기판력은 원칙적으로 판결주문에 포함된 소송물인 법률관계의 존부에 미치는바(민소법 제216조 제1항), 이는 전소와 후소의 소송물이 동일한 경우뿐만 아니라, 전소 소송물이 후소 소송물의 선결관계, 모순관계에 있는 경우에도 작용한다.

확정판결의 기판력은 사실심 변론종결 당시의 권리관계를 확정하는 것이므로, 전소의 사실심 변론종결일 후의 지연손해금 청구부분은 그 선결적 법률관계를 이루는 전소 판결의 기판력을 받게 된다(대법원 1976. 12. 14. 선고 76다1488 판결).

4. 항소심에서 청구의 추가적 변경

원고는 청구의 기초가 바뀌지 않는 한도에서 소송절차를 현저히 지연시키지 않을 것을 조건으로 변론을 종결할 때까지 청구취지 또는 원인을 변경할 수 있다(민소법 제262조 제1항). 항소심에서 청구가 추가된 경우 항소심 법원은 추가된 청구에 대하여 제1심으로 재판하여야 한다.

5. 소각하 판결과 불이익변경금지의 원칙

소를 각하한 제1심판결에 대하여 원고만이 불복하여 상소를 하였으나 심리한 결과 원고의 청구가 이유가 없다고 인정되는 경우에 대하여 학설은 항소기각설, 청구기각설, 환송설 등이 있다. 판례는 "제1심판결을 취소하여 원고의 청구를 기각한다면 오히려 항소인인 원고에게 불이익한 결과로 되어 부당하므로 항소심은 원고의 항소를 기각하여야 한다."고 한다(대법원 1987. 7. 7. 선고 86다카2675 판결 등).

6. 사안의 해결

사안에서 전소 판결의 확정으로 그 사실심 변론종결 당시인 2017. 9. 30. 甲은 乙에 대하여 2016. 5. 1.자 대여원금 1억 원의 채권을 가지고 있지 않았다는 법률관계에 기판력이 발생하였다.

원금 청구의 경우, 전소와 후소는 당사자와 소송물이 동일하므로, 전소 판결의 기판력이 후소에 미치는 관계에 있는데, 후소에서 차용증을 발견한 것은 전소 사실심 변론종결 후의 새로운 사정으로 볼 수 없다. 후소 법원은 직권으로 기판력 저촉에 관한 사실을 심리하여, 청구원인에 대한 별도의 심리 없이 기판력을 근거로 해당 부분의 청구를 기각하여야 한다(모순금지설, 판례). 그런데, 소각하 판결을 청구기각 판결로 변경하는 것은 불이익한 변경에 해당하므로, 항소심 법원으로서는 불이익변경금지의 원칙상 甲의 항소를 기각하는 판결을 선고하여야 한다.

항소심에서 추가적으로 변경된 지연손해금 청구의 경우, 제1심에서 심리한 원금 청구와 청구의 기초에 변경이 없는 등 청구의 변경 신청이 적법하고, 해당 청구 부분과 관련하여 전소와 후소의 당사자가 동일하지만 소송물은 다르다. 전소 사실심 변론종결 전에 발생한 지연손해금 청구 부분은 전소에서 확정된 법률관계가 후소 청구와 모순관계에 있거나 후소 청구의 선결관계에 해당되지 않으므로 전소 판결의 기판력이 미치지 않는다. 그러나 전소 사실심 변론종결일 후에 발생한 지연손해금 청구 부분은 전소에서 확정된 법률관계가 후소 청구의 선결관계에 해당하므로 전소 판결의 기판력이 후소에 미친다.

전소 사실심 변론종결일까지 발생한 지연손해금 청구 부분(2017. 5. 1.부터 2017. 9. 30.까지 부분)은 전소 판결의 증명효에도 불구하고, 차용증(갑제1호증)이 처분문서로서 그 진정성립이 인정되므로 항소심 법원은 특별한 사정이 없는 한 차용사실을 인정하여야 할 것이다. 따라서 전소 사실심 변론종결일까지 발생한 지연손해금 청구는 인용할 수 있다. 그러나 전소 사실심 변론종결 후에 발생한 지연손해금 청구 부분(2017. 10. 1.부터 완제일까지 부분)은 항소심 법원이 직권으로 기판력에 관한 사실을 심리하여, 전소 판결에서 판단된 내용과 모순되는 판단을 하지 못하므로 원금청구권이 인정되지 않음을 이유로 해당 부분의 청구를 기각하는 판결을 선고하여야 한다.

유사문제 甲 종중(대표자 A)은 2009. 8. 7. 乙에게 3억 원을 변제기 1년으로 하여 대여하였는데, 乙이 변제기가 지나서도 변제하지 않자, 2019. 6. 11. 乙을 상대로 대여금 3억 원의 지급을 구하는 소를 제기하였다. 乙의 소송대리인 B가 제1회 변론기일에서 대표자 A가 甲 종중의 적법한 대표자가 아니고 또한 乙이 위 차용금을 모두 변제하였다고 주장하자, 甲 종중은 소를 취하하였다. 그후 丙이 2021. 1. 1. 甲 종중으로부터 위 대여금채권을 양수하였다고 주장하면서 乙을 상대로 양수금 청구의 소를 제기하였다. 제1심 법원은 2021. 7. 31. 甲 종중과 丙 사이의 채권양도가 소송행위를 하게 하는 것을 주된 목적으로 이루어져 무효라는 이유로 소각하 판결을 선고하였다. 이에 대해 丙만 항소하였는데, 항소법원의 심리결과 甲과 丙 사이의 채권양도는 유효하나 위 대여금채권이 변제로 소멸한 사실이 인정되었다. 항소심 법원은 제1심 판결을 취소하고 丙의 청구를 기각하는 판결을 할 수 있는가? (2021년 8월 변시 모의시험)

(11) 甲이 乙을 상대로 1억 원의 대여금반환을 청구하는 소를 제기하였다. 위 소송 제1심에서 乙은 "위 차용금을 전부 변제하였고, 그렇지 않다 하더라도 자신의 甲에 대한 1억 5,000만 원의 손해배상채권으로 대등액에서 상계한다."고 주장하였다. 제1심 법원은 乙의 변제항변을 배척하고 상계항변을 받아들여 甲의 청구를 기각하는 판결을 선고하였다. 〈 아래의 각 설문은 관련이 없음 〉

① 이에 乙만이 항소하였다면
가) 항소심 법원은 본안판단을 해야 하는가?
나) 심리결과 甲의 채권이 존재하지 않는 경우, 甲의 채권은 존재하나 乙의 채권이 존재하지 않는 경우, 각각 어떤 판결을 해야 하는가?

1. ①-가

가. 쟁점

전부승소한 乙에게 상소의 요건으로서 상소의 이익이 있는지가 문제이다.

나. 상계와 상소의 이익

상소를 제기함에 있어서 상소의 이익은 상소의 요건이 된다. 상소는 자기에게 불이익한 재판에 대하여 유리하게 취소·변경을 구하는 것으로서 재판이 상소인에게 불이익한지 여부는 원칙적으로 판결의 주문을 표준으로 하여 판단하여야 한다(판례, 형식적 불복설). 따라서 판결에서 전부승소한 당사자는 상소의 이익이 없는 것으로 보지만, 예외적으로 예비적 상계항변이 인용되어 원고의 청구가 기각된 경우에 피고는 원고가 청구하는 채권이 부존재하거나 소멸되었다는 등의 이유로 원고의 청구가 기각된 경우보다 불리한 판결을 받았으므로 상소의 이익이 인정된다.

다. 사안의 해결

사안에서 제1심판결에서 甲의 청구가 기각되었지만 乙이 한 변제항변이 배척되고 예비적 상계항변이 받아들여진 경우이므로 乙은 상소의 이익이 있다. 따라서 乙의 항소는 적법하므로 항소심 법원은 본안판단을 하여야 한다.

2. ①-나

가. 쟁점

피고의 상계항변을 받아들여 원고의 청구를 기각한 제1심판결에 대하여 피고만이 상소한 경우에 불이익변경금지원칙의 적용 범위가 문제이다.

나. 불이익변경금지의 원칙

민소법 제415조는 "제1심판결은 그 불복의 한도 안에서 바꿀 수 있다."고 규정하고 있는바, 항소심은 항소인의 불복신청의 범위를 넘어서 제1심판결보다도 유리한 재판을 할 수 없고, 상대방으로부터 항소·부대항소가 없는 한 불복하는 항소인에게 제1심판결보다 더 불리하게 변경할 수 없다. 즉, 항소심이 제1심판결의 부당함을 사유로 불복당사자에게 불이익하게 변경하는 것은 당사자가 신청한 불복의 한도를 넘어서 제1심판결의 당부를 판단하는 것이 되므로 허용될 수 없다.

다. 사안의 적용

사안에서 제1심에서 乙의 예비적 상계항변이 받아들여져서 甲의 청구가 기각되자 乙만이 항소를 하였으므로, 항소심으로서는 甲의 대여금채권이 인정되지 않는 경우에는 乙의 항소를 받아들여 甲의 청구를 기각할 수 있다. 그러나 乙이 주장한 상계의 자동채권이 인정되지 않는다고 하여 乙의 상계항변을 배척하고 甲의 청구를 인용하는 것은, 제1심에서 이미 자동채권의 존재를 인정받은 乙에게 불이익하게 제1심판결을 변경하는 것이므로 허용되지 않는다. 따라서 항소심은 제1심판결과 동일한 이유로 乙의 항소를 기각하여야 한다.

② 제1심판결에 대해 甲만이 항소하였는데 항소심 법원이 甲의 채권이 존재하지 않는다는 심증을 갖는다면 어떻게 판결을 해야 하는가?

1. 쟁점

피고의 상계항변을 받아들여 원고의 청구를 기각한 제1심판결에 대하여 원고만 상소한 경우에 불이익변경금지원칙의 적용 범위가 문제이다.

2. 사안의 해결

사안에서 제1심 법원은 甲이 청구한 채권의 존재를 인정한 뒤 乙의 예비적 상계항변을 받아들여서 甲의 청구를 기각하였고, 이에 대하여 甲만이 항소를 하였다. 이때 항소심에서 甲의 대여금채권이 인정되지 않는다는 이유로 원고의 청구를 기각하는 것은 항소인인 원고에게 불이익하게 제1심판결을 변경하는 것이므로 허용되지 않는다. 따라서 항소심은 제1심판결과 동일한 이유로 甲의 항소를 기각하여야 한다.

③ 제1심판결이 그대로 확정된 후, 乙이 위 소송에서 주장했던 1억 5,000만 원의 손해배상을 구하는 소송을 甲을 상대로 제기했다면 법원은 어떻게 판단해야 하나?

1. 쟁점

전소에서 상계항변에 이용한 채권을 별소로 다시 청구하는 것이 전소의 기판력에 저촉되는지가 문제이다.

2. 상계항변과 기판력

확정판결의 기판력은 본래 판결주문에 포함된 소송물인 법률관계의 존부에 관한 판단의 결론에만 생기는 것이 원칙이나, 민소법 제216조 제2항에 따르면 피고가 상계항변을 한 경우에 자동채권의 존부에 대하여는 상계하고자 대항한 액수에 한하여 기판력이 생긴다. 상계항변의 경우, 전소에서 자동채권의 존부에 관하여 실질적 판단을 한 경우에 상계로써 대항한 액수 부분에 한하여 기판력이 생기므로 상계항변이 배척된 경우에는 자동채권의 부존재에 관하여, 상계항변이 받아들여진 경우에는 소구채권인 수동채권과 반대채권인 자동채권이 함께 존재하였다가 상계에 의하여 소멸된 점에 관하여 기판력이 생긴다. 판례에 따르면 전소에서 상계항변이 인용되어 확정되었음에도 그 자동채권에 근거하여 다시 소를 제기하는 것은 소의 이익이 없어서 부적법하다(대법원 2010. 8. 26. 선고 2010다30966 판결).

3. 사안의 해결

사안에서 전소에서 乙이 상계항변을 하였고, 자동채권인 1억 5,000만 원 중 상계하려고 대항한 액수에 해당하는 1억 원에 대하여는 기판력이 생긴다. 乙이 전소에서 상계항변을 하였던 1억 5,000만 원을 청구하고 있으므로 법원으로서는 1억 원 부분에 대하여는 소의 이익이 없음을 이유로 각하하고, 나머지 5,000만 원 부분에 대하여는 심리를 하여 재판하여야 한다.

유사문제 1. 甲은 乙에게 1억 원을 대여하였다고 주장하면서, 乙을 상대로 1억 원의 반환을 구하는 소송을 제기하였다. 이에 대하여 乙은 甲으로부터 1억 원을 차용한 사실이 없고, 설령 차용하였다고 하더라도 甲에 대한 1억 원 손해배상채권으로 甲의 위 대여금채권과 상계한다고 주장하였다. 제1심 법원은 甲이 청구한 대여금채권의 발생을 인정하면서도 乙이 한 상계항변을 전부 받아들여 甲의 청구를 기각하였다. 이와 관련하여 다음 각 경우 항소심 법원은 어떠한 판결을 선고하여야 할 것인가? (2018년 10월 변시 모의시험)
① 제1심판결에 대해 甲이 항소하고, 乙은 항소심 변론종결시까지 부대항소를 제기하지 않았는데, 항소심 법원이 심리한 결과 甲의 대여금채권이 인정되지 않는다고 판단한 경우
② 제1심판결에 대해 乙이 항소하고, 甲은 항소심 변론종결시까지 부대항소를 제기하지 아니하였는데, 항소심 법원이 심리한 결과 甲의 대여금채권은 인정되고, 乙의 손해배상채권은 인정되지 않는다고 판단한 경우

2. 甲은 乙에게 2019. 1. 5. 1억 원을, 2019. 3. 5. 5천만 원을 각 무이자로 대여하였으나 위 각 채권의 변제기가 도래하였음에도 불구하고 乙로부터 전혀 변제를 받지 못하고 있다고 주장하며, 乙을 상대로 위 각 대여금의 지급을 구하는 소를 제기하였다. 제1심에서 乙은 甲에 대한 5천만 원의 손해배상채권을 자동채권으로 하여 2019. 3. 5.자 대여금 5천만 원의 채권과 대등액에서 상계한다는 항변을 하였다. 제1심 법원은 심리 결과 甲의 위 각 대여금 채권이 인정된다고 판단하였고, 그중 2019. 3. 5.자 5천만 원의 대여금채권에 대해서는 乙의 상계항변이 인정된다고 판단하였다. 이에 제1심 법원은 위 대여금 1억 원에 대해서는 甲의 청구를 인용하고, 위 대여금 5천만 원에 대해서는 甲의 청구를 기각하였다. 이러한 제1심 판결 중 위 대여금 5천만 원 부분에 대해서는 乙만이 항소하였고, 위 대여금 1억 원 부분에 대해서는 甲과 乙 모두 항소하지 않았다. 항소심 심리 결과 항소심 법원이 乙의 甲에 대한 손해배상채권이 존재하지 않는다고 판단한 경우, 항소심 법원은 어떤 판결을 선고하여야 하는가? (제11회 변호사시험)

(12) 甲이 乙을 상대로 1억 원의 대여금반환을 구하는 소를 제기하였는데, 제1심 법원은 乙의 변제항변 중 일부를 받아들여 甲의 청구 중 3,000만 원만을 인용하였다. 이에 대하여 甲이 항소를 하자, 乙은 항소심에서 甲에 대한 1억 5,000만 원의 손해배상채권을 자동채권으로 하여 상계항변을 하였다. 항소심 법원이 乙의 변제항변은 모두 이유 없고 상계항변은 모두 이유 있다고 판단하였다면, 어떤 판결을 하여야 하는가?

1. 쟁점

항소심에서 처음으로 상계항변을 받아들이는 경우 불이익변경금지원칙이 적용되는지가 문제이다.

2. 상계항변과 불이익변경금지원칙의 예외

민소법 제415조 단서에 따르면 항소심에서 피고가 한 상계항변이 이유있다고 인정되는 때에는 항소인에 대한 불이익변경금지원칙이 적용되지 않는다.

3. 사안의 해결

사안에서 제1심 법원은 甲의 대여금채권 1억 원 청구 중 7,000만 원에 대하여는 乙의 변제항변을 받아들여 기각하고 3,000만 원만을 인용하였고, 甲만이 항소하였다. 항소심에서 乙의 변제항변이 이유 없다고 판단한다면 甲의 항소를 받아들여야 하지만, 乙이 항소심에서 추가한 상계항변이 이유 있는 경우에는 불이익변경금지원칙이 적용되지 않으므로 항소인 甲에게 불이익하게 제1심판결을 변경할 수 있다. 결국, 항소심 법원은 제1심판결을 취소하고, 원고의 청구를 기각하는 판결을 하여야 한다.

(13) 甲은 2015. 1. 1. 출근길에 A회사 소속 영업용 택시에 부딪쳐서 대퇴골골절상을 입고 6개월 동안 입원치료를 받은 후, 2016. 1. 1. A회사를 상대로 치료비 1,000만 원, 일실수입 1억 원, 위자료 1,000만 원 합계 1억 2,000만 원의 지급을 구하는 손해배상청구의 소를 제기하면서, 위 치료비는 소장 제출 전까지 지출한 금액이라고 기재하였다. 제1심 법원은 甲의 위 손해배상청구 중 치료비 1,000만 원, 일실수입 6,000만 원, 위자료 500만 원 합계 7,500만 원을 인용하는 판결을 선고하였는데, 이에 A회사가 항소를 제기하였다. (2018년 기말고사)

① 甲이 항소기간 내에 항소를 제기하면서 치료비청구를 항소제기 시까지 지출한 액수인 1,500만 원으로 확장하였다면, 甲의 항소는 적법한가? 또 청구의 확장은 효력이 있는가? 甲이 항소기간을 도과한 후 치료비청구를 1,500만 원으로 확장하였다면, 위 청구의 확장은 효력이 있는가?

1. 쟁점

사안에서 甲이 전부승소한 치료비청구에 관하여 청구취지의 확장을 위하여 항소할 수 있는지 또는 항소기간 도과 후에 전부승소한 치료비청구에 관하여 청구를 확장한 것이 어떠한 법률적 의미를 가지는지가 검토되어야 한다.

2. 상소요건으로서 상소의 이익

상소는 자기에게 불이익한 재판에 대하여 유리하게 취소·변경을 구하는 것이므로 전부승소한 판결에 대하여는 항소가 허용되지 않는 것이 원칙이고, 재판이 항소인에게 불이익한 것인지 여부는 원칙적으로 재판의 주문을 표준으로 하여 판단해야 한다.

3. 가분채권의 일부청구와 항소이익

가분채권에 대한 이행청구의 소를 제기하면서 그것이 나머지 부분을 유보하고 일부만 청구하는 것이라는 취지를 명시하지 않은 경우에는 그 확정판결의 기판력은 나머지 부분에까지 미치는 것이어서 별소로써 나머지 부분에 관하여 다시 청구할 수는 없으므로, 일부청구에 관하여 전부승소한 채권자는 나머지 부분에 관하여 청구를 확장하기 위한 항소가 허용되지 아니한다면 나머지 부분을 소구할 기회를 상실하는 불이익을 입게 되므로 이러한 경우에는 예외적으로 전부승소한 판결에 대해서도 나머지 부분에 관하여 청구를 확장하기 위한 항소의 이익이 인정된다(대법원 1997. 10. 24. 선고 96다12276 판결 등).

한편, 가분채권의 일부에 대한 이행청구의 소를 제기하면서 나머지를 유보하고 일부만을 청구하는 경우 일부청구임을 명시하는 방법으로는 반드시 전체 채권금액을 특정하여 그중 일부만을 청구하고 나머지 금액에 대한 청구를 유보하는 취지임을 밝혀야 할 필요는 없고, 일부청구하는 금액의 범위를 잔부청구와 구별하여 그 심리의 범위를 특정할 수 있는 정도의 표시를 하여 전체 채권금액의 일부로서 우선 청구하고 있는 것임을 밝히는 것으로 충분하다(대법원 1986. 12. 23. 선고 86다카536 판결 등).

4. 전부승소한 원고의 항소심 계속 중 청구취지의 확장

원고는 청구의 기초가 바뀌지 않는 한도에서 소송절차를 현저히 지연시키지 않을 것을 조건으로 변론을 종결할 때까지 청구취지 또는 원인을 변경할 수 있다(민소법 제262조 제1항). 제1심에서 원고가 전부승소하여 피고만이 항소한 경우에 원고는 항소심에서도 청구취지를 확장할 수 있고, 이는 부대항소를 한 것으로 의제된다(대법원 1992. 12. 8. 선고 91다43015 판결 등).

5. 부대항소

부대항소는 피항소인의 항소권이 소멸하여 독립된 항소를 제기할 수 없게 된 경우에 상대방이 제기한 항소의 존재를 전제로 이에 부대하여 제1심판결을 자기에게 유리하게 변경을 구하는 제도이다(민소법 제403, 404조).

부대항소의 성질에 관하여는 '항소설'과 '비항소설'이 대립되는바, 부대항소는 공격적 신청 내지 특수한 구제방법으로서 항소가 아니어서 항소이익이 필요하지 않다는 비항소설이 통설, 판례이다. 부대항소는 항소에 관한 규정에 따라야 하지만, 제1심에서 전부승소한 원고가 부대항소장을 제출하지 않고 청구취지확장서를 제출하더라도 상대방에게 불리하게 되는 한도에서는 부대항소를 한 것으로 의제된다. 부대항소에 의하여 항소법원의 심판범위가 확장되고, 불이익변경금지의 원칙이 배제되어 항소인은 제1심판결보다 더 불리한 재판을 받을 수도 있다.

6. 사안의 해결

가. 항소를 제기한 경우

사안에서 甲은 손해배상청구 중 적극적 손해인 치료비청구에 관하여 전부승소를 하였는데, 甲은 치료비청구를 하면서 소 제기 전까지 지출한 치료비 1,000만 원의 청구임을 밝혔는바, 이는 심리의 범위를 특정할 수 있는 정도의 표시를 하여 전체 채권금액의 일부로서 우선 청구하고 있는 것임을 나타낸 것으로서 명시적 일부청구에 해당한다. 가분채권 중 일부청구임을 명시한 경우에는 추후 나머지 부분을 소구할 기회가 있기때문에 이에 관하여 청구를 확장하기 위한 항소의 이익이 인정되지 않는다. 따라서 甲의 항소 중 청구를 확장하기 위한 부분, 즉 치료비청구 부분에 관한 항소는 부적법하고, 나머지 부분에 관한 항소는 적법하다. 다만, A회사가 패소부분 전부에 대하여 항소를 한 상황이어서 치료비청구 부분도 항소심의 심판대상이 되므로 甲으로서는 이에 대한 청구를 변경할 수 있고, 그 청구취지를 확장한 부분에 대하여는 부대항소로서 효력이 있다.

나. 항소기간 도과 후 청구를 확장한 경우

사안에서 甲이 제1심에서 전부승소한 치료비 부분에 관하여 부대항소장을 제출하지 않고 청구취지확장서를 제출하더라도 상대방에게 불리하게 되는 한도에서는 부대항소를 한 것으로 의제된다. 부대항소는 항소권이 소멸한 뒤(항소기간 도과 등)의 항소로서 항소이익을 필요로 하지 않으므로 甲이 치료비청구를 1,500만 원으로 확장한 것은 부대항소로서 적법하다.

추가된 사실

甲은 항소심 제1차 변론기일 후에 청구취지를 치료비 1,500만 원, 일실수입 1억 2,000만 원, 위자료 1,500만 원을 구하는 것으로 청구취지를 확장하였는데, 항소심은 치료비 1,000만 원, 일실수입 6,000만 원, 위자료 1,000만 원 합계 8,000만 원을 인용하는 변경판결을 선고하였다. 이에 대하여 甲은 일실수입과 위자료 부분에 대하여 상고를 제기하였고, A회사는 상고를 제기하지 않았는데, 상고심은 甲의 상고 중 일실수입 부분에 관한 상고를 받아들여서 원심판결을 파기하여 환송하고 나머지 상고를 기각하였다. A회사는 환송 후 원심에서 항소를 취하하였다.

② A회사의 항소취하는 적법한가?

1. 항소취하의 요건

항소는 항소심의 종국판결이 있기 전에 취하할 수 있고(민소법 제393조 제1항), 항소취하는 항소인의 단독적 소송행위로서 소취하와 달리, 상대방의 동의가 필요 없고, 항소취하서는 항소심 법원에 제출되어야 하지만, 기록이 원심법원에 있을 때에는 원심법원에 제출하여야 한다(민소규 제126조).

2. 파기환송심에서의 심리

환송 후 원심의 소송절차는 환송 전 항소심의 속행이므로 당사자는 원칙적으로 새로운 사실과 증거를 제출할 수 있음은 물론, 소의 변경, 부대항소의 제기뿐만 아니라 청구의 확장 등 그 심급에서 허용되는 모든 소송행위를 할 수 있다.

3. 부대항소의 종속성

일단 항소심의 종국판결이 있은 후라도 그 종국판결이 상고심에서 파기되어 사건이 다시 항소심에 환송된 경우, 먼저 있은 종국판결은 그 효력을 잃고 그 종국판결이 없었던 것과 같은 상태로 돌아가게 되므로 새로운 종국판결이 있기까지는 항소인은 피항소인이 부대항소를 제기하였는지 여부에 관계없이 항소를 취하할 수 있다. 항소인의 항소취하로 인하여 피항소인이 부대항소의 이익을 잃게 되더라도 이는 부대항소의 이익이 본래 상대방의 항소에 의존한 은혜적인 것으로 주된 항소의 취하에 따라 소멸되는 것이어서 어쩔 수 없으므로 이미 부대항소가 제기되어 있다 하더라도 주된 항소의 취하는 그대로 유효하다 (대법원 1995. 3. 10. 선고 94다51543 판결).

4. 사안의 해결

사안에서 甲은 항소심 제1차 변론기일에 청구취지를 확장함으로써 부대항소를 하였는바, 항소인 A회사는 甲의 부대항소와 상관없이 파기환송 후 항소심에서 파기환송된 부분의 항소를 취하할 수 있으므로 항소인 A회사의 항소취하는 적법하다.

③ 甲의 각 청구(치료비, 일실수입, 위자료)에 대한 법원의 판결은 언제 확정되는가?

1. 쟁점

사안에서 甲은 부대항소에 의하여 청구취지를 확장함으로써 제1심판결 보다 유리하게 항소심판결을 선고받았는데, 그중 치료비 부분은 상고를 제기하지 않았고, 위자료 부분은 상고를 제기하였으나 그 상고가 기각되었으며, 일실수입 부분은 파기환송되었으나 A회사가 항소를 취하함으로써 소송이 종료되었는바, 상소불가분의 원칙 등과 관련하여 각 청구 부분의 확정시기가 검토되어야 한다.

2. 상소불가분의 원칙

단순병합이란 여러 개의 청구 전부에 대해서 심판을 구하는 형태의 병합으로써, 각 청구들 사이의 관련성이 요구되지 않으며, 법원은 병합된 모든 청구에 대해서 판단하여야 한다. 단순병합관계에 있는 모든 청구에 대해서 하나의 전부판결이 선고되고 그중 일부에 대하여만 상고한 경우 모든 청구에 대하여 이심과 확정차단의 효력이 생기나, 상고인이 상고취지를 확장하지 않는 한 불복하지 않은 나머지 부분은 상고심의 심판대상이 되지 않으므로 그 부분에 관하여는 상고심판결의 선고와 동시에 확정되어 소송이 종료된다(대법원 1994. 12. 23. 선고 94다44644판결 등).

3. 일부 파기환송판결에 의한 나머지 청구의 확정

원심판결 중 패소부분 전부에 대하여 상고가 있는 경우, 환송판결이 환송 전 원심판결 중 일부만을 파기환송하고 나머지 상고를 기각한 것이라면, 원고의 청구 중 환송 전 원심판결에서 파기된 부분을 제외한 나머지 부분은 환송판결의 선고로써 확정되었고, 파기된 부분만이 환송되므로 환송 후 원심의 심판범위는 파기된 부분에 국한되고, 파기된 부분을 제외한 나머지 부분은 심판의 대상이 될 수 없다(대법원 2013. 2. 28. 선고 2011다31706 판결).

4. 원고의 청구가 일부 인용된 항소심판결에 대하여 피고만 상고하여 피고 패소부분만 파기환송된 경우

원고의 청구가 일부 인용된 환송 전 원심판결에 대하여 피고만이 상고하고, 상고심이 상고를 받아들여 원심판결 중 피고 패소부분을 파기환송하였다면, 피고 패소부분만이 상고되었으므로 위의 상고심에서의 심리대상은 이 부분에 국한되었으며, 환송되는 사건의 범위, 다시 말하자면 환송 후 원심의 심판범위도 환송 전 원심에서의 피고 패소부분에 한정되는 것이 원칙이고, 환송 전 원심판결 중 원고 패소부분은 확정되었으므로 환송 후 원심으로서는 이에 대하여 심리할 수 없다.

5. 항소취하의 효과

항소취하가 있으면 소송은 처음부터 항소심에 계속되지 아니한 것으로 보게 되지만(민소법 제393조 제2항, 제267조 제1항), 항소취하는 소의 취하나 항소권 포기와 달리 제1심 종국판결이 유효하게 존재하므로, 항소기간 경과 후에 항소취하가 있는 경우에는 항소기간 만료 시로 소급하여 제1심판결이 확정된다(대법원 2017. 9. 21. 선고 2017다233931 판결).

6. 사안의 적용

사안에서 甲의 치료비 1,500만 원의 청구 부분에 대하여는 甲과 A회사의 상고가 없었으나 일실수입 및 위자료청구에 대한 상고가 제기되었으므로 상소불가분의 원칙에 의하여 상고심에 이심되었다가 상고심판결의 선고와 함께 확정된다.

위자료 1,500만 원 청구 부분 중 일부에 대하여만 甲이 상고를 하였으나 이에 대하여 상고기각판결이 선고됨으로써 위자료 중 나머지 청구 부분을 포함하여 전체가 확정된다.

일실수입청구 중 인용된 부분 6,000만 원에 대하여는 A회사의 상고가 없어서 상고심판결선고시에 확정되고, 배척된 부분 6,000만 원에 대하여는 원고 甲이 상고를 하였고 상고심에서 파기환송되었으나, 환송 후 항소인 A회사가 항소를 취하함으로써 제1심판결에 대한 항소기간의 도과 시에 소급하여 확정된다(결과적으로 부대항소도 효력을 잃기 때문에 항소심에서 청구를 확장한 2,000만 원 부분에 대하여는 청구가 없는 것이 된다).

유사문제 1. 甲은행은 乙에 대한 자신의 채권이 5,000만 원임에도 불구하고 소장에 아무런 표시없이 3,000만 원의 대출금지급을 구하는 소를 제기하여 전부승소판결을 받았다면 누구에게 항소의 이익이 인정되는가? (2014년 8월 변시 모의시험)

2. 甲은 "乙이 甲과의 운송계약에 따라 甲소유의 시가 8억 원 상당의 X 기계를 운반하던 중 X 기계가 멸실되었다." 라고 주장하면서 乙을 상대로 불법행위 또는 채무불이행으로 인한 손해배상금 8억 원의 지급을 청구하는 소(이하 'A소'라고 함)를 제기하였다. A소를 심리한 제1심 법원은 甲의 청구를 전부 인용하는 판결을 선고하였다. ① 甲은 항소기간 내에 "다시 알아보니 X 기계의 시가는 8억 원이 아니라 10억 원이었다." 라고 주장하면서 청구취지를 10억 원으로 확장하기 위한 항소를 할 수 있는가? ② 만일 乙이 위 판결에 전부 불복하는 취지의 항소를 제기하였고, 甲이 자신의 항소기간이 도과한 후 항소심 진행 도중 위와 같이 X 기계의 시가가 10억 원이라는 주장을 하면서 청구취지를 10억 원으로 확장하는 신청서를 법원에 제출하였다면, 이러한 신청은 적법한가? (2018년 6월 변시 모의시험)

(14) 甲은 乙소유의 A토지에 관하여 임대차계약을 체결하였다. 이후 甲은 A토지를 인도받아 사용하려고 하였으나 丙이 아무런 권원 없이 A토지 위에 창고를 건축하여 그 토지를 불법점유하고 있음을 알게 되었다. 이에 甲은 乙에 대한 임차권을 보전하기 위하여 乙을 대위하여 丙을 상대로 건물철거청구의 소를 제기하였다. 〈 아래의 각 설문은 관련이 없음 〉 (2013년 사법시험)

① 위 소송의 제1심 법원은 원고 승소판결을 하였으나 항소심 법원은 甲과 乙사이의 임대차계약이 무효이므로 피보전채권이 존재하지 않는다고 판단하여 제1심판결을 취소하고 원고의 소를 각하하였다. 이와 달리 상고심 법원은 甲과 乙 사이의 임대차계약은 적법하게 성립되어 피보전채권은 존재한다고 판단하여 원심판결을 파기하고 환송하는 판결을 하였다.

1) 피고는 상고심의 파기환송판결에 대하여 재심을 제기하려고 한다. 파기환송판결은 재심대상이 될 수 있는가?

1. 사안의 해결

파기환송판결은 종국판결이기는 하지만, 소송물에 관하여 직접적으로 재판을 하지 않고 원심의 재판을 파기하여 다시 심리판단하여 보라는 종국적 판단을 유보한 재판으로서, 직접적으로 기판력·집행력·형성력을 갖지 않는 중간판결의 특성을 갖는 판결이므로 '실질적으로 확정된 종국판결'이라 할 수 없어서 재심의 대상이 되지 않는다(대법원 1995. 2. 14. 선고 93재다27, 34 전원합의체 판결).

2) 환송 후 원심법원이 임대차계약은 무효이므로 피보전채권이 없다고 판단하여 다시 원고의 소를 각하하는 판결을 하였다면 이 판결은 적법한가? 환송 후 원심법원의 판결에 대하여 다시 상고가 제기되었을 때 상고심은 환송 전 상고심판결에 기속되는가?

1. 쟁점

환송판결의 기속력이 미치는 범위 및 환송판결의 기속력이 재상고심에도 미치는지가 문제이다.

2. 환송판결의 기속력

파기환송 후 항소심은 상고심 법원이 파기의 이유로 삼은 사실상 및 법률상 판단에 기속된다(민소법 제436조 제2항). 파기의 사유로 삼은 사실상 및 법률상 판단에 기속된다는 의미는, 환송 후 항소심으로서는 상고심 법원 판단의 기초가 된 사실관계에 변동이 생기지 않는 한 상고심 법원의 법령해석·적용에 관한 견해 및 상고심 법원이 확정할 수 있는 사실에 관한 판단을 따라야 한다는 것이다. 환송판결의 기속력은 환송 후 항소심뿐만 아니라, 동일한 사건의 재상고심에도 미친다. 이는 법령해석 적용의 통일, 심급제도의 유지, 법률관계의 안정과 소송경제의 도모를 위한 것으로서, 재상고심의 전원합의체가 종전 환송판결의 법률상 판단을 변경할 필요가 있는 경우에는 그 효력이 미치지 않는다(대법원 2001. 3. 15. 선고 98두15597 전원합의체 판결).

3. 사안의 해결

사안에서 상고심 법원이 환송 전 원심과 달리 임대차계약이 적법하게 성립됨으로써 채권자대위소송의 피보전채권이 존재한다는 사유로 상고를 받아들여 원심을 파기환송한 경우, 환송 후 항소심으로서는 새로운 사실인정에 의하여 상고심 법원의 판단의 기초가 된 사실관계가 변동된 경우가 아니라면 상고심 법원의 견해와 달리 임대차계약이 무효라고 판단할 수 없으므로 환송 후 원심법원의 판결은 민소법 제436조 제2항에 위배된다. 또한, 환송판결의 기속력은 전원합의체가 아닌 한 환송 후 원심판결에 대한 재상고심에도 미친다.

② 제1심 법원에서 甲과 乙 사이의 임대차계약은 무효이므로 피보전채권이 존재하지 않는다고 판단하여 본안에 대한 심리 없이 소각하 판결을 하였고, 항소심 법원 역시 제1심 법원과 같이 판단하여 원고의 항소를 기각하는 판결을 하였다. 상고심 법원은 이와 달리 임대차계약이 유효하므로 피보전채권이 존재한다고 판단한 경우, 상고심 법원은 원심판결을 파기하고 이 사건을 어느 법원으로 환송하여야 하는가?

1. 상고심의 파기환송

민소법 제436조 제1항은 "상고심 법원은 상고에 정당한 이유가 있다고 인정할 때에는 원심판결을 파기하고 사건을 원심법원에 환송하거나, 동등한 다른 법원에 이송하여야 한다."고 규정하고 있고, 제437조 제1호는 상고심 법원이 '확정된 사실에 대하여 법령적용이 어긋난다하여 판결을 파기하는 경우에 사건이 그 사실을 바탕으로 재판하기 충분한 때'에는 종국판결을 하여야 한다고 규정하고 있으며, 제418조는 "소가 부적법하다고 각하한 제1심판결을 취소하는 경우에는 항소법원은 사건을 제1심 법원에 환송하여야 한다. 다만, 제1심에서 본안판결을 할 수 있을 정도로 심리가 된 경우, 또는 당사자의 동의가 있는 경우에는 항소법원은 스스로 본안판결을 할 수 있다."고 규정하고 있다.

2. 사안의 해결

사안에서 제1심 법원과 항소심 법원 모두 소송판결을 하였으나, 상고심에서 소송요건(당사자적격)이 갖추어졌다고 판단하는 경우에는, 상고심은 원심판결을 파기하고, 자판하여 제1심판결을 취소하고 사건을 제1심 법원에 환송하여야 한다(대법원 2012. 3. 15. 선고 2011다95779 판결).

(15) 甲(종중)은 1980. 2. 1. 종중원인 乙에게 X 토지를 명의신탁하여 乙 명의로 소유권이전등기를 하였는데, 丙이 2015. 3. 3. 乙로부터 위 토지를 매수하였음을 원인으로 丙 명의로 소유권이전등기를 마쳤다. 이후 甲은 2020. 8. 25. 명의신탁 해지를 원인으로 乙을 대위하여 丙을 상대로 소유권이전등기 말소등기청구의 소를 제기하였다. 제1심 법원은, 甲이 乙에게 X

토지를 명의신탁한 사실을 인정하고, 그 후 丙이 乙로부터 위 토지를 매수하였다는 점에 관해서는 乙과 丙 사이의 위 2015. 3. 3.자 매매계약이 통정허위표시에 기한 것으로 무효라고 판단하여, 2021. 2. 25. 甲의 청구를 인용하는 판결을 선고하였다. 이에 대하여 丙이 항소하였으나 항소심 법원도 2021. 8. 25. 제1심과 같은 이유로 丙의 항소를 기각하였다. 이에 대하여 피고 丙이 상고하였는데, 대법원에서는 乙과 丙 사이의 위 2015. 3. 3.자 매매계약이 유효하다고 판단하여 2022. 2. 1. 위 항소심판결을 파기 환송하였다. 그런데 환송 후 항소심에서는 甲이 X 토지를 乙에게 명의신탁하였음을 인정할 증거가 없다는 이유로 2022. 6. 3. 甲의 소를 각하하는 판결을 선고하였고, 이에 대하여 甲이 상고를 제기하였다. 이에 대해 대법원은 어떤 판결을 선고해야 하는가? 〈 상고각하, 상고기각, 파기환송, 파기자판 (자판 시 자판 내용 포함) 등 결론을 기재하고 그 이유를 적을 것 〉 (2022년 8월 변시 모의시험)

1. 쟁점

환송 후 항소심판결이 환송판결의 기속력을 위배하였는지 여부와 상소의 불이익변경금지 원칙을 검토하여야 한다.

2. 환송판결의 기속력

파기환송 후 항소심은 상고심 법원이 파기의 이유로 삼은 사실상 및 법률상 판단에 기속된다(민소법 제436조 제2항). 파기의 사유로 삼은 사실상 및 법률상 판단에 기속된다는 의미는, 환송 후 항소심으로서는 상고심 법원 판단의 기초가 된 사실관계에 변동이 생기지 않는 한 상고심 법원의 법령해석·적용에 관한 견해 및 상고심 법원이 확정할 수 있는 사실에 관한 판단을 따라야 한다는 것이다. 환송판결의 기속력은 환송 후 항소심뿐만 아니라, 동일한 사건의 재상고심에도 미친다. 이는 법령해석 적용의 통일, 심급제도의 유지, 법률관계의 안정과 소송경제의 도모를 위한 것으로서, 재상고심의 전원합의체가 종전 환송판결의 법률상 판단을 변경할 필요가 있는 경우에는 그 효력이 미치지 않는다 (대법원 2001. 3. 15. 선고 98두15597 전원합의체 판결). 민소법 제436조 제2항에 의하여 환송받은 법원이 기속되는 "상고법원이 파기이유로 한 법률상의 판단"에는 상고법원이 명시적으로 설시한 법률상의 판단뿐 아니라 명시적으로 설시하지 아니하였더라도 파기이유로 한 부분과 논리적·필연적 관계가 있어서 상고법원이 파기이유의 전제로서 당연히 판단하였다고 볼 수 있는 법률상의 판단도 포함되는 것으로 보아야 한다(대법원 2012. 3. 29. 선고 2011다106136 판결 참조).

3. 소각하 판결과 불이익변경금지의 원칙

소를 각하한 제1심판결에 대하여 원고만이 불복하여 상소를 하였으나 심리한 결과 원고의 청구가 이유가 없다고 인정되는 경우에 대하여 학설은 항소기각설, 청구기각설, 환송설 등이 있다. 판례는 "제1심판결을 취소하여 원고의 청구를 기각한다면 오히려 항소인인 원고에게 불이익한 결과로 되어 부당하므로 항소심은 원고의 항소를 기각하여야 한다."고 한다(대법원 1987. 7. 7. 선고 86다카2675 판결 등). 환송판결의 기속력에 의하면 환송 후 원심에서 원고의 청구가 기각되어야 하는데 원고의 소를 각하하는 판결이 선고되었고, 이에 대하여 원고만이 상고를 한 경우, 상고심은 환송 후 원심보다 원고에게 더욱 불리한 재판을 할 수는 없으므로 불이익변경금지의 원칙에 따라 환송 후 원심판결을 그대로 유지할 수밖에 없다(대법원 2012. 3. 29. 선고 2011다106136 판결 참조).

4. 사안의 적용

사안에서 환송판결이 乙과 丙 사이의 2015. 3. 3.자 매매계약이 유효한지 여부에 대해서만 판단하였다고 하더라도, 그 판단은 甲이 乙에 대하여 명의신탁 해지에 따른 이전등기청구권을 가지고 이를 피보전채권으로 하여 乙을 대위할 수 있어 소송요건을 구비하였다는 판단을 당연한 논리적 전제로 하고 있으므로, 환송판결의 기속력은 甲의 청구가 그와 같이 소송요건을 구비한 적법한 것이라는 판단에 대하여도 미친다. 그럼에도 환송 후 원심이 甲의 丙에 대한 소유권이전등기 말소등기 청구가 소송요건을 구비하지 못한 부적법한 소라고 판단한 것은 환송판결의 기속력에 반하는 것으로서 위법하다. 그러나 이에 대하여 甲만이 상고를 한 경우에 그에게 환송 후 원심보다 더 불리한 재판을 할 수 없으므로 대법원은 원고 甲의 상고를 기각해야 한다.

(16) 甲이 2014. 1. 1. 乙로부터 X아파트를 대금 1억 원에 매수하였는데, 乙이 소유권이전등기를 마쳐주지 않자, 甲은 2014. 5. 1. 乙을 상대로 X아파트에 관하여 2014. 1. 1. 매매를 원인으로 한 소유권이전등기청구의 소를 제기하였다. 제1심 법원은 2014. 12. 31. 위 매매계약사실을 인정할 증거가 부족하다는 이유로 甲의 청구를 기각하였다. 이에 甲이 항소를 하였으나, 항소심 역시 甲의 항소를 기각하였으며, 이에 대하여는 甲이 상고를 하지 않음으로써 2015. 7. 31.경 위 판결이 확정되었다. 甲은 2015. 3. 1.경 위 소송의 제1심에서 증인으로 출석하여 '甲이 乙로부터 X아파트를 매수한 것이 아니라, 甲-1의 대리인으로서 매매계약을 체결하였을 뿐이다'는 취지로 진술한 공인중개사 A를 위증혐의로 고소를 하였는데, A가 위증죄로 징

역 1년의 유죄판결을 선고받았고, 2015. 12. 31. 그 판결이 확정되었다. 甲은 2016. 1. 20. 제1심 법원에 제1심판결을 재심대상판결로 표시하여 재심소장을 제출하였다. 그 소장에는 위 소송이 확정된 경위와 제1심 법원에서 증언한 A가 위증죄로 유죄확정판결을 선고받은 사실이 기재되어 있다. 제1심 법원은 甲의 재심의 소에 대하여 어떤 조치를 하여야 하는가? (2018년 기말고사)

1. 재심대상판결과 재심관할법원

재심은 재심을 제기할 판결을 한 법원의 전속관할인바(민소법 제453조 제1항), 항소심에서 사건에 대하여 본안판결을 하였을 때에는 제1심판결에 대하여 재심의 소를 제기하지 못한다(민소법 제451조 제3항). 따라서 항소심에서 항소를 인용하여 제1심판결을 취소한 경우뿐만 아니라 항소기각판결을 한 경우에도 재심대상판결은 항소심판결이 되고, 그에 대한 재심은 항소심 법원의 전속관할이다.

2. 항소심에서 본안판결을 하였음에도 제1심판결을 재심대상판결로 하여 제1심 법원에 재심의 소가 제기된 경우

항소심에서 사건에 대하여 본안판결을 한 때에는 제1심판결에 대하여 재심의 소를 제기하지 못하므로 항소심판결이 아닌 제1심판결에 대하여 제1심 법원에 제기된 재심의 소는 재심대상이 아닌 판결을 대상으로 한 것으로서 재심의 소송요건을 결여한 부적법한 소송이며 단순히 재심의 관할을 위반한 소송이라고 볼 수는 없다. 그러나 항소심에서 본안판결을 한 사건에 관하여 제기된 재심의 소가 과연 제1심판결을 대상으로 한 것인가 또는 항소심판결을 대상으로 한 것인가의 여부는 재심소장에 기재된 재심을 할 판결의 표시만 가지고 판단할 것이 아니라 재심의 이유에 기재된 주장내용을 살펴보고 재심을 제기한 당사자의 의사를 참작하여 판단하여야 할 것인바, 재심소장에 재심을 할 판결로 제1심판결을 표시하고 있다고 하더라도 재심의 이유에서 주장하고 있는 재심사유가 항소심판결에 관한 것이라고 인정되는 경우(항소심판결과 제1심판결에 공통되는 재심사유인 경우도 같다)에는 그 재심의 소는 항소심판결을 대상으로 한 것으로서 재심을 할 판결의 표시를 잘못 기재한 것으로 보는 것이 타당하므로, 재심소장을 접수한 제1심 법원은 그 재심의 소를 부적법 각하할 것이 아니라 재심 관할법원인 항소심 법원에 이송하여야 한다(대법원 1984. 2. 28. 선고 83다카1981 전원합의체 판결).

3. 사안의 해결

사안에서 A는 제1심 법원에서 증언을 하였으나 항소심에서 항소기각판결을 선고하였으므로 그 재심사유는 제1심과 항소심에 공통되고, 이러한 경우 항소심판결을 재심대상판결로 하여야 한다. 甲이 재심소장에서 재심대상판결로 제1심판결을 표시하였다고 하더라도 그 재심의 이유에서 주장하고 있는 재심사유가 항소심판결에 관한 것임이 그 주장 자체에서 명백하고, 항소심판결에 관한 재심사유가 있는데도 구태여 제1심판결을 대상으로 각하될 것이 분명한 재심의 소를 제기할 리가 없는 점에 비추어 볼 때, 甲의 의사는 항소심판결을 재심대상으로 한 것으로서, 다만 재심소장에 재심대상판결의 표시를 잘못 기재하여 제1심 법원에 제출하였다고 보는 것이 객관적이고, 합리적인 해석이다. 따라서 제1심 법원으로서는 甲의 재심의 소를 관할법원인 항소심 법원에 이송하여야 한다.

(17) A주식회사(이하 'A회사'라고 함)는 2021. 7. 1. 甲을 상대로 '10억 원 및 이에 대하여 소장 부본 송달일 다음날부터 다 갚는 날까지 연 12%의 비율로 계산한 돈을 지급하라'는 소를 제기하면서 '甲이 2017. 1. 1.부터 2019. 12. 31.까지 대표이사로 재직하면서 그 임무에 위배하여, 2017. 7. 1. 3억 원, 2017. 12. 31. 10억 원, 2018. 7. 1. 5억 원, 2018. 12. 31. 2억 원 합계 20억 원의 회사자금을 횡령하였다'고 주장하였다. 甲은 위 사실을 부인하고 다투었으나, 제1심 법원은 2021. 10. 1. A회사가 주장하는 甲의 횡령사실을 모두 인정하면서 A회사의 손해액에서 甲이 변제한 5억 원을 공제한 다음 형평의 원칙에 따라 감액을 하여 '피고는 원고에게 5억 원을 지급하라'는 판결을 선고하였다. A회사의 대표이사 乙은 위 제1심 판결에 대하여 항소를 제기하였다가, 甲으로부터 항소를 취하해주면 1억 원을 사례하겠다는 제의를 받고 항소심 제1차 변론기일 전에 항소취하서를 제출하였다. 이를 알게 된 A회사의 감사가 乙을 고소하여 乙은 배임죄로 유죄판결을 선고받았다. 乙에 대한 유죄판결이 확정되자, A회사의 새로운 대표이사 丙은 乙이 한 항소취하는 효력이 없다고 주장하면서 항소심 법원에 기일지정신청을 하였다. 법원은 어떤 재판을 하여야 하는가? (2019년 민사소송법 기말고사 변형)

1. 쟁점

사안에서 A회사의 대표이사 乙이 항소취하와 관련하여 형사상 유죄의 판결을 받은 경우에 소송행위로서 항소취하의 효력을 부인할 수 있는지가 검토되어야 한다.

2. 소송행위의 철회

소송행위를 한 당사자에게 불리하거나 상대방에 일정한 법률상 지위가 형성된 소송행위, 즉 구속적 소송행위는 자유로이 철회할 수 없다. 이에 대하여는 민법 제109조 또는 제110조에 의한 취소·무효를 주장할 수 없는바, 이는 소송절차의 명확성과 안정성을 위하여 표시주의, 외관주의가 관철되어야 하기 때문이다.

3. 재심사유가 있는 소송행위의 효력

민소법 제451조 제1항 제5호는 '형사상 처벌을 받을 다른 사람의 행위로 말미암아 자백을 한 경우'를 재심사유로 인정하고 있는데, 이는 다른 사람의 범죄행위를 직접적 원인으로 하여 이루어진 소송행위와 그에 기초한 확정판결은 법질서의 이념인 정의의 관념상 그 효력을 용인할 수 없다는 취지에서 재심이라는 비상수단을 통해 확정판결의 취소를 허용하고자 한 것이므로, 형사상 처벌을 받을 다른 사람의 행위로 말미암아 상소 취하를 하여 그 원심판결이 확정된 경우에도 위 자백에 준하여 재심사유가 된다고 봄이 상당하다. 그리고 위 '형사상 처벌을 받을 다른 사람의 행위'에는 당사자의 대리인이 범한 배임죄도 포함될 수 있으나, 이를 재심사유로 인정하기 위해서는 단순히 대리인이 문제된 소송행위와 관련하여 배임죄로 유죄판결을 받았다는 것만으로는 충분하지 않고, 위 대리인의 배임행위에 소송의 상대방 또는 그 대리인이 통모하여 가담한 경우와 같이 대리인이 한 소송행위의 효과를 당사자 본인에게 귀속시키는 것이 절차적 정의에 반하여 도저히 수긍할 수 없다고 볼 정도로 대리권에 실질적인 흠이 발생한 경우라야 한다. 어떠한 소송행위에 민소법 제451조 제1항 제5호의 재심사유가 있다고 인정되는 경우 그러한 소송행위에 기초한 확정판결의 효력을 배제하기 위한 재심제도의 취지상 재심절차에서 해당 소송행위의 효력은 당연히 부정될 수밖에 없고, 그에 따라 법원으로서는 위 소송행위가 존재하지 않은 것과 같은 상태를 전제로 재심대상사건의 본안에 나아가 심리·판단하여야 하며 달리 위 소송행위의 효력을 인정할 여지가 없다(대법원 2012. 6. 14. 선고 2010다86112 판결).

4. 사안의 해결

사안에서 A회사의 대표이사 乙이 항소취하와 관련하여 배임죄의 유죄확정판결을 받았을 뿐만 아니라, 이는 소송의 상대방인 甲이 통모하여 가담한 경우로서, 乙의 소송행위의 효과를 당사자 본인 A회사에게 귀속시키는 것은 절차적 정의에 반하여 도저히 수긍할 수 없다고 볼 정도로 대리권(대표권)에 실질적인 흠이 발생한 경우에 해당된다고 할 수 있다. 乙

이 항소를 취하한 데에는 민소법 제451조 제1항 제5호의 재심사유가 있다고 할 수 있으므로 그 항소취하의 효과는 부정되어야 한다. 법원은 A회사의 기일지정신청에 대하여 변론기일을 지정하여 항소취하가 없는 상태에서 본안사건에 관한 심리를 계속하여야 한다.

(18) 甲은 2008. 1. 1. 乙을 상대로 1,000만 원의 대여금청구의 소를 제기하였다. 법원은 소장부본 등을 공시송달의 방법으로 송달한 다음, 2008. 7. 1. 甲의 청구를 인용하는 판결을 선고하였고, 그 판결도 공시송달되어 그 무렵 확정되었다. 그후 丙은 甲으로부터 위 대여금채권을 양수하고 乙에게 채권양도통지를 하였다. 乙은 2021. 1. 1. 위 판결에 대하여 추완항소를 제기하였고, 丙은 항소심에서 승계참가를 하였다. 항소심 법원은 2021. 12. 1.경 제1심 판결을 취소하고 甲의 청구를 기각하고 丙의 청구를 인용하는 판결(A판결)을 선고하였고, A판결은 2022. 1. 1.경 확정되었다. 한편, 丙은 2018. 1. 1. 乙을 상대로 위 대여금에 관한 양수금청구의 소를 제기하였고, 제1심 법원은 2021. 12. 15. 변론을 종결하고 2021. 12. 30. 丙의 위 청구를 인용하는 판결(B판결)을 선고하였다. 乙은 2022. 1. 5. B판결의 판결문을 송달받았다. 〈 추가된 사실관계 및 문항은 관련이 없음 〉(2022년 기말고사)

① 乙은 丙으로부터 A,B 두 판결이 동일하므로 강제집행을 두 번 하는 일은 없을 것이라는 말을 듣고 2022. 1. 10. 제1심 법원에 B판결에 대한 항소포기서를 제출하였다. 그런데 乙이 며칠 뒤 丙에게 강제집행에 관하여 각서를 작성해달라고 요구하자, 丙은 각서를 작성하는 것은 부담스럽다면서 이를 거부하였다. 이에 乙은 2022. 1. 15. 제1심 법원에 항소장을 제출하였다. 제1심 법원은 乙의 항소제기에 대하여 어떻게 하여야 하는가?

1. 쟁점

항소포기서를 제출한 후 항소장을 제출한 경우에 항소심의 조치를 검토하여야 한다.

2. 항소포기의 효과

당사자는 상대방의 동의 없이 상소권을 포기할 수 있고(민소법 제394조, 제425조), 상소권포기에 의하여 상소권을 상실하게 된다. 민소법 제395조 제1항은 "항소권의 포기는 항소를 하기 이전에는 제1심 법원에, 항소를 한 뒤에는 소송기록이 있는 법원에 서면으로 하여야 한다."고 규정하고 있는바, 그 규정의 문언과 취지에 비추어 볼 때 항소를 한 뒤 소송기록이 제1심 법원에 있는 동안 제1심 법원에 항소권포기서를 제출한 경우에는 제1심 법원에 항소권포기서를 제출한 즉시 항소권 포기의 효력이 발생한다(대법원 2006. 5. 2.자 2005마933 결정).

3. 항소포기 후 항소장을 제출한 경우

민소법 제399조 제2항에 의하면, '항소기간을 넘긴 것이 분명한 때'에는 원심재판장이 명령으로 항소장을 각하하도록 규정하고 있는바, 항소권의 포기 등으로 제1심판결이 확정된 후에 항소장이 제출되었음이 분명한 경우도 이와 달리 볼 이유가 없으므로 이 경우에도 원심재판장이 항소장 각하명령을 할 수 있다(대법원 2006. 5. 2.자 2005마933 결정).

4. 사안의 해결

사안에서 乙이 2022. 1. 10. 항소포기서를 제출하였는데, 2022. 1. 15. 항소장을 제출하였는바, 항소기간 내에 항소장이 제출되었다고 하더라도 항소포기서의 접수와 동시에 항소권포기의 효력이 발생하고, B판결은 이미 확정되었다. 항소권포기는 소송행위로서 재심사유에 해당하는 사정이 없는 한 법률행위의 취소·무효에 관한 규정이 적용 또는 유추적용되지 않는다. 따라서 항소포기서 제출 후에 제기된 항소는 항소기간이 도과한 것이 명백한 경우와 같이 취급할 수 있으므로 제1심 법원의 재판장은 乙의 항소장에 대하여 각하명령을 하여야 한다.

② 乙은 B판결이 확정된 후 2022. 2. 1.경 B판결에 변제항변에 관한 판단이 누락되었음을 이유로 제1심 법원에 재심의 소를 제기하면서, 甲과 丙 사이의 채권양도계약이 소송신탁에 해당함을 이유로 丙을 상대로 반소로서 채권양도계약무효확인의 소를 제기하였다. 乙은 위 확인의 소에 대한 본안판단을 받을 수 있는가?

1. 쟁점

사안에서 乙이 제기한 반소는 재심의 소제기가 적법하고 재심사유가 있어서 확정판결이 취소되고 그 본안에 관한 심리가 이루어질 것을 전제로 제기되었는바, 우선 재심의 소가 적법하고, 재심사유가 있는지가 검토되어야 한다.

2. 재심의 보충성

당사자가 상소에 의하여 재심사유를 주장하였거나 이를 알고 주장하지 아니한 때에는 재심의 소를 제기할 수 없는바(민소법 제451조 제1항 단서), 여기에서 '이를 알고도 주장하지 아니한 때'라고 함은 재심사유가 있는 것을 알았음에도 불구하고 상소를 제기하고도 상소심에서 그 사유를 주장하지 아니한 경우뿐만 아니라, 상소를 제기하지 아니하여 판결이 그대로 확정된 경우까지도 포함한다(대법원 1991. 11. 12. 선고 91다29057 판결 등).

3. 재심사유로서 판단누락

민소법 제451조 제1항 제9호 소정의 '판결에 영향을 미칠 중요한 사항에 관하여 판단을 누락한 때'라고 함은 당사자가 소송상 제출한 공격방어방법으로서 판결에 영향이 있는 것에 대하여 판결 이유 중에 판단을 명시하지 아니한 경우를 말한다. 판결정본이 소송대리인에게 송달되면 특별한 사정이 없는 한 그 당사자는 판결정본을 송달받았을 때에 그 판결에 판단을 유탈하였는지의 여부를 알게 됨으로써 재심사유의 존재를 알았다고 할 것이므로 그 후에 판결이 확정된 경우에는 위 판단유탈을 이유로 하는 재심의 소제기기간은 재심대상판결이 확정된 날로부터 기산한다(대법원 1993. 9. 28. 선고 92다33930 판결).

4. 중간확인의 소

중간확인의 소는 소송계속 중에 본소 청구의 판단에 대하여 선결관계에 있는 법률관계의 존부에 기판력이 있는 판단을 받기 위하여 추가적으로 본소법원에 제기하는 소이다(민소법 제264조). 중간확인의 소를 원고가 제기하는 것은 청구의 추가적 변경에 해당하고, 피고가 제기하는 것은 일종의 반소라고 할 수 있다. 중간확인의 소는 단순한 공격방어방법이 아니고 일종의 소이므로 이에 대하여는 종국판결의 주문에 기재하여야 한다.

5. 재심소송절차에서 중간확인의 소를 제기한 경우

재심의 소송절차에서 중간확인의 소를 제기하는 것은 재심청구가 인용될 것을 전제로 하여 재심대상소송의 본안청구에 대하여 선결관계에 있는 법률관계의 존부의 확인을 구하는 것이므로, 재심사유가 인정되지 않아서 재심청구를 기각하는 경우에는 중간확인의 소의 심판대상인 선결적 법률관계의 존부에 관하여 나아가 심리할 필요가 없으나, 한편 중간확인의 소는 단순한 공격방어방법이 아니라 독립된 소이므로 이에 대한 판단은 판결의 이유에 기재할 것이 아니라 종국판결의 주문에 기재하여야 한다. 재심사유가 인정되지 않아서 재심청구를 기각하는 경우에는 중간확인의 소를 각하하고 이를 판결주문에 기재하여야 한다(대법원 2008. 11. 27. 선고 2007다69834,69841 판결).

6. 사안의 해결

사안에서 乙은 제1심판결에 판단누락이 있음에도 항소를 제기하지 않았으므로 동일한 사유로 재심의 소를 제기할 수 없다. 따라서 乙의 B판결에 대한 재심의 소는 부적법하다. 乙의 재심의 소가 부적법하여 각하되는 상황이므로 B판결의 심판대상인 양수금청구권의 존부 및 그의 선결관계에 있는 甲과 丙 사이의 채권양도계약의 효력은 심리를 할 수 없다. 乙은 채권양도계약무효확인의 소에 대한 본안의 판단을 받을 수 없다. 재심법원은 재심의 소를 각하하면서 중간확인의 소인 乙의 반소에 대하여도 각하판결을 하여야 한다.

병합청구

(1) 甲이 乙의 주소를 알면서도 소재불명이라고 법원을 속여 공시송달로 乙 소유의 X토지에 관하여 甲 명의로 소유권이전등기를 명하는 제1심판결을 받아서 등기를 한 경우, 乙은 어떤 방법으로 위 등기를 말소할 수 있는가? 재심을 거쳐야 한다면 재심청구와 함께 위 甲 명의 등기의 말소청구를 병합할 수 있는가?

1. 쟁점

법원을 속여서 공시송달로 승소판결을 받은 경우의 구제책과 재심의 소에 재심대상판결이 취소되는 경우를 대비하여 새로운 청구를 병합하는 것이 허용되는지가 쟁점이다.

2. 법원을 속여서 공시송달로 승소판결을 받은 경우의 구제책

재판장의 명령에 기초하여 제1심판결의 정본이 공시송달의 방법으로 피고에게 송달되었다면 비록 피고의 주소가 허위이거나 그 요건에 흠결이 있다고 하더라도 그 송달은 유효하므로 항소기간의 도과로써 제1심판결은 형식적으로 확정되어 기판력이 발생하고, 이 경우에 피고로서는 항소기간 내에 항소를 제기할 수 없었던 것이 자신이 책임질 수 없었던 사유로 인한 것임을 주장하여 민소법 제173조에 기하여 추완항소를 제기할 수 있다(대법원 1994. 10. 21. 선고 94다27922 판결 등). 또 상대방의 주소 또는 거소를 알고 있음에도 불구하고 고의로 소장에 허위 주소를 기재하여 공시송달에 의한 판결을 받았다면 민소법 제451조 제1항 제11호의 재심사유가 되고, 그 과정에서 한 주민등록말소자 등본의 위조행위 또는 상대방에 대한 사기죄 등으로 유죄의 확정판결을 받은 경우에는 같은 항 제5호가 정하는 '형사상 처벌을 받을 타인의 행위로 인하여 판결에 영향을 미칠 공격 또는 방어방법의 제출이 방해된 때'의 재심사유에도 해당된다(대법원 1997. 5. 28. 선고 96다41649 판결 등).

3. 재심의 소에 재심대상판결이 취소되는 경우를 대비한 새로운 청구를 병합하는 것이 허용되는지 여부

여러 개의 청구는 같은 종류의 소송절차에 따르는 경우에만 하나의 소로 제기할 수 있다(민소법 제253조). 판례는 재심의 소를 제기하면서 재심대상판결이 취소되는 경우를 대비하여 새로운 청구를 하는 것은 허용되지 않는다고 한다(대법원 2009. 9. 10. 선고 2009다41977 판결 등). 제권판결에 대한 취소판결의 확정을 조건으로 한 수표금청구가 장래이행의 소로서 허용되는지 여부에 관하여 판례는 "제권판결 불복의 소와 같은 형성의 소는 그 판결이 확정됨으로써 비로소 권리변동의 효력이 발생하게 되므로 이에 기초하여 형성되는 법률관계를 전제로 하는 이행소송 등을 병합하여 제기할 수 없는 것이 원칙이다. 또한 제권판결에 대한 취소판결의 확정 여부가 불확실한 상황에서 그 확정을 조건으로 한 수표금청구는 장래이행의 소의 요건을 갖추었다고 보기 어려울 뿐만 아니라, 제권판결 불복의 소의 결과에 따라서는 수표금청구소송의 심리가 무위에 그칠 우려가 있고, 제권판결 불복의 소가 인용될 경우를 대비하여 방어하여야 하는 수표금청구소송의 피고에게도 지나친 부담을 지우게 된다는 점에서 이를 쉽사리 허용할 수 없다."고 하였는바(대법원 2013. 9. 13. 선고 2012다36661 판결), 재심의 소에 재심대상판결이 취소되는 경우를 대비하여 새로운 청구를 병합하는 것이 허용되는지와 관련하여서도 동일하게 볼 수 있을 것이다.

4. 사안의 해결

사안에서 乙은 추완항소 또는 재심의 소를 통하여 제1심판결을 취소하고 甲의 청구를 기각하는 판결을 받은 뒤, 甲 명의의 소유권이전등기에 대하여 말소등기청구의 소를 제기하여야 한다.

유사문제 甲과 A, B(이하 '甲 등'이라고 함)는 2005. 3. 1. 공동으로 매수인이 되어 乙로부터 乙 소유인 X토지를 금 5억 원에 매수하기로 하는 계약을 체결하고 중도금까지 총 4억 원을 지급하였다. 甲 등이 잔금 지급기일인 2005. 8. 1. 그 이행을 제공하였으나 乙이 소유권이전등기를 회피함에 따라 甲 등은 2009. 5. 1. 乙을 상대로 X토지에 관하여 위 매매를 원인으로 하는 소유권이전등기청구의 소를 제기하였다. 甲 등은 乙의 실제 주거지를 알고 있음에도 불구하고 소장에 허위의 주소를 주민등록지로 기재하고, 乙이 그 주민등록지에 거주하고 있지 않다는 내용의 주민등록말소자 등본을 위조하여 소장에 첨부·제출하면서 공시송달신청을 하였고, 이에 따라 재판장이 공시송달명령을 하여 소송절차를 진행한 결과, 법원은 甲 등에 대해 승소판결을 선고하였다. 乙이 취할 수 있는 소송법상 구제방법은 무엇인가? (2013년 10월 변시 모의시험)

(2) 甲은 2015. 1. 1. 乙로부터 乙 소유인 X토지를 대금 1억 원에 매수하였다. 乙은 매매대금을 전액 지급받고서도 X토지에 관한 소유권이전등기절차를 이행하지 않았다. 甲에 대하여 1억 원의 금전채권을 가지고 있는 A는 2016. 3. 1. 甲이 무자력이어서 채권자대위권을 행사한다고 주장하면서 乙을 상대로 '피고는 甲에게 X토지에 관하여 2015. 1. 1. 매매를 원인으로 한 소유권이전등기절차를 이행하라'는 소를 제기하였다. 위 소송의 계속 중에 丙이 X토지에 관한 위 매매계약의 실질적 매수인은 자신이라고 주장하면서 乙을 상대로 'X토지에 관하여 2015. 1. 1. 매매를 원인으로 한 소유권이전등기절차를 이행하라'는 청구를 하면서 독립당사자참가를 하였다. 乙은 변론기일에 "A의 주장과 같이 甲과 매매계약을 체결하였고, 丙은 매매계약을 체결할 때나 매매대금을 지급할 때에 대면한 적이 전혀 없는 인물이다."고 진술하였다. 반면, 丙은 "甲은 丙의 매매계약을 대행하였을 뿐 X토지의 매수인은 丙이다."고 주장하였다. 제1심 법원은 2016. 9. 1. 위 매매계약의 매수인을 甲으로 인정하여 A의 청구를 인용하고, 丙의 독립당사자참가는 그 요건을 갖추지 못하여 부적법하다고 하여 참가신청을 각하하는 판결을 선고하였다. 이에 대하여 丙만이 항소를 하였다. 항소심은 심리결과, 丙이 위 매매계약의 매수인이고 독립당사자참가는 그 요건을 갖추었다는 심증을 갖게 되었다. 항소심은 제1심판결을 취소하고 A의 청구를 기각하고 丙의 독립당사자참가의 소를 인용하는 판결을 선고하였다. 항소심판결이 확정된 후, 甲은 항소심에서 증언을 한 W를 위증혐의로 고소를 하였는데, W는 수사기관에서 '기소유예처분'을 받았다. 이에 A는 W가 위와 같은 처분을 받았음을 사유로 하여 위 항소심판결에 대하여 재심의 소를 제기하였다. 乙은 반소로서 丙을 상대로 항소심판결에 기초하여 마쳐진 X토지에 관한 소유권이전등기의 말소등기청구의 소를 제기하였다. 乙의 위 반소는 적법한가? (2017년 기말고사)

1. 쟁점

재심의 소에 재심대상판결의 취소에 대비하여 재심대상판결에 의하여 마쳐진 이전등기에 관한 말소를 청구하는 반소를 병합할 수 있는지가 쟁점이다.

2. 재심의 소에서 재심대상판결이 취소되는 경우를 대비한 반소가 허용되는지 여부

여러 개의 청구는 같은 종류의 소송절차에 따르는 경우에만 하나의 소로서 제기할 수 있고(민소법 제253조), 반소는 소송의 목적이 된 청구가 다른 법원의 관할에 전속되지 아니하고, 본소의 청구 또는 방어의 방법과 서로 관련이 있어야 하며, 소송절차를 현저히 지연시키지 않는 경우에, 본소가 사실심에 계속되고 변론을 종결하기 전까지 제기할 수 있다(민소법 제269조). 원고가 재심을 제기하는 경우, 재심피고는 자신의 재심사유에 근거하여 반소로써 재심을 제기할 수 있음은 물론이다. 그러나 재심의 소에 재심대상판결의 취소를 대비하여 재심대상판결의 집행에 의하여 상대방에 대하여 가지는 원상회복청구 등을 병합시키는 것이 허용되는지에 관하여는 견해의 대립이 있다. 학설은 대체로 분쟁의 1회적 해결에 도움이 된다는 이유로 재심대상판결의 취소를 대비하여 재심대상판결의 집행에 의하여 상대방이 가지는 목적물반환 등의 원상회복청구, 말소등기청구 등의 관련 청구를 병합시키는 것을 긍정하는 입장이다. 이에 대하여 판례는 "피고들은 재심대상판결의 취소와 그 본소청구의 기각을 구하는 외에, 원고 및 승계인을 상대로 재심대상판결에 의하여 경료된 원고 명의의 소유권이전등기와 그 후 승계인의 명의로 경료된 소유권이전등기의 각 말소를 구하는 청구를 병합하여 제기하고 있으나, 그와 같은 청구들은 별소로 제기하여야 할 것이지 재심의 소에 병합하여 제기할 수 없다."고 하여 부정한다(대법원 1997. 5. 28. 선고 96다41649 판결 등).

3. 사안의 해결

사안에서 재심의 소에 병합하여 새로운 청구를 제기하는 것은 허용될 수 없다는 판례의 입장을 따를 때, 乙은 재심의 소를 통하여 재심대상판결인 항소심판결을 취소하고, 丙의 항소를 기각하는 판결을 받은 뒤에 丙 명의의 소유권이전등기에 관하여 말소등기청구소송을 별소로 제기하여야 하므로 乙의 반소는 부적법하여 각하되어야 한다.

(3) 甲은 乙로부터 乙의 공장에서 쓰던 박스제조용 기계를 매수하였는데 그 기계의 가격이 폭등하자 乙이 대금을 더 내라고 하며 인도해 주지 않아 乙을 상대로 위 기계의 인도를 청구하는 소를 제기하여 현재 제1심에서 심리 중이다.

① 위 소송의 변론종결이 가까운 현재 乙이 위 기계를 가지고 있는 것이 밝혀졌는데, 甲이 위 기계의 인도청구에서 승소한다 하더라도 그 인도집행 전에 乙이 위 기계를 처분해 버릴 가능성이 있다. 甲은 어떤 청구를 추가할 수 있나?

1. 집행불능에 대비한 손해배상청구의 병합

민사집행법 제41조 제2항은 "다른 의무의 집행이 불가능한 때에 그에 갈음하여 집행할 수 있다는 것을 내용으로 하는 집행권원의 집행은 채권자가 그 집행이 불가능하다는 것을 증명하여야만 개시할 수 있다."고 규정하고 있는바, 판례는 본래의 급부청구권이 현존함을 전제로 하여 판결확정 전에 이행불능이 되거나 판결확정 후에 집행불능이 되는 경우를 대비하여 전보배상을 미리 청구하는 것은 현재의 급부청구와 장래의 급부청구가 단순병합된 것으로 허용된다는 입장이다(대법원 1975. 5. 13. 선고 75다308 판결).

2. 사안의 해결

목적물의 인도청구가 장래에 집행불능될 것을 대비하여 금전으로 손해배상을 청구하는 것이 대상청구이다.

사안에서 甲은 乙이 인도청구의 승소판결 후 인도집행 전에 기계를 처분해버림으로써 그 판결이 집행불능될 것에 대비하여 그 기계의 가액 상당의 손해배상을 청구하는 대상청구를 추가할 수 있다.

② 甲이 전항의 청구를 추가했음에도 불구하고, 제1심 법원은 원래의 청구인 위 기계인도청구만 전부 인용하고 추가된 청구에 대하여는 전혀 판단하지 않았다. 그러자 甲만 항소했다면 항소심 법원은 어떻게 해야 하나?

1. 쟁점

동산인도청구와 그 집행불능에 대비한 대상청구가 병합된 경우에 그 병합의 성질과 단순병합청구의 심판방법 및 재판의 누락이 있는 경우 항소심에 이심범위가 검토되어야 한다.

2. 단순병합 및 재판의 누락

동산인도청구와 그 집행불능에 대비한 대상청구가 병합된 경우, 두 청구는 청구의 전부에 대하여 병렬적으로 심판을 구하는 것으로서 단순병합의 형태이다. 단순병합된 2개의 청구 중 하나에 대하여 전혀 판단을 하지 않았다면 그 부분에 대하여는 재판이 누락된 경우로서, 민소법 제212조에서 정한 바와 같이 누락한 법원이 계속하여 재판을 하여야 하므로 항소의 대상이 되지 않는다.

3. 사안의 해결

사안에서 기계인도청구와 대상청구는 단순병합관계로서 제1심 법원이 기계인도청구에 대하여만 판단을 하였다면 대상청구에 대하여는 재판의 누락이 있는 상태이다. 甲의 항소는 제1심 법원이 재판하지 않은 청구 부분에 대한 것으로서 부적법하고, 전부승소한 기계인도청구 부분에 대한 항소도 항소이익이 없어 부적법하므로 항소심 법원은 甲의 항소를 각하하는 판결을 하여야 한다.

유사문제 1. A토지에 관하여는 1990. 1. 1. 甲 명의로 소유권보존등기가 마쳐지고, 이어 1995. 1. 1. 乙 명의로, 2000. 1. 1. 丙 명의로 각 매매를 원인으로 한 소유권이전등기를 마쳐졌는데, 丙이 현재 위 토지에서 주차장 영업을 해오고 있다. 丁은 2015. 1. 1. 선친인 戊가 A토지를 사정받았던 사실을 알아내고, 戊의 유일한 상속인으로서 甲, 乙, 丙을 상대로 소유권보존등기 및 이전등기말소청구의 소를 제기하였다. 甲과 乙은 답변서를 제출하지도, 변론기일에 출석하지도 않았다. 반면, 丙은 戊가 A토지의 사정명의인이고 이에 관한 甲의 소유권보존등기가 원인무효라고 하더라도, 1995. 1. 1. 乙이 당시 A토지의 등기부상 명의자인 甲으로부터 매수하여 소유권이전등기를 마친 다음 이를 점유하여 왔고, 2000. 1. 1. 丙 역시 등기부상 명의자인 乙로부터 A토지를 매수하여 소유권이전등기를 마치고 이를 점유하여 왔으므로 10년이 경과한 2005. 1. 1. 토지를 시효취득 하였다고 다투었다. 丁은 丙의 위 등기부시효취득항변이 받아들여져서 丙에 대한 이전등기말소청구가 패소로 확정된다면 甲이 권원 없이 A토지에 관한 소유권보존등기를 마쳤다가 乙에게 매도한 불법행위로 말미암아 A토지의 소유권을 상실하는 손해를 입게 된다고 주장하면서 甲에 대하여 그 시가 상당인 10억 원의 손해배상청구를 추가하였다. 제1심 법원은 丁의 甲과 乙의 대한 등기말소청구는 인용하고 丙에 대한 등기말소청구는 丙의 등기부시효취득항변이 이유 있다고 판단하여 기각하면서, 甲에 대한 위 손해배상청구에 관하여 판단을 하지 않았다. 丁은 甲에 대한 위 손해배상청구에 관한 판단이 되지 않았음을 이유로 항소를 제기할 수 있는가? (2016년 기말고사)

2. 甲과 乙은 '乙이 甲에게 백미(쌀) 50가마를 대금 1,000만 원에 매도하되, 乙은 대금 전액을 지급받음과 상환으로 甲에게 백미 50가마를 인도한다'는 내용의 매매계약(이하 '이 사건 계약'이라고 함)을 체결하였고, 丙은 이 사건 계약에 따라 乙이 甲에게 부담하는 채무를 연대보증하였다. 그 후 甲은 乙과 丙을 상대로 백미 50가마의 인도를 구하는 소를 제기하였다. 이 소송에서 이 사건 계약체결 사실 및 위 연대보증사실은 모두 주장·증명되었다. 위 소 제기 당시 甲은 乙의 甲에 대한 백미인도의무가 판결확정 후에 집행불능이 되는 경우에 대비하여 乙과 丙에 대한 위 백미인도청구에 '백미에 대한 강제집행이 불능인 때에는 乙과 丙은 연대하여 甲에게 백미 1가마당 20만 원의 비율로 환산한 금원을 지급하라'는 청구를 병합하여 소를 제기하였다. 법원이 甲의 乙과 丙에 대한 백미인도청구를 인용하는 경우, 甲의 乙과 丙에 대한 금원지급청구에 대하여 본안판결을 하여야 하는가? (2016년 10월 변시 모의시험)

(4) 甲이 乙을 상대로 재판상 이혼을 청구하면서 그 사유로 부정(不貞)행위와 악의의 유기(遺棄)를 주장하였는데, 심리결과 乙의 부정행위에 해당하는 사실은 인정되지 않지만 악의의 유기에 해당하는 사실은 인정된다. 법원은 어떻게 판결해야 하는가?

1. 쟁점

민법 제840조 각 호의 이혼사유가 별개의 독립된 이혼사유를 구성하는지 여부와 이혼청구를 한 원고가 민법 제840조 각 호 소정의 수개의 사유를 주장할 경우 그 청구의 병합형태 및 판단방법이 문제가 된다.

2. 선택적 병합

양립할 수 있는 여러 개의 경합적 청구권에 기초하여 동일 취지의 급부를 구하거나, 양립할 수 있는 여러 개의 형성권에 기초하여 동일한 형성적 효과를 구하는 경우와 같이, 그 가운데 어느 한 청구가 인용될 것을 해제조건으로 하여 여러 개의 청구에 관한 심판을 구하는 병합형태가 선택적 병합이다. 이 경우 법원은 이유 있는 어느 한 청구를 선택하여 원고의 청구를 인용하면 되고, 원고의 청구를 배척하는 경우에는 모든 청구에 대하여 판단을 하여야 한다.

판례에 따르면 재판상 이혼사유에 관한 민법 제840조는 동조가 규정하고 있는 각 호 사유마다 각 별개의 독립된 이혼사유를 구성하고, 이혼청구를 하면서 민법 제840조 각 호 소정의 수개의 사유를 주장하는 경우 법원은 그중 어느 하나를 받아들여서 이혼청구를 인용할 수 있다(대법원 2000. 9. 5. 선고 99므1886 판결).

3. 사안의 해결

사안에서 부정행위를 원인으로 하는 재판상 이혼청구와 악의의 유기를 원인으로 하는 재판상 이혼청구는 동일한 법률효과의 형성을 구하는 것으로서 선택적 병합관계에 있다. 법원은 부정행위의 인정 여부를 고려함이 없이, 악의의 유기를 사유로 甲의 재판상 이혼청구를 인용하여야 한다.

(5) 甲은 2000. 3. 3. X토지의 소유자 乙로부터 X토지를 매수하면서 당일 대금을 완납하고 점유를 이전받았으나 소유권이전등기를 마치지 않았다. 乙이 2018. 4. 4. 사망하자 X토지는 자녀인 丙과 丁에게 공동상속되었다. 丙은 2018. 9. 9. 위조된 상속재산분할합의서를 근거로

X토지 전체에 관하여 본인 명의로 소유권이전등기를 마쳤다. 甲은 2021. 12. 12. 丙을 상대로 X토지에 관하여 주위적으로 매매계약을, 예비적으로 취득시효 완성을 원인으로 한 소유권이전등기청구의 소를 제기하였다. 위 소송의 변론과정에서 甲은 乙로부터 X토지를 매수하였음을 증명하지 못하였지만, 2000. 3. 3. 이후 현재까지 X토지를 계속하여 점유하고 있음을 증명하였다. 이 경우 법원은 어떠한 판결을 선고하여야 하는가? (제11회 변호사시험)

1. 쟁점

사안에서 甲은 매매를 원인으로 한 소유권이전등기청구와 점유시효취득을 원인으로 한 소유권이전등기청구를 주위적 및 예비적 청구로 순위를 정하여 병합하여 소를 제기하였는바, 위 병합청구의 형태 및 법원의 심리방법 등이 검토되어야 한다.

2. 청구병합 형태의 결정

청구병합의 형태가 단순병합인지, 선택적 병합 또는 예비적 병합인지 여부는 당사자의 의사가 아닌 병합청구의 성질을 기준으로 판단하여야 한다(대법원 2014. 5. 29. 선고 2013다96868 판결, 대법원 2009. 5. 28. 선고 2007다354 판결 등).

3. 부진정 예비적 병합 청구

청구의 예비적 병합은 논리적으로 양립할 수 없는 수 개의 청구에 관하여 주위적 청구의 인용을 해제조건으로 예비적 청구에 대하여 심판을 구하는 형태의 병합이지만, 논리적으로 양립할 수 있는 수 개의 청구라 하더라도 당사자가 심판의 순위를 붙여 청구를 할 합리적 필요성이 있는 경우에는 당사자가 붙인 순위에 따라서 당사자가 먼저 구하는 청구를 심리하여 이유가 없으면, 다음 청구를 심리하여야 한다(대법원 2002. 2. 8. 선고 2001다17633 판결). 논리적으로 양립할 수 있는 수 개의 청구라고 하더라도, 주위적으로 재산상 손해배상을 청구하면서 그 손해가 인정되지 않을 경우에 예비적으로 같은 액수의 정신적 손해배상을 청구하는 것과 같이 수 개의 청구 사이에 논리적 관계가 밀접하고, 심판의 순위를 붙여 청구를 할 합리적 필요성이 있다고 인정되는 경우에는, 당사자가 붙인 순위에 따라서 당사자가 먼저 구하는 청구를 심리하여 이유가 없으면 다음 청구를 심리하는 이른바 부진정 예비적 병합 청구의 소도 허용된다(대법원 2021. 5. 7. 선고 2020다292411 판결).

4. 시효취득과 소유의사의 추정

물건의 점유자는 소유의 의사로 점유한 것으로 추정된다(민법 제197조 제1항). 따라서 점유자가 취득시효를 주장하는 경우 스스로 소유의 의사를 증명할 책임은 없고, 그 점유자의 점유가 소유의 의사가 없는 점유임을 주장하여 취득시효의 성립을 부정하는 자에게 그 증명책임이 있다. 점유자가 점유개시 당시에 소유권 취득의 원인이 될 수 있는 법률행위 기타 법률요건이 없이 그와 같은 법률요건이 없다는 사실을 잘 알면서 타인 소유의 부동산을 무단점유한 것임이 증명된 경우에도 특별한 사정이 없는 한 점유자는 타인의 소유권을 배척하고 점유할 의사를 갖고 있지 않다고 보아야 할 것이므로 이로써 소유의 의사가 있는 점유라는 추정은 깨어진다(대법원 1997. 8. 21. 선고 95다28625 전원합의체 판결 등 참조). 그러나 점유자가 스스로 매매나 증여와 같이 자주점유의 권원을 주장하였는데, 이것이 인정되지 않는다는 사유만으로는 자주점유의 추정이 깨진다고 볼 수는 없다(대법원 2002. 2. 26. 선고 99다72743 판결 등 참조).

5. 사안의 해결

사안에서 우선, 丙은 X토지 전체의 등기명의인이기는 하지만 위조된 상속재산분할합의서를 근거로 소유권이전등기를 마쳤으므로 상속지분인 1/2 범위에서만 X토지의 소유자가 된다. 甲의 매매를 원인으로 한 이전등기청구와 시효취득을 원인으로 한 이전등기청구는 경제적으로 동일한 목적을 추구하는 것으로서 관련성이 있고, 매매계약에 기초한 이전등기청구권과 시효취득에 기초한 이전등기청구권은 실체법상 별개의 권리이므로 위 두 청구는 법률상 양립 가능한 청구에 해당한다. 甲의 매매를 원인으로 한 이전등기청구는 매매계약 성립사실이 주요사실이 되고, 시효취득을 원인으로 한 이전등기청구는 20년간의 점유사실이 주요사실이 되며, 타주점유에 관해서는 상대방인 丙에게 주장·증명책임이 있다. 한편, 자주점유와 관련하여 점유자가 무단으로 타인의 부동산에 대한 점유를 개시한 경우에는 자주점유의 추정이 깨어지므로 실무상으로는 시효취득을 주장하는 점유자가 점유개시의 원인이 되는 사실(매매, 증여 등 법률행위, 기타)을 주장하게 된다. 이러한 소송자료의 제출과 관련하여 X토지에 관하여 소유권이전등기청구를 하는 甲으로서는 점유개시의 원인이 되는 사실, 즉 매매에 기초한 이전등기청구를 주위적 청구로 하고, 점유시효취득에 기초한 이전등기청구를 예비적 청구로 할 합리적 필요성이 있다. 법원은 甲이 정한 순서에 따라 판단을 하여야 하는바, 주위적 청구인 매매를 원인으로 한 소유권이전등기청구에 대하여 甲의 매수사실이 증명되지 않으므로 기각하고, 예비적 청구인 시효취득을 원인으로 한 소유권이전등기청구에 대하여는 '2000. 3. 3. 이후 20년간 점유한 사실'을 인정할 수 있고 매수사실이 인정되지 않는다고 하여 자주점유의 추정이 깨어지지는 않으므로 丙이 상속받은 X토지의 1/2지분에 관하여 인용하는 판결을 하여야 한다.

(6) 甲은 乙이 운전하던 A회사의 택시를 타고 가던 중, 乙이 丙이 운전하던 자동차와 추돌하는 바람에 중상을 입고 병원에 입원하여 치료를 받고 있다. 이 사고에 대한 乙의 과실은 40%, 丙의 과실은 60%이다. 甲은 乙을 상대로 불법행위를 이유로 치료비 1,500만 원, 일실수익 3,000만 원, 위자료 1,500만 원 합계 6,000만 원의 손해배상청구의 소를 제기하였다. 甲은 제1심 소송계속 중 요건사실을 모두 증명하기 어려워 패소할 수도 있다는 생각이 들자, "乙은 고객인 甲을 목적지까지 안전하게 태워다 줄 계약상 의무가 있음에도 이를 위반하였다."고 주장하면서, 채무불이행를 원인으로 한 손해배상청구를 예비적으로 추가하였다. 이에 제1심 법원은 주위적 청구인 불법행위를 원인으로 한 손해배상청구는 기각하고, 채무불이행을 원인으로 한 손해배상청구를 인용하였다. 이에 乙만 항소하였는데, 항소심 법원이 불법행위를 원인으로 한 손해배상청구가 이유 있다는 심증을 얻었다면 어떠한 판결을 하여야 하는가? (2016년 6월 변시 모의시험)

1. 쟁점

불법행위를 원인으로 한 손해배상청구와 채무불이행을 원인으로 한 손해배상청구가 병합된 경우, 그 병합의 형태가 무엇인지, 당사자가 주위적·예비적으로 순서를 붙여 청구한 경우 법원이 이에 구속되는지, 부진정 예비적 병합청구에서 항소심의 심판범위가 문제이다.

2. 선택적 병합과 예비적 병합

선택적 병합은 양립할 수 있는 수 개의 경합적 청구권에 기초하여 동일한 취지의 급부를 구하는 경우이고, 예비적 병합은 양립할 수 없는 수 개의 청구를 하면서 심판의 순위를 붙여 청구하는 것이다.

판례는 "병합의 형태가 선택적인지 예비적인지는 당사자의 의사가 아닌 병합청구의 성질을 기준으로 하여야 하고, 실질적으로 선택적 병합청구 관계에 있는 두 청구에 대하여 당사자가 주위적, 예비적 순서를 붙여 청구하였고 그에 대하여 제1심 법원이 주위적 청구를 기각하고 예비적 청구를 인용하여 피고만이 항소를 제기한 경우에도, 항소심으로서는 두 청구 모두를 심판의 대상으로 삼아 판단하여야 한다."는 입장이다(대법원 2014. 5. 29. 선고 2013다96868 판결).

3. 사안의 해결

사안에서 甲이 청구한 불법행위를 원인으로 한 손해배상청구와 채무불이행을 원인으로 한 손해배상청구는 양립할 수 있는 경합적 청구권에 기초한 것으로서 선택적 병합관계에 있다. 항소심이 제1심과 달리 불법행위를 원인으로 한 손해배상청구가 이유 있다고 판단할 경우에는, 피고 乙만이 항소를 한 때에도 제1심판결을 취소하고 불법행위를 원인으로 한 손해배상청구를 인용하는 판결을 하여야 한다.

유사문제 1. 甲은 2018. 4. 1. 그 소유의 2층 건물 중 1층 부분 100㎡(이하 '이 사건 건물'이라고 함)를 乙에게 임대보증금 2억 원, 월차임 200만 원, 임대차기간 2년으로 정하여 임대하면서 같은 날 임대보증금을 수령함과 동시에 이 사건 건물을 인도하였고, 乙은 이 사건 건물에서 음식점 영업을 하고 있다. 2019. 5. 1. 24:00경 이 사건 건물 내부에서 원인불명의 화재가 발생하여 이 사건 건물이 불에 타 소실되는 사고가 발생하였다. 이 사건 화재의 발화지점은 1층 음식점 내로 추정되나, 발화원인에 관하여는 이 사건 화재를 진압한 서울서초소방서는 전기적 요인이 많아 보이나 명확한 증거를 찾을 수 없다는 이유로 원인미상으로 판정하였고, 화재현장을 감식한 서울지방경찰청 화재감식반은 전기합선이나 누전에 의한 발화가능성을 배제할 수 없으나, 화재로 인하여 전선을 지지하는 석고보드가 소실되었고 전선의 배선상태를 파악하기 곤란하여 구체적인 발화원인은 미상이라고 판정하였다. 甲은 乙을 상대로 불법행위를 원인으로 하여 1억 원의 손해배상청구의 소를 제기하였다. 위 소송에서 甲은 乙의 과실로 화재가 발생하였다고 주장하였으나, 乙은 평소 이 사건 건물에 관하여 전기안전공사의 정기안전점검을 받아왔고, 이 사건 화재가 발생한 당일에도 안전점검을 마치고 전기 스위치를 내린 후 잠금장치를 하고 퇴근하였으므로 乙은 이 사건 화재에 아무런 책임이 없다고 주장하고 있다. 甲은 제1심 소송계속 중 불법행위의 요건사실을 모두 증명하기 어려워 패소할 수도 있다는 생각이 들자, 채무불이행을 원인으로 하는 손해배상청구를 예비적으로 추가하였다. 〈아래의 각 설문은 관련이 없음〉 (2019년 10월 변시 모의시험)
① 제1심 법원은 甲이 붙인 심판의 순위에 따라 판단하여 甲의 청구 중 불법행위를 원인으로 하는 청구를 기각하고 채무불이행을 원인으로 하는 청구에 대하여는 판단을 하지 않았다. 甲이 청구기각 부분에 대하여 불복하여 항소를 제기하였다. 항소심 법원의 심리결과 불법행위를 원인으로 하는 손해배상청구가 이유 없다는 심증을 얻었다면 어떠한 판결을 선고하여야 하는가?

② 제1심 법원은 주위적 청구인 불법행위를 원인으로 하는 손해배상청구는 기각하고 채무불이행을 원인으로 하는 손해배상청구를 인용하는 판결을 선고하였다. 위 제1심판결에 대하여 乙만 항소하였다. 항소심 법원의 심리결과 불법행위를 원인으로 하는 손해배상청구가 이유 있다는 심증을 얻었다면 어떠한 판결을 선고하여야 하는가?

2. 甲은 2017. 12. 28. 야간에 대리운전업체 乙주식회사(이하 '乙'이라고 함) 소속 기사 A가 운전하는 차량을 타고 귀가하던 중 차량이 도로 옆 가로수에 부닥히면서 그 충격으로 약 12주의 치료를 요하는 요추골정상을 입고 병원에 입원하였다. 甲은 2018. 4. 1. 입원치료를 마치고 퇴원한 뒤, 2020. 9. 30. 대리운전업체 乙을 상대로 사용자책임에 기하여 불법행위를 원인으로 한 적극적 손해의 배상금으로 2억 원의 지급을 구하는 소를 제기하였다. 甲은 제1심의 소송계속 중 2021. 1. 30. 청구취지 및 청구원인 변경신청서를 제출하면서, 기존의 불법행위(사용자책임)에 기한 손해배상청구를 주위적 청구로 하고, 주위적 청구가 인정되지 않을 경우에 대비하여 대리운전 계약상 채무불이행에 기초한 손해배상으로 2억 원의 지급을 구하는 예비적 청구를 추가하였다. 제1심 법원은 주위적 청구를 전부 기각하고, 예비적 청구만 인용하였는데, 이 판결에 대하여 乙만 항소를 제기하였다. 만일 항소심 법원이 제1심 법원과 달리 불법행위에 기한 손해배상청구는 이유 있으나 채무불이행에 기한 손해배상청구는 이유 없다는 심증을 가지게 되었다면 어떤 판결을 해야하는가? (2022년 10월 변시 모의시험)

(7) 甲은 2018. 4. 1.경 丙으로부터 X 점포를 매수하고 같은 날 이에 관한 소유권이전등기를 마쳤는데, 乙은 丙으로부터 X 점포를 임대차보증금 1억 원, 임대차기간 2018. 1. 1.부터 2018. 12. 31.까지, 차임 월 500만 원(매월 1일 지급)으로 정하여 임차하고 위 임대차보증금을 丙에게 교부한 후 사업자등록을 마치고 음식점을 운영하고 있었다. 甲은 2018. 11. 말경 자신이 X 점포를 사용할 계획이어서 임대차계약의 갱신을 거절한다는 취지를 乙에게 통지하였다. 乙은 2018. 12. 31.이 지나도록 X 점포를 인도하지 않고 계속 음식점을 운영하면서 2019년 1월부터는 차임을 지급하지 않고 있다. (2020년 6월 변시 모의시험)

① 甲은 乙을 상대로 채무불이행과 불법행위를 원인으로 하여 2019. 1. 1.부터 乙이 X 점포를 甲에게 인도할 때까지 월 500만 원의 지급을 구하는 소를 병합하여 제기하였다. 법원은 甲의 청구에 대하여 어떠한 판결을 하여야 하는가? 〈 상가건물 임대차보호법이 적용되지 않는 사안임을 전제로 할 것 〉

1. 쟁점

사안에서 甲은 乙을 상대로 채무불이행으로 인한 손해배상청구 및 불법행위를 원인으로 한 손해배상청구로서 동일한 내용의 금전적 청구, 즉 2019. 1. 1.부터 임대차목적물 인도 시까지 차임 상당 액수인 월 500만 원을 청구하고 있다. 주어진 사안에서 甲이 청구원인으로 주장하는 채무불이행과 불법행위의 내용이 명확하지는 않지만, 임대차관계에 관한 법리를 기초로 하여 선해하면, 채무불이행으로 인한 손해배상청구는 乙이 임대차계약의 종료에 따라 X점포를 인도할 의무가 있음에도 그 채무를 이행하지 아니한 것에 관한 것이라고 이해할 수 있고, 불법행위를 원인으로 한 손해배상청구는 임대차계약이 종료하였음에도 권원 없이 X점포를 불법점유하는 것에 관한 것이라고 이해할 수 있다. 위와 같은 내용의 채무불이행으로 인한 손해배상청구와 불법행위를 원인으로 한 손해배상청구의 병합의 성격과 그에 대한 법원의 판단 등을 검토한다.

2. 청구의 선택적 병합

병합의 형태가 선택적 병합인지 예비적 병합인지는 당사자의 의사가 아닌 병합청구의 성질을 기준으로 판단하여야 한다(대법원 2018. 2. 28. 선고 2013다26425 판결). 양립할 수 있는 여러 개의 경합적 청구권에 기초하여 동일 취지의 급부를 구하거나, 양립할 수 있는 여러 개의 형성권에 기초하여 동일한 형성적 효과를 구하는 경우와 같이, 그 가운데 어느 한 청구가 인용될 것을 해제조건으로 하여 여러 개의 청구에 관한 심판을 구하는 병합형태가 선택적 병합이다. 이 경우 법원은 이유 있는 어느 한 청구를 선택하여 원고의 청구를 인용하면 되고, 원고의 청구를 배척하는 경우에는 모든 청구에 대하여 판단을 하여야 한다.

3. 장래이행의 소

청구권 발생의 기초가 되는 법률상 · 사실상 관계가 사실심 변론종결 당시 존재하고 그러한 상태가 계속될 것이 확실히 예측되는 경우 장래이행의 소의 청구적격이 인정될 수 있다. 또한 장래의 이행을 청구하는 소는 미리 청구할 필요가 있는 경우에 한하여 제기할 수 있는바, 여기서 미리 청구할 필요가 있는 경우라 함은 이행기가 도래하지 않았거나 조건 미성취의 청구권에 있어서는 채무자가 미리부터 채무의 존재를 다투기 때문에 이행기가 도래되거나 조건이 성취되었을 때에 임의의 이행을 기대할 수 없는 경우를 말한다(대법원 2004. 1. 15. 선고 2002다3891 판결).

4. 임대차계약 종료에 따른 법률관계

가. 보증금을 반환받지 않은 임차인의 임차목적물의 점유

임대차계약이 종료되면 임차인은 목적물을 반환하고 임대인은 연체차임을 공제한 나머지 보증금을 반환해야 한다. 이러한 임차인의 목적물반환의무와 임대인의 보증금반환의무는 동시이행관계에 있으므로, 임대인이 임대차보증금의 반환의무를 이행하거나 적법하게 이행제공을 하는 등으로 임차인의 동시이행항변권을 상실시키지 않은 이상, 임대차계약 종료 후 임차인이 목적물을 계속 점유하더라도 그 점유를 불법점유라고 할 수 없고 임차인은 이에 대한 손해배상의무를 지지 않는다(대법원 2020. 5. 14. 선고 2019다252042 판결).

나. 보증금을 반환받지 않은 임차인의 목적물반환의무 불이행

임대차계약이 종료되면 임차인의 목적물반환의무와 임대인의 보증금반환의무가 동시에 발생하고 양 채무는 동시이행관계에 있으므로 임대인이 자신의 보증금반환의무를 이행하거나 이행제공하여 임차인의 동시이행항변권을 상실시키지 않으면 임차인이 목적물을 반환하지 않더라도 임차인은 이행지체에 빠지지 않고, 임차인은 임대인에 대하여 채무불이행인한 손해배상의무를 부담하지 않는다.

5. 사안의 해결

가. 甲은 乙에 대하여 채무불이행 및 불법행위를 원인으로 한 손해배상청구로서 2019. 1. 1.부터 인도 완료일까지 차임 상당 금전을 청구하고 있는바, 사실심 변론종결일 이후부터 인도 완료일까지의 청구는 장래이행의 소에 해당한다. 甲과 乙 사이의 임대차계약이 2018. 12. 31. 종료되었음에도, 乙은 X점포를 계속하여 점유하면서도 차임 상당의 금전을 지급하지 않고 있으므로 이를 미리 청구할 필요가 있다고 할 수 있다. 우선, 甲의 위 청구 부분은 장래이행의 소로서 소의 이익이 있어서 적법하다.

나. 甲의 乙에 대하여 채무불이행 및 불법행위를 원인으로 한 손해배상청구는 모두 차임 상당 손해배상을 구하는 것으로서 여러 개의 경합적 청구권에 기초하여 동일 취지의 급부를 구하는 것이므로 선택적 병합에 해당한다.

다. 임대차계약 종료에 따른 목적물반환의무와 보증금반환의무는 동시이행 관계에 있으므로, 甲이 乙에게 임대차보증금을 반환하거나 이행의 제공을 한 사정이 없는 한, 乙의

X점포에 대한 점유는 불법점유라고 할 수 없고, 이행지체에도 해당하지 않아서 채무불이행이 있다고도 할 수 없다.

라. 법원은 甲의 乙에 대한 채무불이행을 원인으로 한 손해배상청구와 불법행위를 원인으로 한 손해배상청구를 모두 기각하여야 한다.

② 甲이 乙을 상대로 임대차계약의 종료를 원인으로 X 점포의 인도를 구하는 소를 제기하자 乙은 변론기일에 출석하여 자신이 丙에게 1억 원의 보증금을 지급하였으므로 그 반환을 받을 때까지는 X 점포를 甲에게 인도할 수 없다고 주장하였다. 甲이 乙의 보증금 지급사실을 다투자 乙은 1억 원의 보증금반환채권의 존재확인을 구하는 반소를 제기하였다. 법원의 심리 결과 乙이 丙에게 보증금 1억 원을 교부한 사실이 인정된 경우, 법원은 甲의 본소와 乙의 반소에 대하여 어떠한 판결을 하여야 하는가?

1. 쟁점

사안에서 甲의 임차목적물반환청구에 대하여 乙은 보증금반환채권에 기초한 동시이행항변을 하면서 반소로서 보증금반환채권존재확인의 소를 제기하였는바, 乙이 제기한 반소의 적법성과 본소에 대한 乙의 동시이행항변이 인정되는 경우에 법원의 판단이 문제된다.

2. 반소의 적법요건

반소는 본소의 계속 중에 그 소송절차에 병합하여 자기의 청구에 대하여 판결을 구하는 것으로서 반소청구가 본소의 청구 또는 방어방법과 서로 관련되어 있으면서 본소의 소송절차를 현저히 지연시키지 않고, 본소가 사실심에 계속되고 변론종결 전이며, 본소와 동종의 소송절차에서 심리될 수 있고, 반소가 다른 법원의 전속관할이 아닌 경우에 허용된다(민소법 제269조). 피고의 반소는 본소청구의 기각을 구하는 것 이상의 적극적 내용이 포함되어 있지 않다면 반소청구로서의 이익이 없다(대법원 2007. 4. 13. 선고 2005다40709, 40716 판결).

3. 이행의 소를 제기할 수 있는 경우 확인의 소의 이익

확인의 소는 반드시 원·피고 간의 법률관계에 한하지 아니하고 원·피고의 일방과 제3자 또는 제3자 상호간의 법률관계도 대상이 될 수 있으나, 그러한 법률관계의 확인은 법률관계에 따라 원고의 권리 또는 법적 지위에 현존하는 위험·불안이 야기되어 이를 제거하기 위하여 법률관계를 확인의 대상으로 삼아 원·피고 간의 확인판결에 의하여 즉시 확정할 필요가 있고, 또한 그것이 가장 유효적절한 수단이 되어야 확인의 이익이 있다. 따라서 이행의 소를 청구할 수 있는 경우에는 권리의 존재 확인을 구하는 것은 분쟁의 종국적인 해결 방법이 아니어서 확인의 이익이 없다(대법원 1995. 12. 22. 선고 95다5622 판결, 대법원 2000. 4. 11. 선고 2000다5640 판결 등).

4. 이행의 소에서 동시이행항변이 인정되는 경우 법원의 판단

법원은 처분권주의에 따라 당사자가 신청하지 아니한 사항에 대하여는 판결하지 못한다(민소법 제203조). 원고의 단순이행청구에 대하여 피고가 동시이행의 항변을 하고 그 항변이 이유 있는 때에는 원고의 청구가 자기의 반대급부의무 없다는 취지를 분명한 경우가 아닌 한, 법원은 원고의 청구를 전부 기각할 것이 아니라 원고로부터 채무의 이행을 받음과 동시에 피고에게 채무이행을 명하는 상환이행판결을 하여야 한다(대법원 1979. 10. 10. 선고 79다1508 판결, 대법원 1980. 2. 26. 선고 80다56 판결). 청구취지 변경 없이 일부 인용을 허용하는 이유는 일부라도 인용하는 것이 원고의 통상적 의사에 부합하고, 응소한 피고의 이익보호를 위하여 바람직하기 때문이다.

5. 사안의 해결

가. 乙이 甲의 본소에 대하여 임차보증금반환채권으로 동시이행항변권을 행사하면서, 그 임차보증금반환채권존재확인의 소를 제기한 경우, 乙의 반소는 본소에 대한 방어방법과 서로 관련되어 있고, 본소의 소송절차를 현저히 지연시키지 않지만, 본소에 대한 방어방법 이상의 적극적 내용이 포함되어 있다고 보기 어렵다(본소에 대한 동시이행항변권에 대한 판단에서 임차보증금반환채권의 존부에 관하여 판단이 이루어질 것이기 때문이다). 또 乙이 甲에 대하여 반소로서 임대차보증금반환의 이행을 구하는 소를 제기할 수 있는 상황임에도 보증금반환채권존재확인의 소를 구하는 것은 유효·적절한 분쟁해결방법이 될 수 없어서 확인의 이익도 없어서 부적법하다. 따라서 법원은 乙의 반소에 대하여 각하하여야 한다.

나. 乙은 甲의 본소에 대하여 임대차보증금반환채권으로 동시이행항변권을 행사하였는바, 임대차계약 종료시 임대차보증금반환과 임대차목적물반환은 동시이행의 관계에 있고, 乙이 X점포 임대차계약에 따른 보증금으로 1억 원을 지급한 사실이 인정되므로, 乙의 위 동시이행항변은 이유가 있다. 법원은 원고의 단순이행청구에 대하여 청구취지 변경 없이 일부 인용으로서 상환이행판결을 할 수 있으므로 법원은 甲의 본소청구에 대하여 '피고

는 원고로부터 1억 원을 지급받음과 동시에 원고에게 X 점포를 인도하라.'는 상환이행판결을 하여야 한다(법원은 '원고의 나머지 청구를 기각한다'는 주문도 덧붙여야 한다).

(8) 甲종중의 대표자 乙은 2018. 5.경 일부 종원들이 乙 몰래 甲종중 소유의 X토지를 종원 丙에게 매도하고 관련서류를 위조하여 소유권이전등기를 마쳐 준 사실을 알게 되어 甲종중을 원고로 하여 丙을 상대로 X토지에 관한 소유권이전등기말소청구의 소를 제기하였다. 제1심 소송 계속 중 丙은 甲종중을 상대로 반소를 제기하면서 주위적으로 甲종중과의 매매계약이 유효하다면 X토지의 인도를 구하고, 예비적으로 위 매매계약이 무효라면 X토지 매매대금 상당의 부당이득금반환을 구하였다. 제1심은 위 매매계약이 무효라고 판단한 후 甲종중의 청구와 丙의 예비적 청구를 인용하였다. 이에 대하여 원고(반소피고)인 甲종중이 丙의 예비적 청구에 대하여 항소하였고, 丙은 패소부분에 대하여 항소 및 부대항소를 하지 않았다. 항소심에서 심리한 결과 甲종중과 丙의 매매계약이 유효라는 판단을 한 경우에 항소심은 丙의 주위적 청구를 인용할 수 있는가? (제8회 변호사시험)

1. 쟁점

사안에서 원고 甲종중의 본소청구와 피고 丙의 예비적 반소청구를 인용한 제1심판결에 대하여 원고 甲종중만이 항소를 한 경우에 있어서 피고 丙의 주위적 반소청구가 항소심의 심판대상이 될 수 있는지가 검토되어야 한다.

2. 예비적 병합과 상소

예비적 병합의 경우에는 수 개의 청구가 하나의 소송절차에 불가분적으로 결합되어 있기 때문에 주위적 청구를 먼저 판단하지 않고 예비적 청구만을 인용하거나 주위적 청구만을 배척하고 예비적 청구에 대하여 판단하지 않는 등의 일부판결은 예비적 병합의 성질에 반하는 것으로서 법률상 허용되지 않는다. 그럼에도 불구하고 주위적 청구를 배척하면서 예비적 청구에 대하여 판단하지 않은 판결은 그 판결에 대한 상소가 제기되면 판단이 누락된 예비적 청구 부분도 상소심으로 이심이 되고 그 부분이 재판의 탈루에 해당하여 원심에 계속 중이라고 볼 것은 아니다(대법원 2000. 11. 16. 선고 98다22253 전원합의체 판결).

예비적 병합에 있어서, 주위적 청구기각, 예비적 청구인용의 제1심판결에 대하여 피고만이 항소한 경우 항소제기에 의한 이심의 효력은 당연히 전체에 미쳐 주위적 청구에 관한 부분도 항소심에 이심되지만, 항소심의 심판범위는 피고의 불복신청의 범위에 한하므로 예비적 청구를 인용한 제1심판결의 당부에 그치고, 원고의 부대항소가 없는 한, 주위적 청구는 심판대상이 되지 않는다(대법원 2001. 12. 24. 선고 2001다62213 판결 등).

3. 불이익변경금지의 원칙

민소법 제415조는 "제1심판결은 그 불복의 한도 안에서 바꿀 수 있다."고 규정하고 있는바, 항소심은 항소인의 불복신청의 범위를 넘어서 제1심판결보다도 유리한 재판을 할 수 없고, 상대방으로부터 항소·부대항소가 없는 한 불복하는 항소인에게 제1심판결보다 더 불리하게 변경할 수 없다. 즉, 항소심이 제1심판결의 부당함을 사유로 불복당사자에게 불이익하게 변경하는 것은 당사자가 신청한 불복의 한도를 넘어서 제1심판결의 당부를 판단하는 것이 되므로 허용될 수 없다.

4. 사안의 해결

사안에서 제1심 법원은 丙의 반소 중 예비적 청구에 대하여서만 인용판결을 하였고, 주위적 청구에 대한 판단을 하지 않았지만, 이는 판단누락이 있는 것에 불과하고 재판누락이 있는 경우는 아니다. 따라서 甲종중의 항소로 丙의 반소 중 주위적 청구도 함께 이심된다(상소불가분의 원칙). 그러나 피항소인 丙이 항소 및 부대항소를 하지 않은 이상 항소심 법원의 심판범위는 甲종중의 불복범위로 제한되고(불이익변경금지 원칙), 丙의 주위적 청구는 항소심의 심판범위에서 벗어나게 되므로 항소심 법원이 이에 대하여 판단할 수 없다.

> **유사문제** 甲 소유의 X 토지에 관하여 乙 앞으로 매매를 원인으로 한 소유권이전등기가 마쳐졌다. 甲은 "甲이 乙에게 X 토지를 대금 10억 원에 매도하는 내용의 매매계약(이하 '이 사건 계약'이라고 함)을 체결한 후 소유권이전등기를 마쳐주었는데, 乙은 아직 대금을 지급하지 않았다."라고 주장하면서 乙을 상대로 주위적으로는 대금 10억 원의 지급을 청구하는 한편, 이 사건 계약체결 사실이 인정되지 않을 것에 대비하여 예비적으로는 위 소유권이전등기의 말소등기를 청구하는 소를 제기하였다. 제1심 법원은 이 사건 계약이 체결되지 않은 것으로 판단하여 주위적 청구를 기각하고 예비적 청구를 인용하는 판결을 선고하였고, 이에 乙만 항소하였다. 항소심 법원은 심리결과, 이 사건 계약이 체결되었다는 확신을 갖게 되었다. 항소심 법원은 어떠한 판결을 선고하여야 하는가?
>
> (2019년 6월 변시 모의시험)

(9) 甲은 2009. 1. 1. 乙로부터 공작기계를 매수하였다. 甲과 乙은 위 매매계약 당시 乙이 공

작기계를 계속 사용하되 甲이 요구하면 즉시 공작기계를 甲에게 인도하고, 乙은 2009. 1. 1.부터 공작기계를 현실적으로 甲에게 인도하는 날까지 월 1,000만 원의 사용료를 甲에게 지급하기로 약정한 '계약서'를 작성하였다. 甲은 2009. 7. 1. 乙을 상대로 공작기계의 인도와 2009. 6. 30.까지 이미 발생한 6개월간의 공작기계 사용료 합계 6,000만 원의 지급을 청구하는 소를 제기하였다. 乙은 甲의 위 청구에 대해 공작기계 매도사실을 부인하면서, 甲을 상대로 공작기계의 소유권 확인을 구하는 반소를 제기하였다. 제1심 법원은, 甲이 乙로부터 공작기계를 매수하고 점유개정의 방법으로 그 소유권을 취득한 사실은 인정되지만 사용료 지급 약정은 인정할 증거가 없다는 이유로, 甲의 공작기계인도청구는 인용하고 사용료청구는 기각하는 한편, 乙의 반소 청구도 기각하였다. 乙은 제1심판결 선고 후인 2009. 10. 1. 甲에게 공작기계를 임의로 인도하였다.

甲은 사용료청구를 기각한 제1심판결에 대해 항소를 제기하였는데, 항소심에서 위 공작기계의 적정 임대료는 월 600만 원이라는 감정결과를 얻은 다음, 2009. 1. 1.부터 2009. 9. 30.까지 9개월간의 임대료 상당 부당이득금 합계인 5,400만 원의 지급을 구하는 것으로 청구를 교환적으로 변경하였다. 그 뒤 甲은 위 '계약서'를 발견하고 이를 증거로 제출하면서 다시 (i) 주위적으로 2009. 1. 1.부터 2009. 9. 30.까지의 약정에 따른 사용료 9,000만 원의 지급을 구하고, (ii) 예비적으로 2009. 1. 1.부터 2009. 9. 30.까지의 임대료 상당 부당이득금 5,400만 원의 지급을 구하는 것으로 청구를 변경하였다. 甲이 주장하는 사실이 전부 인정된다고 할 때, 항소심 법원은 원고 甲의 청구에 대해 어떻게 판단하여야 하는가? (소송물이론에 관하여는 판례에 따를 것)

1. 쟁점

사안에서 甲은 항소심에서 청구를 교환적으로 변경한 다음 예비적 청구를 추가하였는 바, 청구의 교환적 변경과 재소금지 및 예비적 병합청구에서 심판의 방법이 문제가 된다.

2. 청구의 교환적 변경과 예비적 병합청구

청구의 교환적 변경은 신청구의 추가와 구청구 취하의 결합형태로 보는 결합설이 통설·판례이다. 항소심에서 청구를 교환적으로 변경한 다음 다시 본래의 구청구로 교환적으로 변경하거나 구청구를 추가적으로 변경하는 것은 민소법 제267조 제2항의 재소금지에 위반되어 부적법하다. 한편, 양립할 수 없는 여러 개의 청구를 순위를 정하여 심판을 구하는 예비적 병합청구에 있어서는 주위적 청구가 각하, 기각될 경우에는 예비적 청구에 대하여 재판을 하여야 한다.

3. 사안의 해결

사안에서 甲이 2009. 1. 1.부터 2009. 6. 30.까지의 사용료청구를 기각한 제1심판결에 대하여 항소를 제기하였다가 항소심에서 2009. 1. 1.부터 2009. 9. 30.까지의 임대료 상당의 부당이득반환청구로 청구를 교환적으로 변경한 것은, 제1심 법원의 종국판결이 있었던 2009. 1. 1.부터 2009. 6. 30.까지의 사용료청구에 대한 소를 취하한 것이 되므로, 2009. 1. 1.부터 2009. 9. 30.까지의 사용료청구를 추가한 부분 중 2009. 1. 1.부터 2009. 6. 30.까지의 사용료 부분은 재소금지에 위반되어 부적법하다.

따라서 항소심 법원은 (i) 주위적 청구 중 ① 2009. 1. 1.부터 2009. 6. 30.까지 부분에 대하여는 부적법 각하, ② 2009. 7. 1.부터 2009. 9. 30.까지 부분 3,000만 원 인용, (ii) 예비적 청구 중 2009. 1. 1.부터 2009. 6. 30.까지 부분은 계약에 기한 사용으로서 부당이득이 되지 않으므로 기각판결을 하여야 한다.

(10) 원고가 부당이득 2억 원을 반환하라는 소를 제기하여 제1심에서 청구기각판결을 받고 항소하였다.

① 원고가 항소심에서 2억 원의 청구취지는 그대로 두고 청구원인을 불법행위로 인한 손해배상청구로 변경하였는데, 항소심 법원은 부당이득반환청구만을 판단하여 원고의 항소를 기각하였다. 그러자 원고가 항소심판결에 대하여 상고하였다면 상고심 법원은 어떻게 해야 하는가?

1. 쟁점

사안에서 항소심이 '항소기각'의 재판을 한 것은 제1심판결이 정당하다는 것인바, 이는 항소심에서의 청구의 변경을 간과한 것이다. 사안에서 청구원인에 의한 청구변경이 교환적인지, 추가적인지 불분명한바 각각을 나누어 살펴본다.

2. 항소심에서의 청구변경이 교환적 변경일 때

청구의 교환적 변경은 신청구의 추가와 구청구 취하의 결합형태로 보는 결합설이 통설·판례이다. 항소심에서 항소기각을 한 것은 취하되어 소송이 종료된 청구로서 재판의 대상이 아닌 구청구에 대하여만 재판을 한 것이어서 부적법하다. 상고심 법원으로서는 원심판결을 파기하고 구청구에 대하여 청구의 변경시에 소송이 종료되었다는 소송종료선언을 하여야 한다. 따라서 재판이 누락된 신청구는 항소심 법원이 추가판결을 하여야 한다.

3. 항소심에서의 청구변경이 추가적 변경일 때

신청구가 구청구와 단순병합관계에 있다면, 신청구에 대하여는 재판이 누락되었으므로 항소심이 추가판결을 하여야 할 뿐, 신청구는 상소심으로 이심되지 않는다. 상소심으로서는 구청구에 대한 상고에 관하여 재판을 하여야 한다.

신청구가 선택적, 예비적 병합청구라면 항소심에서 구청구가 이유 없다고 판단할 경우에 추가된 선택적, 예비적 청구에 대한 판단을 하여야 하고 그 부분의 판단이 누락되었다면 절대적 상고사유가 된다(민소법 제424조 제1항 6호). 상고심 법원으로서는 추가된 청구에 대한 판단의 누락을 사유로 원심판결을 파기할 수 있다.

4. 사안의 해결

사안에서 원고가 청구를 교환적으로 변경하였다면 상고심으로는 소송종료선언을 하여야 하고, 원고가 청구를 선택적으로 추가한 것이라면 불법행위를 원인으로 하는 손해배상청구 부분에 대하여 판단의 누락이 있음을 이유로 원심을 파기하여야 한다.

② 원고가 항소심에서 청구원인을 손해배상청구로 바꾸었다가 다시 부당이득반환청구로 바꾸었다면 항소심 법원은 어떻게 해야 하는가?

1. 쟁점

항소심에서 청구변경에 의한 신청구가 부적법한 경우의 처리방법이 문제가 된다.

2. 청구변경에 의하여 신청구가 부적법한 경우

소의 변경에 있어서 구청구를 취하한다는 명백한 표시가 없이 신청구를 한 경우, 사정에 따라서 청구의 추가적 변경으로 보아야 할 경우도 있을 수 있고, 청구의 교환적 변경으로 보아야 할 경우도 있을 것이지만, 청구의 교환적 변경은 구청구를 취하하고 신청구만을 유지하는 것으로서 이는 그 신청구가 적법한 소임을 전제로 하여 구청구가 취하된다는 것이다. 신청구가 부적법하여 법원의 판단을 받을 수 없는 청구인 경우까지도 구청구가 취하되는 소위 교환적 변경이라고 볼 수는 없다. 왜냐하면 청구의 변경을 하는 당사자의 의사는 자기가 법원에 대하여 요구하고 있는 권리 또는 법률관계에 대한 판단을 구하는 것을 단념하여 소송을 종료시킬 의도로 청구를 변경하였다고는 볼 수 없기 때문이다(대법원 1975. 5. 13. 선고 73다1449 판결).

3. 사안의 해결

사안에서 원고가 항소심에서 청구원인을 부당이득반환청구에서 손해배상청구로 바꾸면서 청구를 교환적으로 변경한 경우라면, 다시 부당이득반환으로 변경하는 것은 (교환적이든 추가적이든) 재소금지(민소법 제267조 제2항)에 위배되어 부적법하다. 다만, 다시 부당이득반환청구로 교환적으로 변경하는 것은 구청구인 손해배상청구를 취하하고 부적법한 신청구를 한 경우에 해당되므로 당사자의 의사가 명시적이지 않는 한 위와 같이 교환적으로 청구를 변경한 것이라고 보기는 어렵다. 항소심 법원은 손해배상청구와 부당이득반환청구를 소의 추가적 변경에 의한 선택적 병합청구로 취급하여, 손해배상청구를 인용하든지, 손해배상청구를 기각할 경우에는 부당이득반환청구를 각하하여야 한다.

유사문제 1. 甲은 평소 상품거래가 많아 잘 알고 지내던 乙의 부탁으로 2004. 8. 20. 乙이 A은행으로부터 대출받은 5,000만 원에 대하여 연대보증을 하였다. 乙이 위 대출금을 상환하지 못하여 甲은 2008. 8. 20. A은행에 5,000만 원을 대위변제하면서 乙로부터 담보조로 1억 원 상당의 차용증을 받아 두었다. 그 후 甲은 위 대위변제한 금원을 지급받고자, 2013. 7. 30. 乙을 상대로 하여 구상금청구의 소를 제기하였다. 甲은 위 구상금청구소송의 제1심에서 전부승소판결을 받았고 피고가 불복하여 항소하였다. 甲은 항소심에서 위의 차용증을 이용해서 더 많은 금액을 받아내기 위해 1억 원의 지급을 구하는 대여금청구로 청구를 변경하였다. 그런데, 甲의 대여금청구에 대하여 피고가 적극적으로 반대주장을 펼치자 이에 당황한 甲은 차라리 제1심에서 승소했던 구상금 청구를 유지하는 것이 더 좋겠다고 생각하여 다시 구상금청구로 청구를 변경하는 신청을 하였다. 법원은 이 신청을 받아들여야 하는가? (2014년 8월 변시 모의시험)

2. A가 乙에 대하여 부담하는 물품대금채무를 담보하기 위하여 甲이 자신이 소유하는 부동산에 乙 명의의 근저당권설정등기를 경료해 주었다. 그 후 甲은 乙을 상대로 근저당권설정등기말소등기청구의 소를 제기하면서 그 청구원인으로서 다음과 같이 주장하였다.

"1) 乙은 A가 乙에 대한 채무 외에도 다액의 채무를 부담하여 변제자력이 충분하지 않은 사실을 알면서도 甲에게 그러한 사실을 숨기고 오히려 A가 충분한 자력이 있는 사람이라고 甲을 기망하여,

이를 잘못 믿은 甲으로 하여금 위 근저당권설정계약을 체결하게 한 것이다. 따라서 위 계약은 乙의 사기에 의한 하자 있는 의사표시에 기초한 것이므로 이를 취소하고 그 근저당권설정등기의 말소를 구한다.

2) 위 근저당의 피담보채무인 A의 乙에 대한 물품대금채무가 모두 변제되어 위 근저당권설정등기는 피담보채무가 존재하지 아니하므로 그 말소를 구한다."

제1심 법원이 원고 패소판결을 선고하자, 甲은 이에 불복하여 항소를 제기하였고, 항소심 제2차 변론기일에서 "위 청구원인 1) 부분을 유지하고, 위 청구원인 2) 부분을 철회한다."고 진술하였다. 그후 甲은 다시 항소심 제3차 변론기일에서 "위 청구원인 2) 부분을 다시 추가한다."고 진술하였다. 항소심 변론종결시까지 제출된 주장과 증거를 종합하여 보면, 사기에 의한 의사표시의 취소를 원인으로 한 근저당권설정등기말소 주장은 이를 인정할 증거가 없고, 피담보채무 부존재를 원인으로 한 근저당권설정등기말소 주장은 인정된다. 이러한 경우 항소심 법원은 어떤 판결을 선고하여야 하는가? (2022년 10월 변시 모의시험)

(11) 甲이 2015. 1. 1. 乙로부터 중고자동차를 대금 1,000만 원에 매수하고 그 매매대금을 지급하였다. 乙이 중고자동차를 인도하지 않자, 甲은 乙을 상대로 중고자동차의 인도를 청구하였는데, 乙은 위 매매계약이 해제되었다고 항변하였다. 甲은 청구를 변경하여 주위적으로는 중고자동차의 인도를, 예비적으로는 대금반환을 구하였는데, 제1심 법원은 주위적 청구를 인용하였다. 乙이 항소를 하자, 항소심은 甲의 주위적 청구를 기각하고 예비적 청구를 인용하였다. 이에 대해 甲은 상고하지 않고 乙만 상고하였다.

① 甲이 상고심에서 주위적 청구에 대하여 부대상고를 할 수 있나? 할 수 있다면 그 기간은 언제까지인가?

1. 예비적 병합에서 피고가 항소한 경우

제1심에서 주위적 청구를 기각하고 예비적 청구를 인용한 판결에 대하여 피고만이 항소한 때에는 이심의 효력은 사건 전체에 미치더라도 원고로부터 부대항소가 없는 한 항소심의 심판대상은 예비적 청구에 국한된다(대법원 1995. 2. 10. 선고 94다31624 판결).

2. 부대상고

부대항소와 마찬가지로 피상고인은 상고에 부대하여 부대상고를 하여 원심판결을 자기에게 유리하게 변경할 것을 신청할 수 있다. 피상고인은 항소심에서의 변론종결시에 대응하는 상고이유서 제출기간 만료시까지 부대상고장 및 부대상고이유서를 제출하여야 한다 (대법원 1995. 11. 14. 선고 94다34449 판결).

3. 사안의 해결

사안에서 乙이 예비적 청구에 대하여 상고를 하였다면, 이심의 효력은 사건 전체에 미치므로 甲은 항소심에서 패소한 주위적 청구에 관하여 상고이유서 제출기간 만료 시까지 부대상고를 할 수 있다.

② 甲이 부대상고를 하지 않았고, 상고심의 심리결과 乙의 상고가 이유 있다는 이유로 파기환송되었다. 환송심의 판단은 주위적 청구가 이유 있고 예비적 청구는 이유 없다는 것이라면 어떻게 판결해야 하나?

1. 쟁점

예비적 병합에서 피고만이 상고한 경우 상고심의 심판범위와 함께 파기환송심의 심판범위가 문제가 된다.

2. 예비적 병합에서 피고만이 상고한 경우 파기환송심의 심판범위

원고의 주위적 청구를 기각하면서 예비적 청구를 일부 인용한 환송 전 원심판결에 대하여 피고만이 상고하고 원고는 상고도 부대상고도 하지 않은 경우, 주위적 청구에 대한 원심 판단의 적부는 상고심의 조사대상으로 되지 않고 환송 전 원심판결의 예비적 청구 중 피고 패소부분만이 상고심의 심판대상이 되는 것이므로, 피고의 상고에 이유가 있는 때에는 상고심은 환송 전 원심판결 중 예비적 청구에 관한 피고 패소부분만 파기하여야 하고, 파기환송의 대상이 되지 아니한 주위적 청구부분은 예비적 청구에 관한 파기환송판결의 선고와 동시에 확정되며, 그 결과 환송 후 원심에서의 심판범위는 예비적 청구 중 피고 패소부분에 한정된다(대법원 2001. 12. 24. 선고 2001다62213 판결).

3. 사안의 해결

사안에서 甲이 별도로 부대상고를 하지 않았으므로 상고심의 심판범위는 예비적 청구에 국한되고, 주위적 청구는 파기환송판결의 선고와 동시에 확정되었다. 따라서 환송 후에는 예비적 청구 부분만이 심판대상이 되므로 환송 후 원심으로서는 예비적 청구에 대하여 이유 없다는 판단만을 할 수 있다.

(12) 甲은 자신의 소유인 A토지 위에 B건물을 신축하였으나 아직 자신의 명의로 등기를 마치지는 않고 있던 중 위 토지와 건물을 乙과 丙에게 매도하였다. A토지에 대하여는 乙과 丙이 각 1/2씩 지분소유권이전등기를 마쳤고 B건물에 대하여는 乙과 丙이 아직 등기를 마치지는 못하였으나 이를 인도받아 이곳에서 거주하고 있다. 乙과 丙은 丁으로부터 3억 원을 차용하면서 A토지에 대해 채권최고액 3억 6,000만 원의 근저당권을 설정하였다. 그 후 乙과 丙은 위 피담보채무가 전부 변제되었다고 하면서 丁을 상대로 근저당권설정등기말소청구의 소를 제기하였다. 〈 아래의 각 설문은 관련이 없음 〉(2014년 6월 변시 모의시험)

① 제1심에서 원고 乙과 丙이 승소하여 피고 丁이 항소하였는데, 항소심 계속 중 원고 丙은 A토지에 대한 자신의 공유지분을 원고 乙에게 양도하고 그의 명의로 지분소유권이전등기까지 경료해 준 뒤 소를 취하하였다. 원고 乙은 항소심 계속 중에 원고 丙으로부터 양수받은 1/2 지분에 기한 근저당권설정등기말소청구를 추가하는 내용의 청구변경을 하였다. 이에 피고 丁은 "원고 乙이 1심에서 전부승소하였고 또한 원고 丙의 특정승계인이어서 원고 乙의 청구변경은 위법하다."고 다투고 있다. 원고 乙의 청구변경은 적법한가?

1. 쟁점

1심에서 전부승소한 원고가 항소심에서 새로운 청구를 추가하는 청구변경을 하는 경우 이 변경이 적법한지, 또한 추가한 내용이 재소금지의 원칙에 위배되는 것이 아닌지 문제가 된다.

2. 항소심에서의 청구의 확장

제1심에서 전부승소한 원고가 항소심 계속 중 그 청구취지를 확장·변경할 수 있고 그 것이 피고에게 불리하게 하는 한도 내에서는 부대항소를 한 취지로도 볼 수 있다(대법원 1992. 12. 8. 선고 91다43015 판결).

3. 재소금지의 원칙

민소법 제267조 제2항은 "본안에 대한 종국판결이 있은 후 소를 취하한 자는 같은 소를 제기하지 못한다."고 규정하고 있다. 이는 소취하로 인하여 그동안 판결에 들인 법원의 노력이 무용화되고 종국판결이 당사자에 의하여 농락당하는 것을 방지하기 위한 제재적 취지의 규정이므로, 본안에 대한 종국판결이 있은 후 소를 취하한 사람이라고 할지라도 이러한 규정의 취지에 반하지 아니하고 소제기를 필요로 하는 정당한 사정이 있다면 다시 소를 제기할 수 있다. 판례는 "부동산 공유자들이 제기한 인도청구소송에서 제1심판결 선고 후 항소심 계속 중 소송당사자 상호간의 지분 양도·양수에 따라 소취하 및 재소가 이루어진 경우, 그로 인하여 그때까지의 법원의 노력이 무용화된다든가 당사자에 의하여 법원이 농락당한 것이라 할 수 없고, 그 지분의 양수인에게 소취하에 대한 책임이 있다고 할 수 없을 뿐만 아니라, 공유지분 양수인으로서는 자신의 권리를 보호하기 위하여 양도받은 공유지분에 기초하여 다시 소를 제기할 필요도 있어서 양도인이 취하한 전소와는 권리보호의 이익을 달리하여 재소금지의 원칙에 위배되지 않는다."고 한다(대법원 1998. 3. 13. 선고 95다48599, 48605 판결).

4. 사안의 해결

사안에서 丙이 자신의 지분에 관하여 본안판결을 받고 소를 취하한 후, 그 지분을 양수한 乙이 다시 동일한 소를 제기하였으므로 재소금지의 원칙에 위배된다고 볼 여지도 있다. 그러나 丙의 지분을 양수한 乙로서는 자신의 권리를 보호하기 위하여 양수한 지분에 기초하여 다시 소를 제기할 필요도 있어서 丙의 전소와 乙의 후소는 권리보호이익을 달리한다. 따라서 제1심에서 전부승소한 乙이 항소심에서 하는 청구의 추가적 변경은 부대항소로서 허용되고, 추가한 말소등기청구가 재소금지원칙에 위배되는 청구도 아니므로 乙의 청구변경은 적법하다.

② 피고 丁은 위 근저당권설정등기말소청구소송에서 승소하였고 그 판결은 확정되었다. 그 후 丁은 토지 소유자인 乙과 丙이 3억 원의 차용금을 변제하지 않자 담보권실행을 위한 경매를 신청하였고 X가 A토지를 매수하고 그 대금을 전액 납부하였다. 그 후 X는 乙과 丙을 상대로 B 건물에 대한 철거를 구하는 소를 제기하였다. 원고 X는 위 소송계속 중 주위적으로 건물철거청구를, 예비적으로 법정지상권이 인정될 것에 대비한 지료를 청구하는 내용으로 청구변경을 하였다. 제1심 법원은 원고의 주위적 청구를 기각하고

예비적 청구를 인용하는 판결을 선고하였고 이에 피고만이 지료 인용금액이 높다고 주장하면서 항소를 하였다. 항소심 법원은 제1심 법원의 판단과 달리 건물철거청구가 이유 있고 피고의 항소가 이유 없다고 판단되었다. 항소심 법원은 어떤 판결을 하여야 하는가?

1. 쟁점

예비적 병합에서 항소심의 심판대상이 문제가 된다.

2. 예비적 병합과 항소심의 심판대상

제1심 법원이 원고의 주위적 청구와 예비적 청구를 병합 심리한 다음 주위적 청구는 기각하고 예비적 청구만을 인용하는 판결을 선고한 것에 대하여 피고만이 항소한 경우에 항소제기에 의한 이심의 효력은 당연히 사건 전체에 미쳐 주위적 청구에 관한 부분도 항소심에 이심되지만, 항소심의 심판대상은 이에 관계없이 피고의 불복신청의 범위에 한정되므로 예비적 청구를 인용한 제1심판결의 당부이고, 원고의 부대항소가 없는 한 주위적 청구는 심판대상이 될 수 없다(대법원 1995. 2. 10. 선고 94다31624 판결 등).

3. 사안의 해결

사안에서 제1심에서 원고 X의 주위적 청구인 건물철거청구가 기각되고 예비적 청구인 지료청구가 인용되었는데 피고 乙, 丙만이 항소를 하였으므로 원고 X가 항소를 하지 않은 주위적 청구는 항소심의 심판대상이 될 수 없다. 따라서 항소심은 예비적 청구에 대하여만 판단하여 그 항소가 이유 없다고 판단한다면 피고 乙, 丙의 항소를 기각하여야 한다.

> **유사문제** 甲은 乙을 상대로, 주위적으로 乙에게 A자동차를 4천만 원에 매도하고 인도해 주었으나 그 대금을 지급받지 못하였다고 하면서 매매대금 4천만 원의 지급을 청구하고, 예비적으로 위 매매계약이 무효라고 하면서 A자동차의 인도를 청구하는 소(이하 '이 사건 소'라 함)를 제기하였다. 제1심 법원은 이 사건 소에 대하여 주위적 청구를 기각하고 예비적 청구를 인용하는 판결을 선고하였는데 乙만 항소하였다. 항소심 법원의 심리결과 甲과 乙 사이의 매매계약이 유효하다고 인정되었다. 이러한 경우 항소심 법원은 어떤 판결을 하여야 하는가? (2014년 사법시험)

(13) 甲은 乙을 상대로 소를 제기하면서 그 청구원인으로 ① 건물매매업무와 관련된 손해배상 10억 원 ② 부동산 임차업무와 관련된 손해배상 8억 원을 선택적 청구로 병합하여 청구하였다. 〈 추가된 사실관계 및 문항은 관련이 없음 〉(2021년 10월 변시 모의시험)

① 제1심 법원은 위 청구원인 중 건물매매업무와 관련된 손해배상청구만을 심리·판단하여 원고가 구하는 청구금액을 전부인용하고, 나머지 청구에 대해서는 원고가 어느 하나의 청구원인에서라도 전부인용판결을 받으면 추가적인 판단을 원하지 않는다는 이유에서 그 판단을 하지 않았다. 이 판결에 대해 피고만 항소한 경우 항소심 법원은 제1심에서 판단하지 않은 위 부동산 임차업무와 관련된 손해배상청구에 관해 심리·판단할 수 있는가?

1. 쟁점

사안에서 甲은 건물매매업무와 관련된 손해배상청구와 부동산 임차업무와 관련된 손해배상청구를 선택적 청구로 병합하여 청구하였는바, 경제적으로 동일한 목적을 추구하는 것이 아닌 각 손해배상청구를 선택적으로 병합한 청구가 적법한지, 이러한 경우 하나의 청구에 대하여만 판단을 하고 그에 대하여 항소가 제기된 경우, 항소심으로의 이심범위 및 항소심의 심판대상이 문제된다.

2. 단순병합과 선택적 병합

단순병합은 여러 개의 청구 전부에 대해서 병렬적으로 심판을 구하는 형태의 병합으로서, 각 청구들 사이의 관련성이 요구되지 않고, 법원은 병합된 모든 청구에 대해서 판단하여야 한다. 선택적 병합은 양립할 수 있는 여러 개의 경합적 청구권에 기초하여 동일 취지의 급부를 구하거나, 양립할 수 있는 여러 개의 형성권에 기초하여 동일한 형성적 효과를 구하는 경우와 같이, 그 가운데 어느 한 청구가 인용될 것을 해제조건으로 하여 여러 개의 청구에 관한 심판을 구하는 병합형태이다. 이 경우 법원은 이유 있는 어느 한 청구를 선택하여 원고의 청구를 인용하면 되고, 원고의 청구를 배척하는 경우에는 모든 청구에 대하여 판단을 하여야 한다.

3. 청구 병합형태의 결정

청구의 병합형태가 단순병합인지, 선택적 병합 또는 예비적 병합인지 여부는 당사자의 의사가 아닌 병합청구의 성질을 기준으로 판단하여야 한다(대법원 2014. 5. 29. 선고 2013다96868 판결, 대법원 2009. 5. 28. 선고 2007다354 판결 등).

4. 재판누락과 항소심의 심판대상

단순병합된 2개의 청구 중 하나에 대하여 전혀 판단을 하지 않았다면 그 부분에 대하여는 재판이 누락된 경우로서, 민소법 제212조에서 정한 바와 같이 누락한 법원이 계속하여 재판을 하여야 하므로 항소의 대상이 되지 않는다.

5. 단순병합으로 청구할 수 개의 청구를 선택적 병합으로 청구한 경우

논리적으로 전혀 관계가 없어 순수하게 단순병합으로 구하여야 할 수 개의 청구를 선택적 청구로 병합하여 청구하는 것은 부적법하여 허용되지 않는다. 원고가 그와 같은 형태로 소를 제기한 경우 제1심 법원이 본안에 관하여 심리·판단하기 위해서는 소송지휘권을 적절히 행사하여 이를 단순병합 청구로 보정하게 하는 등의 조치를 취하여야 하고, 법원이 이러한 조치를 취함이 없이 본안판결을 하면서 그중 하나의 청구에 대하여만 심리·판단하여 이를 인용하고 나머지 청구에 대한 심리·판단을 모두 생략하는 내용의 판결을 하였다고 하더라도, 그로 인하여 청구의 병합 형태가 적법한 선택적 병합관계로 바뀔 수는 없으므로 이러한 판결에 대하여 피고만이 항소한 경우 제1심 법원이 심리·판단하여 인용한 청구만이 항소심으로 이심될 뿐, 나머지 심리·판단하지 않은 청구는 여전히 제1심에 남아 있게 된다(대법원 2008. 12. 11. 선고 2005다51495 판결).

6. 사안의 해결

사안에서 甲은 건물매매업무와 관련된 손해배상청구와 부동산 임차업무와 관련된 손해배상청구를 선택적으로 병합하여 청구를 하였는데, 두 청구는 법률적 또는 경제적으로 동일한 목적을 추구하는 것이라고 볼 수 없을 뿐만 아니라 상호 논리적 관련성이 없으므로 선택적으로 병합할 수 없다. 甲의 각 손해배상청구는 단순병합청구이므로 제1심 법원이 심리·판단한 건물매매업무와 관련된 손해배상청구만이 항소심에 이심되어 항소심의 심판대상이 되고, 나머지 부동산 임차업무와 관련된 손해배상청구는 재판누락으로서 여전히 제1심에 남게 된다. 따라서 항소심 법원은 제1심에서 판단하지 않은 부동산 임차업무와 관련된 손해배상청구에 관하여 심리·판단할 수 없다.

② 제1심 법원은 1) 건물매매업무와 관련된 손해배상청구에 대해서는 청구기각, 2) 부동산 임차업무와 관련된 손해배상청구에 대해서는 5억 원을 인용하는 판결을 선고하였다. 이 판결에 대해 피고만 항소한 경우, 항소심 법원은 위 건물매매업무와 관련된 손해배상청구 부분에 대해 심리 · 판단할 수 있는가?

1. 쟁점

사안에서 甲의 각 손해배상청구는 앞에서 본 바와 같이 단순병합관계에 있는바, 乙은 자신이 패소한 부분에 대하여 항소를 제기하였으나, 甲이 패소한 부분, 즉 건물매매업무와 관련된 손해배상청구에 대해서 항소를 제기하지 않은 경우에 항소심의 심판대상이 되는지가 문제된다.

2. 상소불가분의 원칙과 불이익변경금지의 원칙(민소법 제415조)

제1심 법원이 수 개의 청구에 대하여 하나의 전부판결을 한 경우, 항소의 제기에 의해 확정차단의 효력과 이심의 효력은 원칙적으로 상소불가분의 원칙에 따라 항소인의 불복신청 범위에 관계없이 판결 전부에 대해 불가분적으로 발생한다. 다만, 민소법 제415조의 불이익변경금지원칙과의 관계에서 항소법원의 제1심판결의 당부에 대한 심판은 항소한 당사자의 불복신청의 한도 내에 국한되고, 제1심판결 중 누구도 불복하지 않은 부분에 대해서 나아가 심리 · 판단하여 항소한 당사자에게 불이익하게 판단할 수 없다.

3. 단순병합청구의 항소심 심판의 범위

단순병합관계에 있는 모든 청구에 대해서 하나의 전부판결이 선고되고 그중 일부에 대하여만 항소가 제기된 경우, 모든 청구에 대하여 이심과 확정차단의 효력이 생기나, 항소인이 변론종결시까지 항소취지를 확장하지 않거나, 피항소인이 부대항소를 제기하지 않는 한, 나머지 부분은 항소심의 심판대상이 되지 않으므로 그 부분에 관하여는 항소심판결의 선고와 동시에 확정되어 소송이 종료된다(대법원 1994. 12. 23. 선고 94다44644판결 등).

4. 사안의 해결

사안에서 제1심 법원은 甲의 두 청구에 대하여 하나의 전부판결을 하였고 乙이 그중 일부에 대하여 항소를 제기함으로써 상소불가분의 원칙에 따라 제1심판결은 甲의 두 청구 모두에 대하여 확정이 차단되고 항소심으로 이심된다. 그러나 甲이 패소하고도 항소 및 부대항소를 제기하지 않은 부분, 즉 건물매매업무와 관련된 손해배상청구에 대하여는 항소심의 판단대상이 되지 않으므로 항소심 법원은 이에 대하여 심리·판단할 수 없다.

(14) 甲은 2020. 1. 1. 乙에게 X토지를 대금 5억 원에 매도하고, 계약 당일 계약금 1억 원을 수령한 다음 乙의 요청에 따라 X토지를 인도해 주었다. 그런데 乙은 2020. 2. 1. 지급하기로 한 중도금 2억 원의 지급을 연체하였다. 甲은 2020. 3. 1. 위 매매계약이 '매수인이 중도금이나 잔금을 약정 지급기일까지 지급하지 않으면 매매계약은 무효가 된다'는 특약에 따라 해제되었다고 주장하면서, 乙을 상대로 소유권에 기초하여 X토지의 인도를 구하고 손해배상으로서 2020. 1. 1.부터 X토지의 인도일까지 월 100만 원의 비율로 계산한 돈의 지급을 구하는 소를 제기하였다. 이에 乙은 반소로 주위적으로 X토지에 관하여 2020. 1. 1. 매매를 원인으로 한 소유권이전등기절차의 이행을 구하고, 예비적으로 1억 원 및 이에 대한 2020. 1. 1.부터 다 갚는 날까지 연 5푼의 비율로 계산한 돈의 지급을 구하였다. 丙은 2020. 4. 1. 독립당사자참가신청을 하면서 2020. 1. 15. 乙로부터 X토지를 대금 6억 원에 매수하고 계약금 및 중도금 합계 3억 원을 지급하였는데 甲과 乙이 통모하여 본소로써 X토지에 관한 매매계약을 해제함으로써 丙에게 X토지에 관한 소유권이전등기절차를 이행하지 않으려고 한다고 주장하고, 乙을 상대로 X토지에 관하여 2020. 1. 15. 매매를 원인으로 한 소유권이전등기절차를 이행하라고 청구하였다.
제1심 법원은 甲의 주장을 받아들여서 위 매매계약이 해제되었다고 판단하고 甲의 토지인도청구는 인용하면서, 乙의 점유가 불법점유에는 해당하지 않는다는 이유로 손해배상청구는 기각하였고, 乙의 반소청구 중 주위적 청구는 기각하고, 예비적 청구는 인용하면서, 丙의 독립당사자참가를 각하하는 판결을 하였다. 이에 乙은 패소 부분 전부에 대하여 항소하였고, 甲과 丙은 항소를 하지 않았다.
甲은 항소심 계속 중에 손해배상청구와 관련하여 동일한 청구취지로 부당이득반환청구를 선택적으로 추가하였다. 항소심 법원은 乙의 항소를 기각하는 한편, 甲의 부대항소를 받아들여서 부당이득반환청구로서 乙로 하여금 2020. 1. 1.부터 X토지의 인도일까지 월 100만 원의 비율로 계산한 돈을 지급하라는 판결을 선고하였다. 항소심판결에 대하여도 乙만이 상고를 하였는데, 대법원은 乙의 상고를 기각하였다. 甲의 본소청구 중 손해배상청구와 乙의 반소청구 중 예비적 청구는 각각 언제 확정되는가? (2022년 기말고사)

1. 쟁점

사안에서 제1심에서 甲의 본소청구(소유권에 기한 인도청구와 손해배상청구)는 단순병합관계에 있고, 乙의 반소청구는 주위적·예비적청구인데, 반소청구(이전등기청구와 원상회복청구)의 주위적 청구가 본소와 예비적 반소 관계에 있다. 또 항소심에서 추가된 청구는 본소의 손해배상청구와 선택적 병합관계에 있다. 각 병합청구에 대하여 상소에 의한 이심 범위와 상소심의 심판대상이 검토되어야 한다.

2. 단순병합과 상소

청구의 단순병합은 여러 개의 청구 전부에 대해서 병렬적으로 심판을 구하는 형태의 병합으로서, 각 청구들 사이의 관련성이 요구되지 않으며, 법원은 병합된 모든 청구에 대해서 판단하여야 한다. 단순병합관계에 있는 모든 청구에 대해서 하나의 전부판결이 선고되고 그중 일부에 대하여만 항소한 경우 모든 청구에 대하여 이심과 확정차단의 효력이 생긴다. 다만, 항소인이 변론종결시까지 항소취지를 확장하지 않거나, 피항소인이 부대항소를 제기하지 않는 한, 항소로써 불복하지 않은 나머지 부분은 항소심의 심판대상이 되지 않으므로 그 부분에 관하여는 항소심판결의 선고와 동시에 확정되어 소송이 종료된다(대법원 1994. 12. 23. 선고 94다44644판결 등).

3. 선택적 병합과 상소

청구의 선택적 병합은 양립할 수 있는 여러 개의 경합적 청구권에 기초하여 동일 취지의 급부를 구하거나 양립할 수 있는 여러 개의 형성권에 기하여 동일한 형성적 효과를 구하는 경우에 그 어느 한 청구가 인용될 것을 해제조건으로 하여 여러 개의 청구에 관한 심판을 구하는 병합 형태로서(대법원 1982. 7. 13. 선고 81다카1120 판결), 선택적 병합의 경우에는 여러 개의 청구가 하나의 소송절차에 불가분적으로 결합되어 있기 때문에 선택적 청구 중 하나만을 기각하는 일부판결은 선택적 병합의 성질에 반하는 것으로서 법률상 허용되지 않는다(대법원 1998. 7. 24. 선고 96다99 판결). 여러 개의 청구가 제1심에서 처음부터 선택적으로 병합되고 그 중 어느 한 개의 청구에 대한 인용판결이 선고되어 피고가 항소를 제기한 경우는 물론, 원고의 청구를 인용한 판결에 대하여 피고가 항소를 제기하여 항소심에 이심된 후 청구가 선택적으로 병합된 경우 또는 원고의 청구를 기각한 판결에 대하여 원고가 항소한 다음 항소심에서 청구를 선택적으로 병합한 경우에 있어서도, 항소심은 제1심에서 인용된 청구를 먼저 심리하여 판단할 필요는 없고 선택적으로 병합된 여러 개의 청구 중 제

1심에서 심판되지 아니한 청구를 임의로 선택하여 심판할 수 있으나, 심리한 결과 그 청구가 이유 있다고 인정되고 그 결론이 제1심판결의 주문과 동일한 경우에도 피고의 항소를 기각하여서는 안 되며 제1심판결을 취소한 다음 새로이 청구를 인용하는 주문을 선고하여야 한다(대법원 2006. 4. 27. 선고 2006다7587,7594 판결, 대법원 2021. 7. 15. 선고 2018다298744 판결 등).

4. 예비적 병합과 상소

청구의 예비적 병합은 양립할 수 없는 여러 개의 청구를 하면서 제1차적 청구(주위적 청구)가 각하·기각될 때를 대비하여 제2차적 청구(예비적 청구)에 대하여 심판을 구하는 병합형태이다. 예비적 병합청구에 있어서는 주위적 청구가 인용될 때는 예비적 청구에 대하여 심판할 필요 없고, 주위적 청구가 각하·기각될 때는 예비적 청구에 대하여 심판을 하여야 한다. 예비적 병합의 경우에는 여러 개의 청구가 하나의 소송절차에 불가분적으로 결합되어 있기 때문에 주위적 청구를 먼저 판단하지 않고 예비적 청구만을 인용하거나 주위적 청구만을 배척하고 예비적 청구에 대하여 판단하지 않는 등의 일부판결은 예비적 병합의 성질에 반하는 것으로서 법률상 허용되지 않는다(대법원 2000. 11. 16. 선고 98다22253 전원합의체 판결).

예비적 병합에 있어서, 주위적 청구기각, 예비적 청구인용의 제1심판결에 대하여 원고만이 항소를 한 경우는 주위적 청구와 예비적 청구 모두 이심되고 주위적 청구가 심판대상이 되지만, 주위적 청구가 확정되지 않는 한 예비적 청구도 확정되지 않는다.

[주위적 청구기각, 예비적 청구인용의 제1심판결에 대하여 피고만이 항소한 경우 항소제기에 의한 이심의 효력은 당연히 전체에 미쳐 주위적 청구에 관한 부분도 항소심에 이심되지만, 항소심의 심판범위는 피고의 불복신청의 범위에 한하므로 예비적 청구를 인용한 제1심판결의 당부에 그치고, 원고의 부대항소가 없는 한, 주위적 청구는 심판대상이 되지 않는다(대법원 2001. 12. 24. 선고 2001다62213 판결 등).]

5. 사안의 해결

사안에서 甲의 본소청구는 통상공동소송인바, X토지의 인도청구를 인용하고 불법행위를 원인으로 한 손해배상청구를 기각한 제1심 판결 중 乙이 패소부분(X토지의 인도청구부분)에 대하여만 항소를 제기하였지만, 상소불가분의 원칙에 의하여 손해배상청구부분도 확정이 차단되고 항소심으로 이심된다. 甲이 항소심에서 손해배상청구에 관련하여 부당이득반환청구를 선택적으로 추가하였고, 항소심이 부당이득반환청구를 인용하고 이에 대하여 乙이 상고를 하였는바, 부당이득반환청구와 선택적 청구관계에 있는 손해배상청구 역시 확정이 차단되고 상고심으로 이심된다. 甲의 손해배상청구는 대법원의 상고기각판결의 선고에 의하여 부당이득반환청구와 함께 확정된다. 乙의 반소청구 중 주위적 청구 부분을 기각한 제 1심판결에 대하여 乙이 항소를 하였으므로 제1심판결에서 인용된 예비적 청구 부분도 확정되지 않고 항소심으로 이심된다. 乙의 항소를 기각한 항소심판결에 대하여 乙이 상고를 함으로써 주위적 청구 부분과 함께 예비적 청구 부분도 대법원으로 이심되며, 예비적 청구 부분은 대법원의 상고기각판결이 선고됨으로써 주위적 청구와 함께 확정된다.

(15) 甲은 2014. 8. 10. 乙에게 1억 원을 변제기 2015. 8. 10.로 정하여 대여하였는데 乙이 변제기가 지난 후에도 이를 변제하지 않고 있다고 주장하면서, 2015. 9. 18. 위 대여금의 지급을 구하는 대여금반환청구의 소를 제기하였다. 이에 乙은 甲과 체결한 물품공급계약에 따라 2015. 5. 10. 인도한 물품의 대금채권 1억 5,000만 원(위 물품대금채권의 변제기는 2015. 8. 10.이다) 중 1억 원을 반대채권으로 하여 상계의 항변을 하였고, 그와 동시에 나머지 물품대금 5,000만 원의 지급을 구하는 반소를 제기하였다(물품대금채권의 지연손해금은 고려하지 않음). 乙이 제기한 반소는 적법한가? (제6회 변호사시험)

1. 반소의 적법요건

반소는 반소청구가 본소의 청구 또는 방어방법과 서로 관련되어 있으면서, 본소의 소송절차를 현저히 지연시키지 않고, 본소가 사실심에 계속되고 변론종결 전이며, 본소와 동종의 소송절차에서 심리될 수 있고, 반소가 다른 법원의 전속관할이 아닌 경우에 허용된다(민소법 제269조).

2. 사안의 해결

사안에서 피고 乙은 물품대금채권을 자동채권으로 하여 상계항변을 하고 자동채권액 중 수동채권액을 초과하는 금액을 반소로서 청구하고 있는바, 이는 본소의 방어방법과 서로 관련되어 있는 청구로서 반소의 적법요건을 갖추고 있으므로 적법하다.

(16) 甲은 2015. 2. 1. 乙과의 사이에 甲 소유의 X토지를 3억 원에 매도하기로 하는 계약을 체결하고, 계약금 3천만 원은 위 계약 당일 지급받았으며, 중도금 1억 원은 2015. 2. 28.까지, 잔금 1억 7천만 원은 2015. 3. 31. 소유권이전에 필요한 서류의 교부와 동시에 지급받기로 약정하였다. 甲은 丁에 대하여 2014. 5. 1. 차용한 3억 원의 반환채무를 부담하고 있었는데, 2015. 4. 5. 丁과의 사이에서 위 차용금채무의 변제에 갈음하여 X토지의 소유권을 이전하여

주기로 약정하였다. 乙이 2015. 4. 10. 甲을 상대로 2015. 2. 1.자 매매계약을 원인으로 한 X
토지에 대한 소유권이전등기 및 인도청구의 소(이하 '전소'라고 함)를 제기하였고, 그 소송의
변론종결 전인 2015. 4. 20. 甲은 X토지를 丁에게 인도하였다. 전소에서 乙이 소장에 甲의
주소를 허위로 기재하였고, 법원은 소장 부본이 적법하게 송달된 것으로 잘못 알고서 자백간
주를 이유로 2015. 5. 10. 원고승소판결을 선고하였으며, 乙은 2015. 5. 30. 그 판결에 기하여
X토지에 관하여 소유권이전등기를 마친 후 2015. 6. 1. 丁을 상대로 X토지에 관하여 소유권
에 기초한 인도청구의 소를 제기하였다. 이에 丁이 청구원인을 모두 부인하면서 甲을 대위하
여 X토지에 관한 소유권이전등기의 말소를 구하는 반소를 제기하였다. 이 반소가 적법한지
여부를 검토하고, 위 제시된 사실이 모두 주장·증명된다면 법원은 본소와 반소에 대하여 어
떻게 판단할 것인지 서술하시오. (2015년 10월 변시 모의시험)

1. 반소의 적법성

가. 쟁점

사안에서 X토지의 매수인 乙이 전소에서 사위판결을 받아 X토지의 소유권이전등기를
경료하였는바, 사위판결에 기초하여 마쳐진 이전등기에 대하여 말소등기를 구하는 방법이
문제가 된다.

나. 사위판결의 효력 및 불복방법

원고가 상대방의 주소를 허위로 기재함으로써 그 허위주소로 소송서류가 송달되어 그
로 인하여 상대방 아닌 다른 사람이 그 서류를 받아 자백간주의 형식으로 제소자 승소의
판결이 선고되고 그 판결정본 역시 허위의 주소로 보내어져 송달된 것으로 처리된 경우,
상대방에 대한 판결의 송달은 부적법하여 무효이어서 상대방은 아직도 판결정본의 송달을
받지 않은 상태에 있고 그 판결은 확정되지 않았으므로 상대방은 상소를 제기하여 다툴 수
있다(대법원 1978. 5. 9. 선고 75다634 전원합의체 판결).

다. 사위판결에 의하여 이전등기가 마쳐진 경우

사위판결에 기초하여 부동산에 관한 소유권이전등기나 말소등기가 마쳐진 경우, 그 판
결에는 기판력이 없으므로 별소로써 그 등기의 말소를 구할 수도 있다(대법원 1995. 5. 9. 선고
94다41010 판결).

라. 사안의 해결

사안에서 丁은 2015. 4. 5.자 계약에 따른 소유권이전등기청구권을 보전하기 위하여 甲을 대위하여 乙을 상대로 X토지에 관한 소유권이전등기의 말소등기를 청구할 수 있다.

2. 본소 및 반소 청구의 타당성

가. 쟁점

사안에서 乙은 X토지에 관하여 사위판결에 기초하여 소유권이전등기를 마치고 소유자로서 토지인도청구를 하고 있는바, 등기의 추정력 및 등기가 절차상 위법이 있으나 실체관계에 부합하는 경우의 법률관계 등이 쟁점이 된다.

나. 등기의 추정력

부동산에 관하여 소유권이전등기가 마쳐져 있는 경우, 등기명의자는 제3자뿐만 아니라 그 전의 소유자에 대하여도 적법한 등기원인에 의하여 소유권을 취득한 것으로 추정되므로, 이를 다투는 측에서 무효사유를 주장·증명하여야 한다(대법원 2013. 1. 10. 선고 2010다 75044, 75051 판결).

다. 사안의 해결

사안에서 乙의 본소청구는 소유권에 기초한 인도청구권(물권적 청구권)의 행사인데, 乙 명의로 소유권이전등기가 마쳐졌으므로 등기의 추정력에 의하여 乙이 소유권자로 추정된다. 따라서 丁이 그 등기원인이 무효라는 사실(乙 명의의 소유권이전등기가 확정되지 않은 사위판결에 의하여 마쳐짐으로서 원인무효라는 사실)을 주장·증명하여야 한다. 한편, 丁의 증명에 의하여 등기의 추정력이 깨어진다고 하더라도, 乙이 자신의 등기가 2015. 2. 1.자 매매계약에 기한 것으로서 실체관계에 부합하는 사실을 주장·증명하면, 법원은 乙의 丁에 대한 본소청구를 인용하여야 한다. 반면, 乙의 소유권이전등기가 실체관계에 부합하는 등기로서 유효하다면, 甲을 대위한 丁의 乙에 대한 소유권이전등기말소청구는 기각되어야 한다.

(17) 甲은 乙로부터 X부동산을 5억 원에 매수하였다고 하면서 2017. 3. 2. 乙을 상대로 '乙은 甲에게 X부동산에 관하여 2015. 7. 1. 매매를 원인으로 한 소유권이전등기절차를 이행하라'는 취지의 소유권이전등기청구의 소를 제기하였다. 제1심 법원이 甲의 청구를 기각하자 甲이 항소하였다. 乙은 항소심에서 X부동산에 관한 매매계약이 해제되었다고 주장하고, 만일 해제

되지 않았다면 甲은 乙에게 매매잔대금 1억 원을 지급할 의무가 있다고 주장하면서 예비적으로 '甲은 乙에게 1억 원을 지급하라'는 취지의 반소를 제기하였다. 항소심 법원이 항소기각 판결을 한다면 위 반소청구에 대하여 판단을 하여야 하는가? (제8회 변호사시험)

1. 쟁점

사안에서 乙은 甲의 본소청구에 대하여 다투면서 본소청구가 인용될 것에 대비하여 항소심에서 반소를 제기하였는바, 항소심에서 제기한 반소의 적법 여부와 본소청구가 인용될 것에 대비하여 제기한 반소의 성질에 관하여 검토하여야 한다.

2. 항소심에서의 반소제기

항소심에서는 상대방의 심급의 이익을 해할 우려가 없는 경우 또는 상대방의 동의를 받은 경우에 한하여 변론종결시까지 반소를 제기할 수 있다(민소법 제412조). 이는 상대방의 심급이익을 보호하기 위한 것인데, 판례는 '상대방의 심급의 이익을 해할 우려가 없는 경우'라 함은 반소청구의 기초를 이루는 실질적 쟁점이 제1심에서 본소의 청구원인 또는 방어방법과 관련하여 충분히 심리되어 상대방에게 제1심에서의 심급의 이익을 잃게 할 염려가 없는 경우를 말한다고 한다(대법원 2005. 11. 24. 선고 2005다20064, 20071 판결).

3. 예비적 반소

예비적 반소는 본소청구가 인용될 것을 조건부로 하는 반소 청구이다. 따라서 본소가 배척될 경우에는 예비적 반소는 심판대상이 되지 않으므로 판단할 필요가 없고, 그에 대하여 판단을 하였다고 하더라도 효력이 없다. 원고만이 항소한 경우에도 예비적 반소는 이심이 되므로 항소심에서 본소청구를 인용하는 경우에는 예비적 반소를 심판대상으로 삼아 판단을 하여야 한다(대법원 2006. 6. 29. 선고 2006다19061, 19078 판결).

4. 사안의 해결

사안에서 제1심에서 甲과 乙 사이의 2015. 7. 1. 매매에 관하여 충분히 심리되었으므로 항소심에서 반소로서 매매잔대금청구를 하더라도 상대방의 심급의 이익을 해할 우려가 없는 경우에 해당한다. 다만, 본소인 매매를 원인으로 한 소유권이전등기청구에 대하여, 잔대금지급을 청구하는 반소는 본소가 인용될 것을 조건으로 하는 예비적 반소이므로 본소청구가 기각될 경우 예비적 반소는 심판대상이 되지 않는다. 따라서 항소심 법원이 甲의 본소청구를 기각하는 취지로 항소기각판결을 하는 경우 乙의 반소청구에 대하여서는 판단할 필요가 없다.

유사문제 甲은 乙과 乙 소유 X토지에 관한 매매계약을 체결하였다. 위 매매계약에 따라 甲은 乙에게 계약금과 중도금을 지급하였으나 잔금을 지급하지 못하였다. 甲은 乙에게 잔금을 지급하겠으니 X토지에 관한 소유권이전등기를 마쳐줄 것을 요청하였다. 그러자 乙은 甲이 잔금을 지급하지 않았으므로 위 매매계약은 해제되었다고 주장하였다. 甲은 乙을 상대로 X토지에 관하여 매매를 원인으로 한 소유권이전등기절차의 이행을 구하는 소를 제기하였고, 위 소송 계속 중 乙은 위 매매계약을 적법하게 해제하였다고 항변하였다. 乙은 또한 만약 위 해제가 적법하지 않을 경우에는 甲은 乙에게 잔금을 지급할 의무가 있다고 주장하면서 甲을 상대로 잔금의 지급을 구하는 예비적 반소를 제기하였다.

① 제1심 법원은 위 매매계약이 甲의 잔금지급의무 불이행으로 적법하게 해제되었다고 판단하고 甲의 본소청구를 기각하면서 乙의 반소를 각하하는 판결을 선고하였다. 이러한 제1심 법원의 판결은 적법한가?

② ①에서 선고된 판결에 대하여 甲만 항소하였다. 항소심 법원은 심리결과 乙의 해제가 소유권이전등기의무에 관한 이행의 제공 없이 한 것으로서 부적법하다고 판단하였다. 이러한 경우 항소심 법원은 어떤 판결을 하여야 하는가?

---

(18) 甲은 乙에게서 1억 원을 차용하고 그 일부를 담보하기 위해 甲 소유인 X토지에 관하여 乙에게 채권최고액 5,000만 원인 근저당권설정등기를 마쳐 주었다. 그 후 甲은 채무초과상태에서 이런 사실을 잘 아는 丙에게 유일한 재산인 시가 2억 원인 X토지를 1억 원에 매도하고 소유권이전등기를 마쳐 주었다. 丙은 민법 제364조에 따라 乙에게 5,000만 원을 제공하면서 근저당권설정등기의 말소를 요구했으나 乙이 이에 응하지 아니하자 그 금액을 변제공탁한 후 乙을 상대로 근저당권설정등기의 말소를 구하는 소를 제기하였다. 乙이 위 소송에서 승소할 수 있는 전략은 무엇인가? (제10회 변호사시험)

1. 쟁점

사안에서 甲으로부터 X토지를 취득한 丙은 채권최고액 5,000만 원을 변제공탁하고 丙의 소유권에 기초하여 乙 명의의 근저당권설정등기의 말소를 청구하고 있다. X토지의 제3취득자인 丙이 乙의 수령거절을 사유로 근저당권의 채권최고액 5,000만 원을 전부 변제공탁한 이상 변제공탁의 효력은 달리 다툴 수 없으므로, 乙이 丙의 소유권을 다투어 승소하기 위하여 사해행위취소소송을 제기할 수 있는지 여부를 검토한다.

2. 반소에 의한 사해행위취소의 소 제기

사해행위취소소송은 형성의 소로서 그 판결이 확정됨으로써 비로소 권리변동의 효력이 발생하나, 민법 제406조 제1항은 채권자가 사해행위의 취소와 원상회복을 법원에 청구할 수 있다고 규정함으로써 사해행위취소청구에는 그 취소판결이 미확정인 상태에서도 그 취소의 효력을 전제로 하는 원상회복청구를 병합하여 제기할 수 있도록 허용하고 있다. 또한 원고가 매매계약 등 법률행위에 기하여 소유권을 취득하였음을 전제로 피고를 상대로 일정한 청구를 할 때, 피고는 원고의 소유권 취득의 원인이 된 법률행위가 사해행위로서 취소되어야 한다고 다투면서, 동시에 반소로써 그 소유권 취득의 원인이 된 법률행위가 사해행위임을 이유로 법률행위의 취소와 원상회복으로 원고의 소유권이전등기의 말소절차 등의 이행을 구하는 것도 가능하다. 위와 같이 원고의 본소 청구에 대하여 피고가 본소 청구를 다투면서 사해행위의 취소 및 원상회복을 구하는 반소를 적법하게 제기한 경우, 사해행위의 취소 여부는 반소의 청구원인임과 동시에 본소 청구에 대한 방어방법이자, 본소 청구 인용 여부의 선결문제가 될 수 있다. 그 경우 법원이 반소 청구가 이유 있다고 판단하여, 사해행위의 취소 및 원상회복을 명하는 판결을 선고하는 경우, 비록 반소 청구에 대한 판결이 확정되지 않았다고 하더라도, 원고의 소유권 취득의 원인이 된 법률행위가 취소되었음을 전제로 원고의 본소 청구를 심리하여 판단할 수 있다고 봄이 타당하다. 그때에는 반소 사해행위취소 판결의 확정을 기다리지 않고, 반소 사해행위취소 판결을 이유로 원고의 본소 청구를 기각할 수 있다. 본소와 반소가 같은 소송절차 내에서 함께 심리, 판단되는 이상, 반소 사해행위취소 판결의 확정 여부가 본소 청구 판단 시 불확실한 상황이라고 보기 어렵고, 그로 인해 원고에게 소송상 지나친 부담을 지운다거나, 원고의 소송상 지위가 불안정해진다고 볼 수도 없다. 오히려 이로써 반소 사해행위취소소송의 심리를 무위로 만들지 않고, 소송경제를 도모하며, 본소 청구에 대한 판결과 반소 청구에 대한 판결의 모순 저촉을 피할 수 있다[대법원 2019. 3. 14. 선고 2018다277785(본소), 2018다277792(반소) 판결].

3. 사안의 해결

사안에서 피고 乙은 원고 丙의 근저당권설정등기 말소청구에 관하여, 甲과 丙 사이에 체결된 X토지의 매매계약에 대하여 사해행위로 취소를 청구하고, 그에 따른 원상회복으로서 丙 명의의 소유권이전등기의 말소청구를 반소로서 제기하면서 이를 본소에 대한 방어방법으로 주장할 수 있다. 반소원고 乙의 반소피고 丙에 대한 사해행위취소 및 원상회복청구의 반소는 본소에 대한 방어방법이자 본소 청구인용 여부의 선결문제가 된다. 반소원고 乙은 甲에 대한 대여금채권을 피보전채권으로 하여, 甲이 채무초과상태에서 유일한 재산인 X토지를 처분한 것은 사해행위에 해당하고, 이로써 甲의 사해의사도 사실상 추정되며, 수익자 丙의 악의 역시 추정됨을 주장·증명하여(추정되는 부분에 대하여는 증명은 불필요함) 반소에서 승소를 하면, 법원은 반소 사해행위취소소송이 확정되지 아니하였더라도 같은 이유로 원고 丙의 본소청구를 기각할 수 있다.

공동소송 1

(1) 원래 甲 소유로 등기되어 있던 X토지에 관하여 乙, 丙, 丁 명의로 차례로 소유권이전등기가 마쳐졌다. 甲은 "위 토지는 자신의 소유인데, 乙이 아무런 원인 없이 서류를 위조하여 이전등기를 하였으므로 乙 명의의 위 등기는 무효이고, 이에 터잡은 丙, 丁 명의의 등기 또한 각 무효이다"라고 주장하면서 乙, 丙, 丁 명의 등기의 각 말소를 구하는 소를 제기하고자 한다.

① 위 소송은 乙, 丙, 丁 모두를 함께 피고로 해야 하는 소송인가?

1. 쟁점

소송의 이해관계인이 수인일 때, 어떤 경우에 이해관계인들 전원을 공동소송인으로 하여 소송을 진행하여야 하는지가 쟁점이 된다.

2. 공동소송의 형태 결정 – 합일확정의 필요성

이해관계인들 사이에서 소송목적이 합일적으로 확정되어야 할 경우에는 그 이해관계인들 전원을 공동소송인으로 하는 필수적 공동소송의 형태로 소송을 진행해야 할 것이 법률상 강제되지만, 그렇지 않은 경우에는 이해관계인들 모두를 공동소송인으로 할 필요가 없다.

3. 순차 마쳐진 등기의 말소등기청구소송에서 공동소송인의 관계

순차로 마쳐진 등기의 말소등기를 청구하는 소송이나 수인 앞으로 마쳐진 공유등기의 말소등기를 청구하는 소송은 권리관계의 합일적인 확정을 필요로 하는 필수적 공동소송이 아니라 통상공동소송이며, 통상공동소송에서는 공동당사자들 상호간의 공격방어방법의 차이에 따라 모순되는 결론이 발생할 수 있고, 이는 변론주의를 원칙으로 하는 소송제도 아래서는 부득이한 일로서 판결의 이유모순이나 이유불비가 되지 않는다(대법원 1991. 4. 12. 선고 90다9872 판결).

4. 사안의 해결

사안과 같이 X토지에 관하여 乙, 丙, 丁 명의로 순차 소유권이전등기가 마쳐진 경우에 각 등기가 무효인지는 개별적으로 판단되어야 한다. 그리고 甲이 乙 명의의 등기가 원인무효이어서 그에 기초한 丙, 丁의 등기가 무효임을 사유로 乙, 丙, 丁을 상대로 X토지에 관한 소유권이전등기말소청구의 소를 제기하더라도 乙, 丙, 丁에 대한 각 소유권이전등기말소청구권은 별개의 소송물로서 각 소송물이 합일적으로 확정되어야 할 경우에 해당되지 않으므로 乙, 丙, 丁을 모두 함께 피고로 할 필요가 없다.

② 甲이 위 3인을 모두 피고로 하여 각 이전등기의 말소를 구하는 소를 제기했는데, 그 소송에서 乙은 원고의 주장대로 아무런 원인 없이 서류를 위조하여 자신 명의로 등기했다고 진술하고, 丙, 丁은 乙 명의의 이전등기가 실체적 권리관계에 부합한다고 진술했다. 심리결과 乙 명의의 이전등기가 실체적 권리관계에 부합한다는 사실이 인정된다면 법원은 甲의 乙에 대한 청구를 기각할 수 있는가? 만약, 乙이 甲의 청구를 인낙했다면 효력이 있는가?

1. 쟁점

사안에서 甲이 乙, 丙, 丁을 상대로 각 이전등기의 말소청구의 소를 제기한 경우, 이는 공동소송인 사이에서 승패가 합일확정될 필요가 없는 통상공동소송에 해당하는바, 통상공동소송에서 공동소송인 1인의 자백과 인낙이 다른 공동소송인에게 영향을 미치는지가 문제가 된다.

2. 통상공동소송에서 공동소송인 1인의 자백과 인낙의 효력

통상공동소송에서는 민소법 제66조에 규정된 바와 같이 공동소송인 가운데 한 사람의 행위가 다른 공동소송인에게 영향을 미치지 않으므로 공동소송인 중에 1인이 재판상 자백을 하더라도 다른 공동소송인에 대하여는 자백의 효과가 발생하지 않고, 청구의 인낙 등도 각자가 할 수 있다.

3. 사안의 해결

사안에서 甲이 乙의 등기가 위조된 서류에 의하여 마쳐진 것으로서 원인무효라고 주장한 데에 대하여, 乙이 자백을 하였다고 하더라도, 이를 다툰 丙과 丁에게는 아무런 영향이 없다. 반대로 丙과 丁이 위의 사실을 다투어 乙의 등기가 실체적 권리관계에 부합한다는 사실을 증명했다고 하더라도, 乙이 자신의 등기가 원인무효임을 자백한 이상, 甲의 乙에 대한 청구에는 영향을 미치지 않는다. 따라서 법원은 甲의 乙에 대한 청구를 기각할 수 없다. 또 乙은 丙, 丁과 무관하게 甲의 乙에 대한 청구를 인낙할 수 있다.

(2) 버섯 재배업자인 乙은 버섯 판매업자인 丙과 신선도가 떨어지는 버섯을 속여 판매하기로 공모하고, 丙은 소매업자 甲에게 위 버섯을 공급하는 계약을 甲과 체결하였다. 甲은 불량 버섯에 대한 소비자들의 항의가 빗발치자 이를 확인하는 과정에서 乙과 丙이 공모하여 불법행위를 저지른 사실을 알게 되었다. 甲이 소를 제기하기 전에 乙과 丙을 찾아가 항의하자, 乙은 피해변상조로 1억 원을 지급하기로 하면서 일단 2천만 원을 지급하였고, 나머지 8천만 원은 丙과 상의하여 추후 지급하기로 약속하였으나 이를 이행하지 않았다. 이에 甲은 乙과 丙을 상대로 "피고들은 공동하여 원고에게 1억 원을 지급하라."라는 취지의 손해배상청구의 소를 제기하였다. 법원은 乙과 丙에게 공시송달에 의하지 아니한 적법한 송달로 변론기일을 통지하였다. 乙은 변론 중에 자신이 이미 2천만 원을 변제한 사실을 주장하였으나, 丙은 답변서 기타 준비서면을 제출하지 않은 채 변론기일에도 출석하지 않았다. 법원은 乙의 변제항변을 받아들여 "피고들은 공동하여 원고에게 8천만 원을 지급하라."라는 판결을 선고하였다. 이러한 법원의 판결은 타당한가? (제11회 변호사시험)

1. 쟁점

사안에서 공동불법행위로 인한 공동불법행위자들을 상대로 한 손해배상청구의 공동소송형태 및 이러한 공동소송형태에서 소송자료의 수집이 어떻게 되는지가 검토되어야 한다.

2. 공동불법행위자들을 상대로 한 손해배상청구의 공동소송형태

공동불법행위자들의 불법행위로 인한 손해배상책임은 부진정연대채무이고, 부진정연대채무 관계는 서로 별개의 원인으로 발생한 독립된 채무라 하더라도 동일한 경제적 목적을 가지고 있고 서로 중첩되는 부분에 관하여 일방의 채무가 변제 등으로 소멸할 경우 타방의 채무도 소멸하는 관계에 있으면 성립할 수 있고, 반드시 양 채무의 발생원인, 채무의 액수 등이 서로 동일할 것을 요한다고 할 수는 없으며, 부진정연대채무의 관계에 있는 채무자들을 공동피고로 하여 이행의 소가 제기된 경우 그 공동피고에 대한 각 청구가 서로 법률상 양립할 수 없는 것이 아니므로 그 소송을 민소법 제70조 제1항 소정의 예비적 · 선택적 공동소송이라고 할 수 없다(대법원 2009. 3. 26. 선고 2006다47677 판결). 부진정연대채무의 관계에 있는 채무자들을 공동피고로 하여 제기한 이행의 소는 통상공동소송관계에 있다.

3. 공동소송인 독립의 원칙

공동소송인 가운데 한 사람의 소송행위 또는 이에 대한 상대방의 소송행위와 공동소송인 가운데 한 사람에 관한 사항은 다른 공동소송인에게 영향을 미치지 아니한다(민소법 제66조). 이러한 공동소송인 독립의 원칙상 통상공동소송에서는 이른바 주장공통의 원칙이 적용되지 않기 때문에 공동소송인들마다 공격방어방법이 달리함에 따라 모순된 결론에 이를 수 있고, 이는 변론주의를 원칙으로 하는 소송제도에서 부득이하다.

4. 자백간주

당사자가 변론에서 상대방이 주장하는 사실을 명백히 다투지 아니한 때에는 그 사실을 자백한 것으로 보며(민소법 제150조 제1항), 당사자가 공시송달이 아닌 방법으로 변론기일통지서를 송달받고도 변론기일에 출석하지 아니하는 경우에도 동일하다(민소법 제150조 제3항, 제1항).

5. 사안의 해결

사안에서 甲의 1억 원의 손해배상청구의 소에 대하여 丙은 공시송달에 의하지 아니한 방법으로 변론기일을 통지받고도 답변서 기타 서면을 제출하지 않은 채 변론기일에도 불출석함으로써 민소법 제150조 제3항, 제1항에 의하여 자백간주가 성립한다. 甲의 1억 원의 손해배상청구의 소에 대하여 乙은 2,000만 원의 변제항변을 하였으므로 甲의 乙에 대한 청구는 8,000만 원의 범위에서 일부 인용되어야 한다. 乙의 변제항변은 공동소송인 독립의 원칙에 따라 甲의 丙에 대한 청구에 관하여 아무런 영향이 없다. 법원은 "원고에게 피고 丙은 1억 원을 지급하고, 피고 乙은 피고 丙과 공동하여 위 1억 원 중 8,000만 원을 지급하라."는 판결을 하여야 함에도 불구하고, 丙에 대해서도 공동하여 8,000만 원을 지급할 것을 명한 것은 변론주의를 위반한 위법이 있다. 따라서 법원의 판결은 타당하지 않다.

유사문제 甲은 乙에게 2억 원을 빌려주었는데, 乙이 사망함으로써 상속인 A와 B가 1/2 지분씩 공동상속하였다. 甲은 A와 B를 공동피고로 하여 1억 원씩의 지급을 구하는 소를 제기하였다. 위 소송에서 소장 부본이 A에 대하여는 공시송달되었고, B에 대하여는 교부송달되었다. 그 후 진행된 변론기일에 A는 출석하지 않았고, B는 출석하여 乙이 위 대여금 중 8,000만 원을 변제하였다고 주장하였다. 위 대여사실과 변제사실이 모두 인정될 경우 법원은 甲의 A와 B에 대한 청구를 각각 어느 범위에서 인용하여야 하는가? (2011년 사법시험)

(3) X토지는 甲, 乙, 丙의 공유이다.

① 甲이 乙, 丙에게 X토지의 현물분할을 요청했더니 乙은 甲의 분할방법에 동의하였으나 丙이 반대하였다. 이에 甲이 丙을 상대로 X토지의 분할을 청구하는 소를 제기하였다. 법원은 위 토지의 분할을 명할 수 있는가?

1. 공유물분할청구의 소의 공동소송형태

공유물분할청구의 소는 분할을 청구하는 공유자가 원고가 되어 다른 공유자 전부를 공동피고로 하여야 하는 필수적 공동소송이다(대법원 2014. 1. 29. 선고 2013다78556 판결).

2. 사안의 해결

사안에서 甲이 공유자인 乙을 제외하고 丙만을 상대로 공유물분할청구의 소를 제기한 것은 소송요건을 결여한 것으로서 부적법 각하되어야 한다.

② 등기부상 전 소유자인 丁은 X토지에 관한 甲 등 3인 명의의 소유권이전등기가 무효라고 주장한다. 이에 甲이 丁을 상대로 X토지가 甲, 乙, 丙의 공유임의 확인을 구하는 소를 제기하였다면 법원은 X토지 전체의 소유자가 누구인지 심리·판단해야 하는가?

1. 쟁점

공유물 전체에 관한 소유권확인청구가 필수적 공동소송인지 여부와 공유자가 다른 공유자의 지분확인을 구할 확인의 이익이 있는지가 쟁점이 된다.

2. 공유물 전체에 관한 소유권확인청구의 공동소송형태

공유자의 지분은 다른 공유자의 지분에 의하여 일정한 비율로 제한을 받는 것을 제외하고는 독립한 소유권과 같은 것이므로 공유자는 그 지분을 부인하는 제3자에 대하여 각자 그 지분권을 주장하여 지분의 확인을 소구하여야 한다. 공유자 일부가 제3자를 상대로 다른 공유자의 지분의 확인을 구하는 것은 타인의 권리관계의 확인을 구하는 소에 해당하므로 그 타인 사이의 권리관계가 자기의 권리관계에 영향을 미치는 경우에 한하여 확인의 이익이 있다. 공유물 전체에 대한 소유관계의 확인도 이를 다투는 제3자를 상대로 공유자 전원이 하여야 하고, 공유자 일부만이 그 관계를 대외적으로 주장할 수 있는 것이 아니므로, 아무런 특별한 사정이 없이 다른 공유자의 지분의 확인을 구하는 것은 확인의 이익이 없다 (대법원 1994. 11. 11. 선고 94다35008 판결).

3. 사안의 해결

사안에서 甲이 X토지의 소유권에 관하여 다투는 丁을 상대로 X토지가 甲, 乙, 丙의 공유임의 확인을 구하는 것은 당사자적격을 결한 것으로 부적법하고, 甲의 청구를 甲, 乙, 丙의 각 지분권에 관하여 확인을 구하는 청구로 보더라도 乙, 丙의 각 지분에 관한 확인청구는 확인의 이익이 없어 부적법하다.

③ X토지를 丁이 무단으로 점유·사용하고 있다면, 甲이 단독으로 丁을 상대로 X토지 전부의 인도 및 차임 상당의 부당이득반환청구의 소를 제기하여 승소할 수 있는가?

1. 쟁점

민법 제263조는 "공유자는 공유물 전부를 지분의 비율로 사용·수익할 수 있다."고 규정하고, 민법 제265조는 "공유물의 관리에 관한 사항은 공유자의 지분의 과반수로써 결정하고 보존행위는 각자가 할 수 있다."고 규정하고 있다.

사안에서 甲이 甲, 乙, 丙 공유의 X토지를 무단으로 점유하여 사용하고 있는 丁을 상대로 X토지 전부의 인도 및 차임 상당의 부당이득반환청구의 소를 제기하였는바, 위 각 청구가 공유물의 보존행위에 해당되는지가 문제이다.

2. 각 청구가 보존행위에 해당하는지 여부

보존행위란 공유물의 멸실·훼손을 방지하고 그 현상을 유지하기 위한 사실적 법률적

행위를 말한다. 공유물에 대한 방해배제 및 인도청구는 공유물의 멸실·훼손을 방지하고 그 현상을 유지하기 위한 것이므로 공유물보존행위에 해당하지만, 차임 상당의 부당이득 반환청구는 이에 해당하지 않는다.

3. 사안의 해결

사안에서 X토지의 인도청구는 보존행위이므로 甲이 단독으로 소를 제기하여 승소할 수 있지만, 차임 상당의 부당이득반환청구소송은 보존행위가 아니므로 甲은 자신의 지분에 한하여만 승소할 수 있다.

(4) 甲은 자신의 소유인 A토지 지상에 B건물을 신축하였으나 아직 자신의 명의로 등기를 마치지는 않고 있던 중 위 토지와 건물을 乙과 丙에게 매도하였다. A토지에 관하여는 乙과 丙이 각 1/2씩 지분소유권이전등기를 마쳤고 B건물에 대하여는 乙과 丙이 아직 등기를 마치지 못하였으나 이를 인도받아 이곳에서 거주하고 있다. 〈 아래의 각 설문은 관련이 없음 〉 (2014년 6월 변시 모의시험)

① 乙과 丙은 丁으로부터 3억 원을 차용하면서 A토지에 관하여 채권최고액 3억 6,000만 원의 근저당권을 설정하였다. 그 후 乙과 丙은 위 피담보채무가 전부 변제되었다고 주장하면서 丁을 상대로 근저당권설정등기말소청구의 소를 제기하였다. 피고 丁은 위 근저당권설정등기말소청구의 소에서 승소하였고 그 판결은 확정되었다. 그 후 丁은 담보권 실행을 위한 경매를 신청하였고 X가 A토지를 매수하여 매각대금을 전액 납부하였다. 그 후 X는 乙과 丙을 상대로 B건물에 대한 철거를 구하는 소를 제기하였다. 제1차 변론기일에서 피고 乙과 丙은 "원고 X가 A토지의 소유자임을 인정한다."고 변론하였다. 제2차 변론기일에서 피고 乙은 "B건물을 위한 법정지상권이 성립되어 원고의 청구가 이유 없다."고 주장하였다. 그러나 피고 丙은 변론종결시까지 법정지상권의 성립에 관하여 아무런 주장도 하지 않았다. 법원은 피고 乙과 丙에 대하여 법정지상권의 성립을 인정할 수 있는가?

1. 쟁점

법정지상권의 성립요건과 공유자를 상대로 한 건물철거소송이 통상공동소송인지 여부 및 통상공동소송에서 공동소송인독립의 원칙이 검토되어야 한다.

2. 법정지상권의 성립요건

민법 제366조의 법정지상권은 저당권 설정 당시에 동일인의 소유에 속하는 토지와 건물이 저당권의 실행에 의한 경매로 인하여 각기 다른 사람의 소유에 속하게 된 경우에 건물의 소유를 위하여 인정되는 것이므로, 미등기건물을 그 대지와 함께 매수한 사람이 그 대지에 관하여만 소유권이전등기를 넘겨받고 건물에 대하여는 그 등기를 이전받지 못하고 있다가, 대지에 대하여 저당권을 설정하고 그 저당권의 실행으로 대지가 경매되어 다른 사람의 소유로 된 경우에는, 그 저당권의 설정 당시에 이미 대지와 건물이 각각 다른 사람의 소유에 속하고 있었으므로 법정지상권이 성립될 여지가 없다(대법원 2002. 6. 20. 선고 2002다 9660 전원합의체 판결).

3. 건물공유자를 상대로 한 건물철거청구소송이 통상공동소송인지 여부 및 공동소송인독립의 원칙

판례에 따르면 타인 소유의 토지 위에 설치되어 있는 공작물을 철거할 의무가 있는 수인을 상대로 그 공작물의 철거를 청구하는 소송은 필수적 공동소송이 아니므로(대법원 1993. 2. 23. 선고 92다49218 판결), 공유자를 상대로 한 건물철거청구소송은 통상공동소송에 해당한다.

민소법 제66조는 "통상공동소송에 있어서 공동소송인 중 1인의 소송행위 또는 1인에 대한 소송행위는 다른 공동소송인에게 영향을 미치지 않는다."고 규정하고 있는바, 통상공동소송인들 사이에서는 소송자료가 통일될 필요가 없고 소송진행 역시 통일될 필요가 없다.

공동소송인독립의 원칙을 관철하면 공동소송인들 사이에 모순된 결과가 발생할 수 있지만, 판례는 "민소법 제66조의 명문의 규정과 우리 민사소송법이 취하고 있는 변론주의 소송구조 등에 비추어 볼 때, 통상의 공동소송에 있어서 이른바 주장공통의 원칙은 적용되지 않는다."고 한다(대법원 1994. 5. 10. 선고 93다47196 판결).

4. 사안의 해결

가. 사안에서 저당권설정 당시 A토지의 소유자는 乙과 丙이고, B건물의 소유자는 미등기건물을 신축한 甲이었으므로, A토지에 관한 저당권설정 당시 토지와 건물이 동일한 소유자에게 속하지 않으므로 법정지상권이 성립하지 않는다. 또한 토지와 미등기 건물 전부를 매수한 경우에는 관습법상 법정지상권도 성립하지 않는다(대법원 2002. 6. 20. 선고 2002다 9660 전원합의체 판결). 따라서 乙에게 법정지상권이 인정되지 않는다.

나. 丙이 법정지상권을 주장하지 않는 한 법원으로서는 직권으로 판단할 수 없고, X의 乙, 丙에 대한 각 건물철거청구소송은 통상공동소송으로서 乙이 한 법정지상권의 주장은 丙에 대하여 아무런 영향을 미치지 않으므로 법원은 丙의 법정지상권을 인정할 수 없다.

② 乙과 丙은 B건물에 관하여 소유권보존등기를 경료한 후 이를 戊에게 임대하였다. 戊는 그 건물을 카페로 운영하기 위하여 인테리어업자 己에게 공사비 1억 원에 B건물의 내부수리공사를 맡겼다. 己가 戊로부터 공사대금을 지급받지 못한 상태에서 위 임대차계약이 적법하게 해지되었는데, 乙은 丙과의 협의 없이 단독으로 B건물을 점유하고 있는 己를 상대로 B건물의 인도를 구한다. 이에 대하여 己가 乙과 丙은 B 건물의 원시취득자가 아니므로 그들 명의의 보존등기는 무효이어서 소유권에 기한 물권적 청구권을 행사할 수 없을 뿐만 아니라 丙과의 협의 없이 乙이 단독으로 인도청구를 할 수 없다고 주장한다. 己의 주장은 타당한가?

1. 쟁점

사안에서 乙과 丙은 미등기 건물의 신축으로 소유권을 보유하고 있는 甲으로부터 건물을 매수하고 인도를 받았으므로 乙과 丙 명의의 보존등기는 실체관계에 부합한 유효한 등기인바, 공유자 중 1인인 乙이 단독으로 건물인도청구를 할 수 있는지가 쟁점이 된다.

2. 공유물보존행위

부동산의 공유자 중 한 사람은 공유물에 대한 보존행위를 단독으로 할 수 있는데(민법 제265조), 보존행위란 공유물의 멸실·훼손을 방지하고 그 현상을 유지하기 위한 행위를 말한다. 공유물에 관한 원인무효의 등기 전부의 말소와 부동산의 인도를 구하는 것은 보존행위에 해당한다.

3. 사안의 해결

사안에서 乙이 B건물을 점유하고 있는 己를 상대로 한 건물인도청구는 단독으로 할 수 있는 공유물보존행위에 해당하므로 己의 주장은 타당하지 않다.

유사문제 1. 甲은 乙에게서 P시에 소재하는 1필의 X토지 중 일부를 위치와 면적을 특정하여 매수했으나 필요가 생기면 추후 분할하기로 하고 분할등기를 하지 않은 채 X토지 전체 면적에 대한 甲의 매수 부분의 면적 비율에 상응하는 지분소유권이전등기를 甲 명의로 경료하고 甲과 乙은 각자 소유하게 될 토지의 경계선을 확정하였다. 甲과 乙은 각자 소유하는 토지 부분 위에 독자적으로 건축허가를 받아 각자의 건물을 각자의 비용으로 신축하기로 하였다. 각 건물의 1층 바닥의 기초 공사를 마치고 건물의 벽과 지붕을 건축하던 중 자금이 부족하게 되자 甲과 乙은 공동으로 丁에게서 건축 자금 1억 원을 빌리면서 X토지 전체에 저당권을 설정해 주었다. 이후 건물은 완성되었으나 준공검사를 받지 못하여 소유권보존등기를 하지 못하고 있던 차에 자금 사정이 더욱 나빠진 甲과 乙은 원리금을 연체하게 되어 결국 저당권이 실행되었고, 경매를 통하여 戊에게 X토지 전체에 대한 소유권이전등기가 경료되었다. 戊는 甲과 乙에게 법률상 근거 없이 X토지를 점유하고 있다는 이유로 각 건물의 철거 및 X토지 전체의 인도를 청구하고 있다. 戊는 위 甲, 乙을 상대로 한 각 건물의 철거 및 X토지 전체 인도소송(이하 '위 소송'이라고 함)의 소장에서 "甲과 乙이 각 건물을 신축할 당시 甲과 乙이 X토지를 각 구분하여 특정부분을 소유한 바는 없다"라고 주장(이하 '戊의 소송상 주장'이라고 함)하였고, 위 소송의 제1차 변론기일에서 甲은 戊의 소송상 주장을 인정하는 취지의 진술을 하였고, 반면 乙은 戊의 소송상 주장에 대하여 "甲과 乙은 각 건물이 위치한 부분을 중심으로 하여 토지 중 각자의 지분에 해당하는 토지를 특정하여 구분소유하고 있었다."는 취지로 진술하였다. 위 제1차 변론기일에 진술한 이래, 甲과 乙은 각 본인의 위 각 진술을 변론종결시까지 그대로 유지하였다. 그러나 법원은 관련 증거를 종합하여 볼 때 乙의 위 주장이 객관적 진실에 부합한다고 판단하고 있다. 법원은 甲과 乙의 위 각 진술이 甲과 乙에 대한 각 관계에서 미치는 영향 및 戊의 청구에 대하여 어떻게 판단하여야 하는지와 그 근거를 서술하시오. (제3회 변호사시험)

2. 甲과 乙은 각각 1/4, 3/4의 지분으로 X토지를 공유하고 있다. A는 2003. 2. 1. 甲과 乙을 대리하여 X토지에 대해 丙과 매매계약을 체결하고, 丙으로부터 매매대금을 수령한 다음, 2003. 4. 1. 丙의 명의로 소유권(공유지분)이전등기를 마쳐주었다. 丙은 2004. 3. 1. X토지에 대해서 丁과 매매계약을 체결하였고, 2004. 4. 1. 丁에게 X토지의 인도 및 소유권이전등기를 마쳐주었다. 乙은 2015. 4. 1. 丙과 丁을 상대로 X토지에 관한 각 이전등기 전부의 말소를 구하는 소를 제기하였다. 변론절차에서 乙은 甲과 乙이 A에게 대리권을 수여한 적이 없으므로 甲·乙과 丙 사이에 체결된 매매계약은 무효이며, A가 등기관련서류를 위조하여 마친 丙과 丁명의의 등기도 무효라고 주장하였다. 심리결과, A에게 甲과 乙을 대리할 수 있는 대리권이 있는지 여부가 증명되지 않았다. 법원은 乙의 丙과 丁에 대한 청구에 대하여 어떤 결론(각하, 기각, 전부 인용, 일부 인용)을 내려야 하는지와 그 결론에 이르게 된 논거를 설명하시오. (2019년 8월 변시 모의시험)

(5) 甲 소유인 Y건물(2층)을 甲의 아들 A로부터 임차하여 사용·수익하는 乙은 Y건물 중 1층 부분을 丙에게 전대하여 乙과 丙이 Y건물을 나누어 점유·사용하고 있다. 이에 대하여 甲은

乙과 丙이 권원 없이 Y건물을 점유하고 있다고 주장하면서 乙과 丙에 대하여 소유권에 기초하여 각 점유 부분의 인도 및 그 부분의 사용·수익으로 인한 차임 상당의 부당이득반환청구의 소를 제기하였다. 위 소송에서 제1심 법원은 甲의 청구를 전부 인용하는 판결을 선고하였다. 이에 대하여 乙만이 항소하였다. 항소심 법원이 심리한 결과 甲의 청구가 부당하다고 판단하면 항소심 법원은 丙에 대하여서도 제1심 법원의 판단과 달리 유리한 판결을 할 수 있는가? (2015년 6월 변시 모의시험)

1. 쟁점

甲이 乙과 丙을 상대로 한 건물인도 및 부당이득반환청구소송이 어떤 공동소송의 형태에 해당하는지와 통상공동소송에서 공동소송인독립의 원칙이 쟁점으로 된다.

2. 공동소송의 형태

이해관계인들 사이에서 소송목적이 합일적으로 확정되어야 할 경우에는 그 이해관계인들 전원을 공동소송인으로 하여 소송을 진행해야 할 것, 즉 필수적 공동소송의 형태로 소송을 진행해야 할 것이 법률상 강제되지만, 그렇지 않은 경우에는 이해관계인들 모두를 공동소송인으로 할 필요가 없다.

3. 공동소송인독립의 원칙

통상공동소송인 중 1인의 소송행위 또는 1인에 대한 소송행위는 다른 공동소송인에게 영향이 없으므로 통상공동소송인 1인의 항소는 다른 공동소송인에게 영향을 미치지 않는다(민소법 제66조).

4. 사안의 해결

사안에서 甲의 乙과 丙에 대한 청구는 소유권에 기초한 건물 부분의 인도청구와 부당이득반환청구로서, 乙과 丙 사이에 소송의 승패가 합일확정될 필요가 없으므로 통상공동소송에 해당한다. 통상공동소송에서 공동소송인 중 1인인 乙만이 항소한 경우 丙에게는 영향이 없으므로 甲의 丙에 대한 제1심판결은 항소기간이 경과함에 따라 분리 확정되고, 항소심의 심판범위에서 제외된다. 따라서 항소심 법원은 丙에게 제1심 법원의 판단과 달리 유리한 판결을 할 수 없다.

(6) 甲과 乙은 '乙이 甲에게 백미(쌀) 50가마(특정물)를 대금 1,000만 원에 매도하되, 乙은 대금 전액을 지급받음과 상환으로 甲에게 백미 50가마를 인도한다'는 내용의 매매계약(이하 '이 사건 계약'이라고 함)을 체결하였고, 丙은 이 사건 계약에 따라 乙이 甲에게 부담하는 채무를 연대보증하였다. 그 후 甲은 乙과 丙을 상대로 '乙과 丙은 연대하여 甲에게 백미 50가마를 인도하라'는 소를 제기하였고, 이 소송에서 이 사건 계약체결사실 및 연대보증사실은 모두 주장·증명되었다. 변론기일에 乙은 "자신은 甲의 대금 1,000만 원 지급과 상환으로 백미인도의무를 부담한다."라고 진술하였다. 이에 대하여 丙은 아무런 언급을 하지 않았고, 甲은 "자신이 이미 乙에게 위 대금 전액을 지급하였다."라고 진술하였으며, 다시 乙은 "자신은 甲으로부터 대금을 지급받은 적이 없다."라고 진술하였다. 증거조사 결과 법원은 甲이 乙에게 대금 1,000만 원 중 400만 원을 지급하였다는 확신을 가졌지만 나머지 600만 원을 지급하였는지 여부에 대하여는 확신을 갖지 못했다. 한편 丙은 "乙이 이미 甲에게 백미 50가마를 모두 인도하였다."라고 진술하였는데, 이에 대하여 乙은 아무런 언급을 하지 않았고, 甲은 "자신은 乙로부터 백미를 인도받은 적이 없다."라고 진술하였다. 증거조사결과, 법원은 乙이 甲에게 백미 20가마를 인도하였다는 확신을 가졌지만 나머지 30가마를 인도하였는지 여부에 대하여는 확신을 갖지 못했다. 법원은 甲의 乙과 丙에 대한 청구에 관하여 어떠한 판결을 하여야 하는가? (2016년도 10월 변시 모의시험)

1. 쟁점

사안에서 乙과 丙은 매매계약의 주채무자와 연대보증인으로서 甲의 乙과 丙에 대한 소송은 합일확정될 필요가 없는 통상공동소송인데, 乙은 동시이행항변을 하고 있고, 丙은 채무이행사실을 항변하고 있는바, 통상공동소송에서 공동소송인독립의 원칙과 주장공통의 원칙 등에 관하여 검토하여야 한다.

2. 동시이행항변과 변론주의 관계 및 증명책임

매매를 원인으로 한 소유권이전등기청구에 있어서 매수인이 매매계약사실을 주장·증명하면 특별한 사정이 없는 한 매도인은 소유권이전등기의무가 있다. 매도인은 매매대금의 일부를 수령하지 않았다면, 동시이행항변을 하여야 하고, 법원은 매도인의 이와 같은 항변이 있을 때에 비로소 대금지급사실의 유무를 심리할 수 있다(대법원 1990. 11. 27. 선고 90다카25222 판결).

3. 공동소송인독립의 원칙과 주장공통의 원칙

통상공동소송은 공동소송인독립의 원칙(민소법 제66조)이 적용되는데, 판례는 "민소법 제66조의 명문의 규정과 우리 민사소송법이 취하고 있는 변론주의 소송구조 등에 비추어 볼 때 통상공동소송에 있어서 이른바 주장공통의 원칙은 적용되지 않는다."고 한다(대법원 1994. 5. 10. 선고 93다47196 판결).

4. 처분권주의(민소법 제203조) – 무조건의 이행청구와 조건부 이행판결

법원은 당사자가 신청하지 않은 사항에 대하여는 재판을 할 수 없는바(민소법 제203조), 이는 원고가 심판을 구한 소송물과 별개의 소송물에 대하여 판단을 해서는 안된다는 의미(질적 동일)와 원고가 구한 심판의 양적 한도를 넘어서 원고에게 유리하게 재판을 하여서는 안된다는 의미(양적 동일)이다. 원고의 신청을 전부 인용할 수 없는 경우에 분량적으로 일부를 인용하는 것은 원고의 통상의 의사에 맞고 피고의 이익보호나 소송제도의 합리적 운영에도 부합하므로 처분권주의에 반하지 않는다. 판례는 "매매계약의 체결과 대금완납을 청구원인으로 하여 소유권이전등기를 구하는 청구취지에는 대금 중 미지급금이 있을 때에 당해 금원의 수령과 상환으로 소유권이전등기를 구하는 취지도 포함되어 있다."고 판시하고 있다(대법원 1979. 10. 10. 선고 79다1508 판결).

5. 사안의 해결

가. 乙에 대한 청구

乙의 백미인도사실은 주요사실로서 변론주의가 적용되고 乙이 주장책임을 지는데, 통상공동소송에서 주장공통의 원칙이 적용되지 않으므로 법원은 乙이 甲에게 백미 50가마를 모두 인도하였다는 丙의 주장이 있었더라도 이를 乙의 주장으로 인정할 수 없다.

甲의 대금지급사실은 재항변사실로서 법률요건분류설에 따라 그 증명책임은 甲에게 있다. 대금 1,000만 원 중 400만 원의 지급사실은 증명되었으나 600만 원의 지급사실에 대하여는 법원이 확신을 갖지 못하였으므로 이는 증명되지 않았다. 따라서 乙의 백미인도의무는 대금 600만 원의 지급과 동시이행관계에 있는 것으로 판단하여야 한다. 한편 무조건의 이행청구에는 조건부 이행판결을 구하는 취지가 포함되어 있으므로 법원은 乙에 대하여 '甲으로부터 600만 원을 지급받음과 동시에 甲에게 백미 50가마를 인도하라'는 일부인용 판결을 하여야 한다.

나. 丙에 대한 청구

당해 소송에 주장공통의 원칙이 적용되지 않으므로, 乙의 동시이행항변을 丙의 항변으로 인정할 수 없다.

乙의 백미인도사실은 항변사실로서 그 증명책임은 丙에게 있는데, 백미 50가마 중 20가마의 인도사실은 증명되었으나, 법원은 나머지 30가마의 인도사실에 대하여는 확신을 갖지 못했으므로 20가마의 인도사실만 인정할 수 있다. 따라서 법원은 丙에 대하여 '丙은 乙과 연대하여 백미 50가마 중 30가마를 인도하라'는 일부인용 판결을 하여야 한다.

다. 석명권행사

乙, 丙이 공동피고의 주장을 원용할 것이 합리적으로 예견됨에도 법리의 무지 또는 오해로 인하여 원용하지 못한 것으로 판단되는 경우, 법원은 원용여부에 관하여 석명할 수 있고, 그와 같은 석명을 하지 않으면 심리를 다하지 아니한 것으로 볼 수 있는 특별한 경우에는 석명의무가 있다.

(7) 甲은 2011. 8. 1. 丙과 丁의 연대보증 아래 乙에게 3억 원을 변제기 2012. 7. 31., 이율 연 12%(변제기에 지급)로 정하여 대여(이하 '이 사건 대여'라 함)하였다. 변제기가 지나도 乙이 이 사건 대여금을 변제하지 않자 甲은 2017. 9. 1. '乙, 丙, 丁은 연대하여 甲에게 이 사건 대여원리금을 지급하라'는 취지의 소를 제기하였다. 甲의 이 사건 대여사실과 丙과 丁의 연대보증사실이 기재된 소장 부본이 2017. 9. 29. 乙에게 송달되었고, 乙은 '甲으로부터 이 사건 대여금을 차용한 사실은 있지만 대여금 채권은 시효소멸되었다'는 취지의 답변서를 그 무렵 제출하였다. 법원은 적법하게 변론기일통지서를 송달(丁에게는 공시송달됨)하여 2017. 11. 6. 제1차 변론기일을 진행하였다. 乙은 변론기일에 출석하여 답변서를 진술하면서 자신은 컴퓨터판매업을 하는 상인이고, 이 사건 대여금은 사업운영자금으로 빌린 돈이라고 주장하였다. 이에 대해 甲은 乙의 위와 같은 상황을 알고서 대여해 준 것이며, 乙의 주장이 맞다고 진술하였다. 甲은 2017. 12. 11. 제2차 변론기일에 출석하여 乙이 2017. 8. 20. 이 사건 대여원리금을 이유를 불문하고 조만간 갚겠다는 각서를 써 주었다고 주장하며 乙의 서명이 된 각서를 증거로 제출하였고, 乙은 "각서의 서명이 자신의 것이 맞다."고 진술하였다. 한편 丙은 제2차 변론기일에 출석하여 "이 사건 대여원리금을 연대보증한 사실은 인정하지만, 모든 채무가 시효로 소멸하였다."고 주장하였다. 丁은 제2차 변론기일에도 출석하지 않았다. 법원은 심리 후 丁에 대한 변론을 분리하여 乙과 丙에 대해서만 변론을 종결하였다. 만약 법원이 2018. 1.

12. 판결을 선고하는 경우, 피고 乙과 丙(丁은 제외)에 대한 청구의 결론(각하, 기각, 인용, 일부인용)과 논거를 서술하시오. (제7회 변호사시험)

1. 쟁점

주채무자와 연대보증인에 대한 청구의 공동소송형태와 그에 대한 심리방법이 검토되어야 한다.

2. 상사채권의 소멸시효

당사자 쌍방에 대하여 모두 상행위가 되는 행위로 인한 채권뿐만 아니라 당사자 일방에 대하여만 상행위에 해당하는 행위로 인한 채권도 상법 제64조 소정의 5년의 소멸시효기간이 적용되는 상사채권에 해당하고, 그 상행위에는 상법 제46조 각 호에 해당하는 기본적 상행위뿐만 아니라, 상인이 영업을 위하여 하는 보조적 상행위도 포함되는 것이며, 상인의 행위는 영업을 위하여 하는 것으로 추정된다(상법 제47조 제2항)(대법원 2008. 4. 10. 선고 2007다91251 판결 등).

3. 주채무자의 소멸시효이익 포기의 효과

주채무가 시효로 소멸한 때에는 보증인도 그 시효소멸을 원용할 수 있으며, 주채무자가 시효의 이익을 포기하더라도 보증인에게는 그 효력이 없다(대법원 1991. 1. 29. 선고 89다카1114 판결).

4. 통상공동소송의 심리

통상공동소송은 소송목적이 공동소송인에 대해 법률상 합일확정의 필요가 없는 소송인 바, 주채무자와 연대보증인을 상대로 하는 소송은 권리·의무가 사실상 또는 법률상 같은 원인으로 말미암은 것이지만 주채무자와 연대보증인 사이에 승패가 일률적으로 될 필요가 없으므로 통상공동소송에 해당된다.

통상공동소송에서는 공동소송인 가운데 한 사람의 소송행위 또는 이에 대한 상대방의 소송행위와 공동소송인 가운데 한 사람에 관한 사항은 다른 공동소송인에게 영향을 미치지 아니한다(민소법 제66조).

5. 사안의 해결

사안에서 채권자 甲의 주채무자 乙과 연대보증인 丙, 丁에 대한 청구는 법률상 합일확정의 필요가 없으므로 통상공동소송에 해당한다. 乙은 자신이 상인이라는 점, 이 사건 대여금이 사업운영자금이었다는 점 등을 주장하였고 甲이 이를 인정하였으므로 이 사건 대여금채권은 상사채권으로서 소멸시효기간은 5년이 된다. 그런데 乙이 소멸시효기간이 경과한 후인 2017. 8. 20.에 이유를 불문하고 변제를 약속하는 취지의 각서를 작성한 것은 시효이익의 포기로 볼 수 있다.

甲의 대여금청구에 대하여 乙이 시효항변을 하였지만, 甲의 시효이익포기에 관한 재항변이 받아들여짐으로써 결국 甲의 乙에 대한 청구는 인용되어야 한다.

한편, 주채무자 乙의 소멸시효이익의 포기는 연대보증인 丙에게는 영향을 미치지 않으므로 丙은 주채무의 소멸시효완성을 연대보증채무의 항변 사유로 주장하여 소멸시효항변을 하였다고 볼 수 있으므로 甲의 丙에 대한 연대보증금청구는 기각되어야 한다.

(8) 甲은 乙과 丙이 동업하는 음식점에 식자재를 공급하고 그 대금의 지급을 구하는 소를 제기하려고 한다. 甲은 반드시 乙과 丙을 함께 피고로 해야 하는가?

1. 쟁점

조합의 채권자가 조합원 각자를 상대로 이행의 소를 제기할 수 있는지가 쟁점이 된다.

2. 조합원 각자를 상대로 한 이행의 소 제기 가능 여부

민법 제712조는 "조합채권자는 그 채권발생 당시에 조합원의 손실부담의 비율을 알지 못한 때에는 각 조합원에게 균분하여 그 권리를 행사할 수 있다."고 규정하고 있는바, 조합의 채권자가 조합원에 대하여 조합재산에 의한 공동책임을 묻는 것이 아니라 각 조합원의 개인적 책임에 기초하여 채권을 행사하는 경우에는 조합원 각자를 상대로 그 이행의 소를 제기할 수 있다(대법원 1991. 11. 22. 선고 91다30705 판결).

3. 사안의 해결

사안에서 乙과 丙이 동업하여 음식점을 경영하고 있으므로 乙과 丙의 甲에 대한 식자재 대금채무는 동업채무이다. 甲이 조합재산에 대하여 집행을 할 것이 아니라 乙과 丙의 개인의 재산에 집행하기 위하여 소송을 한다면 반드시 乙과 丙을 함께 피고로 하여 소송을 할 필요는 없다.

(9) A주식회사(이하 'A회사'라 함)의 총발행주식의 4/100에 해당하는 주식을 가진 甲과 5/100에 해당하는 주식을 가진 乙은 A회사의 2014. 2. 27.자 주주총회에서 이사 丙에 대한 해임안이 부결되자, 함께 원고가 되어 2014. 3. 19. A회사와 丙을 공동피고로 상법 제385조 제2항의 이사해임의 소를 제기하였다. 〈 아래의 각 설문은 관련이 없음 〉

① 위 소송계속 중 마음이 변한 乙이 자신의 소를 취하할 수 있는가?

② 위 소송이 진행되어 제1심에서 甲과 乙의 청구를 기각하는 판결이 선고되었는데 이에 대하여 乙은 항소하지 않고 甲만 항소하였다. 항소심에서는 乙은 배제시키고 甲에 대해서만 절차를 진행시켜 항소를 기각하는 판결을 선고하였다. 이러한 항소심판결은 정당한가?

1. 쟁점

수인의 소수주주가 이사와 회사를 공동피고로 하여 이사해임의 소를 제기하는 경우에 1) 위 소송이 어떤 공동소송의 형태에 해당하는지, 2) 당해 공동소송에서 ① 乙이 단독으로 소를 취하할 수 있는지 및 ② 항소하지 않은 乙을 배제시키고 절차를 진행한 항소심판결이 적법한지가 쟁점으로 된다.

2. 이사해임의 소

상법 제385조 제2항에 따라 소수주주가 주주총회에서 해임이 부결된 이사에 대한 해임의 소를 제기하는 경우에는 그 이사뿐만 아니라 회사도 공동피고로 하여야 하고(학설상 대립 있음), 그 관계는 고유필수적 공동소송의 형태가 된다.

한편 소수주주가 제기하는 이사해임의 소는 형성의 소로서 대세적 효력이 있으므로 수인의 소수주주가 이사해임의 소를 제기하는 경우에는 공동소송인들 사이에는 승패가 일률적으로 확정되어야 하는 유사필수적 공동소송에 해당된다.

3. 유사필수적 공동소송

유사필수적 공동소송은 반드시 공동으로 소송수행을 하는 것이 강제되지는 않지만 일단 공동으로 수행하는 경우에는 법률상 합일확정이 필요한 경우로서, 공동소송인 중 1인의 소취하가 허용되고 그 범위에서 민소법 제67조 1항이 적용되지 않으며 소취하간주 규정이 적용된다. 유사필수적 공동소송도 판결의 합일확정이 필요한 경우로서, 공동소송인 가운데 일부만 제기한 상소 및 공동소송인 가운데 일부에 대한 상소는 다른 공동소송인들에게도 효력이 미치고, 공동소송인 중 일부만이 상소를 하였더라도 상소심으로서는 공동소송인 전원에 대하여 심리 · 판단하여야 한다.

4. 사안의 해결

사안에서 甲과 乙이 A회사와 丙을 상대로 제기한 이사해임의 소에서 원고들은 유사필수적 공동소송의 관계에 있고, 피고들은 고유필수적 공동소송의 관계에 있다.

① 소수주주인 甲과 乙은 반드시 공동으로 소송수행을 해야 하는 경우가 아니므로 乙은 단독으로 자신의 소를 취하할 수 있다.

② 甲과 乙이 제기한 이사해임의 소는 유사필수적 공동소송으로서 합일확정되어야 하므로 패소한 제1심판결에 대하여 甲만이 항소를 하였다고 하더라도 그 효력은 乙에게도 미쳐서 항소심으로서는 甲, 乙을 함께 당사자로 취급하여 판결을 하여야 한다. 항소심이 항소하지 않은 乙을 배제하고 甲에 대하여만 절차를 진행한 것은 위법하다.

(10) 甲, 乙, 丙은 5,000만 원씩 공동출자하여 건축업을 동업하여 오던 중, 丁과 공사대금 1억 5천만 원에 건물신축공사를 하기로 하는 도급계약을 체결하였다. 甲, 乙, 丙은 위 도급계약에 따라 건물을 완공하였으나 공사대금을 받지 못하자, 丁을 상대로 공사대금청구의 소를 제기하였다. 위 소송계속 중 丙은 자신의 지분에 대한 소취하서를 제출하였고 丁은 이에 동의하였다. 丙의 소취하는 유효한가? (2010년 사법시험)

1. 쟁점

사안에서 甲, 乙, 丙이 동업으로 건축업을 하고 있으므로 甲, 乙, 丙이 도급계약에 따라 丁에 대하여 가지는 공사대금채권은 조합채권인바, 甲, 乙, 丙이 丁을 상대로 한 소송에서 공동소송의 형태가 문제이다.

2. 甲, 乙, 丙의 丁에 대한 공동소송의 형태 및 일부 공동소송인의 소취하의 효력

민소법 제67조는 소송목적이 공동소송인 모두에게 합일적으로 확정되어야 할 공동소송의 경우를 필수적 공동소송의 형태로서 규정하고 있다. 민법 제272조는 "합유물의 처분 또는 변경은 합유자 전원의 동의가 있어야 한다."고 규정하고, 민법 제273조는 "합유자 전원의 동의 없이는 합유물에 대한 지분을 처분하지 못한다."고 규정하고 있으므로 합유물에 관한 소송은 필수적 공동소송에 해당한다. 2인 이상이 상호 출자하여 공동으로 사업을 경영하는 약정(동업약정)은 민법상 조합계약이고 조합재산은 조합원들의 합유에 속하므로 조합재산에 속하는 채권에 관한 소송은 합유물에 관한 소송으로서 조합원들이 공동으로 제기하여야 하는 고유필수적 공동소송에 해당한다(대법원 2012. 11. 29. 선고 2012다44471 판결).

고유필수적 공동소송의 경우, 소송목적이 공동소송인 모두에게 합일확정되어야 하므로 고유필수적 공동소송에서는 그 공동소송관계에 있는 원고들 일부의 소취하 또는 그 공동소송관계에 있는 피고들 일부에 대한 소취하는 효력이 생기지 않는다.

3. 사안의 해결

사안에서 甲, 乙, 丙이 동업관계에 기초하여 丁을 상대로 공사대금청구의 소를 제기한 것은 조합채권에 관한 것으로서 고유필수적 공동소송에 해당하고, 그 공동소송인 중 일부의 소취하는 효력이 생기지 않으므로 원고 중 1인인 丙이 자신의 지분에 대한 소취하서를 제출하고 피고 丁이 동의하였다고 하더라도 丙의 소취하는 효력이 없다.

유사문제 甲은 주택건설사업 등을 영위하는 건설회사이고, 乙은 연립주택을 철거하고 새로이 아파트를 건축하려고 조직된 재건축조합이다. 甲과 乙은 공동사업주체로서 기존의 연립주택을 철거하고 그 지상에 아파트를 건설하기로 하며, 乙의 조합원들에 의한 사업부지 제공의 대가로 아파트의 일부 세대를 乙의 조합원들에게 분양하고 乙의 조합원들이 일정한 분담금을 납부하는 한편, 나머지 일반분양세대를 분양하여 그 대금을 甲과 乙에게 귀속시키기로 하는 내용의 이 사건 시행·시공계약을 체결하였다. 이 사건 계약에 의하면 甲과 乙은 이 사건 아파트를 공동으로 분양하고 수익과 손실을 공동으로 분담하는 것으로 되어 있었다. 이에 따라 甲과 乙이 공동으로 매도인이 되어 2010. 10. 20. 丙에게 일반분양세대인 이 사건 아파트를 분양하는 내용의 분양계약서를 작성하여 이 사건 분양계약을 체결하였다. 이 사건 아파트 완성 후 丙은 이 사건 분양계약에 정해진 분양대금을 지급하지 않고 있다. 이에 따라 甲과 乙은 丙을 상대로 분양대금의 지급을 청구하는 소를 제기하였다. 乙은 위 소송 계속 중 丙과 소송 외에서 원만히 합의하자는 제안에 따라 소를 취하하였다. 이러한 소의 취하는 유효한가? (2013년 6월 변시 모의시험)

(11) 소프트웨어 개발 전문가인 甲은 乙회사로부터 특정 프로그램 개발을 수급하면서 그 보수를 10억 원으로 정하였다. 甲과 乙회사는 乙회사가 자금 10억 원을 丙은행에 甲과 공동명의로 예치한 후 작업 진행의 공정에 따라 甲에게 분할하여 지급하기로 약정하였다. 아울러 甲과 乙회사는 예금인출은 공동으로 하겠다고 丙은행과 약정하였다. 이는 乙회사로서는 甲이 개발대금을 함부로 쓰지 않도록 감시하고 甲으로서도 乙회사가 다른 용도로 돈을 쓰지 못하게 하기 위함이었다. 그 후 甲은 개발을 40% 마친 단계에서 위 약정에 따른 검수 확인을 위해 소프트웨어를 乙회사에 인도하고 乙회사에게 그때까지의 개발 진행에 대한 보수 4억 원의 지급을 위해 丙은행으로부터 공동으로 예금을 인출할 것을 요구하였다. 乙회사는 甲의 요구가 타당한 것은 인정하면서도 자금 사정의 악화를 이유로 이를 거절하였다. 이에 甲은 단독으로 丙은행에 대하여 위 4억 원의 인출을 요구했으나, 丙은행은 "甲의 단독 인출 요구에는 응할 수 없고, 甲과 乙회사가 공동으로 인출을 요구하지 않는 한, 설령 甲의 예금인출에 대한 乙회사의 동의가 있더라도 甲에게 예금반환을 할 수 없다."고 주장하고 있다. 甲은 乙회사와 丙은행을 공동피고로 하여 乙회사에 대하여는 '위 4억 원의 예금인출에 대한 동의'를, 丙은행에 대하여는 '乙회사의 동의를 조건으로 위 4억 원의 예금반환'을 구하는 소를 제기하였다. 위 병합의 소는 적법한가? (2017년 10월 변시 모의시험)

1. 쟁점

공동명의 예금채권자의 은행을 상대로 한 예금반환청구소송이 고유필수적 공동소송인지 여부와 예금채권자들이 공동하여 예금반환청구를 하기로 한 약정에 대하여 구속되는지 및 공동명의 예금채권자 중 1인이 공동반환청구절차에 협력하지 않을 때의 구제방법 등이 검토되어야 한다.

2. 은행에 대한 예금반환청구가 민사소송법상의 필수적 공동소송에 해당하는지 여부

판례는 "은행에 공동명의로 예금을 하고 은행에 대하여 그 권리를 함께 행사하기로 한 경우에 만일 동업자금을 공동명의로 예금한 경우라면 채권의 준합유관계에 있지만, 공동명의 예금채권자들 각자가 분담하여 출연한 돈을 동업 이외의 특정 목적을 위하여 공동명의로 예치해 둠으로써 그 목적이 달성하기 전에는 공동명의 예금채권자가 단독으로 예금을 인출할 수 없도록 방지, 감시하고자 하는 등의 목적으로 공동명의로 예금을 개설한 경우라면 하나의 예금채권이 분량적으로 분할되어 각 공동명의 예금채권자들에게 귀속된다." 판시하여(대법원 2004. 10. 14. 선고 2002다55908 판결 등), 단독 인출을 방지하기 위하여 공동명의로 예금계좌를 개설한 경우에 공동명의 예금채권자들은 예금채권을 준합유하는 관계에 있지 않다고 하였다.

3. 예금채권자들이 공동하여 예금반환청구를 하기로 한 약정에 대한 구속 여부

공동명의 예금채권자들이 예금채권을 준합유하는 관계에 있지 않은 경우에도, 은행과 공동명의 예금채권자들 사이에 공동반환의 특약이 있는 때에는 은행에 대한 예금지급청구는 공동명의 예금채권자들 모두가 공동으로 하여야 한다(대법원 2004. 10. 14. 선고 2002다55908 판결).

4. 다른 공동명의 예금채권자가 그 공동반환청구절차에 협력하지 않을 때의 구제방법

소송법상으로는 필요적 공동소송에 해당하지 아니한다고 하더라도 공동명의 예금채권자는 그 예금을 개설할 때에는 은행과의 사이에 예금채권자들이 공동하여 예금반환청구를 하기로 한 약정에는 당연히 구속되므로 예금채권자 중 1인이 은행을 상대로 예금의 반환을 청구함에 있어서는 다른 공동명의 예금채권자와 공동으로 그 반환을 청구하는 절차를 밟아야 한다. 이 경우 다른 공동명의 예금채권자가 그 공동반환청구절차에 협력하지 않을 때에는, 예금주는 먼저 그 사람을 상대로 제소하여 예금주 단독으로 하는 반환청구에 관하여 승낙의 의사표시를 하라는 등 공동반환절차에 협력하라는 취지의 판결을 얻은 다음, 이 판결을 은행에 제시함으로써 예금을 반환받을 수 있고, 이와 같은 방식으로 약정에 의한 공동반환청구의 요건이 충족되었음에도 불구하고 은행이 정당한 이유 없이 예금의 반환을 거절하는 경우에는 그 예금주가 은행을 상대로 단독으로 예금의 반환을 소구할 수밖에 없을 것인데, 미리 청구할 필요가 있을 때에는 다른 공동명의 예금채권자와 은행을 공동피고로 하여 위와 같은 취지의 제소를 할 수도 있다(대법원 1994. 4. 26. 선고 93다31825 판결).

5. 장래이행의 소

장래의 이행을 청구하는 소는 미리 청구할 필요가 있는 경우에 한하여 제기할 수 있는데(민소법 제251조), 여기서 '미리 청구할 필요가 있는 경우'라 함은 이행기가 도래하지 않았거나 조건 미성취의 청구권에 있어서는 채무자가 미리부터 채무의 존재를 다투기 때문에 이행기가 도래되거나 조건이 성취되었을 때에 임의의 이행을 기대할 수 없는 경우를 말한다(대법원 2004. 1. 15. 선고 2002다3891 판결 등).

6. 사안의 적용

사안에서 甲과 乙회사의 丙은행에 대한 예금채권은 감시의 목적으로 공동명의로 예치해 둔 것에 불과하여 준합유 관계에 있지 않고, 丙은행에 대한 예금반환청구는 필수적 공동소송에 해당하지 않으므로 甲과 乙회사가 공동원고가 될 필요는 없다. 乙회사가 자금 사정의 악화를 이유로 예금인출을 거절하고 있으므로 甲으로서는 乙회사를 상대로 甲의 예금반환청구에 대한 승낙의 의사표시 등 공동반환절차에 협력하라는 취지의 청구를 할 수밖에 없다.

한편, 丙은행은 乙회사의 동의가 있더라도 甲에게 예금반환을 할 수 없다고 주장하고 있으므로 甲으로서는 乙회사의 동의를 조건으로 장래이행청구로서 丙은행을 상대로 예금반환을 구할 필요성도 있다.

甲의 乙회사에 대한 예금반환청구에 대한 승낙의 의사표시를 구하는 청구와 丙은행에 대한 예금반환청구는 소송목적이 되는 권리나 의무가 甲과 乙회사 및 丙은행의 공동예금계약에 기초한 것으로서 사실상 또는 법률상 같은 원인으로 말미암은 것인 경우(민소법 제65조 전문)에 해당되어 공동소송의 요건을 갖추었다고 할 수 있다.

(12) 甲과 乙은 동업으로 혜화동에서 '혜화바이크'라는 상호로 자전거 판매점을 운영하고 있다. 혜화바이크에서 판매하는 자전거는 丙이 甲, 乙의 의뢰를 받고 제작하여 공급한 것이다. A는 2020. 1. 1. 혜화바이크에서 자전거 1대를 대금 20만 원에 구매하고 그 자전거를 타고 귀가하다가 도로에서 자전거 바퀴가 빠지는 사고가 발생하는 바람에 대퇴뼈가 골절되는 상해를 입었다. A는 2020. 5. 1. 甲을 피고로 하여 자전거 바퀴 부분의 결함으로 말미암아 사고가 발생하였다고 주장하면서 5,000만 원(기왕치료비 1,000만 원, 향후치료비 2,000만 원, 위자료 2,000만 원)의 손배배상청구의 소를 제기하였다. 甲이 답변서에서 자전거 판매점은 乙과 동업으로 운영하고 있는데, A의 소는 甲만을 피고로 제기되었으므로 부적법하다는 답변서를 제출하였다. 이에 A는 乙을 피고로 추가하는 신청을 하였다. A의 위 신청은 받아들여질 수 있는가? (2022년 기말고사)

1. 쟁점

민소법 제68조 제1항은 필수적 공동소송에서 공동소송인 중 일부가 누락된 경우에 원고의 신청에 의하여 원고 또는 피고를 추가할 수 있도록 규정하고 있다. 甲과 乙은 동업으로 자전거 판매업을 운영하므로 민법상 조합에 해당하는바, 조합채무에 관한 권리행사를 조합원 전원을 상대로 하여야 하는지가 검토되어야 한다.

2. 조합채무에 관한 권리행사

민법 제712조는 "조합채권자는 그 채권발생 당시에 조합원의 손실부담의 비율을 알지 못한 때에는 각 조합원에게 균분하여 그 권리를 행사할 수 있다."고 규정하고 있다. 조합의 채권자가 조합원에 대하여 조합재산에 의한 공동책임을 묻는 것이 아니라 각 조합원의 개인적 책임에 기초하여 채권을 행사하는 경우에는 조합원 각자를 상대로 그 이행의 소를 제기할 수 있다(대법원 1991. 11. 22. 선고 91다30705 판결). 상법 제57조 제1항은 "수인이 그 1인 또는 전원에게 상행위가 되는 행위로 채무를 부담한 때에는 연대하여 변제할 책임이 있다."고 규정하고 있다. 조합채권자는 특별한 사정이 없는 한 각 조합원에 대하여 지분의 비율에 따라 또는 균일적으로 변제의 청구를 할 수 있을 뿐이나, 조합채무가 특히 조합원 전원을 위하여 상행위가 되는 행위로 인하여 부담하게 된 것이라면 상법 제57조 제1항에 의하여 조합원들이 연대책임을 부담한다(대법원 2014. 8. 20. 선고 2014다26521 판결).

3. 필수적 공동소송

민소법 제67조, 제68조, 제69조는 소송목적이 공동소송인 모두에게 합일적으로 확정되어야 할 공동소송, 즉 필수적 공동소송에 관하여 특별한 소송절차를 규정하고 있다. 필수적 공동소송은 법률상으로 공동소송이 강제되고 합일확정이 필수적으로 요구되는 공동소송의 형태로서, 소송법상 소송수행권에 대응하는 실체법상 관리처분권이 여러 사람에게 공동으로 귀속되는 경우와 제3자 소송담당에서와 같이 소송수행권이 공동으로 귀속되는 경우가 이에 해당한다.

4. 사안의 해결

사안에서 A의 손해배상청구는 하자담보책임, 채무불이행 또는 불법행위 등에 기초한 것이라고 할 수 있는데, 甲과 乙이 동업으로 자전거 판매점을 운영함으로써 조합관계에 있다고 하더라도, A의 계약관계에 기초한 권리행사는 지분비율로 할 수 있고, 甲과 乙이 상행위로 말미암아 연대채무를 부담하더라도 합일적으로 확정되어야 필요가 있는 것은 아니며, 공동불법행위책임 역시 합일적으로 확정되어야 할 필요는 없다. A의 손해배상청구는 법률상으로 합일확정이 요구되어 공동소송이 강제되는 청구에 해당되지 않는다. 따라서 A가 乙을 피고로 추가하는 신청은 민소법 제68조 제1항, 제67조의 요건에 해당되지 않으므로 기각하여야 한다.

공동소송 2

(1) 甲은 2013. 3. 5. 乙의 동생이고 대리인이라는 丙으로부터 乙 소유의 파주시 소재 X토지를 매수하고 丙에게 계약금과 중도금을 지급하였다. 그런데 乙이 丙은 대리권이 없으니 위 매매는 무효라고 주장하면서 잔금을 받을 수 없다고 하자, 甲은 乙을 상대로 X토지에 관한 소유권이전등기청구의 소를 제기하였다. 위 소송 도중 甲은 패소할지도 모른다는 생각이 들었다.

① 甲이 丙을 예비적 피고로 추가할 수 있는가?

1. 예비적 · 선택적 공동소송의 의미 및 요건

민소법 제70조에 규정된 예비적 · 선택적 공동소송은 공동소송인 가운데 일부에 대한 청구가 다른 공동소송인에 대한 청구와 법률상 양립할 수 없는 경우에 각 공동소송인에 대한 청구를 하나의 소송절차에서 동시에 구하는 것이다. 공동소송인들에 대한 각 청구가 '법률상 양립할 수 없다'는 것은, 동일한 사실관계에 대한 법률적인 평가를 달리하여 두 청구 중 어느 한쪽에 대한 법률효과가 인정되면 다른 쪽에 대한 법률효과가 부정됨으로써 두 청구가 모두 인용될 수는 없는 관계에 있는 경우이거나, 당사자들 사이의 사실관계 여하에 의하여 또는 청구원인을 구성하는 택일적 사실인정에 의하여 어느 일방의 법률효과를 긍정하거나 부정하고 이로써 다른 일방의 법률효과를 부정하거나 긍정하는 반대의 결과가 되는 경우로서, 두 청구들 사이에서 한쪽 청구에 대한 판단이유가 다른 쪽 청구에 대한 판단이유에 영향을 주어 각 청구에 대한 판단과정이 필연적으로 상호 결합되어 있는 관계를 의미하며, 실체법적으로 서로 양립할 수 없는 경우뿐 아니라 소송법상으로 서로 양립할 수 없는 경우를 의미한다(대법원 2007. 6. 26.자 2007마515 결정). 예비적 · 선택적 공동소송에 관하여는 필수적 공동소송인의 추가에 관한 민소법 제68조가 준용된다.

2. 사안의 해결

사안에서 甲의 乙에 대한 소유권이전등기청구소송은 유권대리를 전제로 하는 것임에 반하여 丙에 대한 청구는 무권대리를 전제로 민법 제135조에 따른 무권대리인의 책임을 묻는 청구이므로 법률상 양립이 불가능하다. 따라서 甲은 민소법 제70조 1항에 따라 준용되는 제68조에 따라 제1심 변론종결 전까지 丙을 예비적 피고로 추가할 수 있다.

② 丙이 예비적 피고로 추가되었다. 甲과 乙이 소송상 화해를 했다면 甲의 丙에 대한 청구는 어떻게 되는가? 甲과 丙이 화해를 했다면 어떻게 되는가?

1. 예비적·선택적 공동소송의 심판

예비적·선택적 공동소송에 관하여는 민소법 제67조 내지 제69조가 준용되므로 공동소송인들 사이에 소송자료 및 소송진행의 통일에 관한 필수적 공동소송의 심판법리가 적용된다. 다만, 제70조 제1항 단서에 따라 청구의 포기, 인낙, 화해 및 소 취하의 경우에는 위와 같은 법리가 적용되지 않는다. 필수적 공동소송의 경우처럼 위와 같은 행위를 제한할 경우에 공동소송인들에게 소송물에 대한 처분의 자유를 지나치게 제한하는 것이 되기 때문에 입법적으로 이를 허용한 것이다.

2. 사안의 해결

甲과 乙 또는 甲과 丙이 소송상 화해를 한 경우에 화해당사자 사이에는 화해가 성립하고 소송이 종료되며, 그 소송상 화해는 화해조서 등에 기입됨으로써 민소법 제220조에 따라 기판력이 발생한다. 그러나 다른 공동소송인과의 소송은 종료되지 않고 존속한다.

③ 제1심 법원이 甲의 乙에 대한 청구를 인용하면서 丙에 대한 청구에 관하여는 아무런 판단을 하지 않았다면, 제1심판결은 정당한가?

1. 사안의 해결

민소법 제70조 제2항은 예비적·선택적 공동소송에 관하여 모든 공동소송인에 대한 청구에 관하여 판결을 하여야 한다고 규정하고 있다. 법원이 주위적 피고 乙에 대한 청구를 인용하였다 하더라도 丙에 대한 청구에 관하여 판단하지 아니한 것은 판단을 누락한 것이다.

④ 甲이 제1심에서 乙에 대하여는 승소, 丙에 대하여는 패소하였는데 乙만 항소를 한 경우, 항소심 법원에서는 丙이 대리권이 없었다는 심증을 갖게 되었다면 어떤 판결을 해야 하는가?

1. 예비적 · 선택적 공동소송의 심판

예비적 · 선택적 공동소송은 법률상 양립할 수 없는 청구를 하나의 절차에서 모순 없이 해결하려는 제도이므로, 본안재판이 통일되어야 한다. 법원은 예비적 · 선택적 공동소송인에 대한 청구에 관하여 모두 판결을 하여야 할 뿐만 아니라(민소법 제70조 제2항), 공동소송인 중 1인이 상소를 하면 다른 공동소송인에 대한 청구 부분도 확정이 차단되고 이심될 뿐만 아니라 상소심의 심판대상이 된다(대법원 2011. 2. 24. 선고 2009다43355판결 등).

2. 사안의 해결

사안에서 甲의 주위적 피고 乙에 대한 청구가 인용되고 예비적 피고 丙에 대한 청구가 기각되자 주위적 피고 乙만 항소하였는바, 이 경우 甲의 丙에 대한 청구 역시 확정되지 않고 항소심으로 이심된다. 항소심은 甲의 乙에 대한 청구뿐만 아니라 丙에 대한 청구도 심판대상으로 하여야 하고, 심리결과 丙의 무권대리사실이 인정이 된다면, 제1심판결을 취소하고 甲의 乙에 대한 청구를 기각하고 甲의 丙에 대한 청구를 인용하여야 한다.

유사문제 1. 甲은 乙의 아들 S와의 사이에 乙 소유의 토지를 대금 10억 원에 매수하기로 하는 계약을 체결하고 계약에서 정한 날보다 신속히 등기를 이전받고자 대금 10억 원을 S에게 선지급하였다. 위 토지에 관한 소유권이전등기를 요청하는 甲에 대하여 乙은 위 매매계약에 관하여 S에게 대리권을 수여한 사실이 없다고 주장하면서 甲의 요청에 응하지 아니하였다. 甲은 계약에서 정한 이행일이 경과한 후 乙을 피고로 하여 매매계약에 기초한 소유권이전등기를, 예비적으로 S를 피고로 병합하여 무권대리인으로서 매매계약을 한 데에 따른 손해배상을 구하는 소를 제기하였다. (2011년 사법시험)

① 甲의 위 병합소송은 적법한가?

② 제1심 법원은 乙에 대한 청구를 인용하면서 S에 대한 청구에 대하여는 아무런 판단도 하지 않았다. 이에 대하여 乙이 항소하였는데, 항소심 법원도 제1심 법원과 동일한 심증을 얻은 경우 항소심 법원은 어떠한 판결을 하여야 하는가?

2. A는 2011. 6. 18. 법원에 B에 대하여 X토지에 관한 2009. 12. 4.자 매매를 원인으로 한 소유권이전등기절차이행을 청구하였다. 재판과정에서, B는 자신은 X토지의 매매계약과는 무관하고 평소 X토지를 관리하던 자신의 동생인 D가 아무런 권한 없이 B의 대리인을 자처하면서 A에게 X토지를 매도한 것이라고 주장하였다. A는 위 소송절차에서 B의 주장이 받아들여질 경우에 대비하여 D에 대하여 손해배상을 구하는 예비적 청구를 추가하려고 한다. D가 피고로 추가되고 B의 주장이 모두 사실로 밝혀졌을 경우, 법원은 B와 D에 대하여 각각 어떠한 판단을 하여야 하며, 그 이유는 무엇인가? (제4회 변호사시험)

(2) 다음 사안의 경우 丙은 甲과 乙을 예비적 · 선택적 피고로 하여 소를 제기할 수 있는가?

1. 예비적 · 선택적 공동소송의 의미 및 요건

민소법 제70조에 규정된 예비적 · 선택적 공동소송은 공동소송인 가운데 일부에 대한 청구가 다른 공동소송인에 대한 청구와 법률상 양립할 수 없는 경우에 각 공동소송인에 대한 청구를 하나의 소송절차에서 동시에 구하는 것이다. 공동소송인들에 대한 각 청구가 '법률상 양립할 수 없다'는 것은, 동일한 사실관계에 대한 법률적인 평가를 달리하여 두 청구 중 어느 한쪽에 대한 법률효과가 인정되면 다른 쪽에 대한 법률효과가 부정됨으로써 두 청구가 모두 인용될 수는 없는 관계에 있는 경우이거나, 당사자들 사이의 사실관계 여하에 의하여 또는 청구원인을 구성하는 택일적 사실인정에 의하여 어느 일방의 법률효과를 긍정하거나 부정하고 이로써 다른 일방의 법률효과를 부정하거나 긍정하는 반대의 결과가 되는 경우로서, 두 청구들 사이에서 한쪽 청구에 대한 판단이유가 다른 쪽 청구에 대한 판단이유에 영향을 주어 각 청구에 대한 판단과정이 필연적으로 상호 결합되어 있는 관계를 의미하며, 실체법적으로 서로 양립할 수 없는 경우뿐 아니라 소송법상으로 서로 양립할 수 없는 경우를 의미한다(대법원 2007. 6. 26.자 2007마515 결정).

① 丙이 甲의 불법행위로 손해를 입었는데, 乙은 甲의 사용자이다.

1. 사안의 해결

丙은 甲에 대하여 민법 제750조에 따라 불법행위책임을 지며 甲의 사용자인 乙은 민법 제756조에 따라 사용자책임을 진다. 부진정연대채무관계는 서로 별개의 원인으로 발생한 독립된 채무라 하더라도 동일한 경제적 목적을 가지고 있고 서로 중첩되는 부분에 관하여 일방의 채무가 변제 등으로 소멸할 경우 타방의 채무도 소멸하는 관계에 있으면 성립할 수 있는바, 불법행위자인 피용자 甲과 사용자 乙은 丙의 손해에 대하여 부진정연대채무관계에 있다. 따라서 甲과 乙에 대한 청구는 법률상 양립이 가능하므로 이들을 예비적·선택적 피고로 할 수 없다.

② 丙 종중은 그 소유 토지를 종손인 乙에게 명의신탁해 놓았는데, 乙이 甲에게 처분하고 그 등기까지 마쳐 주었다. 丙 종중은 위 토지를 회수하고 싶은데, 甲이 乙의 처분행위에 적극 가담했는지 여부가 불분명하여 甲 명의의 등기가 무효인지 판단하기 곤란하다.

1. 사안의 해결

丙 종중의 甲에 대한 청구는 명의신탁해지에 의하여 회복된 소유권에 기초한 방해배제청구권의 행사로서 소유권이전등기말소청구 내지 진정명의 회복을 위한 이전등기청구인데, 이는 명의수탁자 乙이 목적물을 제3자인 甲에게 처분하는 횡령행위를 함에 있어서 甲이 이에 적극 가담함으로써 乙의 처분행위가 민법 제103조의 반사회질서 행위로 무효인 경우를 전제로 한다. 그와 반대로 甲이 乙의 횡령행위에 적극 가담한 사실이 인정되지 않을 경우, 丙 종중은 乙에 대하여 민법 제750조의 불법행위책임을 묻는 손해배상청구의 소를 제기할 수밖에 없다. 丙 종중의 甲에 대한 청구와 乙에 대한 청구는 乙의 횡령행위에 甲이 적극 가담하였는지, 아닌지의 택일적 사실인정에 따라 양립 불가능한 관계에 있으므로 예비적·선택적 공동소송에 해당한다.

③ 丙이 자동차를 운전해 가다가 도로에 물이 고여 있는 것을 뒤늦게 발견하는 바람에 사고가 발생하여 크게 부상하였다. 위 도로지점에 대한 관리상의 잘못을 이유로 손해배상청구의 소를 제기하려는데, 그 관리자가 강원도(甲)인지 춘천시(乙)인지 불분명하다.

1. 사안의 해결

도로관리상의 하자를 원인으로 하는 손해배상청구는 국가배상법 제5조에 기한 것으로서 도로의 설치 및 관리에 하자가 있음을 사유로 하는 것이므로 도로를 관리하는 국가나 지방자치단체가 손해를 배상해야 한다(국가배상법 제6조에 의한 책임 부분에 관해서는 검토를 생략).

사안의 경우, 사고지점 도로의 관리자가 강원도(甲)인지 춘천시(乙)인지의 여부는 택일적 사실인정에 의하여 어느 한쪽의 법률효과를 긍정하거나 부정하고 다른 한쪽에 대하여는 반대의 결과가 되는 경우이므로 丙은 甲과 乙을 예비적·선택적 피고로 할 수 있다.

④ 丙이 甲에게 돈을 대여하면서 그 담보로 乙 발행의 약속어음을 받아 소지하고 있는데 그 어음이 부도났다.

1. 사안의 해결

약속어음금청구와 그 원인관계에 있는 대여금청구는 법률상 양립이 가능한 청구이므로 丙은 甲, 乙을 예비적·선택적 피고로 할 수 없다.

⑤ 어제 밤에 도둑이 들어 금품을 훔쳐갔는데, 甲과 乙 중 한 사람인 것 같다.

1. 사안의 해결

단순히 물품을 훔쳐간 도둑이 甲인지, 乙인지의 문제는 택일적 사실인정에 의하여 어느 한쪽에 대하여만 법률효과가 발생하는 경우에 해당하지 않으므로 甲, 乙을 예비적·선택적 피고로 할 수 없다.

(3) 甲, 乙, 丙, 丁, 戊, 己, 庚, 辛 등 8인(이하 '甲 등 8인'이라 함)은 각자 따로 A 주식회사(이하 'A회사'라 함)가 신축한 상가의 분양대행을 한다는 B로부터 위 상가의 101호(甲), 102호(乙), 103호(丙), 104호(丁), 201호(戊), 202호(己), 203호(庚), 204호(辛)를 분양받고 그 대금도 B에게 지급하였다. 위 상가가 완공된 후, 甲 등 8인이 A회사에게 분양받은 호실에 관한 소유권이전등기 및 인도를 요구하자, A회사는 "B는 A회사의 임직원도 아니고 대리인도 아니어서 A회사와 아무런 관련이 없다."고 주장하면서 甲 등 8인의 요구를 거절한다. 이에 甲 등 8인은 B가 A회사의 대리인이라고 주장하면서 A회사를 상대로 각자 분양받은 호실에 관한 소유권이전등기 및 인도를 청구하는 소를 제기하였다.

① 위 소송에서 원고들은 甲을 선정당사자로 선정할 수 있는가?

1. 쟁점

사안에서 甲 등 8인은 A회사의 대리인으로 자칭하는 B로부터 동일한 상가의 각 호실을 분양받고 A회사를 상대로 분양받은 각자의 호실에 관한 소유권이전등기 및 인도청구를 하고 있는바, 선정당사자의 선정요건을 구비하였는지가 쟁점이다.

2. 선정당사자 선정의 요건

민소법 제53조는 "공동의 이해관계를 가진 여러 사람이 비법인 사단에 해당되지 아니하는 경우에는 그 가운데 모두를 위하여 당사자가 될 사람을 선정할 수 있다."고 규정하고 있다. 위 규정에서 '공동의 이해관계'란 다수자 상호 간에 민소법 제65조의 공동소송인이 될 관계에 있고 또 주요한 공격방어방법을 공통으로 하는 것을 의미한다(대법원 1997. 7. 25. 선고 97다362 판결).

3. 사안의 해결

사안에서 甲 등 8인은 별개의 분양계약을 체결하였다. 그러나 이들은 민소법 제65조의 공동소송의 요건 중 소송의 목적이 되는 권리나 의무가 동종이고 사실상 법률상 같은 종류의 원인으로 말미암아 생긴 경우에 해당되고, B의 대리권과 관련하여 주요한 공격방어방법이 공통될 관계에 있으므로 민소법 제53조에 의하여 선정당사자를 선정할 수 있는 요건을 갖추고 있다. 따라서 甲 등 8인은 공동의 이해관계인들 중 1인인 甲을 선정당사자로 선정할 수 있다.

② 위 소송에서 원고 甲부터 庚까지 7인은 甲을 선정당사자로 선정하였는데, 辛은 자신이 직접 소송을 수행하던 중 A회사로부터 분양대금에 상당하는 돈을 지급받고 청구를 포기하기로 A회사와 화해하였다면 위 소송상 화해는 효력이 있는가?

1. 선정당사자와 선정하지 않은 공동소송인과의 관계

선정당사자와 선정을 하지 않은 당사자는 원래 소송목적이 필수적 공동소송관계에 있지 않는 한 통상공동소송관계에 있게 된다. 통상공동소송인들 사이에는 민소법 제66조에 따라 공동소송인 독립의 원칙이 적용되어 소송자료, 재판진행 등에 있어서 통일될 필요가 없고 분리확정이 가능하다. 따라서 통상공동소송인들 중 일부만의 재판상 화해도 허용된다.

2. 사안의 해결

사안에서 선정당사자인 甲과 당사자인 辛의 소송목적은 각자 분양받은 호실에 관한 소유권이전등기 및 인도를 구하는 것으로서 통상공동소송관계에 있다. 따라서 辛과 A회사 사이의 소송관계는 소송상 화해로 분리 확정되며 甲과 상관없이 효력이 있다.

③ 위 소송에서 甲 등 8인이 甲과 乙을 공동선정당사자로 선정하였는데, 乙이 소 전부를 취하하였다면 그 소취하는 효력이 있는가? 甲, 乙, 丙, 丁은 甲을 선정당사자로 선정하고 戊, 己, 庚, 辛은 戊를 선정당사자로 선정하였는데, 甲이 소를 취하했다면 어떤가?

1. 수인의 선정당사자들 사이의 관계

동일한 선정자단에서 수인의 선정당사자를 선정한 경우에 그 선정당사자들은 소송수행권을 준합유하는 관계에 있으므로 그 다수의 선정당사자들 사이의 소송관계는 필수적 공동소송관계가 된다. 필수적 공동소송에서는 소송목적이 공동소송인들 사이에서 합일확정되어야 하므로 민소법 제67조 제1항에 의하여 공동소송인 중의 1인의 소송행위는 모두의 이익을 위해서만 효력을 가지므로 공동소송인들 모두에게 이익이 되지 않는 소송행위는 전원이 함께 하여야 효력이 있다. 한편, 별개의 선정자단에서 각기 선정된 여러 선정당사자들은 원래 소송이 필수적 공동소송이 아닌 한 통상공동소송관계에 있게 된다.

2. 사안의 해결

사안에서 甲과 乙이 동일한 선정자단에서 선정되었다면 소송수행권을 준합유하고 있으므로 乙이 단독으로 소를 취하할 수는 없고 소취하서를 제출하였다고 하더라도 그 효력이 발생하지 않는다. 반면, 甲과 戊가 각기 다른 선정자단에서 선정된 경우에는, 원래의 당사자인 甲 내지 辛의 각 분양계약에 기한 소유권이전등기청구 및 인도소송은 필수적 공동소송이 아니므로 甲과 戊는 통상공동소송관계이고, 甲은 戊와 별도로 소를 취하할 수 있다.

④ 甲 등 8인이 甲을 선정당사자로 선정하였는데 제1심에서 8인의 패소판결이 선고되고 甲에게 그 판결정본이 송달되었다. 甲은 8인 전원을 위하여 적법하게 항소할 수 있는가?
만약, 제1심에서 甲의 청구는 전부 인용되고 나머지 7인의 청구는 모두 기각되었는데, 이에 대하여 A회사가 항소를 포기하였고, 甲이 자신을 제외한 7인을 위하여 항소하였다

면 위 항소는 적법한가?

1. 쟁점

8인의 패소판결이 선고된 사안의 경우는 당사자선정의 효력이 언제까지 계속되는지가 문제로 되고, 7인의 패소판결이 선고된 사안의 경우는 선정당사자와 선정자들 사이의 공동의 이해관계가 소멸된 경우 선정당사자 및 선정자의 지위가 문제로 된다.

2. 공동의 이해관계가 소멸된 경우

선정당사자는 당사자로서 소송수행권을 가지므로 특별수권을 받을 필요 없이 소취하, 화해, 청구의 포기, 인낙, 상소의 제기 등 일체의 소송행위를 할 수 있다. 선정당사자는 특별한 사정이 없는 한 소송이 종료할 때까지 소송수행권을 가진다(대법원 2003. 11. 14. 선고 2003 다34038 판결 등). 한편, 선정당사자는 선정이 취소되는 경우뿐만 아니라, 소취하, 판결확정 등으로 다른 선정자들과 공동의 이해관계가 소멸하는 경우에는 그 자격을 상실하게 된다 (대법원 2006. 9. 28. 선고 2006다28775 판결).

3. 사안의 해결

사안에서 8인의 패소판결이 선고된 경우, 甲은 선정당사자로서 소송수행권에 기초하여 선정자들 전원을 위하여 항소할 수 있다.

그러나 7인의 패소판결이 선고된 경우, 甲의 청구가 인용되고, 나머지 선정자들의 청구가 기각되었으며 A회사가 甲에 대한 항소를 포기한 상황이라면, 제1심판결 중 甲의 청구 부분이 확정됨으로써 甲은 나머지 선정자들과의 공동의 이해관계가 소멸되었으므로 선정당사자의 지위를 상실하게 된다. 이 경우 민소법 제237조 제2항에 의하여 선정자들인 乙 내지 辛이 소송을 수계하거나 새로이 선정당사자를 선정하여 소송을 수계하도록 하여야 한다. 따라서 甲이 나머지 선정자들을 위하여 한 항소는 소송절차가 중단된 상태에서 당사자 아닌 자의 소송행위로서 효력이 없을 뿐만 아니라 부적법하다.

(4) 甲은 丙으로부터 X부동산을 매수하기로 하는 계약을 체결한 후, 잔금을 지급하기 직전 등기부를 열람하여 보고 丙이 X부동산에 관하여 乙에게 매매를 원인으로 소유권이전등기를 마쳐준 것을 알게 되었다. 甲은 丙이 자신에게 X부동산을 이전해주지 않기 위하여 乙과 통모하여 乙에게 등기를 이전해 주었다고 생각하고 乙을 상대로 통정허위표시 또는 반사회질

서의 의사표시를 이유로 위 이전등기의 말소등기를 청구하는 소를 제기하면서, 위 말소등기 청구가 받아들여지지 않을 경우에 대비하여 예비적으로 丙에 대하여 매매계약의 이행불능을 이유로 전보배상을 청구하였다. 〈 아래의 각 설문은 관련이 없음 〉 (2013년 사법시험)

① 소송 도중에 乙은 X부동산을 다른 사람에게 임대하는 계약을 체결하였는데, 이를 알게 된 丙은 변론 중에 甲의 주장과 마찬가지로 乙과 丙 사이에 진정한 매매의 의사가 없이 이전등기만을 넘겨주기로 하였다고 진술하였다. 丙의 이러한 진술은 자백으로서 효력이 있는가?

1. 쟁점

사안에서 甲이 乙을 상대로 한 X부동산에 관한 등기말소청구는 乙과 丙 사이의 매매가 무효임을 전제로 채권자로서 甲의 丙에 대한 소유권이전등기청구권을 피보전채권으로 하여 丙의 乙에 대한 말소등기청구권을 대위하여 행사를 하는 것이고, 甲의 丙에 대한 전보배상청구권은 乙과 丙 사이의 매매가 유효하여 丙의 甲에 대한 소유권이전등기의무가 이행불능이 됨을 전제로 한 것이다. 따라서 甲의 乙과 丙에 대한 각 청구는 당사자들 사이의 사실관계 여하에 의하여 또는 청구원인을 구성하는 택일적 사실인정에 의하여 한쪽 청구에 대한 판단이유가 다른 쪽 청구에 대한 판단이유에 영향을 미쳐서 각 청구에 대한 판단 과정이 필연적으로 상호 결합되어 있는 관계이므로, 민소법 제70조에서 규정하고 있는 공동소송인에 대한 청구가 법률상 양립할 수 없는 경우에 해당된다.

따라서 예비적 공동소송인 중 1인의 자백 성부가 쟁점이 된다.

2. 예비적 공동소송과 공동소송인 1인의 자백의 성립여부

예비적 공동소송은 공동소송인의 각 청구 또는 공동소송인에 대한 각 청구가 법률상 양립할 수 없는 경우로서 모순 없는 통일적 재판의 결과에 이르기 위한 것이고, 민소법 제67조가 준용되므로 자백은 동일한 사실관계에 대하여 공동소송인 모두가 한 경우에만 성립하고, 공동소송인 중 일부가 자백을 하더라도 효력이 없다.

3. 사안의 해결

사안에서 甲의 乙에 대한 청구와 丙에 대한 청구는 법률상 양립할 수 없는 경우로서 예비적 공동소송관계에 있는바, 丙이 乙과 丙 사이에 매매가 진정한 매매의사 없이 이전등기만 마쳐준 것이라고 진술하였다고 하더라도, 丙의 이러한 진술은 乙에게는 불리하지만 丙에게는 유리한 경우에 해당되는데 이에 관하여 乙의 진술이 없는 이상 자백으로서 효력이 없다.

② 소송계속 중 丙이 자신에 대한 甲의 청구를 인낙하였다. 법원은 이 인낙에 대해 어떻게 처리하여야 하는가? 乙이 인낙한 경우는 어떻게 처리하여야 하는가?

1. 쟁점

먼저 ① 예비적 공동소송관계에 있는 피고 1인의 청구인낙이 가능한지, ② 주위적 피고 乙이 청구의 인낙을 한 경우, ③ 예비적 피고 丙이 인낙을 한 경우의 소송법적 효력이 검토되어야 한다.

2. 예비적 공동소송과 청구의 인낙

민소법 제70조 제1항 단서는 예비적 공동소송에서 청구의 포기, 인낙, 화해 및 소의 취하의 경우에는 필수적 공동소송에 관한 규정을 준용하지 않는다고 규정하고 있으므로 공동소송인은 각자 청구의 인낙을 할 수 있다.

3. 주위적 피고가 인낙을 한 경우 법원의 처리

예비적 공동소송에서 각 공동소송인에 대한 청구가 법률상 양립이 불가능한 경우이고, 주위적 피고에 대하여 승소판결을 받고자 하는 원고의 입장을 고려할 때. 예비적 피고에 대한 청구에 대하여 청구기각판결을 하여야 한다.

4. 예비적 피고가 인낙을 한 경우 법원의 처리

① 예비적 피고에 대한 청구는 주위적 피고에 대한 청구의 인용판결을 해제조건으로 청구인용판결을 구하는 것이므로 주위적 피고에 대한 판단이 없는 상태에서 예비적 피고의 인낙이 허용되지 않는다는 견해, ② 예비적 피고의 인낙은 유효하나 예비적 피고가 인낙하면 주위적 피고에 대한 청구는 기각되어야 한다는 견해, ③ 예비적 피고의 인낙은 유효하고 이 경우 예비적 공동소송관계가 해소되어 원고와 주위적 피고의 단일적 소송관계로 잔존한다는 견해 등이 있다. 법문상 예비적 피고의 인낙이 허용되지 않는다고 보기는 어렵다. 예비적 피고가 인낙을 하면 공동소송관계가 해소되어 원고와 주위적 피고에 대한 청구

만이 잔존하고, 예비적 피고가 인낙을 하였다는 사정만으로 그와 법률상 양립할 수 없는 주위적 피고에 대한 청구를 기각판결을 할 수는 없으므로 법원으로서는 주위적 피고에 대한 청구에 대하여 예비적 피고의 인낙과 별도로 심리하고 판단하여야 한다. 법원이 주위적 피고에 대한 청구를 인용하게 되는 경우, 청구이의의 소에 의하여 이중집행의 문제를 해결할 수밖에 없다.

5. 사안의 해결

사안에서 예비적 피고 丙이 인낙을 하였다면 그 인낙은 민소법 제70조 1항 단서에 의하여 유효하고 법원은 주위적 피고 乙에 대한 청구에 관하여 따로 판단을 하여야 한다.

반면, 주위적 피고 乙이 인낙을 한 경우 예비적 피고 丙에 대한 청구는 소송을 유지할 사실상 이익은 없게 되는바, 甲이 소취하를 하지 않을 경우 청구기각판결을 하여야 한다.

(5) 甲은 乙, 丙, 丁에게 자신이 소유하는 A건물을 대금 1억 원에 매도하였다. 매수인들은 甲에게 자신들이 각자 1/3의 지분을 가진 공유자라고 하였다. 甲은 계약당시 매수인들로부터 계약금 1,000만 원을 수령하였고, 잔대금 9,000만 원을 지급받음과 동시에 이전등기서류를 매수인들에게 교부하기로 하였다. 그런데 甲은 약정된 날에 잔대금을 지급받지 못하자 乙, 丙, 丁을 상대로 각 3,000만 원씩의 지급을 구하는 소를 제기하였다. 이후 피고 乙이 제출한 최초 답변서에 따르면 자신은 계약체결 후 자신의 매수인으로서의 지위를 이 사건 소 제기 전에 이미 戊에게 양도하였으므로 더 이상 자신에게 매매대금의 지급을 구할 이유가 없다고 주장하고 있다. 원고 甲은 피고 乙의 답변 내용을 신뢰하지 않는다. 다만, 피고 乙 또는 戊 어느 한 측이 계약당사자의 지위를 갖는 것은 분명하다고 생각하고 있다. 이러한 원고의 생각을 소송상 어떻게 반영할 수 있는가? (2014년 10월 변시 모의시험)

1. 쟁점

사안에서 피고 乙 또는 戊 중 누가 계약당사자인지를 동일한 소송절차에서 판단받고자 하는 경우에 예비적·선택적 공동소송을 제기할 수 있는지가 문제가 된다.

2. 예비적·선택적 공동소송의 의미 및 요건

민소법 제70조에 규정된 예비적·선택적 공동소송은 공동소송인 가운데 일부에 대한 청구가 다른 공동소송인에 대한 청구와 법률상 양립할 수 없는 경우에 각 공동소송인에 대한 청구를 하나의 소송절차에서 동시에 구하는 것이다. 판례에 따르면 공동소송인들에 대한 각 청구가 '법률상 양립할 수 없다'는 것은, 동일한 사실관계에 대한 법률적인 평가를 달리하여 두 청구 중 어느 한쪽에 대한 법률효과가 인정되면 다른 쪽에 대한 법률효과가 부정됨으로써 두 청구가 모두 인용될 수는 없는 관계에 있는 경우이거나, 당사자들 사이의 사실관계 여하에 의하여 또는 청구원인을 구성하는 택일적 사실인정에 의하여 어느 일방의 법률효과를 긍정하거나 부정하고 이로써 다른 일방의 법률효과를 부정하거나 긍정하는 반대의 결과가 되는 경우로서, 두 청구들 사이에서 한쪽 청구에 대한 판단이유가 다른 쪽 청구에 대한 판단이유에 영향을 주어 각 청구에 대한 판단과정이 필연적으로 상호 결합되어 있는 관계를 의미하며, 실체법적으로 서로 양립할 수 없는 경우뿐 아니라 소송법상으로 서로 양립할 수 없는 경우를 의미한다(대법원 2007. 6. 26.자 2007마515 결정). 예비적 · 선택적 공동소송의 경우는 필수적 공동소송에 관한 민소법 제67조 내지 제69조가 준용되므로, 제1심 변론종결 전까지 공동소송인을 추가할 수 있다.

3. 사안의 해결

사안에서 피고 乙과 戊 중 누구를 상대로 매매계약에 따른 대금청구를 할 수 있는지는 매수인의 지위가 적법하게 양도되었는지 여부에 따라서 택일적으로 결정될 것이므로 사실상 양립이 불가능한 경우로서, 피고 乙과 戊에 대한 각 청구는 예비적 · 선택적 공동소송으로 청구할 수 있다. 그러므로 원고 甲은 민소법 제70조, 제68조에 따라서 제1심 변론종결 전까지 필수적 공동소송인의 추가의 형식으로 戊를 예비적 또는 선택적 피고로서 추가할 수 있다.

> **유사문제** 甲이 A주식회사(대표이사 乙, 이하 'A회사'라 함)에게 물품을 공급하고 대금을 청구하였으나 A회사는 물품공급계약의 당사자가 대표이사 乙 개인이라고 주장하였다. 그러나 甲은 A회사가 계약당사자라고 생각하고 A회사만을 상대로 물품대금청구의 소를 제기하였다. 소송이 진행되는 과정에서도 A회사가 물품공급계약의 당사자는 대표이사 乙 개인이라는 거듭 주장하자, 甲은 불안한 나머지 대표이사 乙 개인도 소송의 당사자로 끌어들이고자 한다. 민사소송법상 이것이 가능한지의 여부를 밝히고 그 논거를 제시하라. (2007년 사법시험)

(6) 甲은 2012. 5. 6. 乙이 운전하는 영업용택시를 타고 귀가하던 중 자신이 탄 택시와 丙이 운전하던 승용차가 교차로에서 충돌하는 교통사고를 당하여 안면부 열상과 뇌진탕 등의 상

해를 입었다. 수사결과 丙이 교통신호를 위반한 과실이 인정되어 丙에게 벌금 300만 원의 약식명령이 내려지자 甲은 2013. 2. 5. 丙을 상대로 이미 지출된 치료비 3,000만 원 상당의 손해배상을 청구하는 소송(이하 '이 사건 소'라고 함)을 제기하였다. 이 사건 소의 진행 도중 丙이 위 약식명령에 불복하여 정식재판을 청구한 결과, '丙이 교통신호를 위반한 사실을 인정할 증거가 부족하다'는 취지로 2013. 10. 5. 무죄판결을 선고받아 그 판결이 같은 달 13. 확정되었다. 甲이 이 사건 소에서 乙을 예비적 피고로 추가할 수 있는지 검토하시오. (2015년 8월 변시 모의시험)

1. 예비적 공동소송인 추가

예비적 공동소송은 공동소송인들에 대한 청구가 법률상 양립 불가능한 경우로서(민소법 제70조), 판례에 따르면 동일한 사실관계에 대한 법률적 평가를 달리하여 두 청구가 모두 인용될 수 없는 관계에 있거나, 당사자 사이에 택일적 사실인정에 의하여 어느 일방에 대하여 법률효과를 긍정하거나 부정하는 것이 다른 일방에 대하여 법률효과를 부정하거나 긍정하는 반대의 결과를 가져오는 경우에 인정될 수 있다.

2. 사안의 해결

사안에서 丙의 신호위반이 인정되지 않는다면 乙의 신호위반으로 인정될 가능성이 높지만, 乙의 신호위반을 인정함으로써 반드시 丙의 손해배상책임을 부정해야 하는 관계에 있다고 할 수는 없다. 따라서 乙을 예비적 공동소송인으로 추가할 수 없다.

(7) 甲은 2013. 1. 1. A회사에게 1억 원을 이자는 월 1%, 변제기는 2013. 12. 31.로 정하여 대여하였는데, 위 대여원리금을 전혀 변제받지 못하자, 2015. 10. 1. A회사의 위 차용금채무에 관하여 연대보증을 한 B와 C를 상대로 '피고들은 연대하여 1억 원 및 이에 대하여 소장 부본 송달 다음날부터 다 갚는 날까지 연 15%의 비율로 계산한 돈을 지급하라'는 청구취지로 소를 제기하였다. 이에 B는 'A회사와는 아무런 관련이 없고 단지 A회사의 대표이사인 D와 친구 사이인데 D로부터 1,000만 원의 자재를 납품받는 데에 보증을 서달라는 부탁을 받고 그에 필요한 서류를 교부하였을 뿐, 금전 차용에 대하여는 전혀 알지 못한다'는 내용의 답변서를 제출하였고, C는 'A회사가 이미 차용금을 변제하였다'는 내용의 답변서를 제출하였다. 甲은 A회사에게 위 돈을 대여할 당시 A회사의 대표이사이던 D가 제시하는 B와 C의 위임장과 인감증명서 등을 진정한 것으로 믿고 B와 C를 대리한 D로부터 연대보증계약서에 서명날인

을 받았다. (2016년 기말고사)

① 甲이 위 소송에서 D를 당사자로 하여 연대보증인의 책임을 물을 수 있는 방법이 있는가?

1. 예비적 · 선택적 공동소송의 의미 및 요건

예비적 · 선택적 공동소송은 공동소송인 가운데 일부에 대한 청구가 다른 공동소송인에 대한 청구와 법률상 양립할 수 없는 경우에 각 공동소송인에 대한 청구를 하나의 소송절차에서 동시에 구하는 것이다. 판례에 따르면 공동소송인들에 대한 각 청구가 '법률상 양립할 수 없다'는 것은, 동일한 사실관계에 대한 법률적인 평가를 달리하여 두 청구 중 어느 한쪽에 대한 법률효과가 인정되면 다른 쪽에 대한 법률효과가 부정됨으로써 두 청구가 모두 인용될 수는 없는 관계에 있는 경우나, 당사자들 사이의 사실관계 여하에 의하여 또는 청구원인을 구성하는 택일적 사실인정에 의하여 어느 일방의 법률효과를 긍정하거나 부정하고 이로써 다른 일방의 법률효과를 부정하거나 긍정하는 반대의 결과가 되는 경우로서, 두 청구들 사이에서 한쪽 청구에 대한 판단이유가 다른 쪽 청구에 대한 판단이유에 영향을 주어 각 청구에 대한 판단과정이 필연적으로 상호 결합되어 있는 관계를 의미하며, 실체법적으로 서로 양립할 수 없는 경우뿐 아니라 소송법상으로 서로 양립할 수 없는 경우를 의미한다(대법원 2007. 6. 26.자 2007마515 결정).

예비적 선택적 공동소송에 관하여는 필수적 공동소송인의 추가에 관한 민소법 제68조가 준용되어 제1심 변론종결시까지 공동소송인에 관한 추가 신청을 할 수 있다.

2. 사안의 해결

사안에서 B는 자신을 대리하여 연대보증계약을 체결한 D에 대한 대리권 수여사실을 부인하고 있으므로 대리권 수여를 전제로 B에 대한 연대보증계약상 책임을 묻는 청구와 무권대리를 전제로 민법 제135조 책임을 D에게 묻는 청구는 법률상 양립 불가능하다. 따라서 양 청구는 예비적 · 선택적 공동소송인 관계에 있는바 민소법 제70조 제1항이 준용하는 제68에 따라 제1심 변론종결 전까지 D를 예비적 · 선택적 피고로 추가할 수 있다.

② 제1심 법원은 2015. 12. 31. 甲의 B에 대한 청구는 D의 대리권에 관한 증명이 없음을 이유로 기각하고, 甲의 D에 대한 청구는 자백간주판결(민소법 208조 제3항 2호, 제150조 제3

항)에 의하여 전부 인용하고, 甲의 C에 대한 청구는 변제사실을 인정할 증거가 없다는 이유로 전부 인용하였다. 이에 D는 항소기간 내에 항소를 하였으나, 甲과 C는 항소기간 내에 항소를 하지 않았다. 그런데 D가 항소심 법원에 C를 돕기 위하여 보조참가를 한다는 보조참가신청서와 함께 C를 위한 항소장을 A회사의 이름으로 제출하였다. D의 항소에 불만을 가진 甲은 항소심 제1차 변론기일 전에 '피고들은 연대하여 1억 원 및 이에 대하여 2013. 1. 1.부터 청구취지변경서 부본 송달일까지는 연 12%의, 그 다음날부터 다 갚는 날까지는 연 15%의 각 비율로 계산한 돈을 지급하라'는 내용의 청구취지변경서를 제출하면서, '피고들'은 B와 C, 아니면 D와 C를 의미하는 것이라고 기재하였다. 甲의 위와 같은 청구취지변경은 적법한가?

1. 청구의 변경의 개념과 제1심에서 전부승소한 원고의 청구취지 확장의 의미

민소법 제262조는 ① 청구기초가 동일할 것 ② 사실심 변론종결시까지일 것 ③ 청구취지 및 원인 변경할 것 ④ 소송절차를 현저히 지연시키지 아니할 것을 요건으로 하여 청구취지의 변경을 통하여 청구의 확장, 청구의 감축(소의 일부 취하)을 허용한다.

판례는 제1심에서 전부승소한 원고의 청구취지의 확장을 민소법 제403조 부대항소로 의제하여 상소의 이익 및 불이익변경금지의 원칙의 예외를 인정한다.

2. 예비적·선택적 공동소송의 심판과 항소심의 심판범위

민소법 제70조 제2항에 따라 모든 공동소송인에 대한 청구에 관하여 판결을 하여야 하고 1인의 상소로 다른 공동소송인에 관한 청구 부분도 확정 차단·이심되어 심판대상이 된다.

3. 사안의 해결

가. 甲의 청구취지의 확장 및 감축

甲의 변경된 청구취지는 '주위적 피고 B와, 피고 C는 연대하여 2013. 1. 1.부터 청구취지변경서 부본 송달일까지는 연 12%, 그 다음날부터 다 갚는 날까지는 연 15%의 각 비율로 계산한 돈을 지급하고, 예비적 피고 D와 피고 C는 연대하여 2013. 1. 1.부터 청구취지변경서 부본 송달일까지는 연 12%, 그 다음날부터 다 갚는 날까지는 연 15%의 각 비율로 계산한 돈을 지급하라'는 것이다. 먼저 이자 및 지연손해금 부분(2013. 1. 1.부터 소장 부본 송달일까지)에 대한 청구가 추가되었고 지연손해금 중 일부분(소장 부본 송달 다음날부터 청구취지변경서 부본 송)

달일)이 감축되었다. 판례에 따르면, 甲의 위 청구취지의 확장 및 감축은 모두 적법하다.

나. 피고 D와 피고 C의 공동소송의 형태

피고 D와 피고 C는 연대보증인으로서 채권자는 연대보증인들 일부 또는 전부에 대하여 전액을 청구할 수 있으므로 양 당사자에 대한 청구는 법률상 양립가능하고 합일확정의 필요가 없는 통상공동소송관계에 있다.

통상공동소송의 경우 민소법 제66조에 따라 공동소송인 독립의 원칙이 적용되어 소송자료와 소송의 진행이 분리될 수 있어 공격방어방법 및 소송관계의 종료가 분리된다.

甲의 변경된 청구취지 중 피고 C와 관련된 부분은 피고 C와 D 사이에서는 공동소송인 독립의 원칙에 따라 분리 확정되므로 부적법하여 청구변경의 효력이 없다.

다. 피고 B와 D의 공동소송관계

피고 B와 D는 예비적 · 선택적 공동소송인 관계에 있으므로 민소법 제70조가 준용하는 제67조에 따라 D의 항소로 B 부분도 확정차단되고 이심되어 항소심의 심판대상이 된다.

라. 결론

따라서 甲의 청구취지변경서 중 항소심으로 이심되어 심판대상이 된 B와 D에 대한 청구 부분은 청구변경의 요건을 갖추고 있으므로 적법하지만, 이미 분리 확정된 C에 대한 청구 부분은 부적법하다.

③ 위 소송이 항소심에 계속 중인데 甲에 대하여 집행권원이 있는 乙이 甲의 A회사, B, C, D에 대한 2013. 1. 1.자 대여금 및 연대보증금 채권을 피압류채권으로 하여 채권압류 및 추심명령을 받았고, 그 명령이 A회사, B, C, D에게 송달되었다. 乙이 甲과 동일한 청구를 하면서 위 소송에 참가한 후 甲이 소송에서 탈퇴를 하려고 하자, D가 이에 부동의 하였다. D는 변제항변을 하면서 E를 증인으로 신청하였다. 항소심 법원은 2016. 3. 31. 甲의 청구에 대하여는 제1심판결을 취소하고 소를 각하하고, 乙의 B에 대한 청구는 대리권의 증명이 없다는 이유로, 乙의 D에 대한 청구는 E의 증언을 증거로 하여 변제사실을 인정하여 청구를 기각하였다. 이에 乙은 D에 대하여만 상고를 하였고, 대법원은 乙의 상고를 기각하였다. 乙의 B에 대한 청구는 언제 확정되는가?

1. 쟁점

사안에서 승계참가인 乙의 B와 D에 대한 청구는 예비적 · 선택적 공동소송관계에 있다. 그러므로 확정여부 판단을 위하여 예비적 · 선택적 공동소송의 심판대상 및 상소심의 심판범위를 검토해야한다.

2. 예비적 · 선택적 공동소송의 심판 및 상고심의 심판범위

민소법 제70조 제3항에 따라 모든 공동소송인에 대한 청구에 관하여 판결을 하여야 하고 1인의 상소로 다른 공동소송인에 관한 청구 부분도 확정 차단 · 이심되어 심판대상이 된다. 이 경우 상소심의 심판대상은 주위적 · 예비적 공동소송인들 및 상대방 당사자 간 결론의 합일확정 필요성을 고려하여 판단하여야 한다.

3. 사안의 해결

사안에서 乙이 상고를 하지 않은 B에 대한 청구도 예비적 · 선택적 공동소송인 D에 대한 상고로 말미암아 확정이 차단되고 상고심으로 이심되어 상고심의 심판범위가 된다. 상고기각판결은 더이상 통상의 상소절차가 존재하지 않으므로 선고시에 확정된다. 따라서 B에 대한 청구는 D에 대한 청구와 마찬가지로 상고기각판결 선고시에 확정된다.

(8) 甲이 2014. 1. 1. 乙로부터 X아파트를 대금 1억 원에 매수하였는데, 乙이 소유권이전등기의 이행을 거부하자, 甲은 2014. 5. 1. 乙을 상대로 X아파트에 관하여 2014. 1. 1. 매매를 원인으로 한 소유권이전등기청구의 소를 제기하였다. 제1심 법원은 2014. 12. 31. 위 매매계약 사실을 인정할 증거가 부족하다는 이유로 甲의 청구를 기각하였다. 이에 甲이 항소를 하였으나, 항소심 역시 甲의 항소를 기각하였으며, 이에 대하여는 甲이 상고를 하지 않음으로써 2015. 7. 31.경 위 판결이 확정되었다. 甲은 2015. 3. 1.경 위 소송의 제1심에서 증인으로 출석하여 '甲이 乙로부터 X아파트를 매수한 것이 아니라, 甲-1의 대리인으로서 매매계약을 체결하였을 뿐이다'는 취지로 진술한 공인중개사 A를 위증혐의로 고소를 하였는데, A가 위증죄로 징역 1년의 유죄판결을 선고받았고, 2015. 12. 31. 그 판결이 확정되었다. 甲은 2016. 1. 20. 제1심 법원에 제1심판결을 재심대상판결로 표시하여 재심소장을 제출하였다. 그 소장에는 위 소송이 확정된 경위와 제1심 법원에서 증언한 A가 위증죄로 유죄확정판결을 선고받은 사실이 기재되어 있다. 乙은 甲이 제기한 재심소송에서, 甲이 2014. 1. 1. X아파트를 매수하였다고 하더라도 2015. 7. 1. 丙에게 X아파트에 관한 소유권이전등기를 마쳐주었으므로 甲에 대한 X

아파트에 관한 소유권이전등기의무가 이행불능이 되었다고 다투었다. 재심법원은 A가 위증을 하지 않았으면 재심대상판결은 결론이 달라질 수도 있었을 것이라는 심증을 갖게 되었지만, 乙의 甲에 대한 소유권이전등기의무가 이행불능이 되었다는 이유로 甲의 재심청구를 기각하였고, 그 판결은 2016. 12. 31.경 확정되었다.

甲은 2017. 3. 1. 乙이 丙에게 소유권이전등기를 마쳐준 것은 통정허위표시 또는 반사회적 법률행위에 해당한다고 주장하면서 주위적으로 丙을 상대로 소유권이전등기의 말소청구를 하면서, 예비적으로 乙을 상대로 소유권이전등기의무의 이행불능에 따른 전보배상으로 1억 2,000만 원을 청구하였다. (2018년 기말고사)

① 제1심 법원의 심리결과, 乙이 丙에게 소유권이전등기를 마쳐준 것이 통정허위표시에 해당한다는 심증을 갖게 되었다면, 법원은 어떤 재판을 하여야 하는가?

1. 쟁점

사안에서 甲은 주위적 피고를 丙으로, 예비적 피고를 乙로 하여 각 청구를 하고 있는 바, 각 청구가 예비적 공동소송관계에 있는지, 그 경우 재판은 어떻게 하여야 하는지가 검토되어야 한다.

2. 예비적 공동소송에서 '법률상 양립할 수 없다'는 의미

민소법 제70조 제1항의 예비적·선택적 공동소송에 있어서 '법률상 양립할 수 없다'는 것은, 동일한 사실관계에 대한 법률적인 평가를 달리하여 두 청구 중 어느 한쪽에 대한 법률효과가 인정되면 다른 쪽에 대한 법률효과가 부정됨으로써 두 청구가 모두 인용될 수는 없는 관계에 있는 경우이거나, 당사자들 사이의 사실관계 여하에 따라서 또는 청구원인을 구성하는 택일적 사실인정에 따라서 어느 일방의 법률효과를 긍정하거나 부정하고 이로써 다른 일방의 법률효과를 부정하거나 긍정하는 반대의 결과가 되는 경우로서, 두 청구들 사이에서 한쪽 청구에 대한 판단이유가 다른 쪽 청구에 대한 판단이유에 영향을 주어 각 청구에 대한 판단과정이 필연적으로 상호 결합되어 있는 관계를 의미하며, 실체법적으로 서로 양립할 수 없는 경우뿐 아니라, 소송법상으로 서로 양립할 수 없는 경우를 포함하는 것으로 봄이 상당하다(대법원 2007. 6. 26.자 2007마515 결정).

3. 예비적 공동소송의 재판

민소법 제70조 제2항은 같은 조 제1항의 예비적·선택적 공동소송에서는 모든 공동소송인에 관한 청구에 대하여 판결을 하도록 규정하고 있다.

4. 채권자대위소송에서 보전의 필요성이 인정되지 않는 경우

채권자가 채권자대위권의 법리에 근거하여 채무자에 대한 채권을 보전하기 위하여 채무자의 제3자에 대한 권리를 대위행사하기 위하여는 채무자에 대한 채권을 보전할 필요가 있어야 하고, 그러한 보전의 필요성이 인정되지 않는 경우에 그 채권자대위소송은 부적법하여 각하하여야 한다.

5. 사안의 적용

사안에서 甲의 丙에 대한 청구에서의 통정허위표시 또는 반사회질서의 법률행위 주장에 대한 판단이유가 乙에 대한 청구의 이행불능 주장에 대한 판단이유에 영향을 줌으로써, 각 청구에 대한 판단과정이 필연적으로 상호 결합되어 있는 관계에 있어서, 두 청구는 법률상 양립할 수 없으므로 민소법 제70조 제1항 소정의 예비적 공동소송에 해당한다.

한편, 甲의 주위적 피고 丙에 대한 청구를 인용하기 위하여는 우선 甲의 乙에 대한 소유권이전등기청구권을 보전할 필요성이 인정되어야 할 것인바, 甲이 乙을 상대로 소유권이전등기절차이행의 소를 제기하였다가 패소의 확정판결을 받았고 그에 대한 재심청구도 기각, 확정되었으므로 위 판결의 기판력으로 말미암아 甲으로서는 더이상 乙을 상대로 소유권이전등기청구를 할 수 없게 되었다. 따라서 甲으로서는 乙의 丙에 대한 소유권이전등기말소청구권을 대위행사함으로써 위 소유권이전등기청구권을 보전할 필요가 없게 되었으므로 甲의 丙에 대한 소는 부적법하므로 각하 판결을 하여야 한다(대법원 1993. 2. 12. 선고 92다25151 판결). 따라서 甲의 乙에 대한 소유권이전등기청구권의 이행불능을 사유로 한 전보배상청구는 인용되어야 한다.

② 제1심 법원은 甲의 丙에 대한 청구를 인용하면서, 甲의 乙에 대한 청구에 대하여는 판단을 하지 않았는데, 이에 대하여 乙이 항소를 제기하였다. 乙의 위 항소는 적법한가?

1. 예비적 공동소송에서 일부 공동소송인에 대한 청구에 대하여만 판결이 선고된 경우

민소법 제70조 제2항은 같은 조 제1항의 예비적·선택적 공동소송에서는 모든 공동소송인에 관한 청구에 대하여 판결을 하도록 규정하고 있으므로, 이러한 공동소송에서 일부 공동소송인에 대한 청구에 관하여만 판결을 하는 것은 일부판결이 아닌 흠이 있는 전부판결에 해당하여 상소로써 이를 다투어야 하고, 그 판결에서 누락된 공동소송인은 이러한 판단유탈을 시정하기 위하여 상소를 제기할 이익이 있다(대법원 2008. 3. 27. 선고 2005다49430 판결).

2. 사안의 해결

사안에서 甲의 丙 및 乙에 대한 각 청구는 예비적 공동소송관계에 있으므로 주위적 피고 丙에 청구를 인용할 경우에는 이와 법률상 양립할 수 없는 예비적 피고 乙에 대한 청구는 이유가 없다고 하여 이를 기각하는 판결을 하여야 함에도, 주위적 피고 丙에 대한 청구에 대하여만 판단하고 예비적 피고 乙에 대한 청구에 대하여는 아무런 판단을 하지 않은 제1심판결에는 판단을 유탈함으로써 판결에 영향을 미친 잘못이 있다. 예비적 피고 乙로서는 이를 시정하기 위하여 상소를 제기할 이익이 있으므로 乙의 항소는 적법하다.

(9) Y아파트는 제1동부터 제10동까지의 10개동으로 구성되어 있고, 甲과 乙은 Y아파트 제2동의 입주자로서 Y아파트 입주자대표회의의 구성원이다. 甲은 乙을 상대로 '乙이 Y아파트 제2동 동대표 지위에 있지 않음을 확인한다'는 확인의 소를 제기하였다. 甲은 Y아파트 입주자대표회의를 위 확인의 소에 대한 예비적 피고로 추가할 수 있는가? (2019년 6월 변시 모의시험)

1. 쟁점

사안에서 Y아파트 입주자대표회의와 그 구성원 乙이 예비적·선택적 공동소송인이 될 수 있는지가 검토되어야 한다.

2. 예비적·선택적 공동소송의 의미 및 요건

민소법 제70조는 예비적·선택적 공동소송을 규정하고 있는데, 이는 공동소송인 일부에 대한(또는 일부의) 청구가 다른 공동소송인에 대한 청구와 법률상 양립할 수 없을 것을 요한다. 공동소송인에 대한 각 청구가 법률상 양립할 수 없다는 것은, 동일 사실관계 하에서 법률적 평가를 달리하거나 사실관계 여하에 따라 택일적 사실인정으로 말미암아 일방의 법률효과를 긍정하고 이로써 타방의 법률효과를 부정하게 되는 필연적 상호 결합관계에 있어 실체법상, 소송법상 양립할 수 없는 경우를 의미한다. 예비적·선택적 공동소송에 관하여는 필수적 공동소송인의 추가에 관한 민소법 제68조가 준용된다.

3. 단체와 구성원 개인에 대한 구성원 지위 확인의 소의 양립가능성

법인 또는 비법인 등 당사자능력이 있는 단체의 대표자 또는 구성원 지위에 관한 확인소송에서 그 대표자 또는 구성원 개인뿐 아니라 그가 소속된 단체를 공동피고로 하여 소가 제기된 경우에 있어서는, 누가 피고적격을 가지는지에 관한 법률적 평가에 따라 어느 한 쪽에 대한 청구는 부적법하고 다른 쪽의 청구만 적법하게 될 수 있으므로, 이는 민소법 제70조 제1항 소정의 예비적·선택적 공동소송의 요건인 각 청구가 서로 법률상 양립할 수 없는 관계에 해당한다(대법원 2007. 6. 26.자 2007마515 결정).

4. 사안의 해결

사안에서 乙의 동대표 지위에 관한 소송에서 Y아파트 입주자대표회의와 乙 중 누가 피고적격을 가지는지에 대해서는 법률적 평가에 따라 한 쪽이 적법하면 다른 한 쪽은 부적법한 양립 불가능한 관계에 해당하므로 Y아파트 입주자대표회의는 예비적 공동소송인이 될 수 있다. 甲은 민소법 제70조 제1항이 준용하는 제68조에 따라 제1심 변론종결 전까지 Y아파트 입주자대표회의를 예비적 피고로 추가할 수 있다.

(10) 甲은 자신이 乙에게 2억 원을 대여하였고 丁이 丙을 대리하여 甲에 대한 乙의 채무를 연대보증하였다고 주장하면서 주위적으로 乙과 丙은 연대하여 甲에게 2억 원의 지급을 구하고, 丁이 무권대리인이라는 이유로 丙에 대한 청구가 기각될 경우에 대비하여 丁은 무권대리인으로서 丙의 연대보증의무를 이행하여야 한다고 주장하면서 예비적으로 乙과 丁은 연대하여 甲에게 2억 원의 지급을 구하는 소를 제기하였다. 제1심은 乙과 丁에 대한 청구를 인용하면서, 丙에 대한 청구는 기각하였고, 이에 丁만이 항소하였다. 항소심 법원은 甲의 丙에 대한 청구 부분은 제1심 판결이 확정되었으므로 항소심의 심판대상은 丁에 대한 청구 부분으로 한정된다고 인정하여, 丁의 항소를 기각하면서 丙에 대한 청구 부분에 대하여는 아무런 판단도 하지 아니하였다. 위와 같은 항소심 판단은 정당한가? 〈 소제기의 적법 여부도 검토할 것 〉 (2020년 6월 변시 모의시험)

1. 쟁점

사안에서 甲은 주위적으로 乙과 丙이 연대하여 2억 원을 지급할 것을 구하고, 예비적으로 乙과 丁이 연대하여 2억 원을 지급할 것을 구하는바, 甲의 청구는 주채무자에 대한 청구와 연대보증인에 대한 청구가 병합되어 있고, 연대보증책임의 귀속자를 달리하는 丙에 대한 청구와 丁에 대한 청구가 주위적 · 예비적 관계로 병합되어 있다. 우선 이러한 다수의 피고들이 관계된 청구의 병합이 어떠한 공동소송형태에 해당되는지, 그 요건을 갖추어 적법한지가 문제로 되고, 또 항소심의 판단과 관련하여 주위적 · 예비적 관계에 있는 피고 丙과 피고 丁에 대한 청구에 있어서 피고 丁만이 항소를 제기한 경우에 그 이심 및 심판범위가 문제된다.

2. 통상공동소송의 의미 및 요건

주채무자와 연대보증인에 대한 대여금반환청구는 소송목적이 되는 권리나 의무가 여러 사람에게 공통되거나 사실상 또는 법률상 같은 원인으로 말미암아 생긴 경우에 해당하므로 민소법 제65조의 통상공동소송에 해당하고, 소송목적이 공동소송인 사이에서 합일확정될 필요가 있는 경우에 해당되지 않는다.

3. 예비적 · 선택적 공동소송의 의미 및 요건

민소법 제70조에 규정된 예비적 · 선택적 공동소송은 공동소송인 가운데 일부에 대한 청구가 다른 공동소송인에 대한 청구와 법률상 양립할 수 없는 경우에 각 공동소송인에 대한 청구를 하나의 소송절차에서 동시에 구하는 것이다. 공동소송인들에 대한 각 청구가 '법률상 양립할 수 없다'는 것은, 동일한 사실관계에 대한 법률적인 평가를 달리하여 두 청구 중 어느 한 쪽에 대한 법률효과가 인정되면 다른 쪽에 대한 법률효과가 부정됨으로써 두 청구가 모두 인용될 수는 없는 관계에 있는 경우나, 당사자들 사이의 사실관계 여하에 의하여 또는 청구원인을 구성하는 택일적 사실인정에 의하여 어느 일방의 법률효과를 긍정하거나 부정하고 이로써 다른 일방의 법률효과를 부정하거나 긍정하는 반대의 결과가 되는 경우로서, 두 청구들 사이에서 한 쪽 청구에 대한 판단 이유가 다른 쪽 청구에 대한 판단 이유에 영향을 주어 각 청구에 대한 판단 과정이 필연적으로 상호 결합되어 있는 관계를 의미하며, 실체법적으로 서로 양립할 수 없는 경우뿐 아니라 소송법상으로 서로 양립할 수 없는 경우를 의미한다(대법원 2007. 6. 26.자 2007마515 결정).

4. 예비적 · 선택적 공동소송의 심판

주관적 · 예비적 공동소송은 동일한 법률관계에 관하여 모든 공동소송인이 서로 간의 다툼을 하나의 소송절차로 한꺼번에 모순 없이 해결하는 소송형태로서 모든 공동소송인에 대한 청구에 관하여 판결을 하여야 한다(민소법 제70조 제2항). 그리고 주관적·예비적 공동소송에서 주위적 공동소송인과 예비적 공동소송인 중 어느 한 사람이 상소를 제기하면 다른 공동소송인에 관한 청구 부분도 확정이 차단되고 상소심에 이심되어 심판대상이 되고(대법원 2008. 3. 27. 선고 2006두17765 판결 등 참조), 이러한 경우 상소심의 심판대상은 주위적·예비적 공동소송인들 및 그 상대방 당사자 사이의 결론의 합일확정의 필요성을 고려하여 그 심판의 범위를 판단하여야 한다(대법원 2011. 2. 24. 선고 2009다43355 판결, 대법원 2015. 3. 20. 선고 2014다75202 판결 등 참조).

5. 사안의 해결

사안에서 丁의 적법한 대리권을 전제로 하여 丙에 대하여 연대보증계약에 따른 책임을 묻는 청구와 丁의 무권대리를 전제로 丁에 대하여 계약상 책임을 묻는 청구는 법률상 양립 불가능하므로 양 청구는 예비적·선택적 공동소송관계에 있고, 주채무자와 연대보증인을 상대로 한 청구는 통상공동소송관계에 있으므로 원고 甲이 주위적으로 乙과 丙이 연대하여 2억 원을 지급할 것을 구하고, 예비적으로 乙과 丁이 연대하여 2억 원을 지급할 것을 구하는 청구는 적법하다(원고 甲의 청구는 주채무자 乙에 대한 대여금청구와 주위적 피고 丙과 예비적 피고 丁에 대한 연대보증금청구가 각각 통상공동소송관계로 병합된 형태이다). 제1심 법원이 피고 乙에 대한 청구와 예비적 피고 丁에 대한 청구를 인용하고 주위적 피고 丙에 대한 청구를 기각하자 예비적 피고 丁만 항소를 제기하였는바, 이 경우 피고 丁에 대한 청구와 예비적 공동소송관계에 있는 피고 丙에 대한 청구 부분도 확정이 차단되고 상소심에 이심되어 심판대상이 된다. 따라서 항소심 법원이 피고 丙에 대한 청구 부분이 분리 확정된다고 보고 피고 丁에 대한 청구 부분에 대하여만 판단을 하고 피고 丙에 대한 청구 부분에 대하여 판단을 하지 않은 것은 잘못이다.

(11) 甲은 주택을 신축하려고 2019. 2. 2. 乙로부터 그 소유의 X토지를 12억 원에 매수하였는데, 잔금 지급 및 토지인도는 2019. 3. 3.에 하기로 하되, 甲의 세금관계상 이전등기는 위 잔금일 후 甲이 요구하는 날에 마치기로 했으며(통지는 7일 전에 하기로 함), 위 3. 3.에 인도 및 잔금지급을 마쳤다. 세금문제가 해소되어 甲이 2019. 9. 9. 乙에게 이전등기를 요청했으나 乙이 응하지 않았고 그 후에도 몇 차례 독촉했으나 乙의 반응이 없다. 甲은 乙을 상대로 X토지에 관하여 2019. 2. 2. 매매를 원인으로 한 소유권이전등기청구의 소를 제기하였는데,

乙은 위 2019. 2. 2. 매매계약에 대하여 알지 못하고 평소에 X토지를 관리하던 자신의 동생인 丁이 아무런 권한 없이 乙의 대리인임을 자처하면서 甲과 매매계약을 체결하였다고 주장했다. 그래서 甲은 乙의 위 주장이 받아 들여질 경우에 대비하여 丁에 대하여 손해배상을 구하는 예비적 청구를 추가하였다. (2020년 10월 변시 모의시험)

① 법원이 심리한 결과 丁에게 乙을 대리할 권한이 없다고 판단된다면, 법원의 판결 주문은 어떠해야 하는가?

1. 쟁점

사안에서 甲은 丁이 乙을 대리하여 체결한 매매계약에 기초하여 乙을 상대로 소유권이전등기청구의 소를 제기하면서 丁의 대리권이 인정되지 않는 경우를 대비하여 丁을 상대로 손해배상을 구하는 예비적 청구를 추가하였는바, 甲의 乙에 대한 소유권이전등기청구와 丁에 대한 손해배상청구가 예비적 공동소송관계에 해당되는지, 그 경우에 법원은 어떻게 심판을 하여야 하는지를 검토하여야 한다.

2. 예비적·선택적 공동소송의 요건

민소법 제70조에 규정된 예비적·선택적 공동소송은 공동소송인 가운데 일부에 대한 청구가 다른 공동소송인에 대한 청구와 법률상 양립할 수 없는 경우에 각 공동소송인에 대한 청구를 하나의 소송절차에서 동시에 구하는 것이다. 민소법 제70조 제1항에 있어서 '법률상 양립할 수 없다'는 것은, 동일한 사실관계에 대한 법률적인 평가를 달리하여 두 청구 중 어느 한 쪽에 대한 법률효과가 인정되면 다른 쪽에 대한 법률효과가 부정됨으로써 두 청구가 모두 인용될 수는 없는 관계에 있는 경우나, 당사자들 사이의 사실관계 여하에 의하여 또는 청구원인을 구성하는 택일적 사실인정에 의하여 어느 일방의 법률효과를 긍정하거나 부정하고 이로써 다른 일방의 법률효과를 부정하거나 긍정하는 반대의 결과가 되는 경우로서, 두 청구들 사이에서 한 쪽 청구에 대한 판단 이유가 다른 쪽 청구에 대한 판단 이유에 영향을 주어 각 청구에 대한 판단 과정이 필연적으로 상호 결합되어 있는 관계를 의미하며, 실체법적으로 서로 양립할 수 없는 경우뿐 아니라 소송법상으로 서로 양립할 수 없는 경우를 포함한다(대법원 2007. 6. 26.자 2007마515 결정). 대리와 관련하여 본인에 대한 계약상 이행청구와 무권대리인에 대한 민법 제135조 제1항에 따른 청구는 법률상 양립할 수 없는 경우에 해당하여 예비적·선택적 공동소송의 관계이다(대법원 2015. 3. 20. 선고 2014다

75202 판결).

3. 예비적 · 선택적 공동소송의 심판

예비적 · 선택적 공동소송은 법률상 양립할 수 없는 청구를 하나의 절차에서 모순 없이 해결하려는 제도이므로, 본안재판이 통일되어야 한다. 법원은 예비적 · 선택적 공동소송인에 대한 청구에 관하여 모두 판결을 하여야 한다(민소법 제70조 제2항).

4. 사안의 해결

민법 제135조 제1항은 다른 사람의 대리인으로서 계약을 맺은 사람이 그 대리권을 증명하지 못하고 또 본인의 추인을 받지 못한 경우에는 상대방의 선택에 따라 계약을 이행할 책임 또는 손해를 배상할 책임이 있다고 규정하고 있다. 사안에서 甲의 乙에 대한 소유권이전등기청구와 丁에 대한 손해배상청구는 '丁의 대리권에 관한 증명' 여부에 따라 乙에 대한 청구와 丁에 대한 청구의 인용 여부가 달라지는 관계로서 법률상 양립할 수 없는 경우에 해당되므로 예비적 공동소송관계이다. 예비적 · 선택적 공동소송에서는 모든 피고에 대하여 판결을 하여야 하므로, 법원이 丁에게 대리권이 없다고 판단될 경우, 甲의 乙에 대한 청구를 기각하고 丁에 대한 청구를 인용하는 판결을 하여야 한다.

② 乙을 주위적 피고로, 丁을 예비적 피고로 한 위 소송에서 乙에 대한 청구기각 및 丁에 대한 청구인용의 제1심판결이 선고된 후에, 丁만 항소를 하고 甲은 항소를 하지 않았다. 그런데 항소심은 위 매매계약 당시 丁에게 대리권이 있었다는 확신을 갖게 되었다. 항소심이 제1심 판결을 변경하여 甲의 乙에 대한 청구를 인용할 수 있는지 여부 및 그 논거를 설명하시오.

1. 쟁점

예비적 · 선택적 공동소송에서 공동소송인 1인만 상소를 한 경우, 항소심의 심판범위와 판단이 문제된다.

2. 항소심의 심판범위와 불이익변경금지의 원칙

항소심의 심판범위는 원칙적으로 불복 신청한 범위에 국한되지만, 부대항소 및 항소취지의 확장을 통하여 심판범위가 확장될 수 있다. 항소심 법원은 항소인의 불복신청의 범위를 넘어서서 제1심판결보다 유리한 재판을 할 수 없고(이익변경금지의 원칙), 상대방의 항소 또는 부대항소가 없는 한 불복하는 항소인에게 제1심판결보다 불이익하게 변경할 수 없다(불이익변경금지의 원칙). 그러나 불이익변경금지의 원칙은 예비적·선택적 공동소송의 경우에는 적용되지 않는다.

3. 예비적 · 선택적 공동소송의 심판

주관적·예비적 공동소송은 동일한 법률관계에 관하여 모든 공동소송인이 서로간의 다툼을 하나의 소송절차로 한꺼번에 모순 없이 해결하는 소송형태로서 모든 공동소송인에 대한 청구에 관하여 판결을 하여야 하고(민소법 제70조 제2항), 그 중 일부 공동소송인에 대하여만 판결을 하거나 남겨진 자를 위하여 추가판결을 하는 것은 허용되지 않는다. 주관적·예비적 공동소송에서 주위적 공동소송인과 예비적 공동소송인 중 어느 한 사람이 상소를 제기하면 다른 공동소송인에 관한 청구 부분도 확정이 차단되고 상소심에 이심되어 심판대상이 되고, 이러한 경우 상소심의 심판대상은 주위적·예비적 공동소송인들 및 상대방 당사자 간 결론의 합일확정 필요성을 고려하여 판단하여야 한다(대법원 2011.2.24. 선고 2009다 43355 판결 등).

4. 사안의 해결

사안에서 주위적 피고 乙에 대한 청구와 예비적 피고 丁에 대한 청구는 양립할 수 없는 관계에 있는바, 공동소송인들 중 예비적 피고 丁만이 항소를 하였더라도 주위적 피고 乙에 대한 청구 역시 확정이 차단되고 항소심으로 이심된다. 항소심 법원이 예비적 피고 丁에게 대리권이 있었다는 확신을 가지게 된 이상, 그 재판의 합일확정을 위하여 원고 甲의 항소가 없었다고 하더라도, 제1심 판결을 취소한 다음 원고 甲의 피고 乙에 대한 청구를 인용하고, 피고 丁에 대한 청구를 기각하여야 한다.

유사문제 甲은 2015. 3. 10. 乙로부터 乙 소유의 X건물을 매수하고, 같은 날 丙의 대리인이라고 주장하는 丁과의 사이에 丙으로부터 丙 소유의 Y건물을 매수하는 계약을 체결하였다. 甲은 위 각 매매계약에서 약정한 바에 따라 대금을 지급하였음에도 불구하고 乙과 丙이 소유권이전등기의무를 이행하지 않자, 乙과 丙을 공동피고로 하여 乙에 대하여는 X건물에 관하여, 丙에 대하여는 Y건물에 관하여 각 매매를 원인으로 하는 소유권이전등기를 구하는 소를 제기하였다. 위 소송계속 중

乙은 위 매매계약이 불공정한 법률행위이어서 무효라고 주장하고, 丙은 丁에게 적법한 대리권이 없었다고 주장하였다. 이에 甲은 ⑴ 乙에 대한 청구에 위 불공정한 법률행위 주장이 인정될 경우에 대비하여 예비적으로 乙에게 지급한 매매대금의 반환을 구하는 청구를 병합하였고, ⑾ 丙에 대한 청구에 丁의 대리권이 인정되지 않을 경우를 대비하여 丁을 예비적 피고로 추가하면서 丁에 대하여 무권대리행위에 따른 손해배상을 청구하였다. 제1심 법원이 甲의 乙에 대한 주위적 청구를 기각, 예비적 청구를 인용하고, 丙에 대한 청구는 기각하며, 丁에 대한 청구는 인용하는 판결을 선고하였다. 乙과 丁은 제1심판결에 대하여 각 자신이 패소한 청구에 대하여 항소를 제기하였지만, 甲과 丙은 항소를 제기하지 않았다. 항소심 법원이 심리한 결과, 乙에 대한 청구에 관하여는 불공정한 법률행위가 아니라는 확신을 갖게 되고, 丙과 丁에 대한 청구에 관하여는 丁이 적법한 대리권을 가지고 계약을 체결하였다는 확신을 갖게 되었다. 항소심 법원은 어떤 판결을 선고해야 하는가? (재판상 자백은 고려하지 말 것) (2017년 8월 변시 모의시험)

(12) 甲은 X건물을 소유하고 있는데, 아들인 乙이 오랫동안 X건물을 관리해 왔다. 甲이 병환으로 입원하자, 乙은 병원비 조달과 자신의 사업 자금 마련을 위하여 평소 보관하고 있던 甲의 인장과 관련 서류를 이용하여 위임장을 만든 후, 甲의 대리인이라고 하면서 X건물을 丙에게 매도하였다. 병원에서 퇴원한 甲이 이 사실을 알고 乙을 질책하자, 乙은 丙에게 X건물에 관한 소유권이전등기를 마쳐주지 않았다. 이에 丙은 甲을 상대로, 주위적으로는 유권대리, 예비적으로는 표현대리에 의한 매매계약의 성립을 주장하며 매매계약을 원인으로 한 소유권이전등기청구의 소를 제기하였으나, 법원은 丙에게 추가적인 주장·증명을 요구하였다. 그러자 丙은 甲에 대한 청구가 기각될 것을 대비하여 乙을 상대로 「민법」 제135조의 무권대리로 인한 손해배상을 구하는 내용의 피고추가신청을 하였다. 법원의 심리 결과, 甲이 乙에게 명시적으로 X건물을 매도할 권한을 준 사실은 없지만 乙이 甲을 대신하여 X건물을 오랫동안 관리해 왔고, 건물 매도에 필요한 모든 서류를 乙이 보관하고 있던 점을 고려할 때 甲에게 표현대리로 인한 계약상의 책임이 있다고 판단하였다. ① 丙의 피고추가신청은 적법한가, ② 법원은 이 사건에서 어떠한 판결을 선고하여야 하는가? (제11회 변호사시험)

1. 쟁점

민소법상으로 피고추가신청을 할 수 있는 경우는 필수적 공동소송인에 해당하거나(민소법 제68조 제1항), 예비적·선택적 공동소송인에 해당하는 때(민소법 제70조 제1항, 제68조 제1항)이다. 丙의 甲에 대한 청구는 매매계약에 기초한 소유권이전등기청구인바, 위 매매계약상 매도인의 지위에 있는 甲과 위 매매계약에서 甲의 대리인이라고 자칭한 乙의 법률관계가 합일확정되어야 관계는 아니므로 丙은 乙을 필수적 공동소송인으로서 보아 피고추가신청을 한 것은 아니다. ① 丙의 피고추가신청이 인용되기 위하여는 丙의 甲에 대한 청구와 乙에 대한 청구가 예비적 · 선택적 공동소송관계에 있어야 하므로, 丙의 甲과 乙에 대한 청구가 이에 해당하는지 검토가 필요하고, ② 丙의 甲과 乙에 대한 청구가 위와 같은 공동소송관계에 있다고 할 경우, 각 청구를 어떻게 판단하여야 하는지가 검토되어야 한다.

2. 예비적 · 선택적 공동소송관계

민소법 제70조 제1항은 공동소송인 가운데 일부의 청구가 다른 공동소송인의 청구와 법률상 양립할 수 없거나 공동소송인 가운데 일부에 대한 청구가 다른 공동소송인에 대한 청구와 법률상 양립할 수 없는 경우에 민소법 제67조 내지 제69조를 준용한다고 규정하고 있다. 위 조항의 '공동소송인 가운데 일부에 대한 청구'를 반드시 '공동소송인 가운데 일부에 대한 모든 청구'라고 해석할 근거는 없으므로, 주위적 피고에 대한 주위적 · 예비적 청구 중 주위적 청구 부분이 받아들여지지 아니할 경우 그와 법률상 양립할 수 없는 관계에 있는 예비적 피고에 대한 청구를 받아들여 달라는 취지로 주위적 피고에 대한 주위적 · 예비적 청구와 예비적 피고에 대한 청구를 결합하여 소를 제기하는 것도 가능하고, 처음에는 주위적 피고에 대한 주위적 · 예비적 청구만을 하였다가 청구 중 주위적 청구 부분이 받아들여지지 아니할 경우 그와 법률상 양립할 수 없는 관계에 있는 예비적 피고에 대한 청구를 받아들여 달라는 취지로 예비적 피고에 대한 청구를 결합하기 위하여 예비적 피고를 추가하는 것도 가능하다. 이 경우 주위적 피고에 대한 예비적 청구와 예비적 피고에 대한 청구가 서로 법률상 양립할 수 있는 관계에 있으면 양 청구를 병합하여 통상의 공동소송으로 보아 심리 · 판단할 수 있다(대법원 2015. 6. 11. 선고 2014다232913 판결 등).

3. 표현대리와 민법 제135조에 따른 무권대리인의 책임

민법 제135조에 따라 무권대리인의 책임(계약의 이행 또는 이행이익의 손해배상책임) 발생요건과 관련하여 학설상 대립이 있다. 무권대리인의 대리행위가 있을 것, 무권대리인이 대리권을 증명할 수 없을 것, 본인의 추인이 없을 것 이외에, '표현대리가 인정되지 않을 것'을 요건으로 포함시키는 견해(보충적 책임설)와 포함시키지 않는 견해(선택적 책임설)가 있다. 보충적 책임설에 따르면 상대방의 본인에 대한 표현대리에 기초한 계약상 이행청구와 무권대리인에

대한 청구는 법률상 서로 양립할 수 없는 관계에 있게 된다. [4)]

4. 사안의 해결

사안에서 丙의 甲에 대한 주위적 청구, 즉 유권대리에 의한 매매계약의 성립에 기초한 청구와 乙에 대한 청구, 즉 무권대리인에 대한 손해배상청구는 법률상 양립할 수 없는 청구이고, 丙의 甲에 대한 예비적 청구, 즉 표현대리에 의한 매매계약의 성립에 기초한 청구와 乙에 대한 손해배상청구의 법률상 양립 여부는 학설에 따라 달리 평가할 수 있다.

① 丙의 乙에 대한 피고추가신청은 적법하므로 민소법 제70조 제1항, 제68조 제1항에 의하여 인용되어야 한다.

② 법원은 乙이 무권대리인이지만 甲에게 표현대리의 책임이 있다는 심증을 형성하였는바, 우선 丙의 주위적 피고 甲에 대한 주위적 청구는 乙의 대리권이 인정되지 않으므로 기각하여야 한다.

다음으로 예비적 피고 乙에 대한 손해배상청구의 요건과 관련하여 보충적 책임설에 따르면, 이는 주위적 피고 甲에 대한 예비적 청구와 예비적 공동소송관계에 있다. 주위적 피고 甲에 대한 예비적 청구인 표현대리에 기초한 계약상 책임이 인정되므로 이를 인용하고, 예비적 피고 乙에 대한 손해배상청구는 기각하여야 한다. [5)]

---

4) 한편, 상대방의 본인에 대한 표현대리를 이유로 한 청구권과 무권대리인에 대한 청구권의 관계에 관하여 병존할 수 있다는 견해(다만, 부진정연대채권과 마찬가지로 하나가 만족이 되면 그 범위에서 다른 것도 소멸한다)와 택일적 관계에 있다는 견해가 있다. 일본 최고재 1987. 7. 7. 판결은 표현대리의 성립이 인정되어 대리행위의 효과가 본인에게 미치는 것이 재판상 확정된 경우에는 무권대리인의 책임을 인정할 여지가 없다는 입장에서 판단을 하였는데, 그때에는 유권대리이었던 경우와 동일한 법률효과가 발생한다는 것을 근거로 한다.

5) 한편, 주위적 피고 甲에 대한 예비적 청구에 기초하여 표현대리에 의한 법률효과가 甲에게 미친다는 판결이 확정되기 전까지 그 청구와 예비적 피고 乙에 대한 손해배상청구가 병존할 수 있다는 입장에 따르면, 주위적 피고 甲에 대한 예비적 청구와 예비적 피고 乙에 대한 손해배상청구는 통상공동소송관계에 있는바, 주위적 피고 甲에 대한 예비적 청구는 표현대리에 기초한 계약상 책임이 인정되므로 인용하여야 하고, 예비적 피고 乙에 대한 청구 역시 (乙이 대리권을 증명하지 못하였을 뿐만 아니라, 甲의 추인을 받지 못하였고, 丙이 乙에게 대리권이 있다고 믿은 데에 정당한 사유가 인정되는 터이어서 乙에게 대리권이 없다는 사실을 알았다거나 알 수 있었다고 할 수도 없으므로) 인용하여야 한다.

사례연습 10

소송참가

(1) 다음의 경우 소송참가를 한다면 어떤 참가를 할 수 있는가?
〈 복수의 참가가 가능하다면 당사자참가(당사자참가 중에서는 독립당사자참가, 독립당사자참가 중에서는 권리주장참가)를 우선하고, 통상의 보조참가와 공동소송적 보조참가를 구분할 것 〉

① 증권관련집단소송의 제외신고를 하지 않은 구성원이면서 대표당사자가 아닌 사람이 자신의 권리보호를 위해 위 소송에 참가한다.

1. 사안의 해결

증권관련집단소송에서는 대표당사자만이 당사자적격을 갖고, 대표당사자가 아니면서 제외신고를 하지 않은 당사자는 판결의 효력이 미치기는 하지만 당사자적격이 없다. 증권관련집단소송의 구성원이 자신의 권리보호를 위해 소송에 참가하는 경우에는 민소법 제78조에서 규정하고 있는 공동소송적 보조참가에 해당한다.

② 소비자단체소송의 원고적격이 있는 단체가, 이미 계속 중인 다른 단체가 제기한 소비자단체소송에 참가한다.

1. 사안의 해결

소비자단체소송에서 원고의 청구를 기각하는 판결이 확정된 경우에 대세적 효력이 있다(소비자기본법 제70조). 원고적격이 있는 단체는 이미 계속 중인 다른 단체가 제기한 소비자단체소송에 민소법 제83조에 따른 공동소송인으로 참가할 수 있다(소비자단체소송규칙 제13조).

③ 자기앞수표를 분실하여 공시최고(제권판결)를 신청한 사람이, 위 수표의 소지인과 발행은행 사이의 수표금청구소송에서 은행측에 참가한다.

1. 사안의 해결

공시최고질차는 분실된 유가증권(수표)를 무효로 하고 공시최고신청인에게 유가증권(수표)의 소지인과 동일한 지위를 회복시키는 절차로서, 제권판결에 앞서 권리신고가 있는 때에는 법원은 그 권리에 대한 재판이 확정될 때까지 공시최고절차를 중지하거나, 신고한 권리를 유보하고 제권판결을 하여야 한다(민소법 제485조).

공시최고 신청인은 수표소지인과 발행은행 사이의 수표금청구소송에서 수표소지인의 선의취득이 인정되는 경우에 제권판결을 받을 수 없기 때문에 위 소송의 결과에 법률상 이해관계가 있으므로 피고인 발행은행을 돕기 위하여 위 소송에 보조참가할 수 있다. 공시최고 신청인은 위 수표금청구소송의 결과, 즉 판결의 기판력을 받지는 않으므로 그의 참가는 민소법 제71조의 통상의 보조참가이다.

④ 甲이 乙을 상대로 X토지에 관하여 2023. 1. 1. 매매를 원인으로 한 소유권이전등기 절차이행을 구하는 소를 제기했는데, 丙이 위 2023. 1. 1. 매매의 매수인은 甲이 아니라 자신이라고 주장하며 甲, 乙을 상대로 참가한다.

1. 사안의 해결

토지의 이중매매가 아니라, 동일한 매매에서 매수인이 누구인지에 다툼이 있어서 원고가 매매의 당사자가 자신이라고 주장하면서 원고와 피고를 상대로 참가를 하는 때에는, 민소법 제79조에서 규정하고 있는 '소송목적의 전부나 일부가 자기의 권리라고 주장하여 당사자의 양쪽을 상대방으로 하여 당사자로서 소송에 참가'하는 경우로서 독립당사자참가이다.

⑤ 채권자대위소송에 채무자가 채권자의 승소를 위하여 참가한다.

1. 사안의 해결

채무자는 채권자대위소송이 제기된 사실을 안 경우에는 그 판결의 효력을 받기 때문에 채무자가 채권자의 승소를 위하여 채권자대위소송에 참가하는 경우, 이는 공동소송적 보조참가에 해당한다.

⑥ 주주의 대표소송에 회사가 상법 제404조의 규정에 의하여 원고 측에 참가한다.

1. 사안의 해결

주주의 대표소송에 있어서 원고 주주가 원고로서 제대로 소송수행을 하지 못하거나 혹은 상대방이 된 이사와 결탁함으로써 회사의 권리보호에 미흡하여 회사의 이익이 침해될 염려가 있는 경우, 그 판결의 효력을 받는 권리귀속주체인 회사가 이를 막거나 자신의 권리를 보호하기 위하여 소송수행권한을 가진 정당한 당사자로서 그 소송에 참가할 필요가 있으며, 회사가 대표소송에 당사자로서 참가하면 소송경제가 도모될 뿐만 아니라 판결의 모순 · 저촉을 유발할 가능성도 없다는 사정과 상법 제404조 제1항에서 특별히 참가에 관한 규정을 두어 주주대표소송의 특성을 살려 회사의 권익을 보호하려고 한 입법취지를 함께 고려할 때, 상법 제404조 제1항에서 규정하고 있는 회사의 참가는 공동소송참가를 의미하는 것으로 해석함이 타당하고, 나아가 이러한 해석이 중복제소를 금지하고 있는 민소법 제234조에 반하는 것도 아니다(대법원 2002. 3. 15. 선고 2000다9086 판결). 따라서 주주의 대표소송에 있어 회사는 상법 제404조의 규정에 따라 원고 측에 공동소송참가를 할 수 있다.

⑦ 대여금채권의 집행보전을 위한 가압류가 되어 있는 부동산의 소유권을 취득한 사람이, 위 가압류채권자가 전 소유자를 상대로 제기한 대여금반환청구소송에 위 대여금채권은 가장채권으로서 존재하지 않는데도 원 · 피고가 통모하여 현재의 소유자를 해하려 한다는 이유로 참가한다.

1. 사안의 해결

민소법 제79조가 규정한 사해방지참가는 원 · 피고가 당해 소송을 통하여 참가인을 해할 의사, 즉 사해의사를 갖고 있다고 객관적으로 인정되고, 그 소송의 결과에 따라 참가인의 권리 또는 법률상 지위가 침해될 염려가 있다고 인정되는 경우에 적법하다.

가압류채권자가 가장채권에 기초하여 대여금청구의 소를 제기하여 승소판결을 받아 그 판결을 집행권원으로 하여 강제경매절차를 진행한다면, 가압류 이후의 부동산취득자로서는 강제경매절차의 매수인에게 대항하지 못하여 권리를 잃게 되므로 위 대여금청구소송의 결과에 따라 권리 또는 법률상 지위가 침해될 염려가 있는 경우에 해당된다.

따라서 가압류 이후의 부동산취득자인 현 소유자가 원 · 피고의 소송의 결과에 따라 권리가 침해된다는 이유로 참가하는 것은 민소법 제79조의 독립당사자참가 중 사해방지참가에 해당된다.

⑧ A주식회사(이하 'A회사'라 함)의 주주 甲이 A회사를 상대로 제기한 주주총회결의무효확인의 소에 A회사의 다른 주주 乙이 위 결의가 무효라고 주장하면서 참가한다.

1. 사안의 해결

주총결의무효확인소송의 판결은 제3자에 대하여도 효력이 있다(상법 제380조, 제190조).

A회사의 주주 甲이 A회사를 상대로 제기한 주총결의무효확인소송의 판결은 다른 주주 乙에게도 효력이 있는바, 乙이 그 결의가 무효라고 주장하면서 참가를 하는 것은 민소법 제83조에 규정된 바와 같이 소송목적이 한 쪽 당사자와 제3자에게 합일적으로 확정되어야 할 경우이므로 공동소송참가에 해당된다.

(2) A회사는 B회사에게 의류제품의 세정과 염색을 의뢰하여 세정과 염색한 의류제품을 판매하였는데, 판매된 의류제품이 햇볕에 노출되면 변색되는 일이 발생하여 소매점들로부터 반품되자 A회사가 B회사를 상대로 이로 인한 손해의 배상을 청구하는 소를 제기하였다. 원인을 조사한 B회사는 그 원인이 염료에 있는 것으로 결론을 짓고 그 염료를 제조하여 납품한 C회사에게 소송고지를 하여 C회사가 B회사를 위하여 보조참가하였다.

① C회사의 보조참가는 적법한가?

1. 보조참가의 의의

민소법 제71조는 "소송결과에 이해관계가 있는 제3자는 한쪽 당사자의 승소를 돕기 위하여 계속 중인 소송에 참가할 수 있다."고 규정하고 있다. 소송사건에 당사자의 일방을 보조하기 위하여 보조참가를 하려면, '당해 소송의 결과에 대하여 이해관계'가 있어야 하는바, 여기서 말하는 이해관계는 사실상·경제상 또는 감정상의 이해관계가 아니라 법률상의 이해관계를 의미하며, '법률상의 이해관계'라 함은 당해 소송의 판결의 기판력이나 집행력을 당연히 받는 경우 또는 당해 소송의 판결의 효력이 직접 미치지는 않는다고 하더라도, 적어도 그 판결을 전제로 하여 보조참가를 하려는 사람의 법률상의 지위가 결정되는 관계에 있는 경우를 말한다.

2. 사안의 해결

사안에서 A회사가 B회사를 상대로 제기한 손해배상소송에서 C회사가 B회사에 납품한 염료로 인하여 B회사가 A회사에 가공하여 납품한 의류에 하자가 발생한 것으로 인정된다면, B회사는 C회사를 상대로 다시 손해배상청구의 소를 제기할 수 있기 때문에 C회사는 A회사와 B회사 사이의 소송결과에 법률상 이해관계가 있다고 할 수 있으므로 C회사의 보조참가는 적법하다.

② 위 소송의 변론에서 B회사는 염료 때문에 변색되었다는 A회사의 주장을 시인하였으나 C회사는 염료 때문이 아니라 자신과 관계없는 세정제 때문이라고 주장하였다. C회사의 위 주장은 어떤 효과가 있는가?

1. 보조참가인이 할 수 없는 소송행위

보조참가인은 소송에 관하여 공격·방어·이의·상소, 그 밖의 모든 소송행위를 할 수 있으나, 보조참가인의 소송행위가 피참가인의 소송행위에 어긋나는 경우에는 그 참가인의 소송행위는 효력을 가지지 않는다(민소법 제76조). 참가인의 소송행위가 피참가인의 소송행위에 어긋나는 경우는 참가인의 소송행위가 피참가인의 행위와 명백히 적극적으로 배치되는 경우를 의미하는 것으로서, 피참가인이 자백한 사실을 참가인이 다툰다거나 피참가인이 상소권을 포기한 뒤 참가인이 상소를 제기하는 경우가 이에 해당된다.

2. 사안의 해결

사안에서 B회사가 염료 때문에 의류제품이 변색이 되었다는 A회사의 주장에 대하여 자백을 한 경우에, C회사가 B회사의 자백과 달리 염료 때문에 변색이 된 것이 아니라고 다투는 것은 피참가인 B회사의 소송행위에 어긋나는 것으로서 효력이 없다. 다만, 이 경우는 민소법 제77조 제1호의 '참가인의 행위가 피참가인의 행위에 어긋나게 되어 효력을 가지지 아니하는 때'에 해당하므로 이후 B회사와 C회사 사이의 소송이 있는 경우 참가인 C회사는 참가적 효력을 면한다.

③ 위 소송에서 B회사가 패소했으나 B회사는 항소하지 않았다. C회사가 항소할 수 있는가? 항소기간은 언제부터 기산되는가?

1. 보조참가인의 항소 및 항소기간의 기산점

참가인은 소송에 관하여 공격 · 방어 · 이의 · 상소, 그 밖의 모든 소송행위를 할 수 있으나, 참가할 때의 소송의 진행정도에 따라 피참가인이 할 수 없는 소송행위는 할 수 없고, 참가인의 소송행위가 피참가인의 소송행위에 어긋나는 경우에 참가인의 소송행위는 효력을 가지지 않는다(민소법 제76조). '참가인의 소송행위가 피참가인의 소송행위에 어긋나는 경우'는 참가인의 소송행위가 피참가인의 행위와 명백히 적극적으로 배치되는 경우를 의미하는 것으로서, 참가인의 행위가 피참가인의 행위와 소극적으로 불일치하는 경우에는 피참가인의 행위에 어긋나는 행위로 보지 않는다.

2. 사안의 해결

사안에서 패소한 B회사가 항소를 하지 않고 있는 경우에 참가인 C회사가 항소할 수 있고 이는 피참가인의 행위에 어긋나는 행위에 해당되지 않는다. 참가인의 항소기간은 피참가인의 항소기간과 동일하므로 B회사가 판결정본을 송달받은 때로부터 계산된다.

④ C회사가 적법하게 제기한 항소를 B회사가 C회사의 동의 없이 취하할 수 있는가?

1. 보조참가인이 할 수 없는 소송행위

피참가인의 소송행위에 어긋나는 참가인의 소송행위는 효력이 없다(민소법 제76조 제2항). 피참가인이 먼저 한 소송행위와 어긋나는 참가인의 소송행위가 효력이 없는 것은 물론, 참가인의 소송행위가 피참가인이 뒤에 한 소송행위와 어긋나는 경우에도 효력이 없다. 참가인이 제기한 상소에 대하여 피참가인은 참가인의 동의 없이 상소를 포기, 취하할 수 있다(대법원 2010. 10. 14. 선고 2010다38168 판결).

2. 사안의 해결

사안에서 C회사가 적법하게 제기한 항소를 B회사가 C회사의 동의 없이 취하할 수 있다. 다만, 이 경우는 피참가인이 참가인의 행위를 방해한 때에 해당하여(민소법 제77조 제2호) 참가인 C회사는 참가적 효력을 면한다.

(3) 甲은 2012. 5. 6. 乙이 운전하는 영업용택시를 타고 귀가하던 중 자신이 탄 택시와 丙이 운전하던 승용차가 교차로에서 충돌하는 교통사고를 당하여 안면부 열상과 뇌진탕 등의 상

해를 입었다. 수사결과 丙이 교통신호를 위반한 과실이 인정되어 丙에게 벌금 300만 원의 약식명령이 내려지자, 甲은 2013. 2. 5. 丙을 상대로 이미 지출된 치료비 3,000만 원 상당의 손해배상을 청구하는 소를 제기하였다. 소송의 진행 중 丙이 위 약식명령에 불복하여 정식재판을 청구한 결과 '丙이 교통신호를 위반한 사실을 인정할 증거가 부족하다'는 취지에서 2013. 10. 5. 무죄판결을 선고받아 그 판결이 같은 달 13. 확정되었다. 乙은 추후 예상되는 소송에서 자신의 손해배상책임을 면하기 위하여 전소에서 甲의 승소를 돕기 위한 보조참가를 할 수 있는가? (2015년 8월 변시 모의시험)

1. 보조참가의 요건

보조참가는 다른 사람 사이의 소송계속 중 소송결과에 이해관계가 있는 제3자가 한쪽 당사자의 승소를 돕기 위하여 그 소송에 참가하는 것이다(민소법 제71조). 이때 '이해관계'는 참가인의 법적 지위가 판결주문에서 판단되는 소송물인 권리관계의 존부에 직접적으로 영향을 받는 관계를 말하며, 사실상·경제상 또는 감정상의 이해관계가 아니라 법률상의 이해관계가 있어야 한다는 것이 판례의 입장이다(대법원 1999. 7. 9. 선고 99다12796 판결 등).

2. 공동불법행위자의 재판에 대한 이해관계

불법행위로 인한 손해배상책임을 지는 자는 피해자가 다른 공동불법행위자들을 상대로 제기한 손해배상 청구소송의 결과에 대하여 법률상의 이해관계를 가지므로 위 소송에 원고를 위하여 보조참가를 할 수가 있다(대법원 1999. 7. 9. 선고 99다12796 판결).

3. 사안의 해결

사안에서 피해자 甲이 丙을 상대로 치료비 3,000만 원 상당의 손해배상을 청구하는 소송에서 甲이 패소할 경우, 공동불법행위자인 乙의 책임비율이 달라질 가능성이 있어서 乙은 위 소송의 결과에 대하여 법률상 이해관계가 있으므로 원고 甲을 위한 보조참가를 할 수 있다.

(4) 甲이 乙에 대하여 1억 원의 보증채무이행을 구하는 소를 제기하였다. 이 소송이 진행되는 도중에 주채무자인 丙은 乙측에 보조참가하였다. 이 보조참가신청이 받아들여진 후 丙은 자신의 주채무가 존재하지 않는다고 주장하였지만, 乙은 주채무와 보증채무를 모두 인정하였다. 법원은 乙의 진술을 받아들여 甲의 청구를 인용하였고 이 판결은 확정되었다.

① 위 판결에 따라 1억 원을 甲에게 지급한 乙이 丙에 대하여 구상금의 지급을 구하는 소를 제기한 경우, 이 소송에서 丙은 주채무가 존재하지 않는다고 다툴 수 있는가?

1. 쟁점

피참가인에 대한 재판이 참가인에게 어떤 효과가 있는지가 문제가 된다.

2. 참가적 효력

피참가인의 재판은 참가인에 대하여도 효력을 갖는데(민소법 제77조), 이를 참가적 효력이라고 한다. 참가적 효력은 피참가인이 패소하고 난 뒤에 피참가인과 참가인이 소송을 하는 경우 피참가인에 대한 관계에서 참가인이 이전 소송의 판결내용이 부당하다고 주장할 수 없는 구속력을 말한다. 다만, 참가인은 그의 소송행위가 피참가인의 행위와 어긋나게 되어 효력을 잃은 경우에는 참가적 효력을 면한다(민소법 제77조 제1호).

3. 사안의 해결

사안에서 丙은 甲과 乙 사이의 소송에 참가하여 주채무에 관하여 다투었으나, 피참가인 乙이 이와 어긋나게 주채무를 인정함으로써 그의 소송행위가 효력을 잃게 되어 결국 패소하게 되었다. 따라서 丙은 참가적 효력을 면하므로 乙에 대하여 주채무가 존재하지 않는다고 다툴 수 있다.

② 乙이 위 판결 후에 1억 원을 甲에게 지급하지 않아 甲이 丙에 대하여 주채무의 지급을 구하는 소를 제기한 경우, 이 소송에서 丙은 주채무가 존재하지 않는다고 다툴 수 있는가?

1. 참가적 효력의 주관적 범위

보조참가인이 피참가인을 보조하여 공동으로 소송을 수행하였으나 피참가인이 그 소송에서 패소한 경우, 형평의 원칙상 보조참가인이 피참가인에게 그 패소판결이 부당하다고 주장할 수 없도록 구속력을 미치게 하는, 이른바 참가적 효력이 있을 뿐, 피참가인과 그 소송상대방 사이의 판결의 기판력은 참가인에게 미치지 아니한다(대법원 1988. 12. 13. 선고 86다카 2289 판결). 참가적 효력은 참가인과 피참가인 사이에만 미치고 피참가인의 상대방과 참가인 사이에는 미치지 않는다.

2. 사안의 해결

사안에서 丙은 피참가인의 상대방인 甲에 대하여 참가 여부와 상관없이 주채무가 존재하지 않는다고 다툴 수 있다.

(5) 甲은 2016. 10. 5. "乙이 甲으로부터 2015. 10. 1. 1,000만 원을 변제기한은 같은 달 31.로 정하여 차용하고(이하 '제1 차용'이라고 함), 2016. 7. 1. 2,000만 원을 변제기한은 같은 달 31.로 정하여 차용하였으며(이하 '제2 차용'이라고 함), 丙은 乙의 甲에 대한 제1, 2 차용금반환채무에 대한 보증(이하 제1 차용금반환채무에 대한 보증을 '제1 보증', 제2 차용금반환채무에 대한 보증을 '제2 보증'이라고 함)을 하였다."라고 주장하면서, 丙을 상대로 합계 3,000만 원의 보증채무 이행을 청구하는 소를 제기하였다. 제1심 소송계속 중 乙은 丙을 피참가인으로 하는 민소법 제71조의 보조참가를 하였다(보조참가의 요건은 갖추어진 것으로 봄). 〈아래의 각 설문은 관련이 없음〉(2017년 6월 변시 모의시험)

① 제1심 소송의 변론기일에 丙은 제1, 2 차용사실과 제1 보증사실은 인정한다고 진술하였지만 제2 보증 사실의 진위에 대하여는 아무런 언급을 하지 않았고 "乙이 甲에게 제1 차용금을 반환하였다."라고 진술하였다. 이에 甲은 "乙이 甲에게 제1차용금을 반환한 사실이 없다."고 진술하였다. 한편 乙은 "제1 차용사실과 제2 보증사실을 부인한다."고 진술하였다. 증거조사결과, 제1심 법원은 제1, 2 차용사실과 제1 보증사실, 그리고 乙의 제1 차용금 반환 사실의 진위 여부에 대하여는 확신을 갖지 못했지만, 제2 보증사실이 허위라는 점에 대하여는 확신을 가졌다. 제1심 법원은 어떠한 판결을 선고해야 하는가?
(법원의 석명의무는 고려하지 말 것)

1. 쟁점

사안에서 甲의 연대보증인 丙에 대한 보증금청구소송에 주채무자 乙이 보조참가를 하여 피참가인 丙의 소송행위와 명시적으로 어긋나게 제1 차용사실을 부인하였고, 丙이 다투지 않았던 제2 보증사실을 부인하였다. 乙과 丙의 각 소송행위가 소송절차에서 법률적 효과가 있는지와 관련하여 보조참가인으로서 乙의 법률상 지위가 검토되어야 한다.

2. 보조참가의 형태

제3자가 한쪽 당사자를 돕기 위하여 계속 중인 소에 참가를 하는 보조참가는 통상의 보조참가(민소법 제71조)와 공동소송적 보조참가(민소법 제78조)가 있다. 공동소송적 보조참가는 재판의 효력이 참가인에게도 미치는 경우로서 필수적 공동소송의 심리에 관한 민소법 제67조 및 제69조 준용되어 참가인 및 피참가인의 각 소송행위는 모두의 이익을 위해서만 효력을 가진다. 반면, 통상의 보조참가는 소송결과에 이해관계를 가지는 제3자가 참가를 하는 경우로서 보조참가인은 피참가인의 승소를 위하여 필요한 소송행위를 할 수 있을 뿐이다.

3. 통상의 보조참가에서 참가인이 할 수 있는 소송행위와 할 수 없는 소송행위

보조참가인은 소송에 관하여 공격·방어·이의·상소, 그 밖의 모든 소송행위를 할 수 있으나, 참가 당시의 소송의 진행정도에 따라 할 수 없는 소송행위와 피참가인의 소송행위에 어긋나는 소송행위는 효력이 없다(민소법 제76조). '참가인의 소송행위가 피참가인의 소송행위에 어긋나는 경우'는 참가인의 소송행위가 피참가인의 행위에 명백히 적극적으로 배치되는 경우를 의미하는 것으로서, 피참가인이 자백한 사실을 참가인이 다투는 경우(대법원 1981. 6. 23. 선고 80다1761 판결 등), 보조참가인이 한 항소를 피참가인이 취하하는 경우 등이 이에 해당되고, 이 경우 피참가인의 소송행위가 효력을 가진다. 반면, 피참가인이 명시적으로 다투지 않은 사실에 대하여 참가인이 다투는 경우는 이에 해당되지 않는다(대법원 2007. 11. 29. 선고 2007다53310 판결).

4. 사안의 해결

사안에서 甲의 연대보증인 丙에 대한 보증금청구소송의 결과인 판결의 효력이 주채무자 乙에게 미치지는 않으므로 乙의 보조참가는 통상적 보조참가이고, 참가인 乙은 피참가인 丙의 소송행위에 명백히 적극적으로 어긋나는 소송행위를 할 수 없다. 따라서 乙의 소송행위 중 피참가인 丙의 소송행위와 어긋나는 소송행위, 즉 제1 차용사실을 부인한 것은 효력이 없으나, 丙이 다투지 않았던 제2 보증사실을 부인한 소송행위는 효력이 있다. 甲의 연대보증인 丙에 대한 보증금청구소송에서 제1, 2차용사실과 제1, 2보증사실은 권리발생사실로서 甲에게 증명책임이 있는데, 丙이 제1, 2 차용사실과 제1보증사실을 인정함으로써 이에 대하여는 재판상 자백이 성립하였다.

법원으로서는 제1차용사실 및 제1보증사실에 관한 丙의 재판상 자백에 구속되므로 丙에 대하여 1,000만 원의 지급을 명하는 판결을 하여야 한다. 한편, 제2차용사실에 관하여는 제2보증사실이 증명되지 않았으므로 법원으로서는 이 부분에 관한 甲의 청구를 기각하여야 한다. 결과적으로 법원의 甲의 3,000만 원의 보증금청구소송 중 1,000만 원은 인용하고, 나머지 청구는 기각하여야 한다.

② 乙은 위 보조참가를 한 후 변호사 丁에게 乙을 위하여 제1심 소송수행을 할 수 있는 소송대리권을 수여하고(상소에 관한 특별수권은 하지 않았다) 사망하였다. 그 후 제1심 법원은 변론을 종결하고 甲의 청구를 일부 인용하는 판결을 선고하였다. 판결정본은 2017. 1. 2. 甲, 丙, 丁에게 송달되었다. 丙은 2017. 1. 31. 현재 항소를 할 수 있는가?

1. 쟁점

보조참가인이 사망한 경우에 소송절차가 중단되는지 여부가 문제가 된다.

2. 보조참가인 소송상 지위와 보조참가인의 사망에 따른 소송절차의 중단 여부

보조참가인은 피참가인인 당사자의 승소를 위한 보조자일 뿐 자신이 당사자는 아니다. 따라서 소송계속 중에 보조참가인이 사망하더라도 본소의 소송절차는 중단되지 않는다(대법원 1995. 8. 25. 선고 94다27373 판결).

3. 사안의 해결

사안에서 보조참가인 乙이 소송계속 중 사망한다고 하더라도 소송대리인이 있는지 여부와 상관없이 소송절차는 중단되지 않는다. 따라서 보조참가인 乙의 소송대리인 丁에게 상소제기의 특별수권이 없다고 하더라도 丁에게 판결이 송달된 이후에도 소송은 중단되지 않는다. 제1심 소송에서 패소한 丙과 보조참가인 乙의 소송대리인이 2017. 1. 2. 판결정본을 송달받은 후 항소기간 내에 항소를 제기하지 않음으로써 제1심판결은 확정되었다. 따라서 丙은 항소기간이 만료된 후인 2017. 1. 21. 항소를 제기할 수 없다.

(6) 甲은 자신의 소유인 A토지에 관하여 乙과 대금 2억 원으로 한 매매계약서를 작성하고서 乙 앞으로 소유권이전등기를 마쳐주었는데, 위 매매계약서에는 '丙이 매매대금 2억 원의 채무를 연대보증한다'는 내용이 기재되어 있고, 甲, 乙, 丙 세 사람이 이에 서명, 날인을 하였다. 그런데 甲이 丙을 상대로 매매대금에 관한 연대보증채무의 이행을 구하는 소송(전소)을 제기하면서 위 매매계약서를 증거로 제출하였다. (2018년 8월 변시 모의시험)

① 乙은 甲에 대한 매매대금채무가 없다는 사실을 주장, 증명하기 위하여 전소에 어떤

형식으로 참가할 수 있는가?

1. 쟁점

사안에서 甲의 丙(매매대금의 연대보증인)에 대한 소송에서의 판결의 효력이 乙(주채무자)에 대하여 바로 미치지는 않고, 甲의 丙에 대한 소송의 목적이 乙에 대하여도 합일적으로 확정되어야 할 경우에 해당되지는 않는다. 甲의 丙에 대한 소송에서 丙이 패소할 경우 丙은 乙에 대하여 구상권을 행사할 수 있게 되는 법률상 이해관계가 있는바, 이러한 경우 참가의 형태에 관하여 각 참가의 요건과 관련하여 검토하여야 한다.

2. 보조참가의 의의 및 요건

민소법 제71조는 "소송결과에 이해관계가 있는 제3자는 한쪽 당사자의 승소를 돕기 위하여 계속 중인 소송에 참가할 수 있다."고 규정하고 있다. 소송사건에 당사자의 일방을 보조하기 위하여 보조참가를 하려면, '당해 소송의 결과에 대하여 이해관계'가 있어야 하는바, 여기서 말하는 이해관계는 사실상, 경제상 또는 감정상의 이해관계가 아니라 법률상의 이해관계를 의미하며, '법률상의 이해관계'라 함은 당해 소송의 판결의 기판력이나, 집행력을 당연히 받는 경우 또는 당해 소송의 판결의 효력이 직접 미치지는 않는다고 하더라도, 적어도 그 판결을 전제로 하여 보조참가를 하려는 사람의 법률상의 지위가 결정되는 관계에 있는 경우를 말한다.

3. 사안의 해결

사안에서 채권자 甲이 丙을 상대로 보증채무의 이행을 구하는 소를 제기하여 그 소송이 계속 중인바, 丙이 패소 확정판결을 받는다면 乙은 민법 제441조 또는 제442조에 의하여 丙에 대하여 구상책임을 지게 될 것이므로 乙은 위 소송에 법률상 이해관계를 가지고 있고 (대법원 1991. 4. 23. 선고 90다19657 판결), 따라서 보조참가 할 수 있다.

추가된 사실

전소에서 乙이 적법한 형식으로 소송참가를 하여 위 매매계약이 가장매매라고 주장하였는데도 법원은 청구인용 판결을 선고하였고 그 판결이 확정되었다. 〈 아래의 각 설문은 관련이 없음 〉

② 丙이 위 판결에 따라 甲에게 매매대금 상당의 보증금을 지급한 뒤 주채무자인 乙을 상대로 구상금청구소송(후소)을 제기하자 그 소송에서 乙은 위 매매계약이 가장매매이므로 구상금을 지급할 수 없다고 주장하였다. 후소 법원은 심리결과 乙의 주장에 신빙성이 있다는 심증을 얻었다면 어떤 판결을 선고하여야 하는가?

1. 참가적 효력

피참가인의 재판은 참가인에 대하여도 효력을 갖는데(민소법 제77조), 이를 참가적 효력이라고 한다. 참가적 효력은 피참가인이 패소하고 난 뒤에 피참가인과 참가인이 소송을 하는 경우 피참가인에 대한 관계에서 참가인이 이전 소송의 판결내용이 부당하다고 주장할 수 없는 구속력을 말한다. 참가적 효력은 보조참가인과 피참가인 사이에서만 적용되고, 피참가인 아닌 당사자와의 사이에서는 적용되지 않으며, 판결주문에서 판단된 사항뿐만 아니라 판결이유에서 판단된 사항에 대하여서도 발생한다.

2. 사안의 해결

전소에서 乙은 보조참가를 하여 매매계약이 가장매매라고 주장하였는데도 피참가인 丙이 패소하였으므로 甲, 乙 사이의 매매계약이 유효하여 乙의 甲에 대한 매매대금채무가 존재한다는 점과 丙의 연대보증계약이 유효하여 丙의 甲에 대한 보증채무가 존재한다는 점에 관하여는 참가적 효력이 발생하였다. 후소에서 乙이 위 참가적 효력에 반하는 주장을 하였을 때, 丙이 참가적 효력이 발생한 사실을 주장·증명한다면 후소 법원은 증거조사 결과 乙의 주장에 신빙성이 있다는 심증을 얻었더라도 참가적 효력이 미친다는 점을 근거로 乙의 주장을 배척하고 丙의 구상금청구를 인용하는 판결을 선고하여야 한다. 그러나 丙이 참가적 효력이 발생한 사실을 주장·증명하지 않는다면 법원은 증거조사 결과 얻은 심증에 따라 판단할 수 있다.

③ 丙이 위 판결 확정 후에도 보증금을 지급하지 않자, 甲은 乙을 상대로 매매대금청구의 소(후소)를 제기하였는데, 그 소송에서 乙은 위 매매계약이 가장매매라고 주장하면서 이 사실을 증명할 수 있는 확인서를 증거로 제출하였고, 이에 대하여 甲은 전소 판결의 확정사실, 전소에서 乙이 적법하게 참가한 사실을 주장·증명하였다. 후소 법원은 심리결과 乙의 주장에 신빙성이 있다는 심증을 얻었다면 어떠한 판결을 선고하여야 하는가?

1. 쟁점

사안에서 매매대금의 연대보증인 丙에 대한 전소에서의 확정판결의 효력이 후소의 당사자인 주채무자인 乙에게 미치는지, 乙이 전소에 참가한 효력이 후소에도 미치는지, 그밖에 전소 판결의 효력이 후소의 사실인정에 영향을 미칠 수 있는지가 문제로 된다.

2. 기판력

확정판결의 기판력은 당사자가 동일하거나 동일시할 수 있는 관계에서 판결의 주문에 대하여 변론종결시를 기준으로 발생하는바, 소송물이 동일하거나, 선결관계 또는 모순관계일 때 작용한다. 따라서 전소의 사실심 변론종결시 이전에 존재하고 객관적으로 제출할 수 있었으나 제출하지 않은 주장이나 항변은 차단되어 다시 주장할 수 없다.

3. 참가적 효력

피참가인의 재판은 참가인에 대하여도 효력을 갖는데(민소법 제77조), 이를 참가적 효력이라고 한다. 참가적 효력은 피참가인이 패소하고 난 뒤에 피참가인과 참가인이 소송을 하는 경우 피참가인에 대한 관계에서 참가인이 이전 소송의 판결내용이 부당하다고 주장할 수 없는 구속력을 말한다. 참가적 효력은 보조참가인과 피참가인 사이에서만 적용되고, 피참가인 아닌 당사자와의 사이에서는 적용되지 않으며, 판결주문에서 판단된 사항뿐만 아니라 판결이유에서 판단된 사항에 대하여서도 발생한다.

4. 사안의 해결

사안에서 전소와 후소는 그 소송물 및 당사자가 상이하고, 전소에서 확정된 법률관계가 후소 청구와 모순관계에 있거나 후소에서 선결관계로 되지 않으므로 전소 판결의 기판력은 후소에 미치지 않는다. 전소에서 甲은 피참가인이 아니었으므로 전소 판결의 참가적 효력은 후소에서 甲에게 미치지 않는다. 따라서 후소 법원은 기판력, 참가적 효력에 의하여 구속받지 않고 변론과 증거조사에 의한 심증에 따라 판단하면 될 것인데, 후소에서 매매계약이 무효라는 점은 항변사유에 해당하므로 乙에게 그 주장·증명책임이 있다.

전소 판결문도 후소에서 증거로 될 수 있고, 그 판결이유에서 甲, 乙 사이 매매계약이 유효한 것으로 판단한 것은 유력한 증명력을 가지지만, 후소 법원이 증거조사 결과 매매계약이 무효라는 심증을 얻었다면 법원은 乙의 항변을 받아들여 甲의 청구를 기각할 수 있다.

(7) 甲은 2013. 1. 1. A주식회사(이하 'A회사'라 함)에게 1억 원을 이자는 월 1%, 변제기는 2013. 12. 31.로 정하여 대여하였는데, 위 대여원리금을 전혀 변제받지 못하자, 2015. 10. 1. A 회사의 위 차용금채무에 관하여 연대보증을 한 B와 C를 상대로 '피고들은 연대하여 1억 원 및 이에 대하여 소장 부본 송달일 다음날부터 다 갚는 날까지 연 15%의 비율로 계산한 돈을 지급하라'는 청구취지로 소를 제기하였다. 이에 B는 자신은 A회사와는 아무런 관련이 없고 단지 A회사의 대표이사인 D와 친구 사이인데 D로부터 1,000만 원의 자재를 납품받는 데에 보증을 서달라는 부탁을 받고 그에 필요한 서류를 교부하였을 뿐, 금전 차용에 대하여는 전혀 알지 못한다는 내용의 답변서를 제출하였고, C는 A회사가 이미 차용금을 변제하였다는 내용의 답변서를 제출하였다. 甲은 A회사에게 위 돈을 대여할 당시 A회사의 대표이사이던 D 가 제시하는 B와 C의 위임장과 인감증명서 등을 진정한 것으로 믿고 B와 C를 대리한 D로부 터 연대보증계약서에 서명날인을 받았다. 법원이 甲의 신청을 받아들여 D를 당사자로 추가 하고 그에게 소장 부본을 송달하였으나, D는 답변서를 제출하지도 않고, 변론기일에 출석하 지도 않았다. C로서는 D로부터 A회사가 차용금을 변제하였다는 말을 들었으나 이에 관한 증 거를 제출할 수는 없는 형편이다. C가 위 소송의 종결 후 A회사에 대하여 구상권행사로서 소 송을 하기 위하여 위 소송 중에 할 수 있는 소송행위가 있는가? (2016년 기말고사)

1. 소송고지

소송이 법원에 계속된 때에는 당사자는 참가할 수 있는 제3자에게 소송고지를 할 수 있 다(민소법 제84조). 이때 소송고지의 상대방은 소송결과에 법률상 이해관계를 가지는 자로서, 소송의 결과에 따라서 손해배상청구를 당하거나 구상청구를 당할 지위에 있는 자를 포함 한다. 소송고지를 받은 피고지자는 소송에 참가하지 않은 경우에도 참가적 효력을 받게 된 다(민소법 제86조).

2. 사안의 해결

사안에서 A회사는 주채무자로서 연대보증인 C로부터 구상금청구를 당할 수 있으므로 소송결과에 법률상 이해관계가 있어 소송고지의 상대방이 될 수 있고, C는 향후 구상금청 구소송을 위하여 A회사에게 참가적 효력을 받게 할 필요가 있다. 따라서 C는 위 소송의 종 결 후 A회사에 대하여 구상금청구소송을 하기 위하여 위 소송 중에 A회사에게 소송고지를 할 수 있다.

(8) 乙은 甲에게 자기 소유의 Y건물을 매도하였으나 Y건물에 대한 소유권이전등기의무를 이행하지 않았다. 丁은 乙에 대해 3억 원의 채권을 주장하면서 乙의 명의로 남아 있던 Y건물을 가압류하였다. 丁은 이 가압류에 관한 본안소송으로 乙에 대하여 3억 원의 지급을 구하는 소를 제기하였다. 甲은 '丁이 승소하면 Y건물에 대한 강제집행에 나설 것이고 그렇게 되면 甲은 Y건물의 소유권을 취득하지 못하게 되는 손해를 입게 된다'고 주장하면서 乙의 보조참가인으로 참가하였는데 丁과 乙은 甲의 보조참가신청에 대하여 이의를 신청하지 않았다. 乙은 변론기일에 출석하지 않고 丁이 주장하는 사실을 명백히 다투지도 않았으나 甲은 변론기일에 출석하여 丁의 乙에 대한 위 3억 원의 채권이 변제로 소멸하였다고 항변하였다. 법원이 심리 결과 채권의 존재 및 변제 사실 모두에 관하여 확신을 갖게 된 경우, 법원은 어떻게 판결하여야 하는가? (2020년 8월 변시 모의시험)

1. 쟁점

사안에서 Y건물의 매수인인 甲이 Y건물에 관한 가압류채권자 丁의 본안소송에 매도인 乙을 위하여 보조참가를 하여 변제의 항변을 하였는바, 甲의 소송상 지위와 甲이 한 변제의 항변이 소송행위로 효력이 있는지 문제된다.

2. 보조참가의 요건

민소법 제71조는 "소송결과에 이해관계가 있는 제3자는 한쪽 당사자의 승소를 돕기 위하여 계속중인 소송에 참가할 수 있다."고 규정하고 있다. 소송사건에서 당사자 일방을 보조하기 위하여 보조참가를 하려면, 타인 간에 계속 중인 소송에 관하여 소송결과에 대한 법적 이해관계가 있고 소송절차를 현저히 지연시키지 아니하여야 한다. '법률상 이해관계'라 함은 당해 소송의 판결의 기판력이나 집행력을 당연히 받는 경우 또는 당해 소송의 판결의 효력이 직접 미치지는 않는다고 하더라도, 적어도 그 판결을 전제로 하여 보조참가를 하려는 사람의 법률상의 지위가 결정되는 관계에 있는 경우를 말한다.

3. 보조참가인의 소송행위의 효력

보조참가인은 소송에 관하여 공격·방어·이의·상소, 그 밖의 모든 소송행위를 할 수 있으나, 참가 당시의 소송의 진행정도에 따라 할 수 없는 소송행위와 피참가인의 소송행위에 어긋나는 소송행위는 효력이 없다(민소법 제76조). 참가인의 소송행위가 피참가인의 소송행위에 어긋나는 경우라 함은 참가인의 소송행위가 피참가인의 행위와 명백히 적극적으로 배치되는 경우를 말하고 소극적으로만 피참가인의 행위와 불일치하는 때에는 이에 해당하지 않는다. 피참가인인 피고가 원고가 주장하는 사실을 명백히 다투지 아니하여 민소법 제150조에 의하여 그 사실을 자백한 것으로 보게 될 경우라도 참가인이 보조참가를 신청하면서 그 사실에 대하여 다투는 것은 피참가인의 행위와 명백히 적극적으로 배치되는 경우라 할 수 없어 그 소송행위의 효력이 없다고 할 수 없다(대법원 2007. 11. 29. 선고 2007다53310 판결).

4. 사안의 해결

사안에서 丁의 乙에 대한 소송은 그 판결의 효력이 甲에게 미치지는 않지만, 그 소송의 결과에 따라서 Y건물에 대한 강제집행절차가 진행됨으로써 甲이 乙로부터 Y건물에 관한 소유권이전등기를 받지 못할 수도 있으므로 甲에게 법률상 이해관계가 있고, 甲은 그 소송에 乙의 승소를 위하여 보조참가를 할 수 있다. 피참가인 乙이 변론기일에 출석하지 아니하고 丁의 주장에 대하여 다투지도 않고 있지만, 참가인 甲은 乙의 소송행위와 명백하게 어긋나지 않는 범위 내에서 소송행위를 할 수 있으므로 乙을 위하여 변제항변을 할 수 있다. 따라서 법원의 심리결과 채권의 존재 및 그 채권에 대한 변제 사실이 인정되므로, 법원은 丁에 대하여 청구기각 판결을 하여야 한다.

(9) 甲은 2018. 4. 1. 乙에게 1억 원을 대여하였고, 丙은 乙을 위하여 이를 연대보증하였다. 甲은 2019. 2. 1. 丙을 상대로 연대보증 채무의 이행을 구하는 소(이하 '전소'라고 함)를 제기하였고, 丙은 전소의 제1회 변론기일에서 '주채무가 2018. 10. 1. 乙의 변제로 소멸하였다'고 주장하였다. 전소의 제1심 진행 도중 乙이 주채무를 변제하였음을 주장하며 보조참가를 하였다〈보조참가는 적법한 것을 전제로 할 것. 아래 추가된 사실관계 및 문항은 관련이 없음〉(제10회 변호사시험)

① 丙은 1심에서 패소하였고, 위 판결정본은 2019. 6. 11. 乙에게, 2019. 6. 15. 甲과 丙에게 각 송달되었다. 이에 대하여 乙만이 2019. 6. 28. 항소하였고 丙은 2019. 7. 14. 乙의 항소를 취하하였다. 乙의 항소와 丙의 항소취하는 각각 유효한가?

1. 쟁점

보조참가인 乙의 항소와 피참가인 丙의 항소취하가 각 유효한지가 문제된다.

2. 보조참가인의 소송상 지위

참가인은 소송에 관하여 공격·방어·이의·상소, 그 밖의 모든 소송행위를 할 수 있으나, 참가할 때의 소송의 진행정도에 따라 피참가인이 할 수 없는 소송행위는 할 수 없고, 참가인의 소송행위가 피참가인의 소송행위에 어긋나는 경우에 참가인의 소송행위는 효력을 가지지 않는다(민소법 제76조). '참가인의 소송행위가 피참가인의 소송행위에 어긋나는 경우'는 참가인의 소송행위가 피참가인의 행위와 명백히 적극적으로 배치되는 경우를 의미하는 것으로서, 참가인의 행위가 피참가인의 행위와 소극적으로 불일치하는 경우에는 피참가인의 행위에 어긋나는 행위로 보지 않는다.

3. 보조참가인이 한 항소에 대한 피참가인의 취하

민소법 제76조 제2항은 "참가인의 소송행위가 피참가인의 소송행위에 어긋나는 경우에는 참가인의 소송행위는 효력을 가지지 아니한다."고 규정하고 있는데, 그 규정의 취지는 피참가인들의 소송행위와 보조참가인들의 소송행위가 서로 어긋나는 경우에는 피참가인의 의사가 우선하는 것을 뜻하므로 피참가인은 참가인의 행위에 어긋나는 행위를 할 수 있고, 따라서 보조참가인들이 제기한 항소를 포기 또는 취하할 수도 있다(대법원 2010. 10. 14. 선고 2010다38168 판결).

4. 사안의 해결

사안에서 보조참가인 乙은 피참가인을 위하여 상소를 제기할 수 있는바, 보조참가인 乙이 피참가인 丙에게 판결정본이 송달된 날인 2019. 6. 15.로부터 2주가 경과하기 전인 2019. 6. 28. 피참가인 丙을 위하여 항소를 제기하였으므로 乙의 항소제기는 적법하다. 피참가인 丙은 보조참가인 乙의 선행행위에 어긋나는 행위를 할 수 있으므로, 보조참가인 乙이 제기한 항소를 취하할 수 있다. 따라서 丙이 2019. 7. 14. 항소를 취하한 것도 유효하다.

② 丙은 제2회 변론기일에서 제1회 변론기일에 출석하여 진술한 '주채무가 乙의 변제로 소멸하였다'는 주장을 철회하고, 주채무는 아직 변제되지 않았다는 사실, 丙이 乙의 주채무에 대하여 연대보증계약을 체결한 사실을 인정하였다. 이로 인하여 甲의 승소판결이 선고되었고 그 판결이 확정되자 丙은 판결에 따른 연대보증채무를 변제하였다. 이후 丙은 乙을 상대로 위 연대보증채무의 이행에 따른 구상금 청구의 소(이하 '후소'라고 함)를 제

기하였고 이에 대해 乙은 전소제기 전에 이미 주채무를 자신이 변제하였으므로 丙의 청구는 기각되어야 한다고 주장하였다. 후소 법원은 乙의 주채무 변제사실을 인정할 수 있는가?

1. 쟁점

전소에서 피참가인에 대한 재판이 전소의 피참가인의 참가인에 대한 소송인 후소에서 어떠한 영향을 미치는지, 즉 기판력 또는 참가적 효력이 미칠 수 있는지가 문제된다.

2. 기판력

확정판결의 기판력은 당사자가 동일하거나 동일시 될 수 있는 관계에서 판결 주문에 대하여 발생하는바(민소법 제216조, 제218조), 전소와 후소의 소송물이 동일하거나, 선결관계 또는 모순관계일 때에 작용한다. 기판력은 당사자의 주장이 없더라도 법원이 직권으로 조사하여야 한다.

3. 참가적 효력

피참가인의 재판은 참가인에 대하여도 효력을 갖는데(민소법 제77조), 참가적 효력은 피참가인이 패소하고 난 뒤에 피참가인과 참가인이 소송을 하는 경우 피참가인에 대한 관계에서 참가인이 이전 소송의 판결내용이 부당하다고 주장할 수 없는 구속력을 말한다. 참가적 효력은 전소 확정판결의 기초가 되는 사실상 및 법률상 판단으로서 보조참가인이 피참가인과 공동이익으로 주장하거나 다툴 수 있었던 사항에 한하여 미치며, 판결주문에서 판단된 사항뿐만 아니라 판결이유에서 판단된 사항에 대하여서도 발생한다. 다만, 패소에 대하여 피참가인의 단독책임으로 돌릴 사정이 있을 때에는 참가적 효력이 배제되는 바, 참가인이 참가 당시의 소송 정도에서 필요한 소송행위를 할 수 없었거나 피참가인의 행위와 어긋나게 되어 효력을 잃을 경우, 피참가인이 참가인의 소송행위를 방해한 경우 및 피참가인이 참가인이 할 수 없는 소송행위를 고의나 과실로 하지 아니한 때는, 참가인은 그 사유가 발생하지 않았으면 전소의 판결 결과가 승소로 달라졌을 것을 주장·증명하여 참가적 효력을 배제할 수 있다. 참가적 효력은 항변사항으로서 피참가인이 주장을 하여야 한다(직권조사사항이라는 견해도 있음).

4. 사안의 해결

사안에서 채권자 甲과 연대보증인 丙 사이의 연대보증채무에 관한 전소 판결의 기판력은 연대보증인 丙의 주채무자 乙에 대한 구상금청구에는 미치지 않는다. 당사자와 소송물을 달리할 뿐만 아니라, 전소가 후소의 선결관계 등도 아니기 때문이다. 주채무자 乙이 전소에 보조참가를 하였으므로 참가적 효력이 문제가 되는바, 우선 丙이 후소에서 참가적 효력에 관한 주장을 하지 않았으므로 법원으로서는 이에 관하여 판단을 할 필요가 없이, 乙의 변제항변을 판단하여 변제사실을 인정할 수 있다. 참가적 효력에 관하여 직권으로 본다고 하더라도, 참가적 효력은 전소 확정판결의 기초가 되는 사실상 및 법률상 판단으로서 보조참가인이 피참가인과 공동이익으로 주장하거나 다툴 수 있었던 사항에만 미치고, 판결주문에서 판단된 사항뿐만 아니라 판결이유에서 판단된 사항에 대하여서도 발생하는바, 전소에서 주채무자 乙의 변제사실에 관한 항변이 피참가인 丙에 의하여 철회됨으로써, 전소 판결에서는 乙의 변제사실에 관한 판단이 되지 않으므로 이에 관하여 참가적 효력이 발생할 여지가 없다. 법원은 乙의 변제항변에 관하여 참가적 효력을 고려하지 않고 판단할 수 있다. 참가적 효력이 직권조사사항으로서 전소판결에서 주채무자 乙의 변제사실에 관하여 판결이유에서 판단이 되었다고 가정하면, 주채무자 乙의 변제사실은 주채무자 乙과 연대보증인 丙의 공동이익에 해당하는데, 주채무자 乙이 전소인 연대보증채무이행의 소에서 주채무를 변제하였음을 주장하며 보조참가를 하였으나, 피참가인 丙이 제2회 변론기일에서 주채무자 乙의 변제사실에 대한 주장을 철회하였는바, 이는 참가인 乙의 소송행위가 피참가인의 행위와 어긋나게 되어 효력을 잃은 경우 또는 피참가인이 참가인의 소송행위(변제항변)를 방해한 때에 해당한다. 전소에서 丙이 乙의 변제항변을 철회하지 않았다면 승소할 수 있었음이 인정되는 경우, 법원은 乙의 주채무 변제사실 인정할 수 있다.

(10) 甲과 乙은 동업으로 혜화동에서 '혜화바이크'라는 상호로 자전거 판매점을 운영하고 있다. 혜화바이크에서 판매하는 자전거는 丙이 甲, 乙의 의뢰를 받고 제작하여 공급한 것이다. A는 2020. 1. 1. 혜화바이크에서 자전거 1대를 대금 20만 원에 구매하고 그 자전거를 타고 귀가하다가 도로에서 자전거 바퀴가 빠지는 사고가 발생하는 바람에 대퇴뼈가 골절되는 상해를 입었다. A는 2020. 5. 1. 甲을 피고로 하여 자전거 바퀴 부분의 결함으로 말미암아 사고가 발생하였다고 주장하면서 5,000만 원(기왕치료비 1,000만 원, 향후치료비 2,000만 원, 위자료 2,000만 원)의 손배배상청구의 소를 제기하였다. 〈 추가된 사실관계 및 문항은 관련이 없음 〉 (2022년 기말고사)

① 甲은 위 소송의 제1회 변론기일에 출석하여 위 사고는 자전거 바퀴 부분의 결함으로 발생하였다고 진술하였는데, 乙이 제2회 변론기일 직전에 공동소송적 보조참가신청서를 제출하면서 제1회 변론기일에서의 甲의 진술은 진실이 아니고 사고는 A의 자전거 운행 미숙과 도로의 하자로 말미암아 발생하였다는 내용의 준비서면을 제출하였다. A는 乙의 공동소송적 보조참가신청에 대하여 이의를 하였다. 법원은 참가의 허부에 대하여는 아무런 재판을 하지 않은 채 乙로 하여금 소송절차에 참가하게 하였고, 손해의 발생에 관하여 위와 같은 甲의 재판상 자백에 근거하여 원고 승소 판결을 선고하였다.

1) 제1심 법원의 위와 같은 증거 판단은 적법한가?

1. 쟁점

사안에서 乙은 공동소송적 보조참가신청을 하면서 피참가인 甲의 재판상 자백에 대하여 그것을 부인하는 취지의 진술을 기재한 준비서면을 제출하였는바, 우선 乙의 공동소송적 보조참신청이 적법한지, 참가인으로 乙이 어떤 지위를 가질 수 있는지가 검토되고, 피참가인의 행위에 어긋나는 행위를 할 수 있는지 등이 검토되어야 한다.

2. 통상의 보조참가와 공동소송적 보조참가

제3자가 한쪽 당사자를 돕기 위하여 계속 중인 소에 참가를 하는 보조참가는 통상의 보조참가(민소법 제71조)와 공동소송적 보조참가(민소법 제78조)가 있다. 공동소송적 보조참가는 재판의 효력의 참가인에게도 미치는 경우로서 필수적 공동소송의 심리에 관한 민소법 제67조 및 제69조가 준용되어 참가인 및 피참가인의 각 소송행위는 모두의 이익을 위해서만 효력을 가진다. 공동소송적 보조참가를 할 수 있는 경우는 판결의 효력이 미치는 제3자가 당사자적격이 없거나, 당사자적격은 있으나 소를 제기할 경우에 이미 제기된 소로 말미암아 중복소송에 해당하는 경우, 당사자적격은 있으나 제소기간을 도과한 경우 등이 해당된다. 소송사건에 당사자 일방을 보조하기 위하여 보조참가를 하려면, 당해 소송의 결과에 대하여 이해관계가 있어야 하는바, 여기서 말하는 이해관계는 사실상, 경제상 또는 감정상의 이해관계가 아니라 법률상의 이해관계를 의미하며, 법률상의 이해관계라 함은 당해 소송의 판결의 기판력이나, 집행력을 당연히 받는 경우 또는 당해 소송에서의 판결의 효력이 직접 미치지는 않더라도 적어도 그 판결을 전제로 하여 보조참가를 하려는 자의 법률상의 지위가 결정되는 관계에 있는 경우를 말한다(대법원 2017. 6. 22. 선고 2014다225809 전원합의체 판결 등). 참가인의 공동소송적 보조참가신청이 그 요건을 갖추지 못하여 부적법하지만 통상의 보조참가의 요건을 갖추 경우, 공동소송적 보조참가가 아니라 통상의 보조참가에 해당한다고 볼 수 있다(대법원 2012. 6. 28. 선고 2011다63758 판결).

3. 보조참가신청 후의 소송행위

보조참가인은 그의 참가에 대한 이의신청이 있는 경우라도 참가를 허가하지 아니하는 결정이 확정될 때까지 소송행위를 할 수 있다(민소법 제75조 제1항).

4. 통상의 보조참가에서 참가인이 할 수 있는 소송행위와 할 수 없는 소송행위

보조참가인은 소송에 관하여 공격 · 방어 · 이의 · 상소, 그 밖의 모든 소송행위를 할 수 있으나, 참가 당시 소송의 진행정도에 따라 할 수 없는 소송행위와 피참가인의 소송행위에 어긋나는 소송행위는 효력이 없다(민소법 제76조). '참가인의 소송행위가 피참가인의 소송행위에 어긋나는 경우'는 참가인의 소송행위가 피참가인의 행위에 명백히 적극적으로 배치되는 경우를 의미하는 것인데, 피참가인이 자백한 사실을 참가인이 다투는 경우(대법원 1981. 6. 23. 선고 80다1761 판결 등), 보조참가인이 한 항소를 피참가인이 취하하는 경우 등이 이에 해당되고, 이 경우 피참가인의 소송행위가 우선하여 효력을 가진다. 반면, 피참가인이 명시적으로 다투지 않은 사실에 대하여 참가인이 다투는 경우는 이에 해당되지 않는다(대법원 2007. 11. 29. 선고 2007다53310 판결).

5. 사안의 해결

사안에서 A의 甲에 대한 판결의 효력이 乙에게 미치지는 않으므로 乙의 공동소송적 보조참가신청은 부적법하다. 다만, A의 甲에 대한 소송의 결과는 동업관계에 있는 乙의 법률상 지위에 영향을 주므로 乙은 법률상 이해관계를 가진다. 乙이 보조참가는 할 수 있는 지위에 있으므로 乙의 공동소송적 보조참가신청은 통상의 보조참가신청으로도 볼 수 있다. 乙은 보조참가신청인으로서 甲을 돕기 위한 소송행위를 할 수 있으나 甲이 재판상 자백을 한 사실에 대하여 다투는 것은 피참가인의 소송행위에 어긋나는 것으로서 효력이 없다. 제1심 법원이 甲의 재판상 자백에 근거하여 한 재판은 적법하다.

2) 乙이 제1심판결에 대하여 항소를 하자, 항소심 법원은 乙의 공동소송적 보조참가신청을 허가하면서 乙의 항소를 기각하는 판결을 하였다. A는 위 항소심판결에 대하여 상고를 할 수 있는가?

1. 쟁점

사안에서 A가 乙의 공동소송적 보조참가신청에 대하여 이의를 하였음에도 제1심 법원은 이에 대하여 아무런 결정을 하지 않았는데, 항소심에서 이에 대하여 재판을 할 수 있는지가 쟁점이 된다.

2. 보조참가의 적부에 대한 재판

당사자가 보조참가에 대하여 이의를 한 때에는 참가인은 참가의 이유를 소명하여야 하고, 법원은 참가를 허가할 것인지 아닌지를 결정하여야 한다(민소법 제73조 제1항).

3. 재판의 누락과 상소의 대상

법원이 청구의 일부에 대하여 재판을 누락한 경우에 그 청구 부분에 대하여는 그 법원이 계속하여 재판한다(민소법 제212조). 재판의 누락이 있으면 그 부분 소송은 아직 원심에 계속 중이어서 상고의 대상이 되지 아니하므로, 그 부분에 대한 상고는 불복의 대상이 존재하지 아니하여 부적법하다(대법원 2005. 5. 27. 선고 2004다43824 판결, 대법원 2009. 7. 6. 선고 2009다22266 판결 등).

4. 사안의 해결

사안에서 제1심 법원이 乙의 참가의 허부에 대하여 재판을 누락하였으므로 이 부분은 여전히 제1심 법원에 계속 중이어서 적법한 상소의 대상이 되지 않는다. 항소심이 이를 간과하여 乙에 대하여 참가를 허가하는 재판을 하였다고 하더라도 이는 상고의 대상이 되지 않는다(대법원 2015. 10. 29. 선고 2014다13044 판결). 또한 항소심이 乙의 항소를 기각하였으므로 A는 본안과 관련하여서도 위 항소심판결에 대하여 상고를 할 수 없다.

② 丙은 甲의 소송고지를 받고 보조참가인으로 소송에 참가하여 甲과 함께 위 사고가 A의 자전거 운행 미숙 또는 도로의 하자로 말미암아 발생한 것이고 자전거 바퀴 부분의 결함은 없었다고 다투었다. 법원은 A의 주장과 같이 자전거 바퀴 부분에 결함이 있었음을 인정하고 A의 청구를 인용하는 판결을 선고하였고, 그 판결은 확정되었다. 그 후 甲의 채권자인 丁이 甲의 丙에 대한 손해배상채권에 대하여 채권압류 및 전부명령을 받고 丙을 상대로 전부금청구의 소를 제기하였다. 이에 丙은 A의 손해는 A의 자전거 운행 미숙 또는 도로의 하자로 발생한 것이어서 자신은 책임이 없다고 주장하면서, 사고 당시의

목격자인 B를 증인으로 신청하였다.

1) 법원은 丙의 증인신청을 받아들여야 하는가?

1. 쟁점

사안에서 丙은 A의 甲에 대한 소송에 甲을 돕기 위하여 보조참가를 하였는바, 그 판결의 효력이 丙에게 미치는지가 쟁점이 된다.

2. 참가적 효력

피참가인의 재판은 참가인에 대하여도 효력을 갖는데(민소법 제77조), 이를 참가적 효력이라고 한다. 참가적 효력은 피참가인이 패소하고 난 뒤에 피참가인과 참가인이 소송을 하는 경우 피참가인에 대한 관계에서 참가인이 이전 소송의 판결내용이 부당하다고 주장할 수 없는 구속력을 말한다. 전소 확정판결의 참가적 효력은 전소 확정판결의 결론의 기초가 된 사실상·법률상 판단으로서 보조참가인이 피참가인과 공동이익으로 주장하거나 다툴 수 있었던 사항에 미친다(대법원 2020. 1. 30. 선고 2019다268252 판결). 다만, 참가인은 그의 소송행위가 피참가인의 행위와 어긋나게 되어 효력을 잃은 경우, 피참가인이 참가인의 소송행위를 방해한 경우, 피참가인이 참가인이 할 수 없는 소송행위를 고의나 과실로 하지 아니한 때에는 참가적 효력을 면한다(민소법 제77조).

3. 사안의 해결

사안에서 丙은 甲, 乙로부터 자전거 제작을 수급하여 납품한 수급인으로서 그 하자에 대하여 담보책임 및 손해배상책임이 있다. A의 사고가 자전거 바퀴 부분의 흠결로 말미암은 것이 아니라 A의 자전거 운행 미숙 또는 도로의 하자로 말미암아 발생한 것이라는 것은 A의 甲에 대한 확정판결의 결론의 기초가 된 사실상·법률상 판단으로서 丙이 甲과의 공동이익으로 주장하거나 다툴 수 있었던 사항에 해당하므로 한다. 丙은 甲과의 소송에서 위 확정판결이 부당하다고 다툴 수 없고, 이는 甲의 전부채권자 丁이 제기한 소송에서도 피전부채권과 관련하여 동일하다(이러한 참가적 효력에 관하여 丁이 주장을 하였을 것을 전제로 함). 따라서 법원은 증인 B의 신청을 받아들이지 않아야 한다.

2) 丁의 위 전부금청구의 소에 대하여 법원은 어떤 재판을 하여야 하는가?

1. 쟁점

사안에서 甲과 乙은 동업으로 자전거 판매점을 운영하고 있으므로 甲과 乙이 丙에 대하여 가지는 손해배상청구권은 조합채권에 해당한다. 조합원 중 1인인 甲의 채권자인 丁이 조합채권에 대하여 집행을 하여 권리를 행사할 수 있는지를 검토하여야 한다.

2. 조합채권의 행사

민법 제272조는 "합유물의 처분 또는 변경은 합유자 전원의 동의가 있어야 한다."고 규정하고, 민법 제273조는 "합유자 전원의 동의 없이는 합유물에 대한 지분을 처분하지 못한다."고 규정하고 있으므로 합유물에 관한 소송은 필수적 공동소송에 해당한다. 2인 이상이 상호 출자하여 공동으로 사업을 경영하는 약정(동업약정)은 민법상 조합계약이고 조합재산은 조합원들의 합유에 속하므로 조합재산에 속하는 채권에 관한 소송은 합유물에 관한 소송으로서 조합원들이 공동으로 제기하여야 하는 고유필수적 공동소송에 해당한다(대법원 2012. 11. 29. 선고 2012다44471 판결). 조합채권은 조합원 전원에게 합유적으로 귀속하는 것이어서 조합원 중 1인이 임의로 조합의 채무자에 대하여 출자지분의 비율에 따른 급부를 청구할 수 없다. [조합원 중 1인의 채권자가 그 조합원 개인을 집행채무자로 하여 조합의 채권에 대하여 강제집행하는 경우, 다른 조합원으로서는 보존행위로서 제3자이의의 소를 제기하여 그 강제집행의 불허를 구할 수 있다(대법원 1997. 8. 26. 선고 97다4401 판결).]

3. 사안의 해결

사안에서 甲의 채권자에 불과한 丁이 받은 조합채권에 대한 채권압류 및 전부명령은 효력이 없으므로 丁의 전부금청구는 기각되어야 한다.

(11) X토지는 원래 甲의 소유였는데, 甲이 2005. 9. 1. 사망하여 그의 아들 乙이 단독으로 상속하였다. 그런데 乙이 미처 상속등기를 하지 못한 사이에 甲의 전처인 丙은 甲의 생전인 2005. 7. 1. 甲으로부터 X토지를 증여받았음을 원인으로 하여 2005. 11. 1. X토지에 관하여 소유권이전등기를 마쳤다. 丁은 2005. 10. 1. 乙로부터 X토지를 매수하였는데 甲이 丙에게 X토지를 증여한 바 없음에도 丙이 관계서류를 위조하여 등기를 마쳤다고 주장하면서 2006. 4. 1. 乙을 대위하여 丙을 상대로 그 명의의 위 소유권이전등기의 말소등기를 청구하는 소를 제기하였다. 〈 아래의 각 설문은 관련이 없음 〉(2006년 사법시험)

① 위 소송이 제1심에 계속되어 있던 중 乙은 丁을 돕기 위하여 소송에 참가하였다. 위 소송에서 乙의 소송상 지위는 어떠한가?

1. 쟁점

사안에서 丁은 乙에 대하여 가지는 소유권이전등기청구권을 보전하기 위하여 乙의 丙에 대한 소유권에 기초한 말소등기청구권을 대위행사하고 있다. 채무자인 乙이 丁을 돕기 위하여 丁이 제기한 소송에 참가를 하는 경우의 참가의 형태가 쟁점이 된다.

2. 채권자대위소송의 계속 중 채무자가 참가를 한 경우 참가의 형태

다른 사람 사이의 소송계속 중 소송결과에 이해관계가 있는 제3자가 한쪽 당사자의 승소를 돕기 위하여 그 소송에 참가하는 것을 보조참가라 한다(민소법 제71조). 한편 재판의 효력이 참가인에게도 미치는 경우에는 그 참가인과 피참가인에 대하여 민소법 제67조 및 제69조가 준용되며, 이때의 참가를 공동소송적 보조참가라 한다(민소법 제78조). 판례는 채무자가 채권자대위권의 행사에 의하여 소가 제기된 사실을 안 때에는 채권자대위소송에 의한 판결의 효력을 받는다고 한다(대법원 1975. 5. 13. 선고 74다1664 전원합의체 판결). 따라서 채권자대위소송 계속 중에 채무자가 채권자를 돕기 위하여 참가를 한 경우, 채무자는 공동소송적 보조참가인이 된다.

3. 공동소송적 보조참가인의 지위

공동소송적 보조참가인은 ① 피참가인의 소송행위와 어긋나는 행위를 할 수 있고, 피참가인은 참가인에게 불리한 소송행위를 할 수 없다(민소법 제78조, 제67조 제1항). ② 참가인의 상소기간은 피참가인에 종속되지 않고 독립적으로 계산한다(대법원 2012. 11. 29. 선고 2011두30069 판결). ③ 참가인에게 소송절차의 중단·중지 사유가 발생하면 소송절차는 중단·중지된다(민소법 제78조, 제67조 제3항). ④ 그러나 보조참가인의 종속성을 완전히 벗어날 수 없으므로 청구의 변경·확장, 반소의 제기 등은 할 수 없다.

4. 사안의 해결

사안에서 丁이 제기한 채권자대위소송에 채무자 乙이 丁을 돕기 위하여 참가를 하는 경우, 채무자 乙에게는 위 채권자대위소송의 기판력이 미치므로 乙은 공동소송적 보조참가인의 지위를 갖는다.

② 만약 위 토지를 乙로부터 매수하였다는 丁의 주장을 乙이 다투면서 위 소송에 참가한다면 어떤 참가가 가능한가?

1. 쟁점

사안에서 丁이 乙로부터 토지를 매수하였음을 전제로 乙을 대위하여 丙을 상대로 소유권이전등기의 말소등기청구를 하는데, 乙이 丁의 피보전채권, 즉 丁이 乙로부터 토지를 매수하지 않았으므로 丁의 채권자대위소송이 부적법하다고 다투면서 위 소송에 참가하는 경우, 丁과 乙의 각 청구는 양립할 수 없는 권리를 주장하는 것인바, 당사자와 참가인의 각 청구가 양립할 수 없는 경우의 참가의 형태가 문제로 된다.

2. 독립당사자참가의 요건

민소법 제79조 제1항은 "소송목적의 전부나 일부가 자기의 권리라고 주장하거나, 소송결과에 따라 권리가 침해된다고 주장하는 제3자는 당사자의 양 쪽 또는 한 쪽을 상대방으로 하여 당사자로서 소송에 참가할 수 있다."고 규정하고 있다. 독립당사자참가에서 소송목적의 전부나 일부가 자기의 권리라고 주장하는 것은 참가인이 원고의 본소와 양립할 수 없는 권리 또는 그에 우선할 수 있는 권리를 주장하는 경우이다.

3. 사안의 해결

사안에서 乙이 丁의 피보전채권, 즉 丁이 乙로부터 토지를 매수하지 않았으므로 丁의 채권자대위소송이 부적법하다고 다투면서 위 소송에 참가하는 것은, 丙에 대한 말소등기청구권이 여전히 자신에게 있음을 전제로 한 것으로서, 丁의 청구와는 양립할 수 없는 권리를 주장하는 경우이어서 독립당사자참가에 해당된다.

(12) 甲은 2015. 1. 1. 乙로부터 乙 소유인 X토지를 대금 1억 원에 매수하였다. 乙이 매매대금을 전액 지급받고서도 X토지에 관한 소유권이전등기절차를 이행하지 않는다. 甲에 대하여 1억원의 금전채권을 가지고 있는 A는 2016. 3. 1. 甲이 무자력이어서 채권자대위권을 행사한다고 주장하면서 乙을 상대로 '피고는 甲에게 X토지에 관하여 2015. 1. 1. 매매를 원인으로 한 소유권이전등기절차를 이행하라'는 소를 제기하였다. 甲에 대하여 5,000만 원의 금전채권을 가진 B가 위 소송에 참가할 수 있는 방법이 있는가? (2017년 기말고사)

1. 쟁점

채권자대위소송이 다른 채권자에게 어떤 법률적 효과를 미치는지와 관련하여 채권자대위소송의 계속 중에 다른 채권자가 위 소송에 참가할 수 있는 방법을 검토하여야 한다.

2. 채권자대위소송과 다른 채권자의 지위

채권자가 대위소송을 제기한 경우 채무자가 그 소송이 제기된 사실을 안 때에는 채무자의 다른 채권자에게도 그 판결의 기판력이 미치고(대법원 1994. 8. 12. 선고 93다52808 판결), 채권자대위소송의 계속 중 다른 채권자가 같은 채무자를 대위하여 동일한 소송물에 관하여 같은 제3채무자를 상대로 제소를 하면 후소는 중복제소금지의 원칙을 위배한 부적법한 소송이 되며(대법원 1989. 4. 11. 선고 87다카3155 판결), 다수의 채권자가 각 채권자대위권에 기초하여 공동하여 채무자의 권리를 행사하는 경우 그 채권자들은 유사필수적 공동소송관계에 있다(대법원 1991. 12. 27. 선고 91다23486 판결).

3. 공동소송적 보조참가 및 공동소송참가의 요건

공동소송적 보조참가는 재판의 효력이 참가인에게도 미치는 경우에 참가인이 피참가인의 승소를 돕기 위하여 계속 중인 소송에 참가를 하는 것이고(민소법 제78조), 공동소송참가는 소송의 목적이 한 쪽 당사자와 제3자에게 합일적으로 확정되어야 할 경우에 그 제3자가 공동소송인으로서 소송에 참가하는 것이다(민소법 제83조).

채권자대위소송의 계속 중에 다른 채권자가 동일한 채무자를 대위하여 동일한 소송물에 관하여 채권자대위권을 행사하면서 공동소송참가신청을 하는 경우, 이는 민소법 제83조 제1항의 '소송목적이 한쪽 당사자와 제3자에게 합일적으로 확정되어야 할 경우'에 해당하여 그 참가신청은 적법하다(대법원 2015. 7. 23. 선고 2013다30301, 39325 판결).

4. 사안의 해결

사안에서 甲의 일반채권자인 B는 다른 채권자 A가 乙에 대하여 제기한 채권자대위소송의 결과인 판결의 효력을 받게 되지만, 중복소송금지규정에 의하여 별소를 제기할 수 없다. 한편, A와 B가 甲의 乙에 대한 소유권이전등기청구권에 관하여 채권자대위권을 행사할 경우 그 판결은 합일확정되어야 한다. 따라서 B는 A의 乙에 대한 채권자대위소송에 A의 승소를 돕기 위하여 공동소송적 보조참가를 하거나, 공동소송인으로서 공동소송참가를 할 수 있다.

(13) 甲은 2015. 1. 1. 乙로부터 X토지를 대금 1억 원에 매수하였다. 甲이 乙을 상대로 X토지에 관하여 2015. 1. 1. 매매를 원인으로 한 소유권이전등기청구의 소를 제기하자, A종중은 "X토지는 종중의 공동선조인 a가 정조대왕으로부터 하사받은 사패지로서 a의 사후에 위토(제사의 비용을 마련하기 위한 토지)로서 사용하면서 종중원인 b에게 명의신탁을 하여 그의 명의로 사정을 받았으나 종중이 실질적으로 소유권을 행사해 왔다. b가 사망하자 그의 아들인 乙이 X토지를 착복하기 위하여 甲과 통모하여 매매계약을 체결한 다음 형식상 승소판결을 받아 그 소유권이전등기를 마치려고 하므로 乙과의 명의신탁을 소장 송달로써 해지한다."고 주장하면서, 甲에 대하여는 위 2015. 1. 1.자 매매계약의 무효확인의 소를, 乙에 대하여는 X토지에 관하여 명의신탁해지를 원인으로 한 소유권이전등기청구의 소를 제기하고 위 소송에 참가신청을 하였다. 제1심은 甲의 乙에 대한 청구와 A종중의 乙에 대한 청구가 양립가능한 것이라는 이유로 A종중의 참가신청을 각하하고 甲의 乙에 대한 청구를 자백간주판결(민소법 제208조 제3항 2호, 제150조 제3항)에 의하여 인용하였는데, A종중은 항소하고 乙은 항소하지 않았다. 항소심의 심리결과, A종중의 주장사실이 모두 진실한 것으로 증명되었다면, 항소심은 甲의 乙에 대한 본소청구와 A종중의 참가신청에 따른 A종중의 甲 및 乙에 대한 청구에 대해 어떤 재판을 하여야 하는가? (2016년 기말고사)

1. 쟁점

사안에서 A종중은 甲과 乙이 통모하여 A종중의 소유인 X토지를 착복하려고 한다고 주장하면서 甲과 乙에 대하여 각 청구를 하면서 甲의 乙에 대한 소송에 참가를 하였는바, A종중의 참가가 어떠한 참가형태에 해당되고 적법한지, 그 심리는 어떻게 되어야 하는지 등이 쟁점이 된다.

2. 독립당사자참가의 요건

소송목적의 전부나 일부가 자기의 권리라고 주장하거나, 소송결과에 따라 권리가 침해된다고 주장하는 제3자는 소송절차에 독립당사자참가를 할 수 있다(민소법 제79조 제1항). 독립당사자참가 중 '권리주장참가'는 원고의 본소청구와 참가인의 청구가 그 주장 자체에서 양립할 수 없는 관계라고 볼 수 있는 경우에 허용될 수 있는 것이고, '사해방지참가'는 본소의 원고와 피고가 당해 소송을 통하여 참가인을 해할 의사를 갖고 있다고 객관적으로 인정되고 그 소송의 결과 참가인의 권리 또는 법률상 지위가 침해될 우려가 있다고 인정되는 경우에 허용될 수 있다.

3. 독립당사자참가소송에서 본안심리

가. 필수적 공동소송에 관한 규정의 준용

독립당사자참가의 경우 민소법 제67조 및 제72조의 필수적 공동소송에 관한 규정이 준용된다(민소법 제79조 제2항). 독립당사자참가는 3당사자 사이의 법률분쟁을 하나의 소송절차에서 한꺼번에 모순 없이 해결하려는 소송형태로서, 본안판결을 할 때에 3당사자를 당사자로 하는 하나의 종국판결을 하여야 한다.

나. 불이익변경금지 원칙의 적용 여부

민소법 제79조의 독립당사자참가소송은 동일한 권리관계에 관하여 원고, 피고, 참가인이 서로 사이의 다툼을 하나의 소송절차로 한꺼번에 모순 없이 해결하는 소송형태로서, 독립당사자참가가 적법하다고 인정되어 원고, 피고, 참가인 사이의 소송에 대하여 본안판결을 할 때에는 3당사자를 판결의 명의인으로 하는 하나의 종국판결을 선고함으로써 3당사자들 사이에서 합일확정적인 결론을 내려야 하고, 이러한 본안판결에 대하여 일방이 항소한 경우에는 제1심판결 전체의 확정이 차단되고 사건 전부에 관하여 이심의 효력이 생긴다. 그리고 이러한 경우 항소심의 심판대상은 실제 항소를 제기한 자의 항소취지에 나타난 불복범위에 한정하되 3당사자 사이의 결론의 합일확정의 필요성을 고려하여 그 심판의 범위를 판단하여야 하고, 이에 따라 항소심에서 심리·판단을 거쳐 결론을 내림에 있어 3당사자 사이의 결론의 합일확정을 위하여 필요한 경우에는 그 한도 내에서 항소 또는 부대항소를 제기한 바 없는 당사자에게 결과적으로 제1심판결보다 유리한 내용으로 판결이 변경되는 것도 배제할 수는 없다(대법원 2007. 10. 26. 선고 2006다86573 판결). 위와 같은 판례의 입장에 따르면, 참가신청을 부적법 각하한 제1심판결에 대한 참가인의 항소가 이유 있어 본안판결을 하는 경우, 원·피고의 항소가 없더라도 원고의 청구 역시 심판의 대상이 된다.

4. 사안의 해결 – 사해방지참가의 성립

사안에서 A종중의 乙에 대한 명의신탁이 유효하더라도 신탁자인 A종중으로서는 제3자에 대하여는 그 권리를 주장할 수 없게 되어, A종중의 주장과 같이 甲과 乙이 통모하여 판결에 기초하여 소유권이전등기를 마치려고 하는 것은 사해의사가 있다고 할 수 있고, 甲과 乙 사이의 재판결과에 따라 A종중의 법률상 지위가 침해될 염려가 있으므로 甲을 상대로 한 매매계약무효확인의 소는 확인의 이익이 있다. 따라서 A종중이 위 소제기와 함께 한 참가신청은 독립당사자참가의 사해방지참가의 요건을 갖추고 있으므로 참가신청은 적법하다. 참가인 A종중의 주장 내용이 모두 인정되므로, 항소심은 제1심판결을 취소하고 A종중의 甲과 乙에 대한 청구를 인용하고, 甲의 乙에 대한 청구는 기각하여야 한다.

(14) 甲은 주택신축 등을 목적으로 하는 사업을 하면서 乙 및 친척인 丙에게 각각 1억 원의 대여금채무를 비롯하여 총 합계 3억 원 이상의 채무를 부담하게 되어 채무초과 상태에 이르게 되었다. 甲은 유일한 재산인 X토지를 소유하고 있었는데, 丙에 대한 甲의 대여금채무를 위한 담보로 제공하는 저당권설정계약(이하 '이 사건 계약'이라 함)을 丙과 체결하였다. 甲은 丙의 독촉에도 이 사건 계약에 의한 저당권설정등기를 미루고 있었는데, 이에 丙은 甲을 피고로 이 사건 계약을 원인으로 하여 저당권설정등기를 청구하는 소를 제기하였다. 丙의 위 소송에 대하여 甲은 제대로 응소하지 않고 있다. 위와 같은 소식을 들은 乙은 이 사건 계약의 체결 과정을 조사한 결과, 甲은 이 사건 계약으로 인하여 책임재산에 부족이 생기거나 이미 부족상태에 있는 책임재산이 한층 더 부족하게 됨으로써 乙의 채권을 완전하게 만족시킬 수 없다는 사실을 인식하였고, 丙도 그러한 점을 알고 있었다는 사실을 알게 되었다. 乙이 다음과 같은 취지로 독립당사자참가신청을 하는 것은 적법한가? (제6회 변호사시험)

① 丙을 상대로 사해행위를 원인으로 하여 'X토지에 관하여 甲과 丙이 체결한 이 사건 계약을 취소한다'는 취지의 독립당사자참가신청

1. 채권자취소권행사의 효과

채권자가 사해행위의 취소와 함께 수익자 또는 전득자로부터 책임재산의 회복을 명하는 사해행위취소의 판결을 받은 경우 취소의 효과는 채권자와 피고(수익자 또는 전득자) 사이에만 미치므로, 수익자 또는 전득자가 채권자에 대하여 사해행위의 취소로 인한 원상회복 의무를 부담하게 될 뿐, 채권자와 채무자 사이에서 취소로 인한 법률관계가 형성되거나 취소의 효력이 소급하여 채무자의 책임재산으로 복구되는 것은 아니다.

2. 사해방지참가의 요건

사해행위취소의 상대적 효력에 의하면, 원고의 피고에 대한 청구의 원인행위가 사해행위라는 이유로 원고에 대하여 사해행위취소를 청구하면서 독립당사자참가신청을 하는 경우, 독립당사자참가인의 청구가 그대로 받아들여진다 하더라도 원고와 피고 사이의 법률관계에는 아무런 영향이 없고, 따라서 그러한 참가신청은 사해방지참가의 목적을 달성할

수 없으므로 부적법하다(대법원 2014. 6. 12. 선고 2012다47548 판결).

3. 사안의 해결

사안에서 乙이 丙을 상대로 사해행위를 원인으로 하여 'X토지에 관하여 甲과 丙이 체결한 이 사건 계약을 취소한다'는 취지의 독립당사자참가신청을 하더라도, 이러한 참가신청은 사해방지참가의 목적을 달성할 수 없으므로 부적법하다.

② 丙과 甲을 상대로 통정허위표시를 원인으로 하여 'X토지에 관하여 甲과 丙이 체결한 이 사건 계약이 무효임을 확인한다'는 취지의 독립당사자참가신청

1. 독립당사자참가의 요건

소송목적의 전부나 일부가 자기의 권리라고 주장하거나, 소송결과에 따라 권리가 침해된다고 주장하는 제3자는 소송절차에 독립당사자참가를 할 수 있다(민소법 제79조 제1항). 독립당사자참가 중 '권리주장참가'는 원고의 본소청구와 참가인의 청구가 그 주장 자체에서 양립할 수 없는 관계라고 볼 수 있는 경우에 허용될 수 있는 것이고, '사해방지참가'는 본소의 원고와 피고가 당해 소송을 통하여 참가인을 해할 의사를 갖고 있다고 객관적으로 인정되고 그 소송의 결과 참가인의 권리 또는 법률상 지위가 침해될 우려가 있다고 인정되는 경우에 허용될 수 있다.

2. 확인의 이익

자기의 권리 또는 법률상의 지위가 타인들 사이의 사해적 법률행위를 청구원인으로 한 사해소송의 결과로 인하여 침해를 받을 염려가 있는 경우에, 그 타인들을 상대로 하여 사해소송의 청구원인이 된 법률행위가 무효라는 확인을 소구하는 것은 사해판결이 선고·확정되고 집행됨으로써 자기의 권리 또는 법률상의 지위가 침해되는 것을 방지하기 위한 유효적절한 수단이 되므로 확인의 이익이 있어서 적법하다(대법원 1990. 7. 13. 선고 89다카20719 판결 등).

3. 사안의 해결

사안에서 甲과 丙 사이의 저당권설정계약이 통정허위표시에 해당하여 무효임에도 丙이 甲을 상대로 저당권설정등기청구의 소를 제기하는 것은 당해 소송을 통하여 일반채권자인

乙을 해할 의사가 있음이 객관적으로 인정되고, 그 소송의 결과로 X토지에 관하여 丙의 저당권이 설정된다면 일반채권자인 乙의 권리가 침해될 우려가 있다. 乙은 丙과 甲을 상대로 X토지에 관한 저당권설정계약이 통정허위표시로서 무효라고 주장하면서 'X토지에 관하여 甲과 丙이 체결한 이 사건 계약이 무효임을 확인한다'는 취지의 사해방지참가신청을 할 수 있다.

(15) 甲은 乙을 상대로 X부동산에 관한 매매를 원인으로 하는 소유권이전등기절차의 이행을 청구하는 소를 제기하였다. 제1심 소속계속 중 丙은 乙에 대하여는 X부동산에 관한 매매를 원인으로 하는 소유권이전등기절차의 이행을 청구하고, 甲에 대하여는 X부동산에 관하여 乙에 대한 소유권이전등기청구권이 丙에게 있다는 확인을 청구하는 독립당사자참가신청(이하 '이 사건 신청'이라고 함)을 하였다. 〈 아래의 각 설문은 관련이 없음 〉 (2017년 8월 변시 모의시험)

① 丙이 이 사건 신청 사유로서 동일한 매매계약에서 매수인이 甲이 아니라 丙 자신이라고 주장하여(이 사건 신청이 적법하다는 것을 전제로 할 것), 제1심 법원은 '乙은 甲과 丙에게 X부동산의 1/2 지분씩에 관하여 매매를 원인으로 하는 각 소유권이전등기절차를 각 이행한다. X부동산의 1/2 지분에 관하여 乙에 대한 소유권이전등기청구권이 丙에게 있음을 확인한다'는 내용의 화해권고결정을 하였다. 이 결정정본은 2007. 1. 2. 甲, 乙, 丙에게 각 송달되었고, 丙은 같은 달 3. 이의신청을 하였으나, 甲과 乙은 같은 달 31.까지 이의신청을 하지 않았다. 甲, 乙, 丙 사이의 소송은 종료되었는가?

1. 쟁점

독립당사자참가가 있는 경우에 화해권고결정에 의하여 소송이 종료되기 위한 요건이 검토되어야 한다.

2. 화해권고결정

화해권고결정은 당사자가 그 결정서 정본을 송달받고 2주 내에 이의신청을 하지 않으면 확정되어 재판상 화해와 같은 효력을 갖고, 그 결과 소송은 종료된다(민소법 제226조 제1항, 제231조).

3. 독립당사자참가소송의 심리

독립당사자참가는 원·피고 양쪽 또는 한쪽을 상대방으로 하여 원·피고 사이의 청구와 관련된 자기의 청구에 대하여 함께 심판을 구하기 위하여 그 소송절차에 참가하는 것인데(민소법 제79조), 권리주장참가와 사해방지참가가 있다. 권리주장참가는 참가인이 소송목적의 전부나 일부가 자기의 권리라고 주장하면서 참가를 하는 것으로서 원고의 본소청구와 양립이 불가능한 청구를 하는 경우이고, 사해방지참가는 소송결과에 따라 참가인의 권리가 침해된다고 주장하는 경우로서 본소청구와 양립이 가능한 청구도 허용된다.

독립당사자참가에는 필수적 공동소송에 관한 민소법 제67조가 준용되므로 소송자료의 통일, 소송진행의 통일, 본안재판의 통일이 요청된다.

4. 독립당사자참가와 화해권고결정

독립당사자참가소송은 동일한 권리관계에 관하여 원·피고 및 참가인 상호간의 다툼을 하나의 소송절차로 한꺼번에 모순 없이 해결하려는 소송형태로서, 두 당사자 사이의 소송행위는 나머지 1인에게 불이익이 되는 한, 두 당사자 사이에도 효력이 발생하지 않으므로 원·피고 사이에만 재판상 화해를 하는 것은 3자 간의 합일확정의 목적에 반하기 때문에 허용되지 않는다(대법원 2005. 5. 26. 선고 2004다25901, 25918 판결).

5. 사안의 해결

사안에서 화해권고결정에 대하여 甲과 乙은 이의를 하지 않고 참가인 丙만 이의를 하였더라도, 甲과 乙 사이의 화해권고결정의 내용이 丙에게 불이익이 되므로 그 이의의 효력은 甲과 乙에게 미친다. 따라서 화해권고결정은 甲과 乙 사이에서도 확정되지 않고, 甲, 乙, 丙 사이의 소송은 계속된다.

② (丙이 이 사건 신청 사유로서 乙이 甲과 丙에게 이중매매를 하였다고 주장하여 이 사건 신청이 부적법하다는 것을 전제로 할 것) 제1심 소송에서 乙은 "乙이 甲에게 X부동산을 매도한 사실이 없다."라고 진술하였지만, 제1심 법원은 증거조사 결과 乙이 甲에게 X부동산을 매도하였다는 확신을 가지게 되자, 甲의 乙에 대한 청구를 인용하고 이 사건 신청을 각하하는 판결을 선고하였는데, 이 판결에 대하여 丙만이 항소하였다. 항소심 법원은 증거조사 결과 乙이 甲에게 X부동산을 매도하였는지 여부에 대하여 확신을 갖지 못하자, 제1심판결 중 본소 부분을 취소하고 甲의 乙에 대한 청구를 기각하며 丙의 항소를 기각하는 판결을 선고하였

다. 항소심판결은 적법한가?

1. 쟁점

원고의 청구를 인용하고 독립당사자참가인의 청구를 각하한 제1심판결에 대하여 참가인만 항소를 한 경우, 참가인의 항소를 기각하면서 제1심판결을 취소하고 원고의 청구를 기각할 수 있는지가 본안재판의 합일확정 필요로 하는 독립당사자참가소송의 심리방식과 관련하여 검토되어야 한다.

2. 이중매매와 독립당사자참가의 적부

이중매매의 경우, 제1매수인의 계약에 기초한 이행청구와 제2매수인의 계약에 기초한 청구는 양립할 수 있으므로, 이중매수인이 계약에 기초한 청구를 하면서 독립당사자참가 중 권리주장참가를 하는 것은 부적법하다. 다만, 사해방지참가의 요건을 갖추면 사해방지참가가 성립할 여지는 있다.

3. 독립당사자참가소송에서 판결에 대한 상소

민소법 제79조의 독립당사자참가소송은 동일한 권리관계에 관하여 원고, 피고, 참가인이 서로의 다툼을 하나의 소송절차로 한꺼번에 모순 없이 해결하는 소송형태로서, 독립당사자참가가 적법하다고 인정되어 원고, 피고, 참가인 사이의 소송에 대하여 본안판결을 할 때에는 하나의 종국판결을 선고함으로써 세 당사자들 사이에서 합일확정의 결론을 내려야 하고, 이러한 본안판결에 대하여 일방이 항소한 경우에는 제1심판결 전체의 확정이 차단되고 사건 전부에 관하여 이심의 효력이 생긴다. 그리고 이러한 경우 항소심의 심판대상은 실제 항소를 제기한 당사자의 항소취지에 나타난 불복범위에 한정하되, 세 당사자 사이의 결론의 합일확정의 필요성을 고려하여 그 심판범위를 판단하여야 하고, 이에 따라 항소심에서 심리·판단을 거쳐 결론을 내림에 있어 세 당사자 사이의 결론의 합일확정을 위하여 필요한 경우에는 그 한도 내에서 항소 또는 부대항소를 제기한 바 없는 당사자에게 결과적으로 제1심판결보다 유리한 내용으로 판결이 변경되는 것도 배제할 수는 없다(대법원 2007. 10. 26. 선고 2006다86573, 86580 판결).

4. 독립당사자참가인의 청구를 각하한 제1심판결에 대하여 참가인만 항소를 한 경우

민소법 제79조 제1항에 따라 원·피고, 독립당사자참가인 사이의 소송에 대하여 본안판결을 할 때에는 하나의 종국판결만을 하여야 하고 당사자의 일부에 대하여만 판결을 하는 것은 허용되지 않으며, 같은 조 제2항에 의하여 제67조가 준용된다. 따라서 독립당사자참가소송에서 원고승소의 판결에 대하여 참가인만이 상소를 한 경우에도 판결 전체의 확정이 차단되고 사건 전부에 관하여 이심의 효력이 생기지만, 원고승소의 판결에 대하여 참가인만이 상소를 하였음에도 상소심에서 원고의 피고에 대한 청구인용 부분을 원고에게 불리하게 변경할 수 있는 것은 참가인의 참가신청이 적법하고 나아가 합일확정이 필요한 경우에 한한다. 따라서 원고의 피고에 대한 청구를 인용하고 참가인의 참가신청을 각하한 제1심판결에 대하여 참가인만이 항소를 한 경우, 참가인의 참가신청이 부적법하다는 이유로 참가인의 항소를 기각한 경우에는 제1심판결 중 본소 부분을 취소하고 다시 판단해서는 안된다(대법원 2007. 12. 14. 선고 2007다37776, 37783 판결).

5. 사안의 해결

사안에서 丙의 독립당사자참가가 권리주장참가인지, 사해방지참가인지 불분명하지만 참가가 부적법하다고 전제하고 있으므로, 항소심에서 참가인 丙의 항소를 기각한 것은 적법하다(이중매수인의 독립당사자참가를 부적법하다고 한 제1심판결이 정당하다). 참가인 丙의 독립당사자참가가 부적법하므로 甲, 乙, 丙 사이의 권리관계를 합일확정할 필요가 있는 경우에 해당하지 않는다. 그럼에도 항소심이 乙의 항소가 없는 상황에서 제1심판결 중 본소 부분을 취소하고 甲의 乙에 대한 청구를 기각한 것은 위법하다.

유사문제 X토지의 매수인인 甲은 2017. 7. 4. 매도인인 乙을 상대로 매매를 원인으로 한 소유권이전등기청구를 하였다. 이에 丙은 2017. 9. 10. 乙을 상대로 X토지의 취득시효 완성을 원인으로 한 소유권이전등기청구를 하여 권리주장참가로서 독립당사자참가신청을 하였다. 이후 제1심 법원은 甲의 乙에 대한 청구를 인용하고 丙의 참가신청을 각하하였다. 제1심 법원의 판단에 대하여 丙만 항소하였다. 항소법원은 丙의 항소를 기각하면서, 제1심판결 중 甲이 승소한 본소 청구 부분을 취소하고, 甲의 乙에 대한 청구를 기각하였다. 이러한 항소법원의 판단은 타당한가? (제10회 변호사시험)

(16) X부동산에 관하여 乙 명의로 소유권보존등기가 마쳐졌다. 甲은 乙을 상대로 X부동산에 관한 소유권보존등기말소 및 자신이 X부동산의 소유권자라는 확인을 구하는 소를 제기하였다. 이 소송에서 丙은 乙을 상대로 X부동산에 관한 소유권보존등기말소 및 자신이 X부동산

의 소유권자라는 확인을 구함과 아울러 甲을 상대로 자신이 X부동산의 소유권자라는 확인을 구하는 독립당사자참가신청을 하였다. 위 소송에서 법원은 甲의 청구를 인용하고 丙의 청구를 기각하는 판결을 선고하였고, 이에 대해 丙만이 항소를 하였다. 그런데 항소심 법원의 심리결과 X부동산의 소유권이 乙에게 있음이 밝혀졌을 때, 항소심 법원은 甲의 청구를 기각하여야 하는가? (2018년 6월 변시 모의시험)

1. 쟁점

사안에서 丙의 독립당사자참가의 적법 여부 및 독립당사자참가인 丙의 항소가 본안판결에 미치는 영향에 대하여 검토하여야 한다.

2. 독립당사자참가의 요건

민소법 제79조 제1항은 "소송목적의 전부나 일부가 자기의 권리라고 주장하거나, 소송결과에 따라 권리가 침해된다고 주장하는 제3자는 당사자의 양 쪽 또는 한 쪽을 상대방으로 하여 당사자로서 소송에 참가할 수 있다."고 규정하고 있다. 독립당사자참가에서 소송목적의 전부나 일부가 자기의 권리라고 주장하는 것은 참가인이 원고의 본소와 양립할 수 없는 권리 또는 그에 우선할 수 있는 권리를 주장하는 경우이다.

3. 독립당사자참가소송에서 참가인만이 상소한 경우 이심의 범위

민소법 제79조에서 규정하고 있는 독립당사자참가소송은 동일한 권리관계에 관하여 원고, 피고, 참가인이 서로간의 다툼을 하나의 소송절차로 한꺼번에 모순 없이 해결하는 소송형태로서, 독립당사자참가가 적법하다고 인정되어 원고, 피고, 참가인간의 소송에 대하여 본안판결을 할 때에는 하나의 종국판결을 선고함으로써 위 세 당사자들 사이의 권리관계에 관하여 합일확정적인 결론을 내려야 하고, 이러한 본안판결에 대하여 일방이 항소한 경우에는 판결 전체의 확정이 차단되고 사건 전부에 관하여 이심의 효력이 생긴다(대법원 2007. 10. 26. 선고 2006다86573,86580 판결).

4. 독립당사자참가소송에서 불이익변경금지 원칙의 적용 여부

민소법 제79조에 의한 독립당사자참가소송은 동일한 권리관계에 관하여 원고, 피고, 참가인이 서로간의 다툼을 하나의 소송절차로 한꺼번에 모순 없이 해결하는 소송형태로서, 독립당사자참가가 적법하다고 인정되어 원·피고 및 참가인간의 소송에 대하여 본안판결을 할 때에는 하나의 종국판결을 선고함으로써 세 당사자들 사이의 권리관계에 관하여 합일확정적인 결론을 내려야 하고, 이러한 본안판결에 대하여 일방이 항소한 경우에는 제1심판결 전체의 확정이 차단되고 사건 전부에 관하여 이심의 효력이 생긴다. 그리고 이러한 경우 항소심의 심판대상은 실제 항소를 제기한 자의 항소취지에 나타난 불복범위에 한정하되 세 당사자 사이의 결론의 합일확정의 필요성을 고려하여 그 심판의 범위를 판단하여야 하는바, 그 한도 내에서 항소 또는 부대항소를 제기한 바 없는 당사자에게 결과적으로 제1심판결보다 유리한 내용으로 판결이 변경되는 것도 배제할 수는 없다(대법원 2007. 10. 26. 선고 2006다86573 판결).

5. 사안의 해결

사안에서 丙의 독립당사자참가는 甲의 소송목적인 X부동산의 소유권이 자신의 권리라고 주장하는 것으로 권리주장참가에 해당하고, 丙과 甲의 청구는 법률상 양립할 수 없다. 따라서 丙의 참가신청은 적법하다. 丙의 독립당사자참가가 적법한 이상 항소하지 않은 甲의 청구도 丙의 청구와 함께 항소심에 이심되고, 항소하지 않은 乙에게 유리하게 1심 판결을 취소하고, 甲의 청구를 기각하여야 한다.

(17) A주식회사는 주주총회를 개최하여 甲을 새 이사로 선임하였다. 이에 불만을 품은 주주 乙이 제소기간 내에 위 주주총회결의의 취소를 구하는 소를 제기했는데, 소송계속 중에 乙은 자신이 소유하던 위 회사 주식 전부를 丙에게 양도하였다. 丙은 위 주주총회결의의 취소를 구할 수 있는 제소기간을 도과한 시점에 위 회사 주식을 양수하였지만 위 주주총회결의의 취소를 구하고 싶다. 어떻게 하여야 하는가?

1. 주총결의취소소송의 원고적격 및 제소기간

주주총회의 소집절차 또는 결의방법이 법령 또는 정관에 위반하거나 현저하게 불공정한 때 또는 그 결의의 내용이 정관에 위반한 때에는 주주·이사 또는 감사는 결의의 날로부터 2월 내에 결의취소의 소를 제기할 수 있다(상법 제376조 제1항).

2. 소송목적인 권리관계의 승계

소송계속 중에 소송목적인 권리 또는 의무의 전부 또는 일부를 승계한 사람은 민소법 제81조에 의하여 소송에 참가할 수 있다. 소송목적인 권리 또는 의무의 승계인은 소송물인 권리관계의 양도, 양수인뿐만 아니라, 당사자적격 이전의 원인이 되는 실체법상 권리의 양도, 양수인도 포함된다(대법원 2003. 2. 26. 선고 2000다42786 판결).

3. 사안의 해결

사안에서 주주인 乙이 주총 결의일로부터 2월 이내에 적법하게 주주총회결의취소의 소를 제기하였는바, 丙이 乙로부터 주식을 양수할 당시는 이미 주총결의취소소송의 제소기간이 도과하였으므로 새로운 소를 제기할 수 없지만, 丙은 당사자적격의 승계인으로서 乙이 제기한 주총결의취소소송에 승계참가를 할 수 있다.

(18) 甲은 주택건설사업 등을 영위하는 건설회사이고, 乙은 연립주택을 철거하고 새로이 아파트를 건축하려고 조직된 재건축조합이다. 甲과 乙은 공동사업주체로서 기존의 연립주택을 철거하고 그 지상에 아파트를 건설하기로 하며, 乙의 조합원들에 의한 사업부지 제공의 대가로 아파트의 일부 세대를 乙의 조합원들에게 분양하고 乙의 조합원들이 일정한 분담금을 납부하는 한편, 나머지 일반분양세대를 분양하여 그 대금을 甲과 乙에게 귀속시키기로 하는 내용의 시행·시공계약(이하 '이 사건 계약'이라 함)을 체결하였다. 이 사건 계약에 따르면 甲과 乙은 아파트를 공동으로 분양하고 수익과 손실을 공동으로 분담하는 것으로 되어 있었다. 이에 따라 甲과 乙이 공동으로 매도인이 되어 2010. 10. 20. 丙에게 일반분양세대인 아파트를 분양하는 내용의 분양계약서를 작성하여 분양계약을 체결하였다. 수분양자인 丙이 분양대금을 지급하지 않자 甲과 乙은 丙을 상대로 분양대금의 지급을 구하는 소를 제기하였는데, 위 소송의 항소심에서 甲, 乙은 丁에게 자신이 丙에 대하여 가지는 분양대금채권을 양도하였다. 丁이 위 소송의 항소심에 참가할 수 있는 방법은 무엇인가? (2013년 6월 변시 모의시험)

1. 승계참가

소송이 법원에 계속되어 있는 동안에 제3자가 소송목적인 권리 또는 의무의 전부나 일부를 승계하였다고 주장하는 경우, 민소법 제79조의 규정에 따라 소송에 참가할 수 있다(민소법 제81조).

2. 사안의 해결

사안에서 丁은 소송의 목적이 된 채권의 양수인으로서 甲과 乙이 제기한 소송에 승계참가를 할 수 있다.

(19) 甲은 乙소유의 A대지를 2011. 3. 11. 대금 1억 원에 매수하는 매매계약을 체결하였다. 甲은 계약금 및 중도금 4,000만 원을 지급하고 나머지 잔금은 2011. 6. 11. 지급하기로 약정하였다. 甲에 대해 1억 원의 대여금채권을 가진 다른 채권자 Y는 甲을 대위하여 소유자 乙을 상대로 소유권이전등기청구의 소를 제기하였다. 원고 Y가 제기한 대위소송이 진행되던 중 피고 乙은 A대지를 丙에게 매각하고 이전등기까지 마쳐주었다. 원고 Y는 위 소송절차에 丙을 승계인으로 끌어들이고자 인수승계신청을 하였다. 이러한 인수승계신청은 적법한가? (2014년 10월 변시 모의시험)

1. 인수승계의 요건

민소법 제82조는 "소송이 법원에 계속되어 있는 동안에 제3자가 소송목적인 권리 또는 의무의 전부나 일부를 승계한 때에 법원은 당사자의 신청에 따라 그 제3자로 하여금 소송을 인수하게 할 수 있다."고 규정하고 있다. 소송목적인 권리 또는 의무의 승계는 소송물인 권리관계 자체가 제3자에게 이전된 경우뿐만 아니라, 당사자적격 이전의 원인이 되는 실체법상의 권리이전을 포함한다. 위 규정의 소송목적인 권리 또는 의무의 승계에 관하여, 학설로는 소송목적인 권리관계 자체뿐만 아니라, 계쟁물의 승계가 포함되고, 물권적 청구권에 기초한 것이든, 채권적 청구권에 기초한 것이든 상관이 없다고 하는 견해가 있다. 판례는 "부동산소유권이전등기청구소송 계속 중 그 소송목적이 된 부동산에 대한 이전등기 이행채무 자체를 승계함이 없이 단순히 같은 부동산에 대한 소유권이전등기(또는 근저당설정등기)가 제3자 앞으로 경료되었다 하여도 이는 소송목적인 의무를 승계한 때에 해당한다고 할 수 없으므로 위 제3자에 대하여 등기말소를 구하기 위한 소송의 인수는 허용되지 않는다."고 한다(대법원 1983. 3. 22.자 80마283 결정).

2. 사안의 해결

사안에서 Y의 乙에 대한 청구는 甲의 乙에 대한 매매계약에 기초한 소유권이전등기청구권을 대위행사하는 것으로서, 소송계속 중에 丙이 乙로부터 A대지를 매수하여 그 소유권이전등기를 마쳤다고 하더라도 丙이 乙의 甲에 대한 매매계약상 지위를 양수한 것이 아닌 한 소송목적인 의무를 승계한 때에 해당되지 않는다. 丙은 계쟁물인 A대지의 승계인으로 볼 수 있으나, 甲의 乙에 대한 청구는 채권적 청구권에 기초한 것으로서, 판례 및 물권적 청구권에 기초한 청구에 있어서만 계쟁물의 승계를 소송의 목적인 권리의 승계로 인정하는 견해에 따르면 Y의 丙에 대한 인수승계신청은 적법하지 않다.

(20) 甲은 乙에게 1억 원을 대여한 후 그 반환을 구하는 소를 제기하였다. 위 소송 도중 甲은 丙이 위 1억 원의 반환채무를 면책적으로 인수하였다고 주장하면서 丙을 승계인으로 하는 교환적 인수승계신청을 하였다. 심리결과 丙이 위 1억 원의 반환채무를 인수한 사실이 없는 것으로 밝혀졌다. 이 소송에서 법원은 甲과 丙 사이에 어떠한 재판을 하여야 하는가? (乙에 대한 재판은 논외로 할 것) (2017년 10월 변시 모의시험)

1. 본안재판에서 채무인수인의 승계사실이 인정되지 않는 경우

소송계속 중에 소송목적인 의무의 승계가 있다는 이유로 하는 소송인수신청이 있는 경우 신청의 이유로서 주장하는 사실관계 자체에서 그 승계적격의 흠결이 명백하지 않는 한 결정으로 그 신청을 인용하여야 하고, 그가 승계인에 해당하는가의 여부는 피인수신청인에 대한 청구의 당부와 관련하여 판단할 사항으로서, 심리한 결과 승계사실이 인정되지 않으면 청구기각의 본안판결을 하면 되는 것이지, 인수참가신청 자체가 부적법하게 되는 것은 아니다(대법원 2005. 10. 27. 선고 2003다66691 판결).

2. 사안의 해결

사안에서 丙이 대여금 반환채무를 면책적으로 인수하였음을 내용으로 하는 인수승계신청은 적법하고, 본안심리결과 丙이 면책적 채무인수인이 아닌 것으로 밝혀진 이상, 법원으로서는 청구기각의 판결을 하여야 한다.

유사문제 甲은 자신의 소유인 X토지 위에 乙이 무단으로 Y건물을 신축한 것이라고 주장하면서 乙을 상대로 건물철거 및 토지인도를 청구하는 소를 제기하였다. 위 소송계속 중에 甲은 Y건물이 丙에게 팔렸다는 이야기를 듣고 법원에 丙의 소송인수를 신청하였고, 이에 대해 법원은 인수결정을 하였다. 그런데 위 소송의 심리결과 乙에게서 Y건물을 매수하여 점유하고 있는 자는 丙이 아니라 丁이라는 사실이 밝혀졌다. 이 경우 법원은 丙에 대하여 어떠한 내용의 재판을 하여야 할 것인가? (2007년 사법시험)

(21) 甲과 A, B는 전매차익을 얻을 목적으로 공동으로 상인인 乙로부터 X토지를 매수하기로 하고, 乙과 매매계약을 체결하기 전에 "甲과 A, B는 각자 자금을 출연하여 乙로부터 X토지를

매수하고 출연자금의 비율에 따라 甲은 1/2, A와 B는 각 1/4 지분으로 소유권이전등기를 한다. 甲과 A, B는 각 공유지분을 인정하고 그 지분권을 개별적으로 행사할 수 있다."는 합의를 하였다. 그 후 甲과 A, B는 2005. 3. 1. 공동으로 매수인이 되어 乙로부터 乙 소유인 X토지를 금 5억 원에 매수하기로 하는 계약을 체결하고 중도금까지 총 4억 원을 지급하였는데, 그 후 乙은 丙으로부터 금 2억 원을 차용하면서 X토지에 관하여 丙에게 저당권설정등기를 마쳐주었고, 다시 丁과의 사이에 X토지를 금 6억 원에 매도하기로 하는 계약을 체결하였다. 甲과 A, B(이하 '甲 등'이라고 함)가 잔금 지급기일인 2008. 8. 1. 그 이행을 제공하였으나 乙이 소유권이전등기를 회피함에 따라 甲 등은 2009. 5. 1. 乙을 상대로 X토지에 관하여 위 매매를 원인으로 하는 소유권이전등기청구의 소를 제기하였다. 위 소송에서 아래와 같은 신청이 있는 경우 법원은 그 신청에 대하여 어떻게 심리 · 판단하여야 하는가? (2013년 10월 변시 모의시험)

① 丙과 丁이 乙의 승소를 돕기 위하여 보조참가신청을 한 경우

1. 보조참가의 요건

민소법 제71조는 "소송결과에 이해관계가 있는 제3자는 한 쪽 당사자를 돕기 위하여 법원에 계속 중인 소송에 참가할 수 있다."고 규정하고 있다. '소송결과에 이해관계'가 있다는 의미는 다른 사람 사이의 재판의 결과가 자신의 법적 지위에 영향을 미치게 되는 경우를 말하는데, 이것은 소송물인 권리관계의 존부에 직접적인 영향을 받는 관계에 있는 것을 의미하고 경제적이나 사실적 이해관계 등은 포함되지 않는다.

당사자가 참가에 대하여 이의를 신청한 때에는 참가인은 참가의 이유를 소명하여야 하며, 법원은 참가를 허가할 것인지 아닌지를 결정하여야 한다(민소법 제73조 제1항). 이때 법원은 직권으로 참가인에게 참가의 이유를 소명하도록 명할 수 있으며, 참가의 이유가 있다고 인정되지 아니하는 때에는 참가를 허가하지 아니하는 결정을 하여야 한다(민소법 제73조 제2항). 다만 당사자가 참가에 대하여 이의를 신청하지 아니한 채 변론하거나 변론준비기일에서 진술을 한 경우에는 이의를 신청할 권리를 잃는다(민소법 제74조).

2. 사안의 해결

가. 丙의 경우

근저당권자인 丙으로서는 甲 등이 乙을 상대로 제기한 매매를 원인으로 한 소유권이전등기청구소송의 결과에 영향을 받지 않으므로 丙의 보조참가신청은 부적법하다. 법원은

丙이 한 보조참가신청에 대하여 참가이유를 소명하게 한 다음 허가하지 않는 결정을 하여야 한다.

나. 丁의 경우

부동산 이중매수인인 丁의 경우, 甲 등이 위 소유권이전등기청구소송에서 승소하고 그 확정판결에 따라 등기를 마쳐버리면 乙의 丁에 대한 소유권이전등기의무는 이행불능이 되는 상황이라면, 위 소유권이전등기청구소송에 법률상 이해관계가 있다. 丁은 위 소송에 보조참가를 할 수 있고, 법원으로서는 민소법 제71조에 의하여 당사자가 참가에 대하여 이의를 신청한 때에 참가를 허가하는 결정을 하여야 한다.

② 丁이 乙의 승계인임을 주장하면서 참가승계신청을 한 경우

1. 승계참가의 요건

소송이 법원에 계속되어 있는 동안에 제3자가 소송목적인 권리 또는 의무의 전부 또는 일부를 승계한 경우 그 제3자는 소송이 계속된 법원에 승계참가신청을 할 수 있는바(민소법 제81조), 이러한 승계참가신청은 일종의 소의 제기에 해당하고 참가요건은 소송요건에 해당하므로 참가요건에 흠이 있는 때에는 변론을 거쳐 판결로 참가신청을 각하하여야 한다(대법원 2012. 4. 26. 선고 2011다85789 판결).

2. 사안의 해결

사안에서 이중매수인 丁은 소송계속 중에 소송목적인 권리를 양수한 사람에 해당되지 않으므로 그의 참가승계는 부적법하다. 법원은 부적법한 참가승계에 대하여 변론을 거쳐 판결로써 참가신청을 각하하여야 한다.

(22) 甲은 2011. 1. 1. 가전제품 판매업을 하는 乙에게 사업자금으로 1억 원을 이자는 월 1%, 변제기는 2011. 12. 31.로 정하여 대여하였다. 乙이 변제기 이후에도 차용원리금을 변제하지 않자, 甲은 2015. 1. 1. 乙을 상대로 1억 원 및 이에 대하여 2011. 1. 1.부터 다 갚는 날까지 월 1%의 이자 및 지연손해금을 지급을 구하는 대여금청구의 소를 제기하였다. 이에 대하여 乙은 2011. 12. 31. 밀린 이자 전액과 원금 중 1,000만 원을 변제하였다는 항변과 甲이 구입한 냉장고에 관한 1,000만 원의 물품대금채권을 자동채권으로 하여 상계한다는 항변을 하였는

데, 제1심 법원은 상계항변을 받아들여서 甲의 청구 중 9,000만 원을 인용하는 판결을 선고하였고, 이에 대하여는 乙만이 패소부분에 대하여 항소를 제기하였다. 항소심 계속 중에 丙이 甲의 乙에 대한 위 대여금채권을 양수하였다고 주장하면서 승계참가를 하였고, 甲은 乙의 동의를 받아 소송에서 탈퇴하였는데, 심리결과 丙은 甲의 이웃에서 사무실을 열고 있는 법무사로서 甲은 丙으로 하여금 법원에 출석하여 소송수행을 하게 할 목적으로 위 대여금채권을 양도한 사실이 밝혀졌다. (2018년 기말고사)

① 항소심은 어떤 재판을 하여야 하는가?

1. 승계참가소송에서 심리결과 승계사실이 인정되지 않는 경우

제3자가 소송계속 중에 소송목적인 권리를 승계하였다고 주장하며 소송에 참가한 경우, 참가신청의 이유로 주장하는 사실관계 자체에서 승계적격의 흠이 명백하지 않는 한, 승계인에 해당하는지 여부는 승계참가인의 청구의 당부와 관련하여 판단할 사항이므로, 심리결과 승계사실이 인정되지 않으면 승계참가인의 청구를 기각하는 판결을 하여야지, 승계참가신청을 각하하는 판결을 하여서는 안된다(대법원 2003. 3. 14. 선고 2002다70211, 70228 판결). 그리고 승계참가인의 참가신청이 적법한 이상 피승계참가인과 상대방의 소송관계는 피승계참가인이 상대방의 승낙을 얻어 소송에서 탈퇴함으로써 종료된다고 보아야 하므로, 법원은 탈퇴한 피승계참가인의 청구에 관하여 심리·판단할 수 없다(대법원 2011. 4. 28. 선고 2010다103048 판결).

2. 사안의 해결

사안에서 丙이 甲의 乙에 대한 대여금채권을 양수하였다고 주장하면서 승계참가를 하였으므로 그 승계참가신청을 부적법하다고 할 수는 없고, 甲의 丙에 대한 채권양도가 소송행위를 목적으로 한 것으로 소송신탁에 해당하여 법률적 효력이 없으므로 승계참가인 丙의 乙에 대한 양수금청구는 이유가 없어 기각되어야 한다. 甲은 적법하게 탈퇴를 하였으므로 甲의 소송은 종료된다.

② 위 항소심판결이 2016. 12. 31. 확정되자, 甲은 2017. 2. 1. 다시 乙을 상대로 1억 원 및 이에 대하여 2011. 1. 1.부터 다 갚는 날까지 월 1%의 이자 및 지연손해금의 지급을 구하는 대여금청구의 소를 제기하였다. 이에 대하여 乙은 甲의 丙에 대한 대여금채권의

양도가 효력이 없어서 丙의 승계참가가 부적법한 이상, 甲의 소송탈퇴는 효력이 없어서 甲의 소송은 항소심에 계속되고 있다고 보아야 하고, 그렇지 않다고 하더라도 상사채권인 위 대여금채권의 소멸시효기간이 경과하였다고 다투었다. 乙의 위 주장은 받아들여질 수 있는가?

1. 승계참가와 소송탈퇴

소송계속 중에 승계참가인에게 소송목적인 권리나 의무를 양도한 피참가인은 상대방의 승낙을 받아 소송에서 탈퇴할 수 있고, 탈퇴한 당사자에 대하여도 판결의 효력이 미친다(민소법 제80조). 이러한 소송탈퇴는 승계참가가 적법한 경우에만 허용되는 것이므로, 승계참가가 부적법한 경우에는 피참가인의 소송탈퇴는 허용되지 않고 피참가인과 상대방 사이의 소송관계가 유효하게 존속한다.

그러나 승계참가인의 참가신청이 적법하면, 피승계참가인과 상대방의 소송관계는 피승계참가인이 상대방의 승낙을 얻어 소송에서 탈퇴함으로써 종료되므로 법원은 탈퇴한 피승계참가인의 청구에 관하여 심리·판단할 수 없다(대법원 2011. 4. 28. 선고 2010다103048 판결).

2. 승계참가와 시효중단

재판상의 청구는 소송의 각하, 기각 또는 취하의 경우에는 시효중단의 효력이 없고(민법 제170조 제1항), 다만 그로부터 6개월 내에 다시 재판상의 청구 등을 한 때에는 시효는 최초의 재판상 청구로 인하여 중단된 것으로 본다(민법 제170조 제2항).

한편, 소송이 법원에 계속되어있는 동안에 제3자가 소송목적인 권리의 전부나 일부를 승계하였다고 주장하면서 소송에 참가한 경우 그 참가는 소송이 법원에 처음 계속된 때에 소급하여 시효의 중단 또는 법률상 기간준수의 효력이 생긴다(민소법 제81조). 소송목적인 권리를 양도한 원고는 피고의 승낙을 받아 소송에서 탈퇴할 수 있는데, 그 후 법원이 승계참가인의 청구의 당부에 관하여 심리한 결과 승계참가인의 청구를 기각하거나 소를 각하하는 판결을 선고하여 그 판결이 확정된 경우에는 원고가 제기한 최초의 재판상 청구로 인한 시효중단의 효력은 소멸한다. 다만, 소송탈퇴는 소의 취하와는 그 성질이 다르며, 탈퇴 후 잔존하는 소송에서 내린 판결은 탈퇴자에 대하여도 그 효력이 미친다(민소법 제82조 제3항, 제80조 단서). 승계참가인의 소송목적에 관한 양수의 효력이 부정되어 승계참가인의 청구가 청구기각 또는 소각하 판결이 확정된 날부터 6개월 내에 탈퇴한 원고가 다시 탈퇴 전과 같은 재판상의 청구 등을 한 때에는 탈퇴 전에 원고가 제기한 재판상의 청구로 인하여 발생한 시효중단의 효력은 그대로 유지된다(대법원 2017. 7. 18. 선고 2016다35789 판결).

3. 사안의 해결

사안에서 丙의 승계참가는 적법하므로 甲의 소송탈퇴는 적법하고, 甲의 소송은 종료된다. 이에 관한 乙의 주장은 받아들여질 수 없다.

승계참가인 丙의 청구가 기각되었다고 하더라도 그 판결의 확정일로부터 6개월 내에 甲이 다시 탈퇴 전과 같은 청구를 한 이상, 탈퇴 전에 甲이 제기한 재판상 청구로 인하여 발생한 시효중단의 효력은 그대로 유지된다. 이에 관한 乙의 주장 역시 받아들여질 수 없다.

유사문제 1. 甲은 2008. 4. 1. 乙에게 1억 원을 변제기 2009. 3. 31.로 정하여 대여하였다. 甲은 2018. 11. 1. 乙을 상대로 위 대여금 1억 원의 지급을 청구하는 소(전소)를 제기하였다. 전소에서 甲은 丙에게 위 대여금 채권을 양도하였다고 주장하면서 丙에 대한 소송인수 신청을 하였고, 법원이 소송인수 결정을 하였으며, 乙은 2019. 5. 1. 乙의 동의를 얻어 전소에서 탈퇴하였다. 인수참가인 丙에 대하여 청구인용 판결이 선고되자 乙은 항소를 제기하였다. 항소심은 위 채권양도가 무효라고 판단하여 丙에 대하여 청구기각 판결을 선고하였고 위 판결은 2019. 8. 1. 확정되었다. 채권양도가 무효로 판단됨에 따라 甲은 2019. 12. 1. 乙을 상대로 다시 위 대여금 1억 원의 지급을 청구하는 소(후소)를 제기하였다. 후소에서 乙은 '위 대여금 청구가 변제기로부터 10년이 도과하여 소멸시효가 완성되었다'고 주장하였고, 甲은 '시효완성 전에 전소를 제기하였고 비록 전소에서 탈퇴하였으나 전소 판결의 확정일부터 6개월 이내에 후소를 제기하였으므로 소멸시효가 중단되었다'고 주장하였다. 甲과 乙의 위 주장은 타당한가? (제9회 변호사시험)

2. 甲 종중(대표자 A)은 2009. 8. 7. 乙에게 3억 원을 변제기 1년으로 하여 대여하였는데, 乙이 변제기가 지나서도 변제하지 않자, 2019. 6. 11. 乙을 상대로 3억 원의 대여금 청구의 소를 제기하였다. 위 소송에서 乙은 소송대리인 B를 선임하였고, B는 제1회 및 제2회 변론기일에서 대표자 A가 甲 종중의 적법한 대표자가 아니고 또한 乙이 위 3억 원을 대여 받지 않았다고 주장하였다. 甲은 위 소송계속 중 丙에게 위 대여금채권을 양도했다고 주장하면서 소송인수를 신청하였다. 제1심 법원은 2020. 9. 30. 丙을 원고 인수참가인으로 하여 소송인수결정을 하였고, 같은 날 甲은 乙의 승낙을 받아 소송에서 탈퇴하였다. 제1심 법원은 2021. 2. 8. 甲과 丙 사이의 채권양도가 소송행위를 하게 하는 것을 주된 목적으로 이루어져 무효라는 이유로 丙에 대해 소각하 판결을 선고하였다. 위 소각하 판결에 대해 어느 쪽도 항소하지 않아 2021. 3. 7. 판결이 확정되자 甲은 2021. 4. 8. 乙을 상

소각하 판결에 대해 어느 쪽도 항소하지 않아 2021. 3. 7. 판결이 확정되자 甲은 2021. 4. 8. 乙을 상대로 위 2019. 6. 11.자 전소와 동일한 소(후소)를 다시 제기하였다. 이에 후소 법원은 위 대여금 채권은 소멸시효가 완성되었고 원고가 전소를 제기함으로써 발생한 시효중단의 효력도 원고가 전소에서 탈퇴한 2020. 9. 30.에 소멸하였다고 판단하여 甲의 청구를 기각하는 판결을 선고하였다. 이러한 법원의 판단은 정당한 것인가? (2021년 8월 변시 모의시험)

(23) 건축업을 하는 甲은 乙로부터 수급을 받아 X건물을 건축하고 공사대금 10억 원을 지급받지 못하였다고 하면서 2020. 5. 10. 乙을 상대로 10억 원의 공사대금청구의 소를 제기하였다. 한편 丙은 같은 해 6. 20. 甲의 乙에 대한 위 공사대금 채권 중 8억 원에 대하여 채권압류 및 전부명령을 받았고, 위 공사대금청구 소송계속 중 제3채무자인 乙에 대하여 8억 원의 전부금의 지급을 구하면서 승계참가신청을 하였다. 甲은 승계참가인의 승계 여부에 대해 다투지 않았으나 전부된 부분의 청구를 감축하지도 않았고 소송탈퇴도 하지 않았다. 제1심 법원은 2020. 11. 8. 甲의 청구를 기각하고, 丙의 乙에 대한 청구 중 6억 원을 지급하라는 판결을 선고하였다. 乙과 丙은 각 2020. 11. 20. 제1심판결 중 자신의 패소 부분에 대해 항소하였고 甲은 항소하지 않았다. 항소심 계속 중 乙이 丙의 전부명령이 다른 가압류와 경합된 상태에서 발령되어 무효라고 다투자, 甲은 2021. 3. 5. 부대항소를 제기하였다. 또한 乙은 甲이 제1심에서 패소한 뒤 불복하지 않아 甲에 대한 판결은 분리 확정되었고 그에 따라 甲이 제기한 부대항소는 부적법하다고 주장하였다. 항소심 법원의 심리결과, 丙의 압류 및 전부명령이 乙에게 송달되기 전에 甲에 대한 또 다른 채권자 丁이 甲의 乙에 대한 공사대금채권에 대하여 5억 원의 가압류를 한 사실, 乙의 甲에 대한 미지급 공사대금이 6억 원이라는 사실이 인정되었다. 항소심 법원은 어떤 판결을 하여야 하는가? (2021년 6월 변시 모의시험)

1. 쟁점

사안에서 원고 甲은 10억 원의 공사대금청구를 하고 승계참가인 丙은 전부채권자로서 8억 원의 전부금청구를 하였는바, 두 청구가 어떤 공동소송형태에 있는지에 따라 제1심판결의 확정범위와 항소심의 이심범위 및 심판대상이 결정되므로 이에 관하여 우선 검토하여야 하고, 이를 기초로 丙과 乙이 제기한 항소의 효과에 관하여 검토하여야 한다.

2. 권리승계형 승계참가에서 승계된 부분에 관한 원고의 청구가 그대로 유지되고 있는 경우

소송이 법원에 계속되어있는 동안에 제3자가 소송목적인 권리의 전부나 일부를 승계하였다고 주장하며 민소법 제81조에 따라 소송에 참가한 경우, 원고가 승계참가인의 승계 여부에 대해 다투지 않으면서도 소송탈퇴, 소 취하 등을 하지 않거나 이에 대하여 피고가 부동의하여 원고가 소송에 남아 있다면 승계로 인해 중첩된 원고와 승계참가인의 청구 사이에는 필수적 공동소송에 관한 민소법 제67조가 적용된다(대법원 2019. 10. 23. 선고 2012다46170 전원합의체 판결).

3. 필수적 공동소송에서 공동소송인 중 일부가 제기한 상소의 효력

공동소송인과 상대방 사이에 판결의 합일확정을 필요로 하는 고유필수적 공동소송에 있어서는 공동소송인 중 일부가 제기한 상소는 다른 공동소송인에게도 그 효력이 미치는 것이므로 공동소송인 전원에 대한 관계에서 판결의 확정이 차단되고 그 소송은 전체로서 상소심에 이심되며, 상소심판결의 효력은 상소를 하지 아니한 공동소송인에게 미치므로 상소심으로서는 공동소송인 전원에 대하여 심리·판단하여야 한다(대법원 2003. 12. 12. 선고 2003다44615, 44622 판결 참조).

4. 합일확정이 필요한 공동소송에서 항소심의 심판대상 및 불이익변경금지원칙의 적용

필수적 공동소송에서 항소심의 심판대상은 실제 항소를 제기한 사람의 항소취지에 나타난 불복범위에 한정하되, 원고, 피고, 승계참가인 사이의 결론의 합일확정의 필요성을 고려하여 그 심판의 범위를 판단하여야 한다. 이에 따라 항소심에서 심리·판단을 거쳐 결론을 내림에 있어 위 세 당사자 사이의 결론의 합일확정을 위하여 필요한 경우에는 그 한도 내에서 항소 또는 부대항소를 제기한 바 없는 당사자에게 결과적으로 제1심판결보다 유리한 내용으로 판결이 변경되는 것도 가능하다(대법원 2019. 10. 23. 선고 2012다46170 전원합의체 판결).

5. 사안의 해결

사안에서 甲의 10억 원의 공사대금청구 중 승계참가인 丙의 전부금청구와 중첩되는 부분 8억 원 부분은 甲의 청구와 丙의 청구가 합일확정되어야 할 관계에 있으므로 필수적 공동소송관계에 있고, 나머지 2억 원 부분은 통상공동소송관계에 있다. 甲의 청구를 기각하고 丙의 청구 중 일부를 기각한 제1심판결에 대하여 승계참가인 丙과 피고 乙만 항소하였고 원고 甲은 항소를 하지 않았는바, 甲의 청구 중 승계참가인 丙과 필수적 공동소송관계에 있는 8억 원 부분에 대하여는 제1심판결 전체의 확정이 차단되고 사건 전부에 관하여 이심의 효력이 생긴다. 다만, 甲의 청구 중 통상공동소송관계에 있는 2억 원 부분은 공동소송인독립의 원칙에 따라 항소기간 도과로 확정되었다. 따라서 甲의 부대항소는 8억 원 부분에 대하여는 적법하지만, 2억 원 부분에 대하여는 부적법하다(문제에서 甲이 패소 부분 전체에 대하여 부대항소를 하였는지는 명확하지 않다). 甲의 부대항소가 없더라도 필수적 공동소송관계에 있는 甲의 청구와 丙의 청구는 丙의 항소로 인하여 모두 항소심의 심판대상이 된다. 한편, 압류가 경합된 상태에서 발령된 전부명령은 효력이 없는바(민사집행법 제235조 제1항, 제229조 제5항), 丙의 채권압류 및 전부명령 전에 丁이 甲의 乙에 대한 공사대금채권에 대하여 가압류를 하였고, 丁과 丙의 압류금액의 합계액(5억 원+8억 원 = 13억 원)이 피압류채권액 6억 원을 초과하므로 丙의 전부명령은 압류경합 상태에서 발령된 것으로서 효력이 없다. 항소심의 심리결과, 丙의 승계사실이 인정되지 않고(전부명령이 무효이어서), 甲의 乙에 대한 공사대금은 6억 원이므로 법원은 제1심판결을 취소하고, 甲의 청구 중 6억 원을 인용하고, 丙의 청구를 기각하는 판결을 하여야 한다.

유사문제 甲은 乙을 상대로 공사대금채권 1억 원의 지급을 구하는 소를 제기하였다. 제1심 소송 진행 중 丙은 甲의 乙에 대한 공사대금채권 1억 원에 관하여 채권압류 및 전부명령을 신청하여 법원으로부터 결정을 받은 후 乙에 대하여 위 전부금의 지급을 구하면서 제1심 법원에 승계참가신청을 하였다. 甲은 丙의 승계 여부에 대하여 다투지 않으나 乙을 상대로 한 공사대금 청구의 소를 취하하지 아니하였다. 甲은 제1심 소송 계속 중 공사대금 채권을 뒷받침할 수 있는 증거를 제출하였다. 반면 丙은 재판에 출석하기는 하였지만 공사대금 채권에 관한 아무런 증명을 하지 아니하였다. 제1심 소송에서의 甲의 증명은 丙에게 효력이 있는가? (채권압류 및 전부명령은 적법하고 유효함을 전제로 하고, 공동소송의 성격에 관한 판례변경 전후를 비교하여 설명할 것) (2022년 8월 변시 모의시험)

---

(24) 甲은 2008. 1. 1. 乙을 상대로 1,000만 원의 대여금청구의 소를 제기하였다. 법원은 소장 부본 등을 공시송달의 방법으로 송달한 다음, 2008. 7. 1. 甲의 청구를 인용하는 판결을 선고하였고, 그 판결도 공시송달되어 그 무렵 확정되었다. 그 후 丙은 甲으로부터 위 대여금채권을 양수하고 乙에게 채권양도통지를 하였다. 乙은 2021. 1. 1. 위 판결에 대하여 추완항소를 제기하였고, 丙은 항소심에서 승계참가를 하였다. 항소심 법원은 2021. 12. 1.경 제1심 판결을 취소하고 甲의 청구를 기각하고 丙의 청구를 인용하는 판결(A판결)을 선고하였고, A판결은

2022. 1. 1.경 확정되었다. 한편, 丙은 2018. 1. 1. 乙을 상대로 위 대여금에 관한 양수금청구의 소를 제기하였고, 제1심 법원은 2021. 12. 15. 변론을 종결하고 2021. 12. 30. 丙의 위 청구를 인용하는 판결(B판결)을 선고하였다. 乙은 2022. 1. 5. B판결의 판결문을 송달받았다. 乙이 2022. 1. 10. B판결에 대하여 변제항변에 관한 판단이 잘못되었다는 이유로 항소를 제기하였다. 항소심 법원은 乙의 위 주장에 대하여 판단을 할 수 있는가? (2022년 기말고사)

1. 쟁점

사안에서 丙은 甲으로부터 대여금채권을 양수하고 양수금청구의 소(후소)를 제기한 다음, 그 이전에 甲이 제기한 대여금청구의 소(전소)에 승계참가를 하였는데, 전소판결이 먼저 선고되고 확정되지 않은 상황에서 후소판결이 변론종결되었는바, 승계참가의 소송법적 효과에 관하여 검토되어야 한다.

2. 승계참가

승계참가는 소송계속 중 소송목적인 권리·의무의 전부 또는 일부의 승계인이 스스로 참가하여 피승계인의 소송상의 지위를 승계하는 것이다. 참가인의 승계참가신청으로써 피승계인의 소제기에 의한 시효중단 및 기간준수의 효력이 생긴다(민소법 제81조).

3. 중복소송

법원에 계속되어있는 사건에 대하여 당사자는 다시 소를 제기하지 못한다(민소법 제259조). 따라서 당사자와 소송물이 동일한 소송이 시간을 달리하여 제기된 경우 전소(전소)가 후소(후소)의 변론종결 시까지 취하·각하 등에 의하여 소송계속이 소멸되지 않으면 후소는 중복제소금지에 위반하여 제기된 소송으로서 부적법하다(대법원 2017. 11. 14. 선고 2017다23066 판결).

4. 승소확정판결이 있는 경우

확정된 승소판결에는 기판력이 있으므로 승소 확정판결을 받은 당사자가 전소의 상대방을 상대로 다시 승소 확정판결의 전소와 동일한 청구의 소를 제기하는 경우, 특별한 사정이 없는 한 후소는 권리보호의 이익이 없어 부적법하다(대법원 2017. 11. 14. 선고 2017다23066 판결, 대법원 2021. 5. 7. 선고 2018다259213 판결 등).

5. 사안의 해결

사안에서 丙은 전소에 승계참가를 함으로써 甲의 소송상 지위를 승계하게 되는바, 후소의 제1심 변론종결 당시 전소가 (확정되지 않고) 계속 중이었으므로 후소는 중복소송에 해당되어 부적법하다. 제1심판결은 丙의 소를 중복소송이라는 이유로 각하하였어야 함에도 이를 인용하였다. 한편, 항소심 변론종결시를 기준으로 할 때 丙이 승소한 A판결이 확정된 상황이므로(직권조사사항) 丙의 양수금청구의 소는 권리보호이익이 없어서 부적법하다. 항소심은 이를 이유로 丙의 소를 각하하여야 한다. 따라서 항소심은 乙의 변제항변에 관한 판단을 할 수 없다.

당사자변경

(1) 甲의 소유인 X토지 지상에는 乙 소유로 등기되어 있는 건물이 있다. 甲이 乙을 상대로 위 건물의 철거 및 토지인도를 구하는 소를 제기하였다. 〈 아래의 각 설문은 관련이 없음 〉

① 위 소송에서 심리한 결과 乙 명의의 등기가 무효로 밝혀졌고 위 건물은 乙이 아니라 丙의 소유인 사실이 밝혀졌다. 이때 甲은 피고를 丙으로 변경할 수 있는가? 위 소송 계속 중 위 건물에 소유자가 아닌 丁이 새로 이사 왔다면 甲은 丁을 피고로 추가할 수 있는가?

1. 임의적 당사자변경

민소법은 소송 계속 중에 당사자를 변경할 수 있는 경우로서 피고경정(민소법 제260조)과 필수적 공동소송인 및 예비적 · 선택적 공동소송인의 추가(민소법 제68조, 제70조 제1항)를 규정하고 있다. 법문의 규정이 없는 경우에도 당사자변경이 허용될 것인지에 관하여 학설로는 전면적 허용설과 제한적 허용설이 있으나, 판례는 당사자표시정정에 해당되지 않는 한 허용하지 않는 입장이다(대법원 1998. 1. 23. 선고 96다41496 판결).

2. 피고경정

원고가 피고를 잘못 지정한 것이 분명한 경우에는 제1심 법원은 변론을 종결할 때까지 원고의 신청에 따라 결정으로 피고를 경정하도록 허가할 수 있다. 다만, 피고가 본안에 관하여 준비서면을 제출하거나, 변론준비기일에서 진술하거나 변론을 한 뒤에는 그의 동의를 받아야 한다(민소법 제260조 제1항).

민소법 제260조 제1항 소정의 '피고를 잘못 지정한 것이 명백한 때'라고 함은 청구취지나 청구원인의 기재 내용 자체로 보아 원고가 법률적 평가를 그르치는 등의 이유로 피고의 지정이 잘못된 것이 명백하거나 법인격의 유무에 관하여 착오를 일으킨 것이 명백한 경우 등을 말하고, 피고로 되어야 할 자가 누구인지를 증거조사를 거쳐 사실을 인정하고 그 인정 사실에 터잡아 법률 판단을 해야 인정할 수 있는 경우는 이에 해당하지 않는다(대법원 1997. 10. 17.자 97마1632 결정 등).

3. 공동소송인 추가

민소법 제68조는 필수적 공동소송인 중 일부가 누락된 경우에 제1심판결의 변론종결시까지 당사자를 추가하도록 허가할 수 있다고 규정하고 있고, 민소법 제70조 제1항은 공동소송인 중 일부에 대한 청구가 다른 공동소송인에 대한 청구와 법률상 양립할 수 없는 경우에도 위 규정을 준용하고 있다. 위 규정에서'공동소송인들에 대한 청구가 법률상 양립할 수 없는 경우'는 법률의 규정으로 인하여 공동소송인 모두가 권리자 또는 의무자가 될 수 없는 경우와 사실관계 여하에 따라서 또는 택일적 사실인정에 의하여 어느 한 쪽만 권리자 또는 의무자가 될 수밖에 없는 경우를 말한다.

4. 사안의 해결

사안에서 甲이 자신의 토지에 건립되어있는 건물의 철거 및 토지인도를 청구하면서 등기명의자인 乙을 상대로 하였다가 심리결과 그 건물의 소유자가 乙이 아니라 丙이라고 밝혀진 경우는, 법률적 평가를 그르치거나 법인격 유무에 착오를 일으킨 것이 명백한 경우에 해당되지 않고, 오히려 심리결과에 의한 사실인정에 따라 법률판단을 달리하여야 하는 경우로서 민소법 제260조의 '원고가 피고를 잘못 지정한 것이 분명한 때'에 해당되지 않는다. 따라서 甲은 피고를 丙으로 변경할 수 없다.

또 건물의 소유자가 乙 또는 丙으로 택일적으로 사실인정이 될 수 있는 사안에 해당된다고 보기 어려우므로 丙을 예비적 · 선택적 공동소송인으로 추가할 수도 없다.

사안에서, 건물에 이사를 온 丁은 건물철거 및 인도청구소송에서 건물의 소유자인 乙과 필수적 공동소송관계에 있거나, 乙과 丁에 대한 각 청구가 법률상 양립할 수 없는 경우에 해당되지 않으므로 丁을 피고로 추가할 수 없다.

따라서 판례의 입장을 따를 때 피고를 丙으로 변경하거나 丁을 피고로 추가할 수는 없다.

② 위 소송의 제기 당시에는 위 건물이 乙의 소유였으나 제1심 계속 중 丙에게 소유권이 이전되었다면 甲은 어떤 조치를 취할 수 있는가? 乙과 丙이 취할 수 있는 조치는 무엇인가?

1. 쟁점

건물철거소송 중 그 소유자가 乙에서 丙으로 변경되었다면 계쟁물의 승계가 있는 경우인바, 이때 기존의 당사자 또는 승계인이 할 수 있는 소송법상의 조치가 문제가 된다.

2. 소송계속 중 계쟁물의 승계

민소법 제81조는 "소송이 법원에 계속 중인 동안에 제3자가 소송목적인 권리 또는 의무의 전부나 일부를 승계하였다고 주장하면 제79조의 규정에 따라 소송에 참가할 수 있다."고 규정하고, 제82조는 동일한 경우에 법원은 당사자의 신청에 따라 제3자로 하여금 소송을 인수하게 할 수 있다고 규정하고 있다.

'소송목적인 권리 또는 의무의 승계'는 소송물인 권리관계 자체가 제3자에게 이전된 경우뿐만 아니라, 당사자적격 이전의 원인이 되는 실체법상의 권리이전을 포함한다. 위 규정의 '소송목적인 권리 또는 의무의 승계'에 관하여, 학설은 소송목적인 권리관계 자체뿐만 아니라, 계쟁물의 승계가 포함된다는 견해가 다수설인데, 그 견해에도 물권적 청구권에 기초한 것이든, 채권적 청구권에 기초한 것이든 상관이 없다는 견해와 물권적 청구권에 기초한 경우에 이전적 승계 내지 교환적 승계가 있는 경우에만 인정된다고 하는 견해, 그와 같은 경우를 포함하여 당사자를 추가하는 설정적 승계 내지 추가적 승계도 인정하는 견해가 있다. 판례는 채권적 청구권에 기초한 청구에 있어서 계쟁물의 승계에 의한 인수참가신청은 허용되지 않는다고 하거나(대법원 1983. 3. 22.자 80마283 결정), 소유권에 기초한 건물철거청구 중에 그와 별개인 등기말소청구를 하기 위한 소송인수신청은 허용될 수 없다고 한다(대법원 1971. 7. 6.자 71다726 결정).

3. 승계참가와 인수승계(승계인수)

승계참가는 소송계속 중 소송의 목적인 권리·의무의 전부나 일부의 승계인이 스스로 종전의 소송에 참가하여 새로운 당사자가 되는 것이고(민소법 제81조), 인수승계는 종전의 당사자가 소송의 목적인 권리·의무의 전부나 일부의 승계인을 강제로 소송에 끌어들이는 것으로서 기존 당사자의 인수신청에 대하여 법원이 인수결정을 하여야 한다(민소법 제82조).

4. 소송탈퇴

소송계속 중에 승계참가인에게 소송목적인 권리나 의무를 양도한 피참가인은 상대방의 승낙을 받아 소송에서 탈퇴할 수 있고, 탈퇴한 당사자에 대하여도 판결의 효력이 미치는바(민소법 제80조), 이러한 소송의 탈퇴는 승계참가가 적법한 경우에만 허용되므로, 승계참가가 부적법한 경우에는 피참가인의 소송탈퇴는 허용되지 않고 피참가인과 상대방 사이의 소송관계가 유효하게 존속한다.

5. 사안의 해결

사안에서 甲의 乙에 대한 건물철거 및 토지인도소송의 소송물은 소유권에 기초한 방해배제청구권으로서 물권적 청구권이고, 丙은 위 소송계속 중 계쟁물인 건물의 승계인이다. 학설에 따르면 甲은 丙에 대한 교환적 인수승계신청을 하여 丙이 乙의 소송을 인수하게 할 수 있다. 민소법 제81조에서 규정하는 소송목적인 권리의무의 승계에 계쟁물의 승계가 포함된다고 하는 학설에 따르면, 丙은 승계참가신청을 하여 위 소송에 참가할 수 있다.

乙은 甲의 승낙을 받아 소송에서 탈퇴할 수 있는데, 乙이 소송탈퇴를 하기 위해서는 먼저 丙의 승계참가가 적법하여야 한다. 丙의 승계참가가 부적법한 경우, 乙의 소송탈퇴는 인정될 여지가 없고 법원으로서는 乙에 대한 소송절차를 계속 진행하여야 한다. 丙의 승계참가가 적법한 경우, 乙은 甲의 승낙을 받아 소송에서 탈퇴할 수 있다.

③ 전항의 경우 甲이 건물의 소유권이전사실을 모르는 상태에서 그대로 소송이 진행되어 甲의 승소판결이 선고되고 확정되었다면 甲은 위 판결로 丙에게 집행할 수 있는가?

1. 기판력의 주관적 범위

민소법 제218조는 확정판결은 당사자, 변론종결 뒤의 승계인 등에 대하여 효력이 미치고, 당사자가 변론종결시까지 승계사실을 진술하지 아니한 때에는 변론종결 뒤의 승계인으로 추정한다고 규정하고 있다(민사집행법 제25조 및 제30조에 따라 집행문이나 승계집행문을 부여받을 수 있는 당사자의 범위도 기판력의 주관적 범위와 동일하다).

2. 사안의 해결

사안에서 甲이 소송 계속 중에 건물의 소유권이 이전된 사실을 알지 못하고 승소판결을 받았다고 하더라도, 丙은 위 판결의 당사자가 아니어서 직접 판결의 효력을 받는 자에 해당하지 않고, 丙의 소유권이전은 위 소송의 변론종결 전에 이루어진 것이어서 丙은 민소법 제218조 제1항 소정의 변론종결 후의 승계인이 아니므로 甲이 승소한 위 확정판결의 효력이 미치지 않는다. 따라서 甲은 위 판결로써 丙에 대하여 집행을 할 수 없다(건물에 관한 소유권의 승계 일시는 소유권이전등기일자이므로 민소법 제218조 제2항의 추정승계인에 관한 규정이 적용될 여지는 없다).

유사문제 1. 甲 소유 2층 건물을 甲의 아들 A로부터 임차하여 사용·수익하는 乙은 건물 중 1층 부분을 丙에게 전대하여 乙과 丙이 위 건물을 나누어 점유·사용하고 있다. 이에 대하여 甲은 乙과 丙이 권원 없이 점유하고 있다고 주장하면서 乙과 丙에 대하여 소유권에 기초하여 각 점유부분의 인도 및 그 부분의 사용·수익으로 인한 차임 상당의 부당이득반환청구의 소를 제기하였다. 甲은 위 소에 관하여 점유이전금지가처분 등 보전처분을 하지 않았다. 丙이 丁에게 1층 부분을 다시 전대하여 현재 丁이 1층 부분을 점유하고 있다는 사실을 甲이 사실심 변론종결 전에 알았다면, 甲은 丁에 대하여 어떠한 소송법적 조치를 할 수 있는가? (2015년 6월 변시 모의시험)

2. 원래 甲 소유이던 X토지에 관하여, 甲의 친구인 乙은 甲으로부터 금전 차용에 관한 대리권을 수여받았을 뿐, X토지의 매도에 관한 대리권을 수여받지 않았다. 그럼에도 불구하고 乙은 2013. 1. 30. 甲의 대리인이라고 자처하면서 丙에게 X토지를 매도하고, 같은 달 31. 丙 명의로 소유권이전등기를 마쳐주었다. 그 후 丙은 2014. 1. 20. 丁에게 X토지를 매도하고, 2014. 2. 5. 丁 명의로 소유권이전등기를 마쳐주었다. 甲은 2014. 3. 15. 乙, 丙을 상대로, 乙이 매도에 관한 대리권이 없었으므로 丙 명의의 소유권이전등기가 원인무효라고 주장하면서, 丙 명의의 소유권이전등기의 말소등기를 청구하는 소를 제기하였다. 甲이 乙, 丙만을 피고로 하여 소를 제기하였는데, 소송계속 중 丁을 피고로 추가할 수 있는지 여부를 밝히고, 그 근거를 설명하시오. (2015년 사법시험)

---

(2) 자동차 판매대리점을 하는 乙은 2014. 3. 10. 甲종중(대표자 A)으로부터 1억 원을, 丙으로부터 2억 원을 각각 이자 연 12%, 변제기 2015. 3. 9.로 정하여 차용하면서, 이를 담보하기 위해 乙 소유의 X토지에 관하여 甲종중 및 丙과 1개의 매매예약을 체결하였고, 이에 따라 X토지에 관하여 甲종중과 丙의 채권액에 비례하여 甲종중은 1/3 지분으로, 丙은 2/3 지분으로 각 특정하여 공동명의의 가등기를 마쳤다. 甲종중은 위 변제기가 지난 후 단독으로「가등기담보 등에 관한 법률」이 정한 청산절차를 이행하고, 2015. 10. 14. 乙을 상대로 X토지에 대한 1/3 지분에 관하여 가등기에 기한 본등기절차이행을 구하는 소(이하 '이 사건 소'라 함)를 제기하였다. 이 사건 소송계속 중 甲종중은 丙을 공동원고로 추가하는 신청을 하였다. 甲종중의 이 사건 소 제기 및 위 추가신청이 각 적법한지와 각 근거를 설명하시오. (제5회 변호사시험)

1. 쟁점

사안에서 甲종중과 丙이 채권자로서 채권을 담보하기 위하여 乙 소유의 부동산에 관하여 가등기를 마쳤는바, 그 예약완결권의 행사를 공동으로 하여야 하는지, 각자 할 수 있는지를 검토하여야 한다.

2. 매매예약완결권의 귀속형태

민소법 제67조의 (고유)필수적 공동소송은 당사자 사이에 합일확정의 필요성이 있는 경우로서 전원이 당사자가 되어 소를 제기하지 않으면 부적법하다.

수인의 채권자가 각기 채권을 담보하기 위하여 채무자와 채무자 소유의 부동산에 관하여 수인의 채권자를 공동매수인으로 하는 1개의 매매예약을 체결하고 그에 따라 수인의 채권자 공동명의로 그 부동산에 가등기를 마친 경우, 수인의 채권자가 공동으로 매매예약완결권을 가지는 관계인지 아니면 채권자 각자의 지분별로 별개의 독립적인 매매예약완결권을 가지는 관계인지는 매매예약의 내용에 따라야 하고, 매매예약에서 그러한 내용을 명시적으로 정하지 않은 경우에는 수인의 채권자가 공동으로 매매예약을 체결하게 된 동기 및 경위, 매매예약에 의하여 달성하려는 담보의 목적, 담보 관련 권리를 공동 행사하려는 의사의 유무, 채권자별 구체적인 지분권의 표시 여부 및 지분권 비율과 피담보채권 비율의 일치 여부, 가등기담보권 설정의 관행 등을 종합적으로 고려하여 판단하여야 한다(대법원 2012. 2. 16. 선고 2010다82530 전원합의체 판결).

3. 당사자 추가가 허용되는 경우

필수적 공동소송의 경우는 공동소송인 중 일부가 누락된 경우에 제1심 변론종결시까지 추가 신청을 할 수 있고(민소법 제68조), 이는 예비적·선택적 공동소송의 경우에도 준용된다(민소법 제70조). 그러나 판례에 따를 때 법률상 명문으로 허용되는 경우를 제외하고 공동소송인의 추가는 법정사유 외 임의적 당사자변경에 해당하여 허용되지 않는다.

4. 사안의 해결

사안에서 乙이 甲종중과 丙으로부터 각각 금원을 차용하고 그 차용금액에 따라 X토지의 각 해당 지분에 관하여 가등기를 마쳤는바, 채권자인 甲종중과 丙은 각자의 지분별로 별개의 독립적인 매매예약완결권을 갖는다고 보아야 한다. 따라서 甲종중은 X토지 중 자신의 지분에 관하여 매매예약완결권을 행사할 수 있고, 이에 따라 단독으로 자신의 지분에 관하여 가등기에 기한 본등기절차의 이행을 구할 수 있으므로 甲종중의 소제기는 적법하다. 그러나 甲종중과 丙은 단독으로 자신의 지분에 관한 가등기에 기한 본등기절차의 이행을 청구할 수 있는 관계에 있고, 필수적 공동소송관계에 있지 않다. 그러므로 甲종중이 필수적 공동소송관계에 있지 않는 丙을 공동원고로 추가하는 신청은 부적법하다.

(3) 甲이 乙을 상대로 제기한 대여금반환 청구소송 제1심 계속 중 甲이 사망하자 丙이 甲의 상속인이라고 주장하면서 수계신청을 하였다. 법원도 丙의 소송관여를 허용하여 심리를 계속한 끝에 丙의 승소판결을 선고하였다. 위 판결에 대해 乙이 항소를 제기하여 항소심 심리결과 甲의 상속인은 丙이 아니라 丁인 사실이 밝혀졌다면 항소심 법원은 어떤 판결을 해야 하는가? 丁이 위 소송에 관여하려면 어떻게 해야 하는가? (이상 甲의 소송대리인이 없었다고 가정하고) 만약 위 소송 제1심에서 A가 甲의 소송대리인이었고 위 소송이 아직 항소심에 계속 중이라면 丁이 위 소송에 관여하기 위해서는 어떻게 해야 하는가?

1. 당사자의 사망과 소송절차의 중단

소송계속 중 당사자가 사망하면 소송절차는 중단되고, 그 상속인 등이 그 소송을 수계하여야 한다(민소법 제233조). 적법한 수계인들이 소송수계를 하지 않는 한 그 소송은 중단된 채 피상속인의 사망 당시의 심급법원에 그대로 남아있게 된다. 소송계속 중 당사자가 사망하더라도 소송대리인이 있는 경우에는 소송절차가 중단되지 않고(민소법 제238조), 소송대리인은 상속인의 소송대리인으로서 소송을 수행하게 된다. 소송대리인에게 상소제기의 특별수권이 없다면, 심급대리의 원칙상 판결정본 송달시에 소송은 중단된다.

2. 소송수계신청이 부적법한 경우

소송절차의 수계신청은 법원이 직권으로 조사하여 이유가 없다고 인정한 때에는 결정으로 기각하여야 한다(민소법 제243조 제1항). 소송수계신청이 부적법함에도 소송수계신청이 이유가 있다고 하여 소송절차를 진행시켰으나 그 후에 신청인이 적법한 수계인이 아님이 판명된 경우, 즉 종국판결 선고 전에 수계신청의 부적법함이 밝혀진 때에는 수계신청을 기각하여야 한다. 종국판결 선고 후 상소심에서 부적법함이 밝혀진 때에는 상소심이 원심판결을 취소하고 수계신청인의 소송수계신청을 기각하여야 한다. 진정한 상속인에 대한 관계에서 소송은 중단된 채 피상속인의 사망 당시의 심급에 계속되어 있다(대법원 2002. 10. 25. 선고 2000다21802 판결).

3. 사안의 해결

가. 甲의 소송대리인이 없는 경우

사안에서 제1심 법원이 수계신청의 부적법함을 간과하고 종국판결을 하였으나 그 후 항소심에서 승계인적격이 없음이 밝혀졌는바, 정당한 승계적격자인 丁에 대한 소송은 제1심 법원에 중단되어 있다. 따라서 항소심 법원은 제1심판결을 취소하고 수계신청을 기각한 다음, 제1심 법원에 계속 중임을 분명하게 하기 위하여 사건을 제1심 법원에 환송하여야 한다. 丁은 제1심 법원에 수계신청을 하여야 하고(민소법 제233조 제1항), 제1심 법원은 심리를 속행하여 丁과 乙 사이의 사건에 대해서 판단하여야 한다.

나. 甲의 소송대리인 A가 있는 경우

甲의 소송대리인 A가 있는 경우에는 소송절차는 중단되지 않고 A의 소송수행에 의한 판결은 판결문의 당사자표시와 상관없이 정당한 상속인들을 위하여 효력이 미친다. 다만, 심급대리의 원칙상 그 판결정본이 A에게 송달된 때에 소송절차가 중단된다. 丁으로서는 제1심 법원에 수계신청을 할 수 있고, 또 소송절차가 중단된 상태에서 상대방인 乙이 한 항소는 부적법하지만, 丁으로서는 항소심에 수계신청을 하여 그 하자를 치유시킬 수 있다(대법원 1995. 5. 23. 선고 94다28444 전원합의체 판결).

(4) 甲은 자신의 소유인 A토지 지상에 B건물을 신축하였으나 아직 자신의 명의로 보존등기를 마치지는 않고 있던 중에 위 토지와 건물을 乙과 丙에게 매도하였다. A토지에 관하여는 乙과 丙이 각 1/2씩 지분소유권이전등기를 마쳤고 B건물에 대하여는 乙과 丙이 아직 등기를 마치지 못하였으나 이를 인도받아 이곳에서 거주하고 있다. 乙과 丙은 丁으로부터 3억 원을 차용하면서 A토지에 관하여 채권최고액 3억 6,000만 원의 근저당권을 설정하였다. 乙과 丙이 3억 원의 차용금을 변제하지 않자 丁은 담보권실행을 위한 경매를 신청하였고 X가 A토지를 매수하여 매각대금을 전액 납부하였다. X는 乙과 丙을 상대로 B건물에 대한 철거를 구하는 소를 제기하였다. 소송계속 중 乙과 丙은 Y에게 건물의 일부를 임대하였다. 원고 X는 분쟁을 일회에 해결하기 위하여 위 소송에 Y를 피고로 추가시킬 수 있는가? (2014년 6월 변시 모의시험)

1. 소송계속 중 피고의 추가(임의적 당사자변경)

민소법에 따라 피고를 추가할 수있는 방법은 고유필수적공동소송인의 추가(민소법 제68

조), 예비적 · 선택적 공동소송인의 추가(민소법 제70조 제1항, 제68조), 인수승계(민소법 제82조 제1항) 등이 있다.

고유필수적공동소송은 소송목적이 공동소송인 모두에게 합일적으로 확정되어야 할 공동소송의 경우에 적용되는 것이고(민소법 제67조), 예비적 · 선택적 공동소송은 공동소송인 가운데 일부에 대한 청구가 다른 공동소송인에 대한 청구와 법률상 양립할 수 없는 경우이며(민소법 제70조), 인수승계는 소송 계속 중에 제3자가 권리 또는 의무의 전부 또는 일부를 승계한 때에 할 수 있는 것이다(민소법 제82조 제1항).

2. 건물철거청구와 건물점유자에 대한 퇴거청구

토지의 소유자가 건물의 소유자에 대하여 당해 건물의 철거 및 그 대지의 인도를 청구할 수 있는 경우, 건물소유자가 아닌 사람이 건물을 점유하고 있다면 토지소유자는 그 건물 점유를 제거하지 아니하는 한 건물 철거 등을 실행할 수 없으므로 그때 토지소유권은 위와 같은 점유로 말미암아 그 원만한 실현을 방해당하고 있으므로 토지소유자는 자신의 소유권에 기초한 방해배제로서 건물점유자에 대하여 건물로부터의 퇴출을 청구할 수 있다(대법원 2010. 8. 19. 선고 2010다43801 판결).

3. 사안의 해결

사안에서 원고 X의 피고 乙과 丙에 대한 건물철거청구와 원고 X의 Y에 대한 건물퇴거청구는 합일확정되어야 할 공동소송도 아니고, 법률상 양립할 수 없는 경우도 아니며, Y가 乙과 丙의 권리 또는 의무의 전부 또는 일부를 승계한 경우도 아니므로 원고 X의 피고 乙과 丙에 대한 건물철거청구 중에 Y를 피고로 추가할 수있는 방법은 없다.

다만, 민소법 제81조, 제82조에서 규정하고 있는 소송목적인 권리 또는 의무의 승계에 관하여, 학설로는 소송목적인 권리관계 자체뿐만 아니라, 계쟁물의 승계가 포함되고, 추가적 인수승계도 가능하다는 견해가 있는바, 이에 따르면 Y는 원고 X와 피고 乙과 丙 사이의 건물철거소송의 계속 중에 그 계쟁물인 건물의 점유를 승계하였으므로 원고 X는 Y에 대하여 인수승계신청을 하여 피고로 추가할 수 있다.

(5) 甲은 乙, 丙, 丁에게 자신이 소유하는 A건물을 대금 1억 원에 매도하였다. 매수인들은 甲에게 자신들이 각자 1/3의 지분을 가진 공유자라고 하였다. 甲은 계약당시 매수인들로부터 계약금 1,000만 원을 수령하였고, 잔대금 9,000만 원을 지급받음과 동시에 이전등기서류를

매수인들에게 교부하기로 하였다. 그런데 甲은 약정된 날에 잔대금을 지급받지 못하자 乙, 丙, 丁을 상대로 각 3,000만 원씩의 지급을 구하는 소를 제기하였다. 이때 甲은 소장에 계약서상의 매수인들의 주소지를 송달장소로 기재하였다. 이후 피고 乙이 제출한 최초 답변서에 따르면 자신은 계약체결 후 매수인으로서의 지위를 이 사건 소 제기 전에 이미 戊에게 양도하였으므로 더이상 자신에게 매매대금의 지급을 구할 이유가 없다고 주장하고 있다. 한편, 피고 丙의 주소로 발송된 소장에 대해서는 폐문부재를 이유로 송달불능 되었다는 송달보고서가 법원에 도달하였고, 피고 丁에게는 소장이 정상적으로 송달되었다는 송달보고서가 법원에 도달하였다. (2014년 10월 변시 모의시험)

① 원고 甲은 피고 乙의 답변 내용에 따라 피고 乙을 戊로 경정하기 위해 법원에 피고경정 신청서를 접수하였다. 이러한 피고경정 신청은 적법한가?

1. 피고경정의 요건

원고가 피고를 잘못 지정한 것이 분명한 경우에는 제1심 법원은 변론을 종결할 때까지 원고의 신청에 따라 결정으로 피고를 경정하도록 허가할 수 있다. 다만, 피고가 본안에 관하여 준비서면을 제출하거나, 변론준비기일에서 진술하거나 변론을 한 뒤에는 그의 동의를 받아야 한다(민소법 제260조 제1항).

민소법 제260조 제1항 소정의 '피고를 잘못 지정한 것이 명백한 때'라고 함은 청구취지나 청구원인의 기재 내용 자체로 보아 원고가 법률적 평가를 그르치는 등의 이유로 피고의 지정이 잘못된 것이 명백하거나 법인격의 유무에 관하여 착오를 일으킨 것이 명백한 경우 등을 말하고, 피고로 되어야 할 자가 누구인지를 증거조사를 거쳐 사실을 인정하고 그 인정 사실에 터잡아 법률 판단을 해야 인정할 수 있는 경우는 이에 해당하지 않는다(대법원 1997. 10. 17.자 97마1632 결정 등).

2. 사안의 해결

사안에서 원고 甲이 매매계약상 매수인의 지위를 戊에게 양도하였다는 피고 乙의 답변서 내용에 따라 피고 乙을 戊로 경정하기 위하여 피고경정을 신청하는 것은 원고가 법률적 평가를 그르치거나 법인격 유무에 관하여 착오를 일으킨 것이 명백한 경우에는 해당되지 않는다. 따라서 원고 甲의 피고경정 신청은 그 요건을 갖추지 못하여 부적법하다.

유사문제 甲은 이웃동네에 사는 乙로부터 폭행을 당하였다는 이유로 乙에 대해 손해배상을 청구하는 소를 제기하였다. 그런데 심리 중 乙은 甲이 폭행당하였다고 하는 시간에 전혀 다른 장소에 있었기 때문에 자신이 불법행위를 할 수 없다고 주장하여 관련된 증거를 조사한 결과 甲을 폭행한 사람은 乙의 동생인 丙으로서 甲이 丙을 乙로 착각한 것으로 밝혀졌다. 이에 甲은 피고 乙을 丙으로 경정하는 신청을 하였다. 법원은 이러한 甲의 피고경정신청을 받아들일 수 있는가? (2022년 6월 변시 모의시험)

② 소송진행 도중 丁의 매수인의 지위를 승계하였다고 주장하는 X가 승계참가신청을 해오자 丁은 이에 대해 다투지 않고 아예 소송탈퇴를 하고자 하였다. 그러나 원고 甲은 동의할 수 없다며 버티고 있다. 이 경우 법원은 어떠한 판단을 하여야 하는가?

1. 승계참가의 요건과 피참가인이 탈퇴하지 못한 경우의 법률관계

민소법 제81조는 소송이 법원에 계속되어있는 동안에 제3자가 소송목적인 권리 또는 의무의 전부나 일부에 승계하였다고 주장하며 소송에 참가할 수 있도록 규정하고 있다. 승계참가와 관련하여 법문상으로는 소송탈퇴에 관한 민소법 제80조의 규정을 준용하고 있지는 않으나, 학설과 판례는 원·피고의 탈퇴가 허용된다고 해석하고 있다.

판례에 따르면 소송이 법원에 계속되어 있는 동안에 제3자가 소송목적인 권리의 전부나 일부를 승계하였다고 주장하며 민소법 제81조에 따라 소송에 참가한 경우, 원고가 승계참가인의 승계여부에 대해 다투지 않으면서도 소송탈퇴, 소취하 등을 하지 않거나 이에 대하여 피고가 부동의하여 원고가 소송에 남아있다면 승계로 인해 중첩된 원고와 승계참가인의 청구 사이에는 필수적 공동소송에 관한 민소법 제67조가 적용된다(대법원 2019. 10. 23. 선고 2012다46170 전원합의체 판결).

2. 사안의 해결

사안에서 X가 丁의 매수인의 지위를 승계하였다고 주장하면서 승계참가를 하는 경우, 이는 소송목적인 의무를 승계한 경우로서 그 승계참가는 적법하다. 피고 丁이 탈퇴를 하려고 하였으나, 원고 丙의 동의를 얻지 못하여 탈퇴하지 못하였다면, 원고 丙의 피고 丁에 대한 청구와 승계참가인 X에 대한 청구에 대하여는 필수적 공동소송에 관한 민소법 제67조가 적용되는바, 법원은 각 청구에 대하여 모두 판단하여야 한다.

(6) 丙, 丁, 戊는 자신들의 X토지를 공유하고 있었는데, 丙은 개인적인 사정상 공유관계를 해소하고자 한다. 〈 아래의 각 설문은 관련이 없음 〉(2014년 사법시험)

① 丁은 X토지에 대한 공유물분할에 동의하였는데 戊가 공유물분할에 동의하지 않자, 丙은 戊만을 피고로 삼아 공유물분할을 구하는 소를 제기하였다. 이 사건 소는 적법한가? 만약, 부적법하다면 丙과 丁이 각자 그 사유를 해소할 수 있는 방법은 무엇인가?

1. 필수적 공동소송인이 일부 누락된 경우

공유물분할은 공유물의 처분에 해당하여 실체법상 모든 공유자가 참여하여야 한다(민법 제264조). 필수적 공동소송이란 공동소송이 법률상 강제되고, 합일확정이 법률상 필수적으로 요구되는 소송으로서, 소송법상 소송수행권에 대응하는 실체법상 관리처분권이 여러 사람에게 공동으로 귀속되는 경우를 말한다. 따라서 공유물분할의 소는 필수적 공동소송에 해당한다. 필수적 공동소송인의 일부가 누락된 경우, 당사자적격 흠결로서 소가 부적법하게 된다. 필수적 공동소송인 중 일부가 누락된 경우, 원고의 신청에 따라 결정으로 원고 또는 피고를 추가할 수 있다(민소법 제68조). 이는 제1심 변론종결 전까지 하여야 하며, 원고를 추가하는 경우 추가될 사람의 동의를 받아할 수 있다. 공동소송인의 추가는 신소 제기의 성질을 가지므로 서면에 의하여야 하고, 서면에는 추가될 당사자의 이름·주소와 추가 신청의 이유를 적어야 한다(민소규 제14조).

2. 공동소송참가

공동소송참가란 소송목적이 한 쪽 당사자와 제3자에게 합일적으로 확정되어야 할 경우에 그 제3자가 원고 또는 피고의 공동소송인으로 참가하는 것을 말한다(민소법 제83조). 공동소송참가는 ① 타인간 소송 계속 중일 것, ② 소송목적이 한 쪽 당사자와 제3자에게 합일적으로 확정되어야 할 경우일 것, ③ 기타 소송요건을 구비할 것을 요건으로 허용된다.

3. 사안의 해결

사안에서 丙이 丁을 누락한 것은 당사자적격을 흠결한 것으로서 丙이 제기한 공유물분할의 소는 부적법하다. 丙은 제1심 변론종결 전까지 丁의 이름·주소 등을 적은 추가 신청서를 법원에 제출하여 필수적 공동소송인 추가신청을 할 수 있다. 공유물분할의 소는 필수적 공동소송으로서 소송목적이 丙, 丁, 戊에게 합일적으로 확정되어야 하고, 丁에게 달리 소송요건을 흠결한 사정이 없으므로, 丁은 참가신청서를 법원에 제출하여 공동소송참가를 할 수 있다.

② 丁, 戊 모두 丙의 공유물분할 요청에 응하지 않자, 丙은 丁, 戊를 상대로 2014. 3. 5. 공유물분할을 구하는 소를 제기하였다. 제1심 소송 심리과정에서 i) 丁이 2014. 3. 3. 사망하였고 A가 유일한 상속인인 사실, ii) 戊가 소장 부본을 송달받은 후 B에게 자신의 공유지분을 양도하고 지분권 이전의 등기까지 마친 사실이 밝혀졌다. 이때 丙은 소송절차상 어떠한 조치를 취할 수 있는가?

1. 丁이 사망한 경우

가. 원고가 사망 사실을 모르고 사망자를 피고로 표시하여 소를 제기한 경우, 청구의 내용과 청구원인사실, 당해 소송을 통하여 분쟁을 실질적으로 해결하려는 원고의 소제기 목적 내지 사망사실을 안 이후의 원고의 피고표시정정신청 등 여러 사정을 종합하여 볼 때 사망자의 상속인이 처음부터 실질적 피고이고 다만 그 표시를 잘못한 것으로 인정된다면 사망자의 상속인으로 피고의 표시를 정정할 수 있다(대법원 2006. 7. 4.자 2005마425 결정)는 것이 판례의 입장이다.

나. 사안에서 丁이 2014. 3. 3. 사망하였음에도 불구하고 丙이 丁, 戊를 상대로 2014. 3. 5. 공유물분할청구의 소를 제기하였는바, 丁의 유일한 상속인인 A가 처음부터 실질적인 피고이고 다만 그 표시를 잘못한 것으로 인정된다면, 丙은 당사자표시정정의 방법으로 피고의 표시를 丁에서 A로 정정할 수 있다.

2. 戊가 지분을 양도한 경우

가. 공유물분할은 공유물의 처분에 해당하여 실체법상 모든 공유자가 참여해야 하므로(민법 제264조), 공유물분할소송은 모든 공유자들 사이에 법률관계의 합일확정이 법률상 필수적으로 요구되는 대표적인 필수적 공동소송인데, 공유물분할소송의 계속 중에 공유지분의 양도가 있는 경우에 양도인을 당사자에서 제외하고 양수인을 당사자로 하는 절차를 거치지 않으면 그 소는 부적법하게 된다(대법원 2014. 1. 29. 선고 2013다78556 판결). 공유물분할소송 계속 중에 공유지분이 양도된 경우, 변경된 공유자가 기존의 공유물분할소송의 당사자가

될 수 있는 방안에 관하여는 공동소송 및 참가를 포함한 당사자변경의 법리를 기초로 검토를 해보아야 한다.

나. 민소법 제81조는 소송이 법원에 계속되어 있는 동안에 제3자가 소송목적인 권리 또는 의무의 전부나 일부를 승계하였다고 주장하면서 소송에 참가하는 경우를 규정하고 있고, 민소법 제82조는 "소송이 법원에 계속되어 있는 동안에 제3자가 소송목적인 권리 또는 의무의 전부나 일부를 승계한 때에 법원은 당사자의 신청에 따라 그 제3자로 하여금 소송을 인수하게 할 수 있다."고 규정하고 있다. 위 각 조항의 '소송목적인 권리 또는 의무의 승계'는 소송물인 권리관계 자체가 제3자에게 이전된 경우뿐만 아니라, 당사자적격 이전의 원인이 되는 실체법상의 권리이전을 포함한다. 이에 관하여 학설은 소송목적인 권리관계 자체뿐만 아니라, 계쟁물의 승계가 포함된다는 견해가 다수설인데, 그 견해에도 물권적 청구권에 기초한 것이든, 채권적 청구권에 기초한 것이든 상관이 없다는 견해와 물권적 청구권에 기초한 경우에 이전적 승계 내지 교환적 승계가 있는 경우에만 인정된다고 하는 견해, 그와 같은 경우를 포함하여 당사자를 추가하는 설정적 승계 내지 추가적 승계도 인정하는 견해가 있다. 판례는 채권적 청구권에 기초한 청구에 있어서 계쟁물의 승계에 의한 인수참가신청은 허용되지 않는다고 하거나(대법원 1983. 3. 22.자 80마283 결정), 소유권에 기초한 건물철거청구 중에 그와 별개인 등기말소청구를 하기 위한 소송인수신청은 허용될 수 없다고 한다(대법원 1971. 7. 6.자 71다726 결정).

공유물분할소송과 관련하여 판례는, 공유물분할청구소송은 분할을 청구하는 공유자가 원고가 되어 다른 공유자 전부를 공동피고로 삼아야 하는 고유필수적 공동소송이므로 소송계속 중 원심 변론종결일 전에 공유자의 지분이 이전된 경우에는 원심 변론종결 시까지 민소법 제81조에서 정한 승계참가나 민소법 제82조에서 정한 소송인수 등의 방식으로 그 일부 지분권을 이전받은 자가 소송당사자가 되어야 하고, 그렇지 못할 경우에는 소송 전부가 부적법하게 된다고 한다(대법원 2022. 6. 30. 선고 2020다210686, 210693 판결 등).

다. 사안에서 판례에 따를 때 丙은 법원에 B가 戊의 지분을 양수했음을 이유로 교환적 인수승계신청을 할 수 있다.

> **유사문제** 甲, 乙, 丙은 X 토지를 공동으로 매수하여 甲 명의로 1/2의, 乙과 丙 명의로 각 1/4의 각 지분소유권이전등기를 마친 X 토지의 공유자들이다. 그런데 甲은 乙, 丙과의 공유관계를 해소하고 자 분할에 관한 협의를 하였으나 원만히 합의가 이루어지지 않았다. 이에 甲은 乙, 丙을 상대로 'X 토지를 경매에 부쳐 그 대금을 지분비율에 따라 분할한다'는 취지의 공유물분할청구의 소(이하 '이 사건 소'라 함)를 제기하였다. 이 사건 소의 제1심 변론종결 전에 丙이 자신의 공유지분을 丁에게 매 도하고 丁명의로 지분에 관한 소유권이전등기까지 마쳐주었다. 이 사건 소에서 丁이 당사자로 될 수 있는 소송법상 방법과 근거에 관하여 설명하시오. (2018년 10월 변시 모의시험)

(7) 甲 소유의 X토지에 관하여 乙이 등기서류를 위조하여 乙 명의로 소유권이전등기를 마쳤 다. 이에 甲은 乙을 상대로 甲의 소유권에 기한 방해배제청구로서 乙 명의의 소유권이전등 기에 대한 말소등기절차의 이행을 구하는 소를 제기하였다. 甲의 乙에 대한 위 소송계속 중 乙은 丙에게 X토지를 매도하고 丙 명의로 소유권이전등기를 마쳐주었다. 甲이 위 소송절차 내에서 丙을 당사자로 추가할 수 있는지와 그 근거를 설명하시오. (제5회 변호사시험)

1. 쟁점

소유권에 기초한 토지에 관한 말소등기청구소송 계속 중에 새로이 이전등기를 마친 명 의자를 당사자로 추가시킬 수 있는지 여부가 문제가 된다.

2. 당사자추가

민소법에 따라 당사자를 추가할 수 있는 방법은 고유필수적공동소송인의 추가(민소법 제 68조), 예비적·선택적 공동소송인의 추가(민소법 제70조 제1항, 제68조), 인수승계(민소법 제82조 제1 항)의 경우이다.

3. 소송인수

민소법 제82조는 소송이 법원에 계속되어 있는 동안에 제3자가 소송목적인 권리 또는 의무의 전부나 일부를 승계한 때에 법원은 당사자의 신청에 따라 그 제3자로 하여금 소송 을 인수하게 할 수 있다고 규정하고 있다. '소송목적인 권리 또는 의무의 승계'는 소송물인 권리관계 자체가 제3자에게 이전된 경우뿐만 아니라, 당사자적격 이전의 원인이 되는 실 체법상의 권리이전을 포함한다. 이에 관하여, 학설은 소송목적인 권리관계 자체뿐만 아니 라, 계쟁물의 승계가 포함된다는 견해가 다수설인데, 그 견해에도 물권적 청구권에 기초한 것이든, 채권적 청구권에 기초한 것이든 상관이 없다는 견해와 물권적 청구권에 기초한 경우에 이전적 승계 내지 교환적 승계가 있는 경우에만 인정된다고 하는 견해, 그와 같은 경우를 포함하여 당사자를 추가하는 설정적 승계 내지 추가적 승계도 인정하는 견해가 있다. 판례는 채권적 청구권에 기초한 청구에 있어서 계쟁물의 승계에 의한 인수참가신청은 허용되지 않는다고 하거나(대법원 1983. 3. 22.자 80마283 결정), 소유권에 기초한 건물철거청구 중에 그와 별개인 말소등기청구를 하기 위한 소송인수신청은 허용될 수 없다고 한다(대법원 1971. 7. 6.자 71다726 결정).

4. 사안의 해결

사안에서 甲의 乙에 대한 소유권이전등기말소청구와 丙에 대한 소유권이전등기말소청구는 합일적으로 확정되어야 하거나 법률상 양립 불가능한 경우가 아니므로 필수적 공동소송인의 추가, 예비적 선택적 공동소송인의 추가에 의하여 丙을 피고로 추가할 수는 없다. 甲의 乙에 대한 X토지에 관한 소유권이전등기말소청구소송의 계속 중에 X토지에 관하여 丙 명의의 소유권이전등기가 마쳐졌는바, 학설 중에서 소송승계와 관련하여 甲이 행사하는 청구권의 성질과 상관없이 소송계속 중 계쟁물이 승계된 경우에도 소송승계에 해당한다는 견해와 물권적 청구권의 행사에 의할 경우에 설정적 승계, 추가적 승계가 허용된다는 견해에 따르면, 丙에 대하여 소송인수신청을 하여 당사자로 추가할 수 있다. 그러나 이전적 승계 또는 교환적 승계의 경우에만 소송승계에 포함된다는 견해에 따르면 丙에 대한 소송인수신청은 허용되지 않는다.

(8) B주식회사(이하 'B회사'라 함)는 2017. 1. 1. 개최된 이사회에서 乙을 대표이사로 선임하는 결의를 하였다. 그런데 이사 중 1인인 甲은 위 이사회의 소집통지를 받지 못하였다는 이유로 乙을 상대로 2017. 1. 1.자 이사회결의무효확인의 소를 제기하였다. 乙은 답변서에서 乙을 상대로 한 이사회결의무효확인소송은 그 판결의 효력이 당사자가 아닌 B회사에게 미치지 않으므로 당사자적격이 없거나 소의 이익이 없다는 내용의 답변서를 제출하였다. (2018년 기말고사)

① B회사의 또 다른 이사인 丙이 제1차 변론기일 전에 보조참가신청을 하면서 피고를 B회사로 경정하는 신청을 하였다. 乙은 丙의 위 보조참가신청에 대하여 이의를 제기하였다. 법원은 어떤 조치를 하여야 하는가?

1. 보조참가의 요건

보조참가는 다른 사람 사이의 소송계속 중 소송결과에 이해관계가 있는 제3자가 한쪽 당사자의 승소를 돕기 위하여 그 소송에 참가하는 것이다(민소법 제71조). 이때 이해관계가 있다 함은 참가인의 법적 지위가 판결주문에서 판단되는 소송물인 권리관계의 존부에 의하여 직접적으로 영향을 받는 관계에 있을 때를 말하며, 사실상, 경제상 또는 감정상의 이해관계가 아니라 법률상의 이해관계가 있어야 한다는 것이 판례의 입장이다(대법원 1999. 7. 9. 선고 99다12796 판결 등). 한편, 당사자가 보조참가에 대하여 이의신청을 한 때에는 참가인은 그 이유를 소명하여야 하고, 법원은 참가의 허부에 관하여 결정을 하여야 한다(민소법 제73조 제1항).

2. 보조참가인이 할 수 있는 소송행위

보조참가인은 소송에 관하여 공격·방어·이의·상소, 그 밖의 모든 소송행위를 할 수 있다. 다만, 참가할 때의 소송의 진행정도에 따라 할 수 없는 소송행위는 할 수 없다. 또한 참가인의 소송행위가 피참가인의 소송행위에 어긋나는 경우에는 그 참가인의 소송행위는 효력을 가지지 않는다(민소법 제76조 제1, 2항).

3. 피고경정

민소법 제260조 제1항에 따르면 원고가 피고를 잘못 지정한 것이 분명한 경우에 제1심 법원은 변론을 종결할 때까지 원고의 신청에 따라 결정으로 피고를 경정하도록 허가할 수 있다. 다만, 피고가 본안에 관하여 준비서면을 제출하거나, 변론준비기일에서 진술하거나 변론을 한 뒤에는 그의 동의를 받아야 한다. 민소법 제260조 제1항 소정의 '피고를 잘못 지정한 것이 명백한 때'라고 함은 청구취지나 청구원인의 기재 내용 자체로 보아 원고가 법률적 평가를 그르치는 등의 이유로 피고의 지정이 잘못된 것이 명백하거나 법인격의 유무에 관하여 착오를 일으킨 것이 명백한 경우 등을 말하고, 피고로 되어야 할 자가 누구인지를 증거조사를 거쳐 사실을 인정하고 그 인정 사실에 터잡아 법률 판단을 해야 인정할 수 있는 경우는 이에 해당하지 않는다(대법원 1997. 10. 17.자 97마1632 결정 등).

4. 법인 또는 비법인사단에서 대표자 또는 이사선임결의의 효력을 다투는 소에 있어서 피고적격

법인 등에서 이사회에서의 이사선임결의는 법인의 의사결정으로서 그로 인한 법률관계의 주체는 법인이므로 법인을 상대로 하여 이사선임결의의 존부나 효력 유무의 확인판결을 받음으로써만 그 결의로 인한 원고의 권리 또는 법률상 지위에 대한 위험이나 불안을 유효적절하게 제거할 수 있고, 법인이 아닌 이사 개인을 상대로 한 확인판결은 법인에 그 효력이 미치지 않아서 즉시 확정의 이익이 없으므로 그러한 확인판결을 구하는 소송은 부적법하다(대법원 2010. 10. 28. 선고 2010다30676, 30683 판결 등).

5. 사안의 해결

사안에서 丙은 B회사 이사회의 구성원이므로 甲이 제기한 이사회결의무효확인소송의 결과에 법률상 이해관계가 있는 제3자에 해당한다. 丙의 보조참가신청에 대하여 乙의 이의가 있으므로 법원으로서는 보조참가허가결정을 하여야 한다. 또 丙은 보조참가인으로서 피참가인 甲을 돕기 위한 모든 소송행위를 할 수 있으므로 피고경정신청을 할 수 있다. 법인의 이사회결의무효확인소송의 피고적격은 법인이어야 하므로 B회사를 피고로 하여야 하는데, 甲이 이사인 乙 개인을 피고로 한 것은 법률적 평가를 그르치는 등의 이유로 피고를 잘못 지정한 것이 명백한 경우에 해당하므로 법원은 피고를 B회사로 경정하는 결정을 하여야 한다.

② B회사의 또 다른 이사인 丁이 위 소송에 공동소송참가신청을 하였다. 법원은 위 이사회결의는 이사 10인 중 甲, 丙, 丁 3인에 대한 소집통지가 누락되어 절차상 하자가 있다는 심증을 갖게 되었다. 법원은 丁의 위 공동소송참가신청에 대하여 어떤 판단을 하여야 하는가? (피고적격 등은 고려하지 말 것)

1. 공동소송참가의 요건

공동소송참가는 타인간의 소송의 목적이 당사자 일방과 제3자에 대하여 합일적으로 확정될 경우 즉, 타인간의 소송의 판결의 효력이 제3자에게도 미치게 되는 경우에 한하여 그 제3자에게 허용된다(민소법 제83조).

2. 이사회결의무효확인판결의 효력

주주총회결의에 하자가 있는 경우와 달리, 이사회의 결의에 하자가 있는 경우에 관하여 법률에 별도의 규정이 없으므로 그 결의에 무효사유가 있는 경우에 이해관계인은 언제든지 또 어떤 방법으로든지 그 무효를 주장할 수 있고, 이와 같은 무효주장의 방법으로서 이사회결의무효확인소송이 제기되어 승소 확정판결이 난 경우, 그 판결의 효력은 위 소송의 당사자 사이에서만 발생하고, 대세적 효력이 있다고 할 수는 없다(대법원 2000. 1. 28. 선고 98다 26187 판결 참조). 따라서 이사회결의무효확인의 소는 그 소송의 목적이 당사자 일방과 제3자 에 대하여 합일적으로 확정될 경우가 아니어서 제3자는 공동소송참가를 할 수 없다(대법원 2001. 7. 13. 선고 2001다13013 판결).

3. 사안의 해결

사안에서 이사회결의무효확인소송은 대세적 효력이 없어서 제3자에 대하여 합일적으로 확정될 경우가 아니므로 丁의 공동소송참가는 부적법하다. 법원으로서는 丁의 공동소송참가에 대하여 각하판결을 하여야 한다.

제3판
민사소송법
사례연습 ②

초판　1쇄 발행 2017년 9월 22일
개정판　1쇄 발행 2020년 1월 31일
제3판　1쇄 발행 2023년 2월 28일

지은이 문영화
펴낸이 유지범
책임편집 신철호
편집 현상철·구남희
마케팅 박정수·김지현

펴낸곳 성균관대학교 출판부
등록 1975년 5월 21일 제1975-9호
주소 03063 서울특별시 종로구 성균관로 25-2
대표전화 02)760-1253~4
팩스밀리 02)762-7452
홈페이지 press.skku.edu

© 2017, 문영화

ISBN 979-11-5550-585-4 93360